"跳马"行动·意大利潜艇印度洋战记

战争事典 之 热兵器时代⑤

WAR STORY

指文董旻杰工作室 著

台海出版社

图书在版编目（CIP）数据

战争事典之热兵器时代 . 5，"跳马"行动、意大利
潜艇印度洋战记 / 指文董旻杰工作室著 . -- 北京：台
海出版社，2019.1
　　ISBN 978-7-5168-2230-2

　Ⅰ . ①战… Ⅱ . ①指… Ⅲ . ①军事史 - 史料 - 世界 -
现代 Ⅳ . ① E195

中国版本图书馆 CIP 数据核字 (2019) 第 024203 号

战争事典之热兵器时代 5：
"跳马"行动、意大利潜艇印度洋战记

著　　者：指文董旻杰工作室

责任编辑：俞滟荣　　　　　　　策划制作：指文文化
视觉设计：周　杰　　　　　　　责任印制：蔡　旭

出版发行：台海出版社
地　　址：北京市东城区景山东街 20 号　　　邮政编码：100009
电　　话：010 - 64041652（发行，邮购）
传　　真：010 - 84045799（总编室）
网　　址：www.taimeng.org.cn/thcbs/default.htm
E - mail：thcbs@126.com

经　　销：全国各地新华书店
印　　刷：重庆共创印务有限公司
本书如有破损、缺页、装订错误，请与本社联系调换

开　　本：787mm×1092mm　　　　　1/16
字　　数：346 千　　　　　　　　　印　　张：20
版　　次：2019 年 6 月第 1 版　　　印　　次：2019 年 6 月第 1 次印刷
书　　号：978-7-5168-2230-2

定　　价：89.80 元

出版寄语

人类战争舞台上,金戈刀兵之声业已响彻千年。工业革命犹如一支魔法指挥棒,演绎出巨炮轰鸣、硝烟肆虐的壮丽合唱。"热兵器时代"丛书将为读者谱写战争史上这一段最为辉煌绚烂的乐章。

——蒙创波,"点兵堂"军事公众号主编,著有《长空闪电——P38 战机全传》等

人类历史就是一部厚重的战争史,战争贯穿着整个人类的发展历程。而热兵器战争在整个战争史中的地位举足轻重,其惨烈程度、吞噬生命的体量也远胜于以往任何时代,只有了解它的可怕,才能让处于和平时代的我们更加敬畏战争,珍惜来之不易的和平。指文新推出的"热兵器时代"丛书正是从这个角度来剖析近现代战争,而这套丛书由国内军事刊物界前辈、素以严谨著称的董旻杰老师执牛耳,让文章的质量和深度得到了保障,想必也会给读者们带来一场视觉上的饕餮盛宴。

——张向明,著有《基辅 1941:史上最大的合围战》

恭贺"热兵器时代"丛书首本付梓,预祝这套丛书在军事出版界开创一番与众不同的天地,带给军迷一份别具风味的精神食粮。

——谭飞程,著有《赣北兵燹:南昌会战》《鏖兵江汉:武汉会战》等

战争是人类历史发展中重要的一环,在千百年的发展中形成了独特的艺术。微观上看,战争是残酷血腥的生死厮杀;宏观上看,战争又是宏大辉煌的国力博弈。我们可以避免战争的发生,但不可能忽略战争的存在。以史为镜可以知兴替,好友董旻杰是战争史研究方面的专家,他的"热兵器时代"丛书正是以此为理念,向读者再现战争艺术的魅力。

——高智,著有《长空鹰隼:二战德国 Bf 109 战斗机战史》等

战争,从未改变。值此"热兵器时代"丛书付印,在热兵器时代跌宕起伏的华丽篇章和战争秘辛,董老师将为读者们娓娓道来,实为军事爱好者的一大幸事。

——丁雷,著有《天火焚魔:美军对日战略轰炸全史 (1942—1945)》等

目 录
CONTENTS

前 言

—— PREFACE ——

铁路在战争中有两项基本功能：快速投送兵力和保障后勤补给，其实远不止这些。在铁路技术未完全成熟的美国内战中，人们对铁路在战争中的作用进行了丰富的想象和实践。《铁路与美国内战》结合美国内战爆发的深层次原因及美国南、北方各州的区位因素，梳理了早期铁路由各家私营公司独立经营、路线及技术标准混乱、维护难等特点，并从该视角出发，回顾了铁路与美国内战的方方面面。其中一些有趣的小细节，如南方联邦军队乘车证件的完善、以猪油为原料的润滑剂等等，非常有年代感，耐人寻味。

1940 年前后的东南欧及巴尔干地区危险、动荡，德国对这一地区的介入更一石激起千层浪，间接延缓了"巴巴罗萨"行动，甚至影响了第二次世界大战的进程。《打翻魔盒：1940—1941 年德国对东南欧及巴尔干的介入》从分析该时期德国对东南欧及巴尔干地区复杂的政治、外交形势着眼，完整记录了德国、意大利、英国、苏联等势力在东南欧及巴尔干地区的博弈全过程，以及泥足深陷的德国对南斯拉夫、希腊展开的军事行动，包括希腊战役（"玛莉塔"作战）、克里特岛空降战役（"水星"行动）等。

牺牲了一个特种营只缴获了一件铁托的元帅制服，由希特勒谋划、奥托·斯科尔兹内指挥的这场"跳马"行动输得何等惨烈。《鹰啸德瓦尔：1944 年"跳马"行动纪实》引用亲历者回忆，对这次传奇的行动进行了忠实记录。文中一些生动的小桥段，相信能够丰富读者对该行动的了解。

二战时期的印度洋的确不如大西洋热闹，即便印度洋对同盟国极其重要。战争初期，驻东非的意大利潜艇部队承担着切断盟军印度洋航线的重任，与英国海军展开了艰难厮杀。《意大利潜艇印度洋战记》记叙了 1939 年—1941 年意大利潜艇部队从部署、激战到撤离各阶段的经历，主要是潜艇"路易吉·伽伐尼"号、"伽利略"号和"马卡莱"号的战斗经历。

阿尔贝特·恩斯特是二战时期著名的德国装甲王牌。在重镇维捷布斯克的激战中，恩斯特和战友们用 21 枚炮弹击毁了 14 辆苏军坦克，获得了"维捷布斯克之虎"的名号。《维捷布斯克之虎：二战德国装甲王牌阿尔贝特·恩斯特战记》讲述了阿尔贝特·恩斯特在艰苦异常的维捷布斯克冬季战役及鲁尔区包围圈等地的战斗故事，通过对话、回忆等大量生动的细节化描述，塑造了阿尔贝特·恩斯特忠勇、谦逊的传统德国士兵形象。

南云忠一被中国网友戏称为"抗日名将"。日本联合舰队司令山本五十六曾在珍珠港偷袭结束时失望地表示："南云就像入室的小偷，一旦得手就心惊胆战，撒腿就逃。"让我们不禁生疑：日本军部会委命一个草包作为机动部队的指挥官吗？当然不会。事实上，南云忠一不仅不是草包，反而是一个对欧美新型战舰技术有着深刻认识的高才生。他在日本军部有一个别称叫"活指南针"，他可以不需要任何仪表、罗盘，带领舰队航行到世界的任何角落。《南云忠一和他的机动部队》将南云忠一放回其所属时代，结合南云机动部队在偷袭珍珠港、空袭亭可马里、中途岛战役、第一及第二次所罗门海战的表现，客观评述了后世对南云忠一评价中的真真假假。

2018 年 12 月

铁路与美国内战

作者

孙晓翔

1830年9月15日，英国工程师斯蒂芬森驾驶着由他发明的"火箭"号蒸汽机车，拖带着一节载有30位乘客的车厢，从曼彻斯特出发，成功抵达利物浦。人类历史由此进入铁路时代。九年后，这条世界上最早投入运营的铁路，又成为世界上最早投身到军事行动中的铁路。为了镇压革命群众，来自爱尔兰的英军第10步兵团在利物浦下船后，立即乘坐火车赶赴曼彻斯特。这段50公里的路程以往需要耗费两天的行军时间，如今却只用了两个小时，这令英军指挥官查尔斯·奈普尔将军对铁路大为赞叹。更妙的是，奈普尔将军发现，由于先遣部队乘坐早班火车抵达，后续部队乘坐晚班车抵达，所以"现在城里的每个人都以为我们调来了两个团"。

此后的20年里，铁路的军事价值日益显现。在克里米亚战争中，英国人首次把铁路带上了战场。他们铺设了从巴拉克拉瓦港通往塞瓦斯托波尔前线的铁路线。这条铁路于1855年1月建成通车，全长约7英里，由1000名英国和土耳其工人负责管理、维护。这是一条极为原始的铁路。在巴拉克拉瓦港内，装载着补给品的列车由蒸汽机车牵引运出。一旦出了港口，就会改由马匹拉拽。若在中途遇到下坡处，甚至还需要借助车辆自身的重力滑落。显然，这绝对算不上一条现代意义上的铁路，但它仍然为英军的后勤工作做出了巨大贡献。到战争结束时，铁路的运载量已达到每日700吨。如果由牲畜来运输的话，这将是一个不可企及的数字。而且蒸汽引擎

⌄ 英军在克里米亚铺设的第一条军用铁路。

还为军队节约了 4000 匹骡马，否则仅仅这些骡马所需的饲料供应会是一个沉重的负担。四年后，在法国与奥地利的战争中，法国铁路网在三个月内向前线输送了 60 万官兵和 13 万匹军马，其中有 22 万人和 36000 匹马更是被直接送到了战场上。

到 1860 年，各国军事专家都已意识到铁路在军事领域的价值。大规模、高效率的运输能力决定了铁路在战争中的两项基本功能：一是向战场快速投送兵力；二是保障后勤补给，但是截至此时，铁路在战争中的重要性并未得到充分体现。只有在人类历史上第一场工业化战争的美国内战中，铁路在战争中的重要地位才第一次展现在世人面前。

战争起源

早在诞生之初，铁路便在美国引起了极大的热情。广袤的大陆意味着铁路公司能以极为低廉的价格获得土地，而在此基础上建设起来的铁路网络，可以把这片大陆连接起来。这种得天独厚的优势，使得美国铁路的发展速度比英国快得多。到 1840 年，美国铁路网的规模已经达到了英国的四倍。当然，在质量上，美国铁路系统的建设还是显得较为粗糙：大部分铁路桥梁都是用木材搭建的，所谓的铁轨其实也是用木头制成的。这些长条形木头的横截面呈上窄下宽的梯形，在上部较窄的表面包覆了一层铁皮。机车也是纯粹的"美国式"，有四个驱动轮和四个诱导轮。轮子跟铁轨一样，经常只是表面包裹着铁皮的木轮。但无论如何，铁路的发展极大地刺激了美国经济的发展和对外扩张的速度。在此过程中，铁路开始不可避免地被应用到军事行动中来。

1846 年，美国与墨西哥开战。一个美军步兵团从东海岸乘坐火车抵达西南部边境地带，然后加入了一支 2000 人的远征军。随后，他们一路打到墨西哥城，迫使后者割让了大片土地，将美国的领土扩展至太平洋沿岸。随着领土的急剧扩展，无论是出于发展经济的目的，还是出于国家安全的考虑，美国人都更有理由依赖铁路了。本质上，美国人西进的过程就是其铁路线向西延伸的过程，但这些铁路仅仅连接起西部土地上的居民点。这些居民点依铁路而建，通常还得到军队的保护，以抵御印第安人的袭扰。

讽刺的是，随着国家的迅猛扩张，美国本土却面临着越来越严重的分裂危机。

▲ 一辆典型的内战时期的美国火车机车。它既可以烧煤炭，也可以烧木柴。

美国由南、北两个性质完全不同的经济体组成。南方各州阳光充足，土地肥沃，以资本主义农业经济为主，主要的农产品是出口到欧洲的棉花。而寒冷的北方各州普遍以工商业为生计来源，在粮食生产上也能自给自足。南方的经济繁荣在很大程度上取决于出口业的发展，所以他们强烈希望取消进出口关税；北方人却希望提高关税，为工商业的壮大提供关税的壁垒保护。经济政策方面的冲突最终又上升到针对奴隶制的道德层面，且在南、北双方之间制造了心理及政治上的深刻裂痕。以前通过双方的谈判妥协和国会议员席位的巧妙平衡，矛盾尚不至于完全激化，但是当大量新兼并来的土地加入合众国中时，原先脆弱的政治平衡就变得难以为继。到1860年，美国总共只有 15 个蓄奴州，他们在国会中的势力被日益压倒。在国会中占据多数的是非蓄奴州的代表，他们对奴隶制不抱同情，迟早会通过压倒多数的投票宣布奴隶制为非法。这种不可逆转的趋势促使南方州下定决心，另立新邦。

1860 年，代表北方利益的共和党人林肯成功当选美国总统，大大刺激了南方人的独立情绪，加快了迈向独立的步伐。就在 1861 年 3 月 2 日林肯入主白宫的前两天，以南卡罗来纳州为首的南方七州宣布退出美利坚合众国，另行组建邦联。随即，这些州的民兵接管了联邦军队在当地的军事要塞和武器仓库。当然，接收行动并不总是顺利的。南卡罗来纳境内的萨姆特要塞就成功抵制了地方民兵的骚扰。

即将卸任的布坎南总统乐得把麻烦留给继任者，因而不愿多事。他虽然宣布南方的退出行为是非法的，但并未采取进一步行动。这种软弱无疑是对南方人的鼓舞。1861 年 4 月 12 日，南方邦联叛军炮击萨姆特要塞，标志着内战正式打响。三天后，林肯宣布征召 75000 名志愿兵，并且要求部队尽快赶赴首都。至此，谈判的大门彻底关闭。接着，又有四个原本持观望态度的蓄奴州宣布脱离联邦，加入南方的邦联，其中包括临近首都华盛顿的弗吉尼亚。但是另外四个蓄奴州马里兰、特拉华、密苏里和肯塔基因靠近北方边境，且与北方经济关系密切，所以仍留在联邦里。基于同样的原因，弗吉尼亚西部居民也不赞成本州的叛乱。他们宣布脱离弗吉尼亚，自行组成西弗吉尼亚州，归顺联邦。

原先的美国现在分成了两个泾渭分明的势力范围。北方各州组成的联邦以华盛顿为首都，南方各州组建的邦联以里士满为首府。一条分界线已经划分清楚，分属两边的昔日同胞都在摩拳擦掌，准备生死一搏。

尽管当时世人已经普遍意识到了铁路在未来战争中的重要性，但很少有人认识到，铁路在战争中将要发挥的决定性作用。正是在美国内战中，铁路的重要性才首次充分展现出来，并且给各国的军事观察家们留下了深刻的印象。林肯征召的军队在运输途中首先遇到了麻烦。由于早期美国铁路由各家私营公司独自经营，他们各自有着自己的地盘、路线和技术标准，给大范围运输带来了麻烦。从东北部新英格兰地区通往首都华盛顿的铁路被分成了两种轨距。北部地段是标准的 1.435 米，在进入宾夕法尼亚以后，就变成了较宽的 1.473 米。而且，各铁路公司普遍抱有以邻为壑的态度。在同一座城市中，各条铁路线的终点也往往相隔于城市两端，给需要乘车中转的旅客造成了极大的不便。

马里兰州首府巴尔的摩就是这样一个典型。这里是北方军队前往华盛顿的主要道路。作为蓄奴州，马里兰州虽然被迫留在联邦内，但这并不妨碍当地老百姓敌视路经此地的北方军队。途经此地的军队必须先在城北的火车站下车，然后再赶往城南的火车站重新上车。两站之间有一条原始的马拉轨道列车穿过城市，用以连接铁路。考虑到当地人的敌意，军队宁愿徒步穿越城市，但依旧无法避免冲突。4 月 19 日，当马萨诸塞第 6 步兵团的官兵通过巴尔的摩街道时，一群当地人向他们开火，军队立即还击。此次事件造成 4 名士兵和 12 名平民死亡，还有一些人受伤。虽然这个团最终还是于当晚抵达了华盛顿，但他们身后的一些巴尔的摩市民烧毁了当地的一座铁路，阻止军队下一步的运输。市民此举不仅令城市陷于孤立，也暂时切断了华盛顿通往北方的铁路交通。

为了避免出现其他类似的流血事件，一位马里兰州的议员恳求林肯不要再让部队经过马里兰州。总统回答道："我手上得有部队才行……我手下的人又不是田鼠，能打地洞，也不是飞鸟，能从天上飞过。除了穿过你的州，别无他法。"但是在私下里，林肯还是下令部队至少绕过巴尔的摩。他也担心会激起当地民愤，促使马里兰州也转身投靠南方邦联。

战争爆发

夏天到来时，北方军队终于做好了战争准备。7月18日，集结于华盛顿的37000名北军向南进发，进入弗吉尼亚。他们的目标是100英里之外的邦联首府里士满，但必须先跨越25英里外一个叫"曼那萨斯"的铁路交会点。早在弗吉尼亚宣布加入叛乱不久后的5月，22000名弗吉尼亚子弟兵就部署于此，准备阻止北方军队南下。

尽管天气炎热，但是北军士气高昂。数百名华盛顿的名流显贵乘坐马车，跟随军队前进，他们还带上了望远镜、野餐用的食品和香槟，希望观赏打仗的场面。为此，华盛顿城里的食品店把所售商品价格提升了三倍，军队中的小伙子也为能在大人物面前一显身手而高兴。直到此时，人们普遍认为，这次进军足以结束目前的危机。用林肯本人的话说，这场进军是镇压一次"强大到无法以正常司法程序去压制的叛乱"。没有人会想到，一场持续了四年的残酷内战由此拉开了帷幕。

两天之后，联邦军队进抵曼那萨斯附近的奔牛河，两军开始对峙。北军沿着河岸展开部队，形成了一条蜿蜒了8英里的战线。7月21日星期天的09:00，北军率先发动进攻。他们徒步渡河，在南军的左翼撕开了一道口子，并开始包抄过去，南军的阵地接连丢失。在三英里外的绿色山坡上，观战的老百姓挥舞着帽子和手绢，为己方军队的胜利而欢欣鼓舞。此时还不到正午时分，从战况看来，北军的胜利似乎已成定局，但杰克逊将军领导的部队仍在南军战线上坚持抵抗。杰克逊将军也因在这场战役中的顽强表现而获得了"石墙"的绰号。北军久攻不下，双方展开了拉锯战。16:00，南军的援军乘坐火车抵达曼纳萨斯火车站。大部分北军士兵此时已经在高温条件下连续作战8个小时。当他们发现敌人的援军后，立即士气大挫，而南军士气大振，乘势反攻。北军迅速溃败，连同在远处观战的平民一起涉溪逃跑，

▲ 奔牛河战役的英雄——"石墙"杰克逊将军。

不少人在涉水时溺毙。双方总共阵亡、负伤和被俘 4500 人。南军本应该乘胜追击，但是他们对胜利也没有准备，第二天的一场大雨进一步阻碍了他们追击的步伐。

这次战斗被称为"奔牛河战役"。它是内战中第一次大规模战役，也是南方邦联取得的首场胜利。这次胜利在很大程度上归功于南方军队对铁路的利用。早在联邦军队离开华盛顿之际，由于预见到敌方将展开大规模的军事行动，杰克逊率领的 11000 人的援军立即被派往曼那萨斯车站。如果徒步行军的话，所需时间太长，会严重消耗部队的体力，所以杰克逊将军明智地寻求了铁路部门的帮助。当他的部队于 7 月 20 日清晨到达皮埃蒙特车站时，他发现火车已经准备就绪，只是由于运力有限，部队必须分批前进。最后，杰克逊将军本人率领的先头部队及时抵达了战场，并且全程参加了第二天的战役。后续部队不得不等到 21 日早上再出发，原因是已经连续工作 24 小时的列车司机和乘务员在火车返回的当晚要求立刻下班休息。正是由于这支后续部队在 21 日下午的紧要关头及时赶到战场，南方军队才扭转了战局。如果没有铁路，想要取得此次胜利是不可能的。这是铁路在这场战争中的首秀。

虽然南军利用铁路赢得了胜利，但是从长远来看，他们的前景并不乐观。就本质而言，这场战争是一场分裂与反分裂的斗争。南部邦联希望脱离联邦，北方各州希望维护统一。双方目标明确，却是南辕北辙，因而不存在妥协的余地。分歧只能用武力来解决，但是在军事上，南方明显处于不利地位。

南方邦联的领土范围从被格兰特河向东延伸至大西洋海岸的切萨皮克湾。北边以密苏里河为界，南邻墨西哥湾。总人口约为 900 万，包括约 350 万黑人奴隶。相比之下，北方有 2200 万人口，且基本不存在种族问题。除了里士满、亚特兰大等城市拥有少数工厂外，南方的工业资源极为有限。这不仅限制了陆军的作战能力，也意味着南方不可能打造出一支像样的海军，只能眼睁睁地看着己方的港口被北方的海军封锁。总而言之，陆地和海上的形势都不利于南方，它几乎处于四面受围的境地。这种总体态势也意味着，无论南方邦联的军队多么地英勇善战，他们始终不可能征服北方各州。对南方邦联而言，最现实的战略就是采取守势，尽可能地打持久战，挫败北方征服南方的企图，令其最终承认南方独立的政治现实。

从战略上看，南方联盟被纵贯南北的密西西比河分为东、西两部分。从河东岸一直延伸到大西洋的土地是主战场，而这个主战场又被阿巴拉契亚山脉一分为二。这条山脉北起波托马克河，向西南方向延伸，到田纳西河上的查塔努加城，然后进入亚拉巴马州的北部。由于战线漫长，且在军力上处于绝对劣势，南方邦联必须最大限度地利用铁路。其中最为重要的是两条东西走向铁路，它们都从东部的里士满出发，一条经过查塔努加到达孟菲斯，另一条则经亚特兰大到达密西西比河畔的维克斯堡。亚特兰大位于查塔努加以南约一百英里，这两座城市也经由一条南北向的铁路连接起来。然后数条铁路从亚特兰大出发，向东、向南延伸至南方的腹地。由此可见，查塔努加和亚特兰大是战争的重心所在。如果两城失陷，整条战线就会被拦腰截断，南方邦联势必不能首尾相顾。相反，如能在此部署重兵，南方军队就可以迅速向东或向西运动，对占据数量优势的敌人实施各个击破，这也是内线作战的优势所在。

南方的铁路

当然，这样的优势不足以帮助南方邦联赢得胜利，但却是坚持持久作战的唯一希望。只要北方拒绝放弃统一原则，南方又得不到欧洲强国的有力援助，南方邦联的失败结局就不可避免。但正是在失败者这里，铁路在战争中的重要性才展现得最为清晰。

南北战争是人类历史上第一场全面的工业化战争，但是战争中的一方基本上还是一个农业社会。尽管美国南方在战前已经建立起一套较为完善的铁路网，但由于工业资源的缺乏，如何在战时维护这套铁路网成了一个无法回避的难题。

战争爆发后，南部邦联很快就开始面对物资短缺问题。由于军事封锁，一家铁路公司发现很难弄到机械润滑油，手下的奴隶工人也不再可能获得从辛辛那提运来的烟草，他们不得不向当地的一家猪肉加工厂求助。这家猪肉加工厂不仅生产出了代替烟草的食物，还以猪油为原料，研发出了代用润滑油。这样的成就虽然可以作为英雄事迹广为宣传，但是终究不是长久之计。一些人试图偷越海上封锁线，从英国进口铁路设备。与庞大的需求量相比，这些通过走私流入的少量物资只是杯水车薪。

人力资源的短缺也是一大难题。战争爆发之初，许多铁路公司的熟练工人带着保家卫国的热情奔赴沙场。但没过多久，铁路部门就发现，这些人的离去令铁路运行接近崩溃边缘。他们只能向政府提出申请，召回那些身处前线的铁路工人。在这些工人回到后方以后，他们很快就发现军火工厂的生意更加兴隆。在高工资的引诱下，有技术的工人纷纷跳槽。

随着前线军事形势的不断恶化，后方征兵部门的压力越来越大，一些关键岗位上的工人被频繁抽调到前线。铁路公司只能频繁向政府施加压力，以索回他们的雇员，偶尔还得撂出"将停止为军队提供运输服务"之类的威胁。遇到这种情况，政府通常都会做出让步。1863年，政府限定了铁路公司的适龄男性雇员数量，获得免征特许的适龄男性雇员都必须登记造册，铁路部门总算通过这种方法保住了自己的业务骨干。

仅仅拥有骨干人员是不够的，要想让铁路顺利运行，还需要大量的非熟练工人。当时南方的火车机车多以木柴作为燃料，这就需要大量的伐木工人。战争爆发后，伐木工人都上了前线，铁路沿线的各个补给站点很难得到充足的燃料供应。对此，铁路部门只能寄希望于不会被征召入伍的黑人奴隶，黑人奴隶成了南方邦联最后的人力资源储备。也正因如此，奴隶们身价陡增。奴隶主既不愿出借，也不想出售，不想承担因劳动力离开种植园而产生的经济损失。更何况，外出伐木也为奴隶创造了逃亡的机会。只有经济状况最好的少数铁路公司，才出得起高价，购买一些奴隶。

物资和人力资源的短缺不是南方邦联铁路运输所要面对的唯一困难。作为第一场铁路在其中扮演了重要角色的战争，美国内战充分展示了以后各次战争都会出现的各种问题。其中最紧要的就是战时铁路控制权的问题，甚至在战争爆发之初，南部邦联军队的失误之处就已经在曼娜萨斯战役胜利的外表下暴露无遗。杰克逊军队的行程必须听从铁路部门的安排，而不是让铁路部门服从军方的要求。这表明，南方邦联军队未能实现对其境内铁路的统一管理和调度，也就无法及时并充分地利用这些铁路的运力。这对于一支必须依赖铁路频繁机动作战的军队而言，无疑是一个致命的缺陷。

南部邦联的铁路总长约为 10000 英里，分属 113 家铁路公司。从大西洋岸边的查尔斯顿港到密西西比河畔的孟菲斯城全长 755 英里的铁路线，由五家铁路公司分段运营。从华盛顿附近到墨西哥湾的铁路线上则分布着 11 家铁路公司。这些铁路公司大多数是私营企业，也有一些铁路是由当地州政府出资兴建的。无论是私营企业，还是地方政府的公营事业单位，他们全都极力维护自身的独立性，抵制南方邦联政府的干涉。在很长时间里，中央政府对此都无能为力。建立一个强有力的中央指挥机构，与南方邦联的建国理念相抵触。这场脱离合众国的叛乱的根本原因就在于南方人希望捍卫他们各州的权力，抵制华盛顿中央政府对地方经济、政治事务的干涉。正是基于对原有的联邦体制的不满，南方各州才会选择退出。南方人在心理上本能地抵制中央政府对各州政府以及个人行为的任何干涉，如果现在接受里士满中央政府的权力控制，那何必要打这场内战呢？

南方邦联未能对各家铁路公司实施集中控制，致使整套铁路网处于一盘散沙的境地。加上物资、人力短缺的形势日益严峻，使得各家铁路公司恶性竞争，铁路与军方之间矛盾重重。

奔牛河战役后，为了防止北方联邦军队再次南下，40000 名邦联军人跨过奔牛河，在河北面的森特勒维尔挖掘阵地，驻扎下来。夏去秋来，眼见大军将在这里过冬，邦联军队的将领却突然发现，从曼那萨斯火车站通往前线的道路非常糟糕，秋冬季节的泥泞道路令运输车辆面临重重考验。南方政府因而紧急决定，修建从曼那萨斯通往前线的铁路支线。除了在克里米亚战争中由英国人修建的那条原始铁路外，这是历史上第一条在战场上修筑的现代铁路，史称"森特勒维尔军用铁路"。它从曼那萨斯火车站出发，一路向北，跨过奔牛河，到达军队据守的森特勒维尔高地，全长 6 英里，但整个建造和使用过程可谓一波三折。

首先是负责运营曼那萨斯铁路的"奥兰治－亚历山大铁路公司"拒绝提供任何物质上的帮助，军队不得不从南方的"俄亥俄－巴尔的摩铁路公司"搞到所需的铁轨，这些物资原计划用于该公司的一个在建项目。由于军方早就与"奥兰治－亚历山大铁路公司"达成了协议，火车由该公司提供，铁路也由他们负责运行，因而整条铁路的轨距也必须迁就该公司所采用的 1.422 米，而不是更流行的 1.435 米。从 11 月初开始，数万官兵每天轮番上阵，每人每天工作 6 小时。按照 11 月底的一项估计，工程需两个月才能完工。官兵们私下抱怨，这项工程占用了他们大量的时间，致使他们无法建造过冬用的小木屋，影响了他们的过冬计划。即便他们做出了这样大的牺牲，工程进度依旧受到了拖延，直到1862年2月17日才完工通车。此时冬季临近结束，军队已经为这项工程耗费了大量人力，这条铁路的首要任务已经不再是为前线运输补给物资，而是向后方疏散伤病人员。对于这项任务，奥兰治－亚历山大里亚铁路公司颇不情愿。运送大量的伤患将给火车的卫生工作带来极大的压力，进而影响到公司在客运业务方面的声誉。只是迫于军方的压力，公司不得不接受这项任务。战略上，森特勒维尔军用铁路的出现迫使驻扎在华盛顿周围的北军波多马克军团放弃了再次从正面入侵弗吉尼亚的企图，转而从海上南下，利用联邦手中的海军优势进入詹姆斯河，掩护陆军登陆，以夺取7英里之外的邦联首都里士满。

这个迂回进攻的计划迫使南方军队在北方正面战场收缩兵力，以腾出部队应对从东面登陆而来的敌军。为此，驻扎在曼纳萨斯的南军也接到了撤退的命令。森特勒维尔铁路于3月11日被放弃。此时距离它建成通车还不到一个月。

当南军撤退时，他们不仅把宝贵的机车车辆带走，甚至连铁轨也一并拆除。"俄亥俄—巴尔的摩铁路公司"闻讯后立即派人前来索要他们的财产，但这些物资又被挪用于别处。最后政府只能以一些即将报废的旧铁轨充数，将其归还。这些旧铁轨只有在翻新之后才能重新投入使用，但是南方邦联有限的工业资源都忙于生产军火，根本无暇顾及这个额外的任务。铁路公司对此心知肚明，当然不愿接受这样的补偿。双方扯皮之下，公司最终没能要回他们的物资。而那些旧铁轨最终去了海军部，用于建造世界上最早投入实战的铁甲炮舰。

森特勒维尔军用铁路的命运暴露了南部邦联内部所有与铁路有关的问题，包括工业资源的匮乏、技术标准的混乱、物资器材的短缺、军事需求的反复无常，以及铁路公司的贪婪自私。这些问题都贯穿于这场战争之始终。

战争刚开始时，在爱国主义热情的感召下，各铁路公司纷纷宣布以半价运送军队，算是为战争做贡献。其实这些铁路公司并没有吃亏。从经济的角度看，这场战争至少在其初期是受到铁路公司欢迎的。军队运输促使客流量急剧增长。就算车票只打对折，利润也是客观的，而且民用运输量也在跟着增长，因为有大量的军人家属现在需要乘坐火车去前线看望他们的家人。因休假还乡探亲的军人也是一个巨大的市场。虽然随着战争形势的恶化，火车票越来越难以买到，铁路运输也变得不再安全，但是人们的乘车需求几乎没有受到多少影响。在战争的头两年，一些线路上的乘客数量翻了一番。这幅繁荣景象充分体现出铁路时代的战争的新特征。现在，大规模军队可以频繁进行远距离调动。军人们可以在战争时期返回后方休整，与家人团聚。

▲ 被誉为"无瑕的大理石"的罗伯特·李将军。

仅仅在半个世纪以前的拿破仑时代，这些还都是难以想象的事情。

在战争初期，乘坐火车的士兵们并不需要亲自购买车票。他们直接上车。铁路公司只需事后把账单寄到政府相关部门就可以坐等收钱。但是很快，平民中的一些不肖之徒就发现，他们也能浑水摸鱼。只要声称他们是刚刚入伍的新兵，尚未领到军服就能免费搭车。而在铁路公司看来，反正有政府埋单，他们乐得增加客流量，因而无心多事。为了遏制这种欺诈行径，南方邦联军队名将罗伯特·E. 李将军开始给手下需要乘坐火车的士兵发放乘车证件。在登车时，列车乘务员将收取这些证件。然后凭证从政府那里拿到车票钱。此举堪称组织军队进行铁路运输方面的一大进步，但也从一个侧面反映了军方与铁路部门之间的矛盾。

战争爆发不久，针对军队的票价优惠政策就宣告结束。军事运输的收费甚至比民用运输还要高。那些私营铁路公司的经理们通常也把自己视为爱国者，愿意为这场战争贡献自己的力量。但他们首先把自己看作是一名诚实正直的职场人士，必须优先维护自己所属公司的股东们的利益。这就意味着，铁路公司将把自身的经济利益凌驾于军事需求之上。在市场经济的幌子下，其经营活动已经具有敲诈的性质。由此，在军方与铁路部门之间，双方的敌意日益深化。

军方有足够的理由对铁路部门表示不信任。与北方一样，南方人也被铁路的轨距问题所困扰。其境内有两种轨距。靠近北方边境的弗吉尼亚、北卡罗来纳等州普遍采用标准的 1.435 米轨距，而在南方腹地则盛行 1.524 米轨距。这对于需要进行长距离调动的军队来说是一个明显的不利因素。由于所有的铁路公司都不愿更改他们的轨距，运输途中的军队不得不反复上车和下车，而不能乘坐同一辆车在整个铁路网上行驶。

而且，每当前线战斗吃紧时，就有铁路公司宣布涨价。1863 年，当田纳西州境内至关重要的切卡莫加战役开始时，从首都里士满通往该地的铁路票价立即上涨。更有甚者，在 1862 年，一家铁路公司拒绝为军方紧急运输四车皮的军火。事情被闹到了军队高层。后者派人调查后发现，军需官根本无法控制铁路运输。为了确保铁路按要求送达军用物资，这些军需官时常威胁要使用武力。这自然令铁路部门反感，但是铁路公司通常都有政治上的后台，也能得到当地法庭的支持。如果事情真的闹僵的话，军方往往最终都是失败者。

但是在铁路公司看来，军队作风蛮横，不顾他们的死活。各个战区的军事指挥官往往要求把自己的利益置于优先地位，要求铁路部门全力配合他。但是战场形势瞬息万变，经常带来许多紧急运输需求。这会打乱原先的铁路运营时刻表，给铁路公司造成意料之外的经济损失。而且，从铁路运行的角度看，军方的许多要求极不合理，根本不顾及铁路运营时刻表的复杂性。满足军方的这些突发需求会给线路运行造成严重干扰，甚至令整个线路处于瘫痪状态，往往需要几天的时间才能恢复正常，所以除非危机已经近在咫尺，铁路公司很少愿意对军队提出的紧急要求予以满足。久而久之，军队意识到，只有当军事危机迫在眉睫时，他们才能充分使用铁路。于是铁路部门发现，军方正在越来越频繁地把他们的每一项要求都当作紧急情况，以便获得运输优先权。在铁路部门看来，军队是在挟敌情以自重，只为满足一己私利。一些铁路公司曾威胁说，除非排除军队的干扰，否则就中断对军队的服务业务。但这样的威胁通常也只具有短期效果。用不了多久，一切又会重现。

在实际运输军队的过程中，双方也是摩擦不断。当时运兵所用的木质车厢通风不良。长途旅行中，乘坐于车内的士兵们往往闷热难耐。他们会用刺刀大肆破坏车厢上的木板，以便让自己透口气，所以每当运输任务完成时，火车车厢往往惨不忍睹，而且中途停车休息之际，不少士兵们会对铁路上的财物顺手牵羊。最常见的现象就是盗取为蒸汽机车准备的木柴。有时候大规模的酗酒也扰乱了铁路运行秩序。而当运输任务终于完成，轮到政府付钱时，后者总是迟疑不决。

更令铁路公司不满的是，前线指挥官往往私自扣压那些为他们运输物资的铁路车皮。在南方，车皮、铁轨和火车机车都是宝贵的稀缺物资。理论上，可以通过提高车皮的周转速度来提高运输量。当然，这意味着必须加快货物的装卸速度。但是尽管铁路方面向身处前线的指挥官们反复强调这些，后者还是不愿意放还那些已经清空了的车皮。在前线军队看来，为了预防可能出现的意外，必须保留一部分运输车辆，以备不时之需。这种想法在军事上并无错误，但却给后方的铁路运输带来了灾难性的后果。更有甚者，一些部队为了省去建造野战仓库的力气，干脆把这些本应空置的车皮用作他们的移动仓库。

早在战争初期，这些问题就已经出现。当邦联政府要求铁路公司帮忙向前线运去一些面粉时，弗吉尼亚中央铁路公司的回答是"它只有两节车皮可用。剩下的都已经被政府和军队征用"。随着战况日益严峻，军方的要求对铁路的正常运营构成了越来越大的压力。后果就是，军事需求往往不仅压垮了战时的经济运行，也使得进一步的军事行动受到影响。部队和补给的到达时间跟不上计划；费尽力气筹措的物资只能堆放在铁路站台上。1862 年，亚特兰大的一家铁厂——这是南方邦联为数不多的工业资源——好不容易生产出一批铁甲板，原本是要送往新奥尔良。但是由于运输上的延误，直到新奥尔良快要陷落时，这批物资才被送达，显然为时已晚。

军事物资的运输尚且不能得到保证，铁路部门自己的运输事务就更难顾及了。铁路公司时常会发现，由于军方的干涉，他们宝贵的物资、维修配件以及润滑油被迫滞留在车站内达数天之久，根本不可能及时送达需要它们的地方。

在铁路沿线的每一个火车站点，当地的调度员不得不一边应付战时物资短缺的困境，一边与一大批军方和政府的代表周旋。很多时候，铁路公司宁愿优先运输平民，也不愿意为军队服务。这反过来又促使军方以更加强硬的态度对待铁路。由此不仅得罪了铁路公司，也会引发地方民众的广泛不满。因为如果民用运输量被削减，势必会对平民的生活质量造成影响。黑市变得日益猖獗。一些不法之徒通过贿赂铁路员工为他们走私紧俏的消费品，从中牟取暴利。而人们只会把怨气撒在军队头上。

从军事角度看，军方对铁路运行的干涉很多时候显然是必要的。经常出现这样的情况，一方面铁路公司忙于为城市居民运送食物，而前线的军队却缺粮少弹。1862 年，彭贝顿将军鉴于其麾下部队迟迟不能完成其食品储备计划，强令俄亥俄－莫比尔铁路公司暂时停止向莫比尔市输送烟草和谷物，直至他的部队的食物储备充足为止。此举当然引发了莫比尔人的愤怒。尽管当地老百姓都把自己视为激进的爱国者，但是当涉及自己的利益时，无人愿意做出牺牲。一个头脑灵活的家伙把烟草装进棺材里，然后声称里面是一个牺牲了的南方军士兵的遗体。利用这个伪装，这一棺材的烟草顺利地躲过了检查，用火车运进了莫比尔。当地报纸以激动和赞扬的口吻报道了此人的英雄事迹。南方军民关系之紧张，由此可见一斑。

战争结束后，那些打了败仗的将领们纷纷撰写回忆录，经常把他们的失败归咎于南方的铁路运输系统。这显然是不公正的。有好几次，铁路使得军方可以比北方联邦更快的速度集结起部队，并赢得胜利。但是由于运力有限，后续的兵员和物资的补充始终显得乏力，所以最初的胜利势头很难维持下去。另一方面，毋庸置疑的是，除了在紧急的军事危机面前，铁路公司总是给他们的平民乘客以优先照顾。这是由南方的铁路产业结构所决定的。大量的地方性的小规模铁路企业肯定会优先照顾本地区居民的生产和生活需要。

站在铁路公司的立场上，它们也有自己的难处。随着战争形势日益吃紧，运输需求与日俱增。这自然会导致车辆设备加速磨损。木质的车厢尚容易更换，但是铁质的车轮和火车头都很难得到替换。由于设备老化，火车的行驶速度日益减慢。机车的故障频率越来越高，事故率也跟着直线上升。这当然给人留下了缺乏效率的印象。到战争的最后一年，南方的铁路运行速度已经很少超过每小时 10 英里，而在正常情况下，起码应该达到时速 30 英里。有时候，南军的将领们发现，他们的部队坐了三天火车才走了不到 100 英里。这种情况令所有人都感到沮丧。无论是在铁路部门还是在军队里，士气低落的现象不可避免。

只有在一种情况下，铁路公司会主动对军队示好，那就是当军队手中掌握着多余的铁路设施的时候。为了找到补充物资的来源，每家铁路公司都得竭尽全力。一个主要的渠道是军队在战场上的缴获所得。其中还夹杂着一些原本是属于南方的铁路设备，现在失而复得。这些设备成了各铁路公司争抢的对象。每个人心里都清楚，随着战事的延续，运输需求越来越大。那些能够运转良好的铁路机车都是无价之宝。

由于生产能力有限，铁路部门无力对那些报废的零部件进行回收和再利用。这意味着他们只能使用现成的设备，而无力对其翻修保养。这又在铁路公司之间制造了巨大矛盾。

所有铁路公司只有在一点上是利益完全一致的。那就是力求摆脱政府的控制，然后尽最大努力发战争财。但是当战争导致资源短缺时，各家公司都很自然地打起了别家财产的主意。最通常的办法就是趁别家公司的火车行驶在自己的铁路线上时，以种种技术理由来推迟归还。如有可能就浑水摸鱼，将其据为己有。这种恶劣行径使得各家铁路公司之间也有很深的敌意。大家相互指责对方的手脚不干净。他们彼此拒绝合作，甚至联合起来抗拒政府提出的联营安排，因为任何合作措施都可能意味着自己公司的车皮会行驶在别家公司的铁路线上。而所有人都怀疑，别人是否会借口军事需要拒绝及时物归原主。在这种相互提防的氛围下，不仅军队的运输行动极不方便，而且也使得所有铁路公司都处于孤立无援的境地。它们只能依靠自己的力量，解决物资短缺的困难，而办法无非是拆东墙补西墙。

为了不至于使军事行动陷于瘫痪，各家铁路公司不得不开始拆毁部分非重要路段的设施，以满足急需，但就是这个办法也从未得到彻底执行。毕竟，谁也不愿意牺牲自己的私利。当事人要么通过法院诉讼维护自己的利益，要么干脆用武力阻止任何拆毁其旗下铁路设施的行为。就算真的要拆，各家公司也会把拆卸下来的物资设备作为自家的物资储备，绝不会拿去支援别人。

物资可以只留给自己，而人员还是有某种流动的机会。为了应对人力资源危机，各家公司的对策就是挖别人的墙脚。这与他们盗用别家公司的物资的思路如出一辙。但这种方法最多只能改善他们各自的运营状况，对于整体的铁路运输并无助益。

到战争后期，随着形势进一步恶化，不仅一些支线要被拆毁，甚至连完整的铁路网也难逃一劫。佛罗里达州至阿拉巴马州的铁路就是这样。修建这条铁路耗费了大量的资本和人力。但是这条身处后方的铁路很难对前线提供多少帮助。于是它只能被视为一个物资储备库了。随着大量的机车和车皮被调走，使得这条大后方的铁路没有多少业务可言。但是当公司发现自己连铁轨都保不住的时候，愤怒的情绪终于爆发。公司一面派人跑到里士满，寻求中央政府的支持和干预；另一方面派人秘密调查其他公司，掌握了证据之后就公开声称一些公司盗取了他们的财产，但所有这些努力几乎没有任何作用。南方邦联现在急需铁路，其他问题根本顾不上。经过反复交涉，铁路公司最终于战争失败前夕的 1864 年拿到了一笔经济补偿，不过补偿额度只能以 1862 年的价格为准。由于战时通货膨胀，这些钱在 1864 年已经一文不值了。

在整个战争期间，南方邦联先后三次试图解决各个铁路公司之间的协作问题。当战争爆发时，南方邦联总统任命了一位军需官，统辖弗吉尼亚境内的所有铁路运输事宜。尽管这个人聪明又能干，但是出于权力分配上的担心，总统不愿授予其实权。要想达成任何结果，只能通过劝说的方式。即便能成功，也需要耗费大量的时间。再说劝说也并不总是有效的。到战争的第二年，铁路运输的问题已经被南方邦联的参议员充分认识。后者考虑通过一项法案，组建一个由军方牵头的铁路监督部门。这个部门还需要吸收各个地方上的铁路公司的代表，以改善当前各管一段、协作不力的局面。一个独立的机构将负责监督各个铁路公司之间相互出借的车辆设备，并制定统一的时刻表。这个想法完全符合实际需要，但始终得不到国会多数的赞同。

有太多的地方利益反对这个法案。随着战争形势的发展，运输形势日益恶化。直至败局已定的 1865 年 2 月，国会才终于通过了一项法案，授权建立一个监督管理机构。这不过已是亡羊补牢。

北方的铁路

与南方邦联相比，北部联邦能够更好地实施铁路运输管理和集中控制。早在战争爆发前夕，连接首都华盛顿至巴尔的摩、费城的铁路线就已经被政府接管。在当时的紧张局势下，此举实属必要，但这种侵犯私人财产的行为也使得林肯背上了独裁者的骂名。为了缓和反对的声音，在随后的战争期间，联邦政府很少再采用这种直接接管铁路的措施，而是更多地依靠间接控制的办法。1862 年，国会通过了一部法案，使得政府在其认为有必要时可以直接接管相关铁路。但是这部法案更多的是作为一种施加压力的手段，以劝服那些私营铁路公司与政府合作。在讨论这部法案时，国会军事事务委员会主席清楚地阐释了它的重要性。"这部法案的目的就是，政府无须得到任何人的首肯，也不必与铁路经理们谈判，就可以进行大规模的人员和物资运输。而且，政府想运送多少人就可以运送多少人；想运什么样的货物就可以运什么样的货物；想运到哪里就可以运到哪里。如果有必要的话，可以在一条铁路线上进行集中运输。"这部法律就像高悬的达摩克利斯之剑，迫使铁路公司与政府建立紧密和具有强制性的相互合作。总体来说，这种合作是成功的。强有力的措施使得铁路虽然未被划入军队管理，但是却可以保证军队的优先使用权。那些铁路公司的小算盘被有效遏制住了。在战争期间，北方联邦的铁路系统不仅可以满足战争需求，甚至在战争的刺激下，其运输能力还大幅度提升。

北方联邦军队的一大创举是组建了世界上最早的专业铁道兵部队。它的第一项任务是在华盛顿附近修建两条路线。长度分别只有 9 英里和 11 英里。其理由与森特勒维尔铁路如出一辙，都是为了及时向驻扎在首都周围的部队运输补给。

战争促使交战双方各自建造新的铁路。为了节约经费，缩短工期，新修铁路的寿命往往很短，仅仅是为了应付当前的军事需要，基本上不考虑在战后继续使用的问题。铁路的路基通常都很粗糙，缺乏排水设施。这种在短期内一蹴而就的战时铁路需要大量的技术维护工作。由于粗暴操作和高负荷使用，设备磨损速度很快，必须经常更换各种零部件。对于工业实力雄厚的北方而言，这不算什么大问题。但对南方邦联而言，这就是个无法逾越的障碍。因此只有北方联邦军队可以大规模修建战时铁路，也只有他们才需要组建专门的铁道兵部队。

组建初期的铁道兵部队，其成员是从各个部队当中抽调来的。人员的技术水平参差不齐，普遍缺乏相关技能，而且在心理上，官兵们也不愿意接受自己作为一名"铁道兵"的身份。他们认为这种"脏活"不符合军人的职业传统和荣誉观念。这种想法在军队中非常普遍，不仅影响士气，而且也使部队的工作易于受到其他野战部队的干扰。

为了提高铁道兵的作战效能，军队一方面进行技术提升，另一方面进行组织革新。1862年，林肯任命了一位原铁路公司经理丹尼尔·麦克卡伦为铁道兵总监。所有各个战场上的铁道兵部队都受其节制和管辖。每一名当地铁道兵部队的指挥官都拥有相应的军衔，而且通常都不低。这是为了确保他们的工作顺利进行，免受其他部队的干扰。

这项任命表明，美国政府已经认识到，战场上的军队总是急于接管他们所能看到的所有火车，以方便他们自己的军事行动。这是非常不可取的。铁路是一台复杂、高效，同时又很脆弱的运输机器。它只能由那些经验丰富的专业人士来维护和运转，而不是直接交给军人来管理。崇尚勇武之气的军人们通常不能理解铁路运行的复杂性。实践表明，试图用武力强行推动铁路的运行是不可能的。这只能加剧运输混乱。对一列火车的运行进行干扰最终将影响到整条线路的畅通，所以在铁路运输问题上，铁路部门应拥有最后决定权。军队不应插手铁路运输的具体事务，正如同军人不应让不懂得打仗的平民冲锋陷阵一样。

基于这些理念，北方铁路部门虽然受到政府的严密监管，但在与军队打交道时底气要硬得多。战争初期，指挥弗吉尼亚军团作战的约翰·波普将军刻意忽视其手下的铁路运输总监豪普特的意见。后者一怒之下拂袖而去。然而仅仅过了十天，波普就发现，铁路运输陷入混乱，几近于瘫痪。于是，豪普特又被从家里请了回来，而且还明确赋予其更大的权力。但是波普本人并未从中吸取教训，他始终未能充分利用手中铁路运输的潜力。这也是导致他吃败仗的原因之一。这位将军对铁路的态度的一个典型例子是，有一次，他命令豪普特把分布在铁路沿线各地储存的补给品一股脑地运往部队驻扎地，以便于他想起要什么就可以立刻得到，免去了等待之苦。这位将军只顾自己方便，全然不考虑由此带来的运输和储存问题。这种荒谬的要求当然不会得到豪普特的支持。

另有一次，豪普特拒绝了另一位将军的要求。后者要他运送 10000 名官兵前往 18 英里以外的地点。在豪普特看来，仅仅为了如此短距离运输就要打乱已经制定的铁路时刻表，实属得不偿失，因而拒绝照办。那位盛怒之下的将军威胁要逮捕豪普特和他手下，然后由军官们出面管理铁路运行。豪普特毫不退缩，立刻向军方高层申诉，并得到了来自高层的全力支持。

与南方的情况类似，北方铁路部门的工作也经常因运载官兵过程中的种种问题而受到妨碍。特别是军官们，他们总是习惯于带着大把的行李和私人物品上战场。到 1862 年年末，在战争部的全力支持下，铁道兵司令麦克卡伦已经大大消除了这些现象。军方高层给部队下达了严格的命令，任何胆敢拖延火车装卸时间的军官都将受到处罚，而且，不论军衔高低，任何人都必须服从铁路部门相关人员的指示。胆敢干扰铁路运行的人将被革职查办。

在整个战争期间，麦克卡伦也面临着物资短缺的问题，只不过程度不及南方邦

▼ 铁道兵修复的铁路桥梁，全木质结构。

联的严重而已。和他的敌人一样，由于经常面临材料短缺，一些铁路支线被拆卸，以收集必要的铁轨。一些原本的铁路机车厂转产军火。高素质的铁路工人也不大愿意在政府军队下属的铁路线上干活。他们更愿意在私营铁路线上谋一份差事，因为那里的工资更高。但是总体上，北方军队铁路的运行从未因这些问题受到严重影响。他们的物资相对充足，不仅可以满足新修铁路工程的需要，还经常顺带着把原有的1.524 米轨距的铁路改回标准的 1.435 米轨距。在许多单线铁路上，他们修建了不少支线和环形线，这样就可以大大提高铁路运行效率。当然，铁路沿线的加水站和加煤站的建设也必须跟进。

到战争后期，随着北方军队逐渐深入到南方腹地，铁道兵部队紧随在野战部队后面，负责接收和修复南方的铁路，同时还要根据形势需要修建新铁路。很多时候，他们发现，自己很难利用缴获的南方人的铁路，因为后者实在是太过破旧。一位从远处观察南方火车运行的北军将领，甚至把行驶中的火车形容为是在一个搓衣板上蠕动的爬虫，不断地起伏颠簸。在铁路运输问题上，南方邦联军队的窘迫和北方联邦军队的雄厚实力由此形成了鲜明对比。

围绕铁路的战斗

铁路实力上的差距使得南方邦联军队很快认识到，有必要切断北方军队的铁路线。由此，这支军队成为最早的"铁道游击队"。早在战争之初，南方军队对北方铁路的袭击就开始了。其中巴尔的摩至俄亥俄铁路损失最为惨重。这条铁路从华盛顿出发，沿着南北分界线向西延伸，自然成为南方军队的首选目标。铁路沿线的工厂不止一次地遭到占领和破坏；桥梁被多次烧毁。

马里兰州是一个留在联邦内的蓄奴州。有时候，南方邦联为了在政治上争取这个潜在盟友，会允许该州的民用火车通过由南方军队占领的地区，算是照顾他们的经济利益。这本来是一种政治上的默契，却被南军中鼎鼎大名的"石墙"杰克逊将军所利用。自 1861 年 11 月起，这位奔牛河战役的英雄负责弗吉尼亚西部的谢南多厄峡谷的防务。峡谷的北边就是波托马克河，与马里兰州接壤。该州的火车经常需要穿越南方军队据守的地区。杰克逊通知当地铁路部门的负责人，由于夜间行车扰人清梦，他们的火车只能在 11:00 至 13:00 之间通过他的部队所控制的地区。杰克逊意识到，这种交通限制将使得在特定时间内的运输量大大提升。这正是一网成擒的好机会，结果他很顺利地俘获了至少 56 辆机车和大约 350 节火车车皮。

由于战利品太多，杰克逊不可能全部带走。他从中挑选出状态最好的一部分机车和车皮，把它们拖出铁轨，用马匹把它们拖往南方。随同运走的，还有大量铁轨。对于那些无法带走的战利品，杰克逊就对其大肆踩踏。桥梁被烧毁；火车被直接推进河里，条件允许时还要再用大铁锤加以补充破坏。

从军事角度看，杰克逊的袭击非常成功，通往西部的铁路线被迫关闭达数月之久。但他也付出了道德上的代价。他所攻击的目标不是军队，而是私人财产。这使得北方人把他视为一个十恶不赦的罪犯，而不是一名光明正大的军人。

南方军队对铁路最成功的一次袭击发生在 1862 年圣诞节。当时北方军队计划从肯塔基州南下攻入佐治亚州。因此，位于肯塔基境内的路易斯维尔至纳什维尔的铁路就成为其运输动脉。数百名联邦军队士兵沿铁路线展开，实施武装巡逻，而且他们还在桥梁处设置了栅栏等障碍物。然而，凭借着突然性的优势，南方的骑兵成功消灭了守备部队，并且在全身而退之前烧毁了桥梁，铲除了铁轨。这次袭击直接影响到北方军队作战计划的实施。

当然，依靠骑兵深入敌方腹地袭击铁路。这并非南方军队的专利。在弗吉尼亚腹地，北方军队的骑兵也时常出没，令当地铁路运输无安全可言。这些骑兵有时候会袭击车站，烧毁建筑物以及里面存放的物资。更令人头疼的是，他们对身处旷野中的铁轨进行破坏。修复车站内的建筑物相对容易，修复车站外的铁轨却费时费力。在野外，铁路工人必须在军队的保护下，才能展开维修作业。虽然维修工作最终总能完成，但是这些工作占用了大量的人力资源和许多紧俏的金属物资。这对资源匮乏的南方邦联而言，无异于雪上加霜。

随着战争的持续，交战双方破坏铁路的技能都越来越熟练。内战时期的美国铁路桥基本都是木质结构，用火烧远比用火药更有效。通常在桥墩处堆放上木柴等易燃物，如果能在火上浇点油的话，就可以把整座桥烧得一干二净。但是燃烧也有其不利之处。在天气潮湿的季节，燃烧需要更多的时间。而且对纵火者而言，一旦浓烟升起，就等于暴露自己的行踪，很容易引来追兵。要想全身而退，必须抓紧时间，及时逃离现场，所以用纵火的方式破坏铁路，并不总是能够获得成功。

到战争后期，铁路袭击者越来越喜欢使用火药炸桥。具体办法是在桥墩壁面上凿孔，然后往里面充填火药，加以引爆。但是桥梁并非唯一的目的，在破坏铁路沿线的仓库时，纵火仍是首选。有时候，袭击者也希望放火烧掉机车，但是金属不像木头那样脆弱，单纯放火很难达到效果。最好同时用铁锤砸坏其中的关键部件。最有效的破坏机车的方法是对蒸汽锅炉直接来上一炮，但是袭击者往往都是身处敌后的游击队员，必须轻装上阵，很少有机会带上火炮这类重武器。一个有效的替代方法是放空锅炉水箱里的水，同时添柴加火，令其干烧。这样就会令炉腔内的金属熔化。即便可以修复，也要花费大量工时。

对铁轨的破坏方式也经历了一个从摸索到成熟的过程。早期的铁轨质量并不是很高。人们很容易想到，可以通过在轨道下方生火，将其加热。当金属受热变软时就可以将轨道弯曲。当然，如果在整条铁路线上只对一两处铁轨进行弯曲，破坏效果是非常有限的。因为袭击者固然可以将铁轨弄弯，修路者也能再将它加热扳直。所以，最彻底的方法是尽可能对整条铁轨进行弯曲处理。弯曲的角度越大越好，最好能把一根原先笔直的铁轨弯成螺旋形。而且，仅仅进行横向的弯曲是不够的，应该加上对铁轨本身纵向的扭曲。如此才能使破坏尽善尽美。当然，进行如此彻底的破坏，其工程量非常可观。据估计，一支大约1000人规模的军队，平均每天也只能破坏5英里长铁路，所以这种破坏方式只限于大规模军队即将撤退之际。对于进行敌后破坏的小部队而言，纵火仍然是他们的主要方式。当然，下雨或者潮湿的天气会对作战效果产生很大影响。正如联邦军对亚特兰大附近铁路所做的攻击所显示的那样，这是战争期间最为著名的针对铁路发动的军事袭击。

1862年4月，联邦军队的安德鲁上尉和19名手下偷偷跨越战线，深入到南方腹地。目的是破坏查塔奴加至亚特兰大的铁路线。他们化妆成难民，渗透到亚特兰大郊外20英里的地方。在当地的一个火车加煤站，渗透者夺取了一列火车，然后向查塔奴加方向逃去。慌乱中，他们没有把客车车厢连上，只是带着三节货车车皮开走。列车司机福勒原本以为他只是遇见了一群逃兵，在麻痹了看守之后顺利跳车逃跑了。当他徒步到达下一个站点时，他从他的同事那里得知，刚刚他所驾驶的那列火车来过这里。车上的人大肆破坏火车站的设施，不仅切断了电报线，而且还拿走了那种用于破坏铁轨的特种工具。福勒立刻意识到，那些人不是逃兵，而是潜伏进来的北方军士兵。于是，他和另外两名同事跳上一辆手动压杆驱动的铁路修理车，去追击敌人。

此时，已经跑出一段距离的安德鲁上尉不时停下火车，用刚刚缴获的设备破坏他身后的铁路，目的无非是阻挡身后可能出现的追兵。但是这一招恰恰对福勒等三人是无效的，因为他们的座车极为轻便。当遇到铁轨损毁情况时，福勒和他的同伴们就跳下车，然后用手把他们的坐车抬过那些已经破损的路段。就这样，他们最终到达了下一个火车站。在那里，他们得知，一名邦联军队的军官刚刚路经此地。他向当地铁路调度员声称，自己身后那三节火车车厢中是运往前线的紧急军火，要求获得优先通行权。这个调度员不明就里，就把其他列车暂时引导到侧线上，空出主干道让这个军官和他的火车一路向北狂奔。

得到这个消息后，福勒决定继续追赶。他和他的伙伴在车站里很幸运地发现了一辆旧机车，而且现在又有6名南方军士兵志愿加入。于是，这支武装起来的队伍又浩浩荡荡地出发了。虽然壮大了实力，但是火车机车却妨碍了追击。因为当安德鲁上尉继续破坏他所经过的铁路时，这些追兵只能跳下火车，徒步追赶。

但是这帮追兵的运气非常之好。走不了多远，他们就发现有一列火车正在朝南面开过来。他们截停了列车，并成功说服司机加入他们，掉头追击。为了加快速度，轻装上阵，火车所拖载的车厢被卸去并被推入旁边的支线，只剩下机车车头载着一行人前进。他们现在已经饥肠辘辘，但仍执意向前。

终于，他们赶上了目标。与此同时，安德鲁上尉也发现了身后的追兵。此时已容不得他停下火车，继续破坏铁路。他往身后的铁路上不时抛下一些杂物，试图阻止追兵。但这只是一些轻微的障碍，很容易被排除。眼看追兵将近，安德鲁又心生一计。他命令把最后面那节车厢与机车脱离，希望它与后面的火车相撞。但是福勒他们巧妙地减速行驶，结果只是发生了轻微碰撞。无论是车厢还是机车，都没有被撞出铁轨。于是追击继续上演。安德鲁不甘失败，又放出了一节车厢。结果还是没能成功。福勒他们把这两节车厢推到一条支线上，然后自己再退回主干线，继续赶路。很快，安德鲁上尉打出了手里最后一张牌。他把他的最后一节车厢点燃，然后再释放出去。追兵们以更加巧妙的方式接招。他们以极为缓慢的速度缓缓与燃烧着的车厢靠近。然后，推动着这节着火的车厢一起前进。这时，安德鲁的机车也只剩下一个车头。按理说它应该跑得更快。但不幸的是，燃料和锅炉里的水都已经耗尽了。安德鲁和手下人不得不停下火车去收集水和木柴。最终，一干人全被俘虏，从而结束了这场横跨100英里的追逐。安德鲁上尉之所以失败，关键原因就在于，由于天气不良，他放火烧桥的企图未能得逞，否则绝不可能出现这种长距离追击。

总的来说，南方军队对北方铁路的袭击要比北方人对南方铁路的袭击更为成功。这是由这两支军队的特征所决定的。南方的乡村生活把这里的人培养成了勇敢、坚毅且极具独立生存能力的战士，同时也造就了他们桀骜散漫的天性。南方士兵对于大规模的组织生活、刻板的军队纪律都感到不耐烦，而后者正是生活在工厂林立的北方地区的人们所习惯的，所以北方军队更注重团结、纪律和军事操典。在战场上，南方军人机动灵活，勇敢善战，但是组织纪律性不强，往往不能在关键时刻倾注全力，以至于多次功亏一篑。相对的，北方军人较缺乏主动精神，但遵守纪律。只要领导得力，他们就能取得优势。但如果指挥官判断失误，往往会导致大灾难。这种精神气质上的差异使得南方军人更适合深入敌后，打游击战。而北方军人则更适应正面战场作战。

反复较量

然而凡事总有两面性。南方军队对敌方的铁路破坏更为成功。这反而刺激了北方军队中铁道兵部队的发展壮大。战争初期组建的铁道兵部队十分弱小，其职能也有限。除了在华盛顿附近修建两条较短的铁路线以外，他们的主要职责就是维护军队通往后方的铁路线的畅通，保障前线供应。但是随着南方军队对北方铁路线的破坏，以及他们自己在撤退时对当地铁路设施实施的焦土政策，迫使北方铁道兵部队不断提高自己的业务水平。

1862 年春，当南方军队决定拆除森特勒维尔军用铁路之际，他们也一并拆除了这一地区所有的铁路线。桥梁被焚毁，铁轨被拆除运往后方。这种彻底的破坏有效阻止了当面敌军对自己的追击行动。只有当南方邦联军队撤退之后，北方联邦军队才能占领这块荒凉的地区。在进一步向前推进之前，北方人必须着手重建这里的交通。此前负责照料这一地区北军后勤的豪普特被授予全权，管理弗吉尼亚境内的铁路运行和修复工作。他立即着手，动员了附近地区所能找到的所有木匠，利用一些粗陋的木头重新建起桥梁。其效率之高，工作之出色，甚至令林肯大为赞叹。而在南方，主要是由黑人奴隶组成的铁路修护部队通常需要数天至数周的时间才能修复那些被焚毁的铁路桥。

在实际工作中，豪普特发现他手下人员的技术水平参差不齐，而自己又很难及时传授相关的知识技能。因此，他建议军方对铁道兵部队进行更加细致和专业的组织建设，包括组建专门的筑路部队、桥梁建设部队、仓库管理部门等等。豪普特还

∧ 刻有豪普特将军名字的火车机车。

将所需的各种工程器材予以标准化，例如预先制造标准的桥梁部件，在实际修复铁路桥梁时可以大大加快工程进度。他还沿铁路线建造了专门储备各种器材的仓库，以确保及时供应。为了表彰豪普特的工作成绩，同时也为了进一步方便他的工作，军方授予他准将军衔，全权掌管弗吉尼亚州建筑和运输部门。作为一名将军，豪普特现在有足够的权威抵制一切干扰他工作的军队人员。

通过从弗吉尼亚获得的经验，联邦军队组建了规模更大的铁道兵部队，总人数达10000人。它分为两支独立的部队。每支部队都配备了种类齐全的技术人员，尤其是筑路工人和桥梁工程师最为关键。它们可以单独跟随一支野战部队前进，独立承担所有建设铁路方面的相关事宜。完善的组织建制和强大的技术能力，为北方联邦军队最终征服南方提供了强有力的铁路后勤保障。

从1861年夏季的奔牛河战役之后的两年时间里，战争双方的主要精力都放在了战线东部的弗吉尼亚战场。具体而言就是北起华盛顿，南至里士满的大约100英里的地域内。双方都以夺取对方首都为目标，把这种直捣龙潭的战略视为迅速赢得战争胜利的不二法门。为此，在北弗吉尼亚这块不大的地域内，双方你来我往，来回拉锯。尤以 1863 年 7 月初的葛底斯堡战役为其顶峰。所有这些战役都是正面攻坚战，规模宏大，伤亡惨重，但在战略上并不具有决定性意义。特别是对南方邦联而言，这些战役消耗了他们宝贵的人力物力资源，既没能达成迅速赢得战争的初衷，又影响了后续的持久战战略的实施，实属得不偿失。

当然，正如北方联邦军队利用海军优势实施侧翼攻击一样，南方邦联也动过迂回包抄的脑筋，只不过它的铁路系统不能支持军队的长距离快速移动。早在 1862 年年初，鉴于驻扎在谢南多厄谷地的杰克逊对马里兰铁路线的大规模攻击，联邦军队迅速派遣了约 10 万大军前来此地。如此大规模的军事行动不仅仅是为了保护马里兰州的铁路运输安全，更重要的是排除南方政治和军事势力对马里兰的一切影响，以确保这个蓄奴州留在北方阵营内。

谢南多厄谷地位于弗吉尼亚西部，呈东北—西南走向，东西宽 25 英里，南北长 140 英里。它距离曼纳萨斯以西 90 英里处。这个谷地不仅是弗吉尼亚重要的粮仓，而且掩护着弗吉尼亚至田纳西州的铁路线。后者是至关重要的东西向交通动脉，因而势在必守。面对强敌，手头只有 17000 人的杰克逊缓慢向南退却，以诱敌深入。但是北军无意追击。很快，大部分军队就被调往即将渡海远征的波托马克军团。而随着该军团即将开辟弗吉尼亚东部战场，林肯又从峡谷内调走一些部队，以加强华盛顿的卫戍部队。剩下的部队只能满足于把南军摒除于峡谷北部以外。这时轮到杰克逊发动反攻了。当他发现当面敌人被削弱之后，立即挥军北上，主动挑起战端。坐镇华盛顿的林肯不得不再次派出增援，使其实力达到 52000 人。为了凑足人数，即将投入战斗的波托马克军团也被削弱。这为该军团日后的失败埋下了种子。

这一次，北军强化其在谢南多厄谷地的兵力，不再是为了单纯的保平安，而是力求歼灭当面的南军，然后由此南下，与海上登陆部队形成东西夹击之势。然而尽管拥有三比一的兵力优势，北军因为战术呆板，后勤不力，终究还是吃了败仗。从 3 月下旬到 6 月初，南军在杰克逊的领导下纵横驰骋，反复冲杀，先后五次击败对手。到 6 月 9 日共和堡战斗结束后，南军已经明显占据上风。杰克逊要求里士满派来援军，以便他能趁势发起反攻。如能成功，他就有机会顺势杀入马里兰，向华盛顿进军。但坐镇中央的罗伯特·E. 李将军最终只能派给他 14000 人。

然而事实证明，即便是这点兵力也不可能及时达到。因为运输所涉及的两条铁路线上都无车皮可调。铁路公司声称，他们的火车已经被派去运送战俘。而负责此事的军需官拒绝返回车皮。最后，不得不从其他铁路公司那里暂时借来车皮进行运输。但损失的时间已经无法弥补。鉴于时机已失，援军即使赶到战场也不能扩大战果，原先的作战计划只好废弃。十天之后，不是援军前往谢南多厄谷地支援杰克逊，而是杰克逊带着大队人马反向前来支援李在里士满附近的战斗。

在杰克逊的支援下，李最终挫败了波托马克军团对里士满的进攻。但这次胜利仍然无法掩饰南方邦联军队所处的窘境。作战行动必须迁就铁路运输的形势，使他们不可能及时抓住战场上转瞬即逝的机会，也把一切长远的战略打算置于一个不确定的基础之上。更可悲的是，这种不确定性在很大程度上是军方自己造成的。整整两年之后，同样的故事在谢南多厄谷地再次上演。1864 年 5 月 15 日，一支 10000人的北军部队进攻谷底北部的钮马基特，结果为 4000 人的守军所阻。南军派出一支增援部队前往该地，以求扩大战果。但是当这支部队行进到距离目的地以南 100英里的林奇堡时却裹足不前。因为派来接运他们的车皮数量不足，只能通过分批运输的方式把部队送达目的地。但是这支部队的指挥官拒绝接受分批运送的方案。除非一次性派来足够的车皮，否则他宁愿让整个部队原地待命。这个非分的要求扰乱了整个铁路运行秩序。结果，当他们抵达战场时，早已错过了战机。

在战线的西部，战斗是徐徐展开的。南方邦联军队首先从密西西比州向西北攻入了密苏里，同时窥伺着近旁的肯塔基州。目的是支援这些地区同情南方的政治势力，从而令这些暂时中立的蓄奴州最终倒向南方。然而事与愿违，联邦军队也迅速开进这些州。到 1862 年年初，这些原先只希望保持中立的边境蓄奴州已经被北方联邦牢牢控制。它们成为北军进军密西西比河的前进基地。

为了抵御北方军队这个新开辟的西部战场进入南方，南方邦联军队于 1862 年春季首次利用铁路进行大规模的军事集结。大约 40000 人从东西两个方向向位于密西西比州东北方的科林斯集结。这里是一个铁路枢纽。东西走向的孟菲斯至查尔斯顿铁路和南北走向的俄亥俄至莫比尔铁路在此交汇。

然而运输过程并不顺利。不仅缺乏车辆，而且组织不力，士气低落。并不是所有在铁路上工作的人都向着南方这边。一些人被指控故意导致运输线路堵

∨ 豪普特将军的手下正在修复铁路。火车头上写着他的名字。

▲ 北方联邦军队为保卫铁路沿线而改装的装甲列车。

塞。但是即便是那些忠诚的员工，由于他们已经数周未能领到薪水，以及军队征用他们的住房，同样导致诸多不满。运输往往要比计划延期数小时。由于铁路沿线的补给站缺乏人手，有时候，军队不得不自己设法收集柴火。否则火车就动不了。

4月7日清晨，在位于科林斯以北20英里处的希洛，45000名南军士兵对当面的67000名北军官兵发动了突袭。希洛战役由此打响。面对敌人的强大攻势，联邦军统帅尤利西斯·格兰特虽然感到吃惊，但并未惊慌。南军的攻势虽然在初期非常成功，但他们犯了战线过宽、兵力分散的错误，未能给敌人造成致命打击。待北军稳住阵脚以后，他们的兵力优势就开始发挥出来。格兰特的部将威廉·谢尔曼于第二天率军包抄到敌后，一直摸到南军的炮兵阵地和野战医院附近。此时南军锐气已失，实力不济，加上主将阵亡，不得不着手撤退。

一旦战役失败，铁路部门还要负责及时撤离那些他们费了九牛二虎之力才送到前线的人员。南方铁路部门精心制定了从科林斯撤退军队的计划，但是事到临头却发现车皮不够。与之前不同的是，现在这些人当中还包括8000名伤员。他们需要占据车厢内更多的空间。为此，大量诸如马车之类的行李辎重不得不被放弃，最终被付之一炬。由于组织混乱，原计划应开往南方的列车却往西边开，结果被堵了回来。而此时通往南边的铁路桥已经被后卫部队点燃。幸运的是，这些火车还是顺利冲了出来。大概是由于缺乏经验，北军的侦察兵把这种热火朝天的运输场面理解为敌方的增援举措，而不是撤退行动，因而整个撤退行动未受干扰。

当南方邦联的军队撤出科林斯之后，北方军队顺势占领了这里。南部邦联就此失去了穿过此地的东西向战略铁路。这是整个南方邦联铁路交通体系走向崩溃的先兆。

走向终结

就在希洛战役之前的一个月，北方军队已经攻占了密西西比河上游的孟菲斯。而在战役之后的一个月，北方海军又攻陷了密西西比河口的新奥尔良。现在，北军获得了密西西比河上游和下游的控制权。在接下来的几个月里，北方军队从上游和下游同时相向沿密西西比河进发。如能早日会师，则可将分布于河两边的南方邦联各州一分为二。而实现这个目标的关键则是夺取位于河流中游的维克斯堡。这座临河而建的军事要塞是连接南方密西西比河两岸的主要交通要道。河的西边就是南方邦联的战略后方，是其人力和物资的来源。

格兰特深知维克斯堡的重要性，早有夺取之意。但自希洛战役之后，北方联邦军队的进军并不顺利。随着深入到南方土地，后勤补给问题越来越严重。而南方军队现在是在本土作战，熟悉地形和环境。从1862年下半年开始，西部战区的南方邦联军队基本上被划分为西方和北方两支部队。彭贝顿将军率领大约36000人驻防维克斯堡及其附近地区，面对自西北方向而来的格兰特部队。而在北方，自科林斯撤出的南军部队经过重组，现在由布拉格将军率领，牵制住已经抵达该地的北方联邦军队。由于实力上居于劣势，南方邦联军发挥自己在骑兵方面的优势，屡次绕道敌后，烧毁北军的后勤补给基地。这种避实就虚的战略大大延缓了北方联邦军的进军速度。后者在整个1862年下半年只能忙于巩固自己的后勤补给，未能再取得更多的战果。到冬天来临时，双方罢兵休战，各自宿营过冬。

1863年春，大地复苏。格兰特于4月初积极行动起来，率领麾下50000人的大军准备夺取维克斯堡。其对手彭贝顿此时大约也有50000人，但其中至少20000

人位于密西西比后方。还有 20000 人部署在堡垒东部 50 英里的杰克逊火车站周围。维克斯堡本身只有大约 13000 人的守军。这种遍地撒胡椒面的做法也是不得已之举。因为仅仅固守堡垒本身是无效的。敌军已经控制了密西西比河两端，格兰特的部队可以从南北两边渡河而来，只要切断堡垒通往东部后方的铁路线，就能取得瓮中捉鳖的效果。所以对南军而言，不仅要守住要塞，更要护住身后的铁路。

然而说来容易做时难。早在战役初期，格兰特手下的 1800 名骑兵就渡河东进，深入密西西比腹地达 600 英里，目的就是要广泛破坏南方的铁路。事实证明，北军的骑兵并不比他们的南方对手差多少。他们对密西西比州的铁路网进行广泛的攻击，其最大的目标是密西西比的中央铁路。由于无法将战利品带回后方，这些骑兵只能将缴获的火车予以破坏，然后丢弃。南军只剩下两个火车头可用，纵然还有一部分铁路控制在自己手里，运输能力还是非常有限，每个月只能开出 15 趟列车。在一处被废弃的路段，由于两边的桥梁皆被破坏，南方军队为了利用这里铁路上尚存的一些车厢，不得不用马来拉动它们，做有限的移动。面对这番令人沮丧的情景，彭贝顿将军下令拆毁所有幸存下来的火车。此举遭到了当地铁路部门的抗议。通过向南方邦联中央政府的申述，这个命令最终被撤销。大概彭贝顿自己也意识到，形势日益绝望。他还是把尽可能多的铁路沿线的设施和器材拆掉，运往佐治亚州继续使用。这项工作无疑需要牵扯他的精力，以及相当的人力资源。在顺境时，铁路固然是军队战斗力的倍增器；当面临逆境时，它也会牵制和分散军队的战斗力。

到 5 月初，格兰特的大军也分成几支，相继渡河。彭贝顿一时无法判断，究竟哪一支才是主攻部队。更何况自己手下的人马分散，后勤不续。如果正面对抗，他也信心不足，所以不得不再次祭出去年的法宝——绕道敌后，断其粮草。这也是给自己补充给养的好机会。理论上，彭贝顿的决策完全正确。特别是随着联邦军大举渡河，他们的后勤供应现在更加困难。但是令他未料到的是，格兰特竟然下令让部队摆脱对后勤基地的依赖，每人只携带五天的口粮，如果不够只能设法就地取食。此举虽然冒险，但由于不需要顾忌后勤安全，联邦军获得了明显的机动性优势。彭贝顿率军多次与敌人周旋，但纯属徒劳。而且在这种反复机动过程中，南军也感到疲惫不堪，士气低落。5 月 17 日，彭贝顿被迫放弃搜索，全军退回维克斯堡。接下来的两周里，格兰特多次强攻这座要塞，但也是徒劳无功，最后只能选择围城。堡垒内的守军也很困难。去年彭贝顿曾以牺牲民用运输的代价为自己运输粮食，但如今粮食储备已经耗尽。到 6 月中旬，士兵的每日口粮被削减至原先的四分之一。

两周后，维克斯堡打出白旗。

至此，密西西比西部战场上的邦联军已经完蛋。联邦军队可以从密西西比河南下墨西哥湾。南方邦联已经一分为二。在密西西比州北方，领军作战的布拉格将军马上意识到，自己很快就会面临腹背受敌之势。他随即决定向查塔努加撤退。

布拉格深知敌人一定会沿着铁路向东打到查塔努加。而只要能够赶在敌人之前在这里集结起足够的军队，自己仍有翻盘的机会。时间是一个关键因素。所有的骑兵和炮兵部队奉命走陆路向东开拔。而大量的步兵则需要利用火车，做一个 U 字形的长距离运输。部队首先从密西西比的东北部坐火车南下莫比尔湾，在那里用渡轮跨过海湾，然后再登上火车，北上亚特兰大。这里是查塔努加的南大门，足以掩护这个战略要地。作为先头部队的一个师，运输非常顺利。大部队随即出发。

所有相关铁路都已得到通知，因而得以事先做好准备。士兵们每人携带一周的给养，以避免途中因外出寻求给养而延误时间。而且，铁路沿途的三个城市都已事先安排好后勤供应。火车每到一个车站，给养会被直接送到站台上。这样，士兵们也就没有理由自己四散乱跑，造成混乱了。为保证运输顺利，纪律得到重申，所以整个运输过程中未发生大规模的酗酒骚乱事件。在各方面的共同努力下，在十天之内，25000 人安全走过了 750 英里距离。这是个了不起的成就。南方的战略形势也因此有所改观。

当然，鉴于南方糟糕的军民关系，这种和谐的景象不可能维持太久。1863 年 9 月，布拉格将军撤出了查塔努加。与此同时，一支北军部队攻占了查塔努加以东 110 英里处的诺克斯维尔。布拉格害怕遭到包围。他再次要求从东部战场调派援军。来自弗吉尼亚的 12000 援军不得不依靠已经超载并且日益破旧的铁路赶来。但由于诺克斯维尔失陷，增援部队不能直接开到查塔努加。他们必须首先南下，绕道佐治亚州首府亚特兰大。这时候就需要当地州政府经营的"西方与大西洋铁路公司"的帮助了。佐治亚州州长布朗趁机敲诈，把为军队和军事物资的运输价格翻了一倍。此举令波拉格将军极为恼火。他威胁要武力夺取铁路，以保障自己的供给线。布朗一方面通知里士满的中央政府，另一方面威胁这位布拉格，如果胡来的话，就让所有的铁路工人回家休息。那就意味着铁路将彻底瘫痪。大战在即，军方不敢节外生枝，最后只能忍气吞声。

在亚特兰大，只有两条单线铁路可供使用。其中一条稍微绕远一些。但为了防止发生拥堵，所有铁路都必须被利用。这一调动扰乱了整个铁路线。相向行驶的列车不得不频繁被引导到支线上，以避免相撞。一些火车因此晚点达 12 个小时之久。

大多数军队在四天内从东部的里士满到达了西部的亚特兰大，全程 705 英里。这些部队在亚特兰大短暂休整和补充后，又要被送往战场。不幸的是，增援部队尚未全部抵达，布拉格就和敌人在查塔奴加城外的切克莫加上发生交火。而由于铁路的低效率和优先运输平民的政策，12000 人的援军中，只有 6000 人及时赶到了战场。就是这些已经赶到的人当中，也有相当一部分是在下了火车后直接投入战斗的。其混乱状况可想而知。然而，两天激战后，联邦军被迫退回查塔奴加城内。南方邦联军队取得了切克莫加战役的胜利。这次战役充分显示了南方邦联铁路的潜力和问题。

现在该轮到北方联邦军队利用铁路大规模调兵了。在弗吉尼亚战场作战的波托马克军团抽出 20000 人的援军，利用铁路在一周之内行进 1200 英里，调往查塔奴加。有趣的是，在调动之前，援军指挥官对上级下达的调动命令提出抗议。因为在他看来，在这么短时间内进行如此大范围的调动是不可能的。但是他的抗议遭到驳回。这次增援大大稳定了北方军队在田纳西战场上的形势。

与此同时，自开战以来一直是常胜将军的格兰特被任命为查塔奴加地区的北军指挥官。在此之前，他刚刚用另一种方式跟火车打了回交道。8 月份在新奥尔良，他的坐骑被火车声所惊吓，把他摔了下来。格兰特不得不跛着腿于 10 月初赶到前线，接过指挥权。而他现在的对手布拉格正面临着烦恼。自弗吉尼亚开来的援军被命令向东进发，收复诺克斯维尔，以重新打通里士满至查塔奴加的铁路线。这就削弱了南军的兵力。他们现在占据着查塔奴加城外 6 英里处的切克莫加山脊。炮火可以覆盖山下南面和西门地区。这就是格兰特的目标。

11 月初，格兰特得知当面南军一部已经东调，立即决定加快进攻准备。现在他手头有 60000 人，而失去了弗吉尼亚援军的布拉格只有 33000 人。形势明显对北军有利。11 月 24 日，格兰特发动进攻。24 小时之内，布拉格的战线就宣告崩溃。而得胜之后的格兰特迅速派去谢尔曼率军东进，以援助诺克斯维尔的友军。想必此时南方邦联军队对自己分兵的举措一定后悔不已。谢尔曼大军尚未到达，南方邦联军队就识趣地撤退了。

最后一击

切克莫加战役后，格兰特升任联邦军队总司令，前往华盛顿就职。他的部队现在交给谢尔曼统帅。与此同时，南方邦联军队也刷新了人事。布拉格被解职，由约翰斯顿将军取代。两位新任司令官都很清楚。下一个目标就是位于查塔奴加南方的亚特兰大。不过鉴于冬季气候恶劣，直到1864年5月，谢尔曼才带领他的10万大军沿铁路线南下。约翰斯顿以65000兵力迎敌。他在查塔奴加以南25英里处，依托有利地形掘壕固守。身后的铁路线可以为他提供补给。他目的只有一个，把北军挡在亚特兰大城外，越远越好。

此时这条铁路的南段和北段分别跑着交战双方的火车。但是南方军队手里的铁路通常都面临设备陈旧的问题，很少能得到充分利用。而联邦军队拥有已经发展成熟的铁道兵部队，并且拥有相对充足的器材，使铁路得到良好的保养。

尽管谢尔曼占据优势，但也有自己的麻烦。他现在是在敌对的环境下作战，必须分出兵力守卫自己的铁路安全。越往南深入敌境，他的补给线就越长，袭击也变得越频繁，需要派出的警戒部队就越多。作为进攻的一方，他的兵力优势并不像看上去的那么明显。所以谢尔曼更倾向于采用迂回包抄战术。他不断派出骑兵迂回到敌人的两翼，威胁其侧后方的铁路。约翰斯顿只能通过放弃既有阵地，向后退却，来应对谢尔曼的迂回攻击。

在随后的两个月里，谢尔曼反复迂回，约翰斯顿则反复后退，一路向南退了90英里，直至亚特兰大近郊。当然，南军撤退之际总会对铁路进行彻底破坏。但北军的铁道兵部队总能迅速将其修复，其中包括一座跨度达230米的大桥。南军撤退时将这座大桥炸毁，而北军在五天之内就将其修复并通车。随着谢尔曼冲向亚特兰大，他的补给列车紧紧跟随在身后。这意味着即使离北方控制区达400英里之遥，北军并不缺乏补给。约翰斯顿的诱敌深入的疲兵之计终成泡影。

当抵达亚特兰大郊外时，谢尔曼也希望避免代价高昂的正面进攻。他继续依靠对敌方铁路的攻击，以削弱敌人的补给，并最终迫使敌人撤退。北军封锁了城东的佐治亚铁路线；骑兵则对城西的铁路发动袭击。这条铁路负责从西方和南方为城市运进食物和军火。30英里长的铁轨被摧毁，车站被点燃。南方军队花了一个月将其恢复到可运行状态。但是在此期间，只进行了一次火车运输。而且，由于被一座损坏的桥梁所阻，火车不得不停在桥的两边。货物的输送只能依靠马匹进行转运。再往南，谢尔曼的骑兵对南方腹地的铁路线发动了广泛的袭击。桥梁、车站、机车、铁轨，都是他们的目标。在一个车站，骑兵们俘虏了一列货运火车，然后令其在无人驾驶的情况下开往下一个车站，直接撞向一列载满了难民的火车。好在难民火车的最后一节车厢里没有人。它被彻底撞毁，同时也由此吸收了撞击的冲力，因而没有造成严重的人员伤亡。

到 7 月份，坐镇里士满的南方邦联总统戴维斯对约翰斯顿的避战行为已经忍无可忍。7 月 17 日，他撤掉了约翰斯顿的指挥职务，以约翰·胡德取而代之，并强令其出战。十天之后，胡德就发动了进攻。这正中谢尔曼下怀。他的兵力攻虽不足，守则有余。两天的战斗下来，南军伤亡 8500 人，北军只有 3600 人。趁着敌人攻势受挫，谢尔曼顺势攻城。

此时南方邦联军的士气已经崩溃，急于逃离这座危城。邦联军想要尽可能带走更多的物资。而铁路公司宁愿首先运送出城的平民，也不想运送军队。双方的冲突导致了一系列灾难。一位军官以武力夺取了一辆客运列车，在迫使车上乘客下车后装上了自己的伤病人员。但是这个指挥官显然对整个铁路运行规则一窍不通，而且也无意征求专业人士的意见。他擅自发车，结果这列伤病列车与另一列货运火车相撞。30 人死亡。两列火车报废。通往南方腹地的运输中断达数小时之久。在城内，八节载有政府物资的车厢被焚毁。28 节装载军火的车厢不慎爆炸，粉身碎骨。一些宝贵的火车头也被丢弃。

亚特兰大失陷意味着南方邦联的脊梁骨已被打断，但残存的南军部队仍极力反抗。从亚特兰大通往北方的铁路现在是谢尔曼的生命线，因而屡屡遭到南军小股部队的袭击。进入 8 月以后，南方骑兵对这条铁路的袭击变得容易、频繁。一座桥梁和大约 35 英里的铁轨被摧毁。但是南方人的部队规模太小，其破坏效果难以持久。

尽管北军的铁道兵部队总能及时修复损伤，但南军的袭扰还是令谢尔曼极为担忧。他的下一步是从亚特兰大出发向东，横扫佐治亚，直抵大西洋岸边。这是一次对南方腹地的深远进军，目的是摧毁弗吉尼亚前线南军的战略后方。但是可以预料，谢尔曼大军身后的运输安全会成为最大的牵绊。经过慎重考虑，谢尔曼决定，他必须结束对铁路的依赖。这意味着抛弃铁路线，让部队尽可能多地自行携带补给品，穿过佐治亚。

在部队出发前的最后一周，铁路变得异常繁忙。火车不停地把补给品运往前线驻地，同时把伤员和已经显得多余的物资运往后方。最后，谢尔曼自己下令摧毁他身后的铁路。这样，他的敌人就再也不能以此来威胁到他了。许多新铺设的铁轨、安装的设施，以及新修的桥梁，现在又都被摧毁。最后，当亚特兰大残存的铁路设施也被彻底焚毁后，谢尔曼和他的大军出发了。

由于随身携带的口粮终究有限，谢尔曼的大军主要还是依靠就地取食的办法。表面上，这是模仿格兰特一年前在维克斯堡战役期间的做法。但两者却有本质的差别。格兰特只是出于作战需要，将其作为临时措施。而谢尔曼的远征需持续半年以上。他的部队必须在一个很长的时段和很大的范围内劫掠当地百姓，才能养活自己。因此他的军队对沿途所经过的南方地区造成了巨大破坏。

▲ 谢尔曼的大军在佐治亚州境内大肆破坏南方的铁路。

特别是对于具有军事价值的铁路，谢尔曼的大军所过之处，铁轨不仅会被扭曲成环状，而且还要在纵轴向上扭成麻花状。大约300英里长的铁路就这么被摧毁了。

南方人继续依靠铁路在距离谢尔曼较为安全的距离运送军队，试图挡住这股毁灭的狂潮。但他们的铁路已经再也不能创造奇迹了。为了阻止谢尔曼将军的南下，北卡罗来纳州的南方军队试图把该州的1.435米轨距改成1.524米，以方便部队调遣和运输给养。但是当地政府成功地阻止了此事。后者拒绝做任何修改。就算是在生死存亡的关口，南方邦联中处处弥漫着的地方山头主义也是毫不让步。所以在整个远征过程中，谢尔曼只遭遇了轻微的抵抗。其大军所到之处，遍地狼烟，颓垣断壁。如此彻底的破坏使得南方的经济和运输都彻底崩溃。战争已经不可能再打下去了。

1865年3月，南方邦联军队连同其政府一起撤出里士满。与以往一样，负责断后的掩护部队烧毁了沿途的铁路桥梁，捣毁各类设施，特别是那些已经无法使用的机车。四月初，已经穷途末路的罗伯特·李将军及其麾下那支英勇善战却已经疲惫不堪的军队不得不向敌人投降。4月9日，战争结束。

结论

从一开始，美国内战就是一场力量悬殊的战争。所以处于劣势的南方邦联军队成为最早大规模使用铁路的军队，希望以此弥补实力不足。北方联邦军队则紧随其后，将敌人的诸多创新进一步发扬光大。在美国内战中，各种与战争相关的铁路设施和相关组织，诸如铁道兵、救护列车以及列车大炮，纷纷登场。种类已经相当齐全。其中令人印象最深刻的，则是救护列车和轨道列车炮的出现。

奔牛河战役之后，交战双方都开始把火车作为他们的可移动的医疗救护站。从人道主义的焦点考虑，这是军事历史发展中的一个重要进步。拿破仑曾宣称，他宁愿要一个死掉的士兵，也不需要一个受伤的士兵。前线如果充斥着伤员，不仅需要为他们提供照顾、食物、医疗，而且被他们所占据的医院也会成为各种传染疾病的聚居区。疾病不仅会在伤员之间相互传染，而且会危及那些健康士兵。而随着铁路投身到战争中，伤病人员可以利用火车轻易地从前线送往后方医院。那里的环境较好，可以进行前方野战医院无法施行的复杂手术，而且患上传染疾病的可能性大幅度下降。当然，由于经验不足，最初为伤员准备的救护列车极为简陋，只是在普通车厢上垫上一层稻草，然后就直接从马车上接收伤员。整个过程显得极为粗暴，造成了很多不必要的死伤事件。由此导致了专用的救护火车的出现。

虽然是南方邦联军队首先装备了一种有 20 个伤员席位的救护车厢，但是财力和技术实力都更加雄厚的北方军队后来居上。他们尝试了许多方法，试图更有效率地装载伤员。同时，为了在列车运行时减少伤员的痛苦，他们首先引入了医院列车

❯ *火车大炮，由李将军发明。*

的概念。这种火车拥有属于自己的机车车头。伤员车厢内配备了厨房和厕所，还有专门存放医疗器材的空间。医生和护士直接配置在火车上。火车还携带给养，可以在途中给伤员输送水和饭食。而且与欧洲的货车车厢相比，美国车厢的车门更大，沿车厢纵轴线上还有一条过道。这种设计大大地方便了伤员的上下车的需要。当有大批伤员急需输送时，美国人体现出了他们的运输能力。葛底斯堡战役结束后，联邦政府在三周内利用火车把15000名伤员送往各大城市接受治疗。而著名的谢尔曼将军的部队就配备了至少三辆这样的医疗火车，可以同时收治大约200人。

铁路大炮也是南方军队的发明。据说发明人就是那位大名鼎鼎的罗伯特·李将军。他的列车炮于1862年6月投入战斗。它只是在一个平板火车车厢上装上了一门大炮。大炮前方安装了一块保护用的钢板。由于缺少回旋装置，这门大炮只能向铁路前方开火，所以实战意义有限。但它的历史意义却是划时代的。从此，重型武器可以加入快速的军事行动中来。很快，北方联邦军队也制造了自己的列车炮。基本上他们模仿了南方军队的设计，但配备有机车车头。其主要目的是保护北方军自己的铁路线，免遭敌人的攻击。

讽刺的是，尽管南方是充分运用铁路于战争的先驱者，却总是无法把铁路的效用发挥到最大。与日后的战争一样，在美国内战中，大多数获得成功的将军是那些懂得利用新技术的人。在这场战争中，铁路无疑就是这样的新技术。那些伟大的将军们就是那些大力利用铁路的人，只有他们才能取得成功。所以毫不奇怪，北方联邦后来居上，令南方人自食恶果。

归根结底，铁路是工业时代的产物，以冷酷的理性精神追求及时、准确和效率原则，并把这些原则作为自己的终极价值。而作为农业社会的南方蓄奴州与这种工业理性精神是相悖的，因而也就无法充分理解和运用手中的铁路。本质上，美国内战就是一个农业社会对工业时代的反叛。南方邦联的失败乃顺理成章之事。

打翻魔盒：

1940—1941 年德国对东南欧及巴尔干的介入

翻译
深海鱼游
作者
德莱夫·沃格尔
（Detlef Vogel）

德国对东南欧及巴尔干的政策
（1940年秋至1941年春）

东南欧政策的总体目标

法国投降以后，希特勒希望英国与德国停战甚至和平共处的愿望落空了。与之相反，英国比以往任何时候都更坚决地表现出要继续对抗德国直至纳粹政权灭亡的态度。如此僵局显然与希特勒原本设想的与苏联开战的必要条件（保持西线的稳定、安全，使他能够将德国的主要兵力集中在东线）不符，但由于多年的筹备及意识形态方面的原因，希特勒还是决定启动对苏作战。

在迅速击败英国或迫使英国退出战争这两点都显得不太现实之际，取得对苏作战的胜利继而改变德国目前在战略上的两难处境，成了1940年夏天德国领导人的唯一选择。由于德国的西线在即将到来的东线战争中缺乏完整的后方掩护，德国领导人决心对轴心国集团在北欧及南欧暴露的侧翼进行加强。因而从1940年秋天开始，希特勒逐渐将芬兰、挪威东部以及罗马尼亚等国纳入其对苏作战的准备当中。德国政府将东南欧国家视为一个整体，试图继续增强德国在当地已经相当强大的影响力，进而将整个巴尔干地区纳入第三帝国未来的战争计划。

和对北欧国家一样，德国对东南欧国家政策的主要目标是确保它们的经济资源服务于德国的扩张计划。早在战争爆发前，德国就已经通过一些手段令多瑙河盆地国家沦为其重要的粮食和原料产地。在战争的第一年，德国与东南欧国家的经济联系持续增强，比如德国与罗马尼亚签署了《石油换武器条约》。尤其在法国战败以后，甚至连在政治传统上亲英、法的南斯拉夫和希腊两国，都难免在政治和经济上逐渐沦为德国的附庸。

利用经济上的这些联系，希特勒也试图从政治方面将东南欧国家"绑架"上"德国的战车"。1940年秋天，德国和意大利开始谋求将巴尔干国家拉入《三国轴心协定》。该协定最初针对的是英国。当年11月中旬，在莫洛托夫访问柏林毫无成果之后，苏联也被列入了《三国轴心协定》的敌对国名单。即使巴尔干国家暂时还未能成功入伙（例如希腊的态度就因雅典与罗马间的紧张关系而动摇），德国的外交政策都意在削弱英国对东南欧国家的影响，并诱使有关国家奉行对德国友好的中立政策。

虽然希特勒与墨索里尼都对扩大《三国轴心协定》的成员国（例如拉拢匈牙利、罗马尼亚、斯洛文尼亚和保加利亚等）感兴趣，但两位独裁者对南斯拉夫和希腊两国明显都怀有进一步的野心。基于这种潜在的较量，每当德国认为需要加强其在东南欧的影响力或有类似机会出现的时候，希特勒都做好了以"既成事实"的方式告知盟友意大利的准备。1940年9月，希特勒应罗马尼亚独裁者安东尼斯库的"邀请"，准备派遣德国军事使团驻扎该国。然而在事后，墨索里尼认为德国没有充分咨询意大利方面的意见，自己受到了欺骗。

1940年10月，德国派遣军事使团前往罗马尼亚，官方给出的理由是帮助罗马尼亚训练武装部队。实际上，这项行动还有保护罗马尼亚的重要油田城市普洛耶什蒂（Ploesti）不被摧毁或落入敌手的使命。除此之外，希特勒还希望罗马尼亚军队能协同德国筹备对苏联的进攻。这次军事行动标志着德国已付出最大努力来提升其在多瑙河盆地国家的影响力，同时其行为也触及了1939年8月23日签署的《苏德互不侵犯条约》，但当时的德国外交部部长里宾特洛甫（Ribbentrop）曾信誓旦旦地宣称，德国在该地区完全没有任何政治上的利益。由于苏联长久以来将东南欧视作受其影响的势力范围，希特勒害怕这次行动会在第一时间引起苏联政府对巴尔干地区的干涉，因此他尽量使用温和的外交手段去处理巴尔干地区政治和军事上的其他冲突，避免为苏联提供可乘之机。1940年夏末到秋季，德国虽然在平衡东南欧国家不同利益的外交政策上取得了一些成功，但正如接下来将要上演的那样，警惕苏联染指巴尔干地区始终是希特勒战争计划的一个重要环节。

从1940年秋到意大利入侵希腊前，希特勒的总体目标就是防止巴尔干地区发生任何政治对立和军事冲突。只有这样，德国才能从与多瑙河盆地国家之间的经济联系中攫取最大利益。鉴于在该地区所处的主导地位，德国足以通过各种政治、经济或必要的军事压力来维护自己的利益。就当时的情况而言，使用军事力量来实现德国的目标似乎并无必要。尽管如此，德国依旧严重依赖罗马尼亚的石油供应，而这一点在苏联停止交货后会愈加明显。因此对德国而言，在该地区使用武力绝对是有可能的。为此，希特勒密切注视着苏联和英国在巴尔干国家的所有活动，以防止其威胁到德国目前在该地区取得的优势地位。

然而意大利在地中海地区虚弱的军事存在感，为紧盯东南欧经济利益这块肥肉的德国带来了新的担忧：随着战争的推进，英国在不久后肯定会对巴尔干地区进行军事干预。由于墨索里尼从前总是伺机阻止德国染指东南欧，希特勒在当时也意识到了地中海地区的危险、动荡，但他怎么也没料到，德国对这一地区的介入将会引起二战欧洲战场的巨大变化。

入侵希腊的政治、军事部署

1940 年 10 月 28 日，墨索里尼从阿尔巴尼亚发起了对希腊的军事进攻，严重破坏了德国长久以来在巴尔干地区经营起的稳定局势。意大利的军事胜利当然也是德国所关心的。可就在战争开始仅仅几天后，德国国防军最高统帅部就不再指望意大利能够取得决定性的胜利了。

英国对墨索里尼入侵希腊的首要反应是采取军事援助，而这项决定立刻就危及希特勒下一步的扩张计划。由于英国在 1939 年 4 月 13 日对希腊的独立做出过保证，希腊总理梅塔克萨斯（Metaxas）随即呼吁英国政府提供海、空力量军事支援该国。虽然英国政府立即承诺援助希腊，但其面子功夫更大于实际作用。中东英军司令部的高层也持有类似观点，即意大利大规模进攻埃及才是英国向希腊提供足够援助的最好时机，而此前中东英军已经阻止并彻底击溃了北非意军对埃及的进攻。尽管如此，英国还是采取了以下预防措施：11 月初，英军登陆并占领了克里特岛（Crete）的部分地区；11 月 2 日，英国向雅典派遣了一个海军军事使团；英国皇家空军的一个中队也在稍后几天抵达了希腊本土。英国海军上将查特菲尔德（Chatfield）认为，意大利是第三帝国的"阿喀琉斯之踵"，如果能够迫使领袖（指墨索里尼）投降，英国现在就有机会在地中海地区击败德国。

1940 年 11 月 11—12 日夜间，英国飞机成功轰炸了塔兰托（Taranto）的墨索里尼舰队。看来在目前情况下，意大利军队已经无法对英国在东地中海地区的行动产生任何实质性的威胁了，德国军方领导人确信英国能够在极短的时间内将至少三个师的兵力投放到爱琴海地区。英国人最初的计划都着重于加强在希腊战区的空中优势。英国皇家空军中东最高司令——空军上将朗莫尔就完全同意首相丘吉尔希望尽快增强驻希腊当地空军力量的主张。在希腊建立英国的军事基地，不但令皇家空军更易接近意大利的东海岸，便于支援阿尔巴尼亚前线地区的战斗，还能让英国轰炸机对罗马尼亚油田构成直接威胁。为了支援上述军事计划，英国外交人员继续在巴尔干国家间活动，试图争取更多的支持，以对抗轴心国的势力。据德国驻安卡拉大使的消息显示，英国不但希望赢得南斯拉夫和土耳其的支持，还试图获取苏联对其计划的认可。

希特勒对英国所做的这些努力大为忧虑，认为英国的行动不但可能会危及德国接下来的战争计划（即对苏作战前或对苏作战时在东南欧形成一条新的战线），而且在德国看来，英国飞机有可能轰炸罗马尼亚油田也同样令人担忧。1940 年 11 月以来，有关英国空军力量在希腊本土、克里特岛以及利姆诺斯岛（Lemnos）不断加强的报告使得上述威胁日趋加剧。由于担心德国报复，希腊首相梅塔克萨斯还是没有同意英国皇家空军在马其顿（Macedonia）或色雷斯（Thracian）平原地区建立空军基地的要求。1940 年 11 月 6 日，德国照会保加利亚政府，要求其尽快沿其希腊边界修建对空雷达预警设施，以探测和防御英国空军袭击。由此不难看出，希特勒对此威胁的重视程度。保加利亚政府最后同意了德国的要求，预警系统在当月底就建成并投入使用。

在德国人眼中，从意大利首次进攻希腊失败后，这场战争就已经动摇了轴心国在东南欧的统治地位，并进一步削弱了意大利在地中海地区的军事存在。有鉴于此及德国未来的战争规划，希特勒很早就开始考虑使用军事手段，以有利于轴心国的方式解决希腊问题。派遣德国军队通过保加利亚到达爱琴海的意图，也早在 1940 年 11 月 1 日就初见端倪。

三天后，德国国防军参谋总部指示德军高级将领，准备占领希腊的马其顿和色雷斯地区。而希特勒发起这一行动的主要目的，就是为日后德国战斗机联队应对英国空袭罗马尼亚油田的威胁做好铺垫。发动如此规模的军事行动，所需的军队调动以及行动部署都必须予以考虑。1940 年 11 月 12 日发布的"第 18 号指令"对德国军事力量介入巴尔干地区的行动进行了限制，一切军事活动必须严格遵循"如有必要"的前提。这一做法不但可以确保最小限度地使用德国军事力量，还可以避免第三帝国在次要战场陷入旷日持久的军事行动。可问题在于，无论是德国空军还是德国海军，都对上述目标嗤之以鼻。在德国海、空两军看来：军事行动一俟开始，就该以占领希腊本土和整个伯罗奔尼撒半岛（Peloponnese）为目标。迟至当年的 11 月底，在希特勒得出其观察结论之后，就连德国国防军参谋总部也开始倾向于接受这一观点。虽然此时可以清楚地看出，即使希腊只是默许了英国针对意大利的军事行动，希特勒也拒绝改变其敌对态度。因为对他来说，"英国对德国—意大利统治区'最柔软的下腹部'（东南欧）给予沉痛打击"这个假设哪怕存在一丝可能，都是无法接受的。1940 年年底，意大利在希腊、北非接连遭遇失败之后，德国领导层得出结论，必须以军事手段支援意大利。虽然德国向北非意军提供的支援行动包括早期的军事援助，但希特勒还是于 1940 年 11 月 18 日告诉齐亚诺，德国只能在来年春天才能正式介入巴尔干地区。不过，希特勒在当年 12 月回应意大利的请求时说，他准备先以外交活动和武器运输来帮助意大利。

鉴于上述原因，虽然希特勒基本上已经决定军事干涉巴尔干，但在1940年12月初，他仍然抱有类似的观点，即希腊政府有可能要求英国军事力量离开；换言之，他认为在这种情况下，德国就没有了进攻希腊的理由。尽管如此，由于投入希腊战役的德国军队可以在不久后轻易地被用于东线战场，大量的准备工作仍继续在行动代号"玛莉塔"（Marita）的掩护下紧锣密鼓地进行着。

作为应对英国涉足希腊的第一步预防措施，11月4日德国军方高层就已经下令，增援驻罗马尼亚的德国军事使团。而早在10月中旬，德军先遣部队就已经出现在布加勒斯特（Bucharest），甚至在意大利进攻希腊之前，德国空军联队就已经抵达了罗马尼亚。在11月12日发布的"第18号指令"中，希特勒强调了加强驻当地德国军事使团的必要，以保证10个预计投入希腊战役的德国师能够毫不费力地从匈牙利经过罗马尼亚抵达多瑙河地区。

在得到保加利亚政府的允许后，德军上校库尔特·蔡茨勒（Kurt Zeitzler）率领一支德军先遣部队先期进入该国，他们肩负对当地基础设施进行适当评估，以确保德军主力部队进一步前出至希腊边境的任务。德国国防军最高统帅部原计划在来年3月初发动进攻，但由于早春时保加利亚糟糕的道路条件，更早发动攻势的想法都显得不太明智。蔡茨勒所提供的报告也证实了这一点。陆军元帅威廉·李斯特（Wilhelm List）麾下的第12集团军司令部全权指挥参与进攻的德军部队；参战的德国国防军总计5个军（第11、第14、第17、第30和第40军）分为3个梯队，从德国前往希腊边界；第8航空军则负责为第12集团军提供空中支援，由驻维也纳（Vienna）的第4航空队司令部指挥。

1940年12月13日，希特勒在他发布的"第20号指令"（即"玛莉塔"行动）中，详细阐述了德国陆军和德国空军在希腊战役中的具体任务，同时提及了在当年11月初就计划的，位于希腊北部地区的军事行动。然而，指令中的可能性目标还包括占领远达科林斯湾地峡（Corinth）的整个希腊大陆地区。显而易见，希特勒与他的将军们仍然试图避免过深地军事卷入希腊，以便他们能够迅速撤回指定的德军部队，以投入"新的作战任务"。但与此同时，德国官方仍然为其进一步向南方地区推进做了大量必要的准备工作。

另一方面，通过谨慎地向苏联政府传递消息，德国政府试图避免可能出现的，苏联干预德国在巴尔干部署武装部队的行为。早在希特勒决定派遣德国军事使团前往布加勒斯特之前，德国外交部就曾接到指示，要向罗马尼亚的北方邻居通报德国的意图。然而，德国外交国务秘书冯·魏茨泽克（Von Weizsäcker）对此评论说，希特勒目前尤其危险的举措就是向罗马尼亚派遣德国军队以及第三帝国政府对罗马尼亚安全的保证；在他看来，"向苏联人散布必要的秋雾"以掩盖德国下一步的真实意图是非常重要的。出于同样的目的，希特勒告诫德国驻罗马尼亚军事使团团长埃里克·汉森（Erik Hansen）将军，必须全力避免任何可能引起莫斯科怀疑的行动。里宾特洛甫也指示罗马尼亚的德国外交使团，避免任何可能与驻罗当地德军联系起来的反苏言论。

　　然而，这些外交活动仍不能完全解除斯大林的疑虑。就在第一支德国军队进驻罗马尼亚仅仅14天之后，苏联政府就派遣了几名苏联官员，前往布加勒斯特观察德国军事使团在当地的活动。果不其然，莫洛托夫（Molotov）在对柏林的访问中，重申了苏联反对德国进入罗马尼亚的立场。当这位苏联外长故意在谈话中试探性地谈及苏联为保加利亚提供安全保证时，希特勒巧妙地避开了这个话题。事实上，希特勒的确很担心苏联对保加利亚的外交介入会危及他派遣德国军队通过保加利亚的计划。希特勒试图用"德国将会竭力消除英国在希腊的影响"之类的保证来安抚莫洛托夫，让他相信德国的行动只针对英国。可是，就算莫洛托夫全盘接受了希特勒的观点，他也清醒地意识到，德国在巴尔干地区的扩张意味着苏联正面临着越来越大的风险。如果希特勒能够把英国势力赶出希腊，德国就将处于极为有利的势态，轴心国集团不但能够筹划在地中海地区进一步的军事行动，还可以将整个东南欧建设成反苏的桥头堡。总之，在德国的行动面前，斯大林把巴尔干地区纳入苏联势力范围的希望越发渺茫。

　　就在12月初，希特勒还不肯定苏联会干预德国对希腊的进攻，他还是继续进行其新闻政策，在德国国防军的第12军团预期动身之际，将这一情况通报了苏联政府。与此同时，柏林方面向苏联政府保证，德国军队在罗马尼亚南部的集结并不意味着对苏联的威胁，同时还保证了土耳其和南斯拉夫两国都不会卷入即将发生的军事行动。为了应对所有可能发生的不测事件，驻罗马尼亚的德国军事使团还秘密制定了针对苏联军事干涉的防御计划。

　　在接下来的几个月中，德国政府开始着手下一目标：即更加紧密地联合起东南欧对德友好国家，以支持德国的战略意图。德国针对希腊作战计划的成功，依赖于巴尔干国家政治上的合作意愿，以及该地区通畅的道路和良好的基础设施，德国同时还将该地区作为军队的中转和部署区域。此外，希特勒针对巴尔干地区的长期设想是维持其政治上的稳定，从而更紧密地将东南欧国家在经济上与德国捆绑起来。

　　由于早在 1940 年年末，南斯拉夫就明确拒绝了德国军队通过其领土进攻希腊的要求，于是匈牙利在德国对希腊的作战准备中，开始凸显出重大的价值。1940年 11 月 20 日，匈牙利决定正式加入《三国轴心协定》，也为德国实现其意图提供了有利条件。在此之前 1 个月，匈牙利政府就已经允许德国的军事使团，借道其领土前往罗马尼亚。继而在 1941 年 1 月中旬，匈牙利还同意了参加"玛莉塔"行动的德国军队，通过其领土前往希腊的要求。同时，德国国防军最高统帅部也开始制定时间表，为 1941 年年初大量德军主力部队的调动做准备。德国除了在第二次维也纳仲裁中对匈牙利和罗马尼亚的利益进行调整外，还力促匈牙利与南斯拉夫关系的和解，以求达到从政治上保护德国军事计划的目的。德国正在加紧针对希腊的军事部署，南斯拉夫则有可能会制造麻烦，而希特勒显然想要消除这种危险。虽然匈牙利并没有承诺放弃对南斯拉夫某些地区的领土主张①，在德国的极力促成下，1940 年 12 月匈牙利和南斯拉夫还是签订了一项所谓的永久友好条约。然而随着时间的推移，到 1941 年 3 月，希特勒就明确地向匈牙利外交部部长巴尔多希（Bardossy）表示，德国并不打算特别保证南斯拉夫的边界现状，匈牙利的领土要求应该得到满足。同样在这次会晤中，希特勒还大谈特谈匈牙利在经济上对德国的重要性，强调匈牙利需要按照其交付义务向德国提供重要的原材料和粮食作物。由于盘算着在战后东南欧国家事务中发挥主导作用，以及更进一步的领土扩张期望，匈牙利摄政海军上将霍尔蒂（Horthy）同意满足其德国盟友在经济和军事上的愿望。而德国维护匈牙利稳定的根本原因完全基于以下事实：无论是德国针对巴尔干地区的军事行动，还是罗马尼亚石油等重要物资的运输，都必须经过处在关键地理位置上的匈牙利。在不久以后，匈牙利还将作为德国军队进攻苏联军事准备时的集结地。

　　1940 年年底到 1941 年年初，德国军事和经济上的需要也决定着德国对罗马尼亚的政策，而其中最重要的经济目标就是不断增加罗马尼亚油田的产量，同时保护德国的石油储备免受外国袭击。对德国来说尤其有利的是，罗马尼亚官员逮捕了所有被怀疑有破坏行为的该国石油公司的英国高级雇员，并在 1940 年 9 月底对其进

---

① 包括穆尔河（Mur）边境地区、巴兰尼亚三角地区（Baranya）、巴奇卡地区（Bačka）以及巴纳特东部（Banat）。

行了审判。同时借助混合制公司和加大德国资本参与的方式，德国政府试图不断增强其对罗马尼亚油田生产的影响。1941 年 3 月，作为德国"四年计划"的全权负责人，戈林（Göring）向罗马尼亚领导人安东内斯库（Antonescu）建议，使用德国资本和工业技术增加罗马尼亚的油田产量，帮助其开发新的油井。德国政府同时还希望检查罗马尼亚对第三国的石油出口。罗马尼亚政府则对德国的要求做出积极回应，并承诺在罗马尼亚的石油生产问题上给予德国政府尽可能大的发言权。安东内斯库同时还满足了希特勒企图用军事手段保护罗马尼亚油田、输油管道和石油储备的愿望。与此同时，德国建造地下石油储备设施及大规模空防和海防系统的要求，也都得到了罗方相应地贯彻和实施。

　　罗马尼亚与德国经济合作的基础就是德国利益与罗马尼亚政策的一体化。而德国军事使团的到来，也并不是罗马尼亚投向德国怀抱的最初原因。早在 1940 年 9 月 7 日，罗马尼亚国王卡罗尔二世（King Carol）被迫退位仅仅一天后，安东内斯库元帅就设法转告希特勒，"他本人愿意百分之百地与第三帝国合作"。进而在次年 1 月，他又表态说罗马尼亚已经完全放弃了其中立的国家立场。以下事件可以作为德国政府左右罗马尼亚对外政策的明证：1940 年 1 月末，美国政府特别代表威廉·多诺万（William Donovan）向罗马尼亚政府提出了签证申请，以期在战云密布的巴尔干地区做一次寻找真相之旅，但在德国政府明确表示反对后，罗马尼亚政府拒绝了多诺万合理的签证申请。借助这些与德国紧密合作的国家政策，安东内斯库明显表现出其目的，即保障罗马尼亚的国家独立，同时也希望在面对苏联威胁时能够尽可能地得到德国的保护。此外，与匈牙利海军上将霍尔蒂的情况类似，基于意识形态上的亲和力，东南欧国家也更愿意与希特勒领导的德国合作。

　　罗马尼亚目前的局势对德国实现其针对希腊的军事计划而言，是再理想不过的了。从 1940 年年底到 1941 年年初，德国国防军指挥参谋部的军官们开始集中全部精力，进行德军主力部队在多瑙河以北的调动计划与部署工作。截至 1941 年 1 月底，在安东内斯库明确批准了德军过境的要求以后，陆续到达罗马尼亚多布罗加地区的德军部队包括：第 12 集团军司令部、第 1 装甲集群的指挥机构、第 14 军和 30 军的两个军及其军部，还有 2 个装甲师（第 5 和第 11 装甲师）和 2 个步兵师（第 72 和第 164 师）。

　　虽然德国政府向罗马尼亚通报了个别德军部队的调动情况，但对于驻罗德国军队的总兵力，安东内斯库本人并不十分清楚。1941 年 1 月底，当他问及目前有多少德国军队进入他的国家时，这位罗马尼亚的独裁者被告知大约有 50 万名士兵，这显然是被夸大的数字。这种夸大也或多或少地符合同年 2 月底由德国驻莫斯科大使通报给苏联政府的说法——驻罗德军总数 68 万人。在德国人看来，夸大这一数字不但可以使希腊的抵抗显得毫无意义，同时也能威慑苏联针对罗马尼亚的干涉行为。然而，希腊驻布加勒斯特的军事武官还是准确地估计出，截至 1941 年 1 月 18 日，进入罗马尼亚德军部队的总人数大约为 18 万人。由此可以推断，驻罗马尼亚的苏联武官也不会被德国虚报的人数所欺骗。

1940 年 12 月，同德国国防军指挥参谋部所担心的一样，作为对德国军队部署在罗马尼亚南部地区的回应，罗马尼亚政府认为苏联很有可能会进行军事干涉。一个月以后，连希特勒也开始担心起来，这位独裁者甚至想要推迟整个行动。然而时至 1941 年 1 月底，德国陆军总参谋长哈尔德（Halder）上将还是接到了德国国防军最高统帅部的命令，德军军队必须承担苏联进行军事干涉的风险。正如在 1940 年年底筹划的那样，德国政府仍然将其当前的军事目标限定为"阻止英国对巴尔干地区的介入"。

就在罗马尼亚政府对苏联随时可能发起的军事介入忧心忡忡时，德国人却在担心英国会如何应对德军在多瑙河地区逐渐展开的部署。驻罗马尼亚德国空军使团的高层认为，英国最有可能发动军事进攻的时间应该在当年的 2 月中旬，也就是预计英国与罗马尼亚断绝外交关系的时刻。但最终，这些顾虑都没能干扰德国政府继续其在罗马尼亚的军事准备。虽然恶劣的道路条件和糟糕的天气延缓了德军数周的部署，并导致德国军事行动的时间一再推迟，但到了 2 月底，德国的战争机器终于不受干扰地完成了战役准备。进入多瑙河北岸的德国军队共计：2 个山地师、3 个装甲师、1 个摩托化师和 4 个步兵师，还有 1 个军团司令部、第 1 装甲集群的指挥机构以及第 12 集团军属下参战的德军各部队。

1940 年 11 月 12 日，准备"玛莉塔"行动的"第 18 号指令"正式下达，为了消除德国军队顺利穿过保加利亚领土的外交障碍，德国政府开始竭尽全力地运转起来。1940 年 11 月，试图给自己的战争计划营造友好政治氛围的希特勒建议保加利亚像匈牙利、罗马尼亚和斯洛文尼亚这群轴心国的小伙伴一样，加入《三国轴心协定》。在最初的几次会谈中，德国政府劝说保加利亚早日加入轴心国条约，以缓解周边国家对保加利亚的压力。然而 1940 年 11 月 23 日，保加利亚驻柏林公使帕尔文·德拉甘诺夫（Parvan Draganov）向希特勒陈述了保加利亚政府犹豫不决的原因，但他同时也强调，保加利亚政府原则上依然准备加入轴心国集团。德拉甘诺夫指出，保加利亚政府的主要顾虑来自于苏联和土耳其都会反对保加利亚加入《三国轴心协定》，根据 1934 年 2 月 9 日签署的《巴尔干条约》，还存在土耳其加入希腊和南斯拉夫阵营的可能。德拉甘诺夫还提到，保加利亚民众对俄国有传统意义上的好感，保加利亚政府如在此刻做出加入轴心国集团的决定，在时间上也显得不甚明智。同时，由于意大利对希腊展开了军事进攻，英国军队出现在爱琴海地区的因素也应该加以考虑。对保加利亚来说，当前的形势非常严峻，保加利亚的军队装备落后，来自德国方面的军事援助也寥寥无几。虽然希特勒承诺立刻向保加利亚运输重要的军事装备，但在需要保加利亚尽快加入轴心国阵营这一关键问题上，德国元首并未能说服这位保加利亚的代表。

希特勒长久以来都抱有这一期望，即迅速打通德国军队通往爱琴海的陆地交通线。直到 1941 年 1 月底，保加利亚政府的犹豫立场始终没有改变，但保加利亚也准备尽可能地满足德国的愿望。鉴于欧洲目前战云密布的军事形势，保加利亚的中立政策似乎也渐渐名存实亡了。维持与德国的良好关系，不但令保加利亚有机会攫取新的领土，也令其政府保留了有限的主权，因此保加利亚国王鲍里斯（King Boris）先是于 1940 年 11 月批准了德军先头部队在保加利亚的勘察行动，继而又同意了德军主力部队过境前往希腊的要求。保加利亚政府还准备在相当程度上调整其与德国的外交，从而制定一项基于两国在苏联利益上的政策。在 1940 年年底到 1941 年年初，苏联政府同样也进行了大量积极的活动，以阻止保加利亚投向德国的阵营。

1940 年 11 月 12—13 日，到访柏林的莫洛托夫在与希特勒的会谈中指出，德国军事力量在保加利亚的出现使苏联受到威胁。几天后，在与保加利亚驻莫斯科公使的谈话中，他又对保加利亚加入三国同盟表现出谨慎的保留态度。莫洛托夫还承诺，苏联会慎重考虑保加利亚的经济和领土要求，同时对保加利亚的国家安全提出保证。随后于 1940 年 11 月 25 日，苏联政府再次向德国方面表明其立场：即保加利亚属于苏联国家利益的安全地带，苏联也有意与保加利亚缔结友好互助条约。然而，保加利亚拒绝与苏联建立更加密切的关系，最终与德国达成了合作协议。尽管如此，保加利亚还是向苏联政府强调了其高度重视与苏联的传统友好关系。

在 1941 年 1 月的关键时刻，与苏联积极活动类似的是，英国和美国政府也进行了大量的努力，试图诱使保加利亚脱离德国的阵营。一方面，美国总统罗斯福派遣其特使多诺万上校传达信息，希望保加利亚能够积极反对希特勒的扩张政策；另一方面，英国政府则敦促保加利亚发表声明，保证不会在军事或政治上采取任何针对希腊的行动，但最终保加利亚政府回避了这些要求。

虽然这些国家针对索菲亚（Sofia）的种种努力都没有达到目的，但也确实促使保加利亚政府一再地推迟了加入《三国轴心协定》的时间。1941年1月13日，保加利亚总理波格丹·菲洛夫（Bogdan Filov）指出，只有在德国提供足够军事保护的前提下，保加利亚才会迈出加入轴心国集团的最后一步。而在德国政府看来，当年1月德国军队在多瑙河北岸的集结就应该足以解除保加利亚方面任何的顾虑。同时，源于德国军队在罗马尼亚南部不断增长的实力，德国官方开始加大对保加利亚政府的压力。1941年1月15日，德国外交部在发给驻索菲亚德国使馆的一封电报中，措辞强烈地要求对方提醒保加利亚注意，拒绝与第三帝国的合作将会导致"严重的后果"。另一方面，德国政府又建议与罗马尼亚举行总参级别的军事会晤，为德军穿越该国领土所产生的纠纷寻找妥当的解决办法。于是，罗马尼亚也顺水推舟，将与德国达成军事磋商的协议作为其加入轴心国阵营的条件。而在此之前，保加利亚试图从这笔交易中为自己攫取尽可能多的利益。保加利亚不但要求德国做出书面保证（代替先前的口头承诺），确认保加利亚将会从希腊获得新的领土，同时还提出希望从德国获得财政和经济上的援助；保加利亚还进一步要求，德国日后在保方领土上的任何行动都必须通知苏联方面。事实上，里宾特洛甫已经把保加利亚最终同意加入轴心国条约的决定告知了苏联。同时，他还向苏联外长通报，德国军队计划从1941年2月28日开始在多瑙河上架设桥梁。

为了避免德军进入保加利亚领土引起土耳其的军事反应，从1940年11月开始，德国政府就在劝说这两个国家缔结互不侵犯条约。由于保加利亚刚刚拒绝了苏联向其提供援助的建议，保加利亚外长认为，由保加利亚和土耳其两国政府发表一份互不侵犯的共同声明不啻为一个更好的解决办法。1941年2月17日，在保加利亚和土耳其政府相互交换了友好和互不侵犯的声明后，德国外交部就不再担心土耳其将会染指德国在希腊的战事。德国政府还一再安抚土耳其的情绪，并向其政府保证德国军队在罗马尼亚的部署并不是针对土耳其。为此希特勒命令位于多布罗加（Dobrudja）以东地区的德国军队，在进入保加利亚境内时避开与土耳其接壤的地区，以避免刺激土耳其政府。

同时，英国驻安卡拉（Ankara）的军事代理和外交人员做了大量工作，试图促使土耳其采取反对德国军事扩张的政策。但最终土耳其政府表示，在现阶段并不准备采取任何措施，除非德军在保加利亚的军事行动威胁到土耳其自身的领土安全。

1941 年 2 月，索菲亚和安卡拉交换了友好和互不侵犯的声明，苏联试图运用其影响力左右保加利亚势态发展的期望落空了。从 1941 年 1 月底到 2 月初，德国和保加利亚的军事代表举行了一系列军事会晤，例如在罗马尼亚中部城市普雷代亚尔（Predeal）举行的会谈，进一步推动了保加利亚加入轴心国阵营的步伐。保加利亚军队的参谋总部与德国第 12 集团军最终达成了军事协议，其中不但包括了德国部队在保加利亚领土调动的细节，还规定了保加利亚军队在德国入侵希腊战役中的任务。协议规定，保加利亚军队负责在德军进攻南斯拉夫和希腊时提供掩护，但同时必须部署 6 个师作为德军在土耳其边境的防御力量。德国则承诺为保加利亚提供急需的援助，在德国军队开始穿越该国领土前，派遣强大的德国空军和对空防御力量前往保加利亚。在接下来几天的紧张氛围中，德国军队预计在多瑙河上架桥的日期一推再推，先是从 2 月 15 日被推迟到 21 日，最后又确定为 2 月 28 日。而推迟架桥日期的原因则是多方面的：德军组织上的庞杂纷繁、当地天气的反复无常，甚至苏联政府突然表现出的关切而导致保加利亚政府对进攻日期的动摇。

1941 年 2 月 28 日，德国军队在多瑙河 3 个不同的地段架桥成功。3 月 2 日，德军主力部队开始进入保加利亚境内，最先跨过多瑙河的是德军的机械化部队（3 个装甲师和 1 个摩托化师）和 1 个山地师的部分单位。与此同时，德国空军将军沃尔夫拉姆·冯·里希特霍芬（Wolfram Freiherr von Richthofen）率领德国空军第 8 军的主力战斗机抵达保加利亚境内的空军基地。由于恶劣的天气和糟糕的道路条件，随行的地面人员在几天后才到达相应的作战区域。而当后续德国步兵师和山地师跨过多瑙河时，德军的装甲部队已经前出到了瓦尔纳（Varna）—布尔加斯（Burgas）—扬博尔（Yambol）—旧扎戈拉（Stara Zagora）一线，以准备在必要时为保加利亚军队提供掩护。尽管德国士兵已经在保加利亚进行了数月的准备工作，德国军队前往希腊和南斯拉夫边境集结区域还是充满着重重困难，反复无常的天气情况以及该国糟糕的铁路运力条件进一步延缓了德国军队在保加利亚的部署和展开。尽管如此，德国第 12 集团军承诺其部队在 3 月 25 日完成集结，对希腊发起进攻的日期则被定在了 4 月初的头几天。截至 3 月 28 日，德国军队部署在保加利亚境内的武装力量总计为 14 个德国师外加 1 个步兵团，其中大部分兵力部署在该国与希腊接壤的边境地区；此外，还有德国装甲部队保卫着该国与土耳其接壤的边境，第 1 装甲集群辖下的两个快速师部署在西面，拱卫着南斯拉夫边境的方向。还有 3 个师（1 个山地师和 2 个步兵师）留在多瑙河北岸待命。

这些部队加上驻扎在罗马尼亚的军事使团和两个快速师，使德国军队表面上看起来已经足以抵御任何可能来自于苏联的军事干涉。而塔斯社针对德国军队进入保加利亚通告的答复则表明苏联政府对德国战争计划的敌意并无改变，但苏联在声明中也没有威胁说要使用武力。1941 年 3 月 1 日，当德国驻莫斯科大使弗里德里希·维尔纳·冯·舒伦堡（Friedrich Werner Graf von der Schulenburg）代表德国政府正式通知苏联外长莫洛托夫关于德国军队进入保加利亚的行动时，莫洛托夫轻描淡写地表示苏联政府对德国的决定表示遗憾，也不可能以任何方式支持德国的行动。看上去德、苏关系并没有因此受到任何长期的负面影响，据舒伦堡事后回忆，当时他本人并不认为苏联会对德国采取具体的报复措施。

相比之下，英国政府对德国军队进入保加利亚领土的行为做出了强烈反应。1941 年 3 月 5 日，英国召回了其驻索菲亚的外交人员，同时中断了与保加利亚的贸易和经济往来。

进攻希腊所需的军事和外交准备是 1941 年年初德国与保加利亚两国关系迅速升温的基础，同时人们也不应该忽视，第三帝国渴望在保加利亚获得长期的经济利益。1 月 31 日，德国与保加利亚达成了一项协议，调整了驻保加利亚德国军队的后勤供给，同时德国承诺采取措施援助保加利亚的经济。与对待其他东南欧国家的政策一样，德国的目的就是要把保加利亚变成轴心国集团廉价的原料产地。1941 年 2 月，德国所谓的中欧经济委员会的代表还进一步提出增加德国公司在保加利亚的资本，以提高当地贵重金属的产能。与此同时，保加利亚 1940 年到 1941 年对德的出口贸易也出现了迅猛增长。

虽然无意与意大利等轴心国盟友发生军事冲突，但希腊政府始终对德国在罗马尼亚和保加利亚的军事部署及其外交活动始终保持着警惕。1940 年 11 月初，当墨索里尼的军队在阿尔巴尼亚前线溃不成军时，希腊政府不但保持着与德国的接触，还反复地向德国政府保证，接受英国的援助并不包括英国军队登陆希腊本土，而且英国空军的作战对象仅仅针对意大利。1941 年 1 月，希腊政府还通知德国方面：一旦军事形势允许，希腊就准备放弃英国的援助，同时邀请德国政府调解希腊与意大利的冲突。在保持各自原有边界的基础上，希腊甚至愿意接受与意大利停战的协议，但希特勒本人拒绝接受这一提议。在他看来，这将意味着轴心国集团在外交上的失败。德国在雅典的谈判代表则进一步撕下了伪装，要求希腊方面必须接受"和平的投降"，允许德国军队进入并占领希腊的重要地区。2月19日，希腊政府不出意外地拒绝了这些要求。同时，希腊外交官声称英国军队在爱琴海调动的消息只是捕风捉影的传言，德国外交国务秘书冯·魏茨泽克指示德国驻外机构的代表们必须对此加以驳斥。于是，德国使馆的武官和外交人员根据所谓来自德国方面的准确消息与希腊代表们进行了交涉。而魏茨泽克所谓的英国军队登陆希腊本土的证据，也只不过是引用1940年12月19日丘吉尔在议会中的发言，其中提到了将北非英军调往爱琴海地区的打算。于是希腊政府提出，允许德国派遣军事武官在该国领土自由穿行，看看德军能否在希腊大陆遇到英国士兵。一直拖到当年2月底，约德尔拒绝了希腊政府的这一"邀请"，同时没有给出任何理由。

希腊与德国无法达成协议的原因很多，其中固然有希特勒内心的执念，即德国必须占领希腊以确保罗马尼亚油田的安全，同时也包含了德国对保加利亚的承诺，即帮助这个国家取得爱琴海的出海口。1941年3月，魏茨泽克主张以书面的形式坚定德国对保加利亚的这一承诺，这就排除了德国与希腊达成和平协议的任何可能。

鉴于希腊政府使本国脱离战争的努力，在与意大利发生冲突的初期，希腊仅仅接受英国空中援助的理由就更加显而易见。只有当德国军队首先跨过多瑙河，并展现出咄咄逼人的侵略意图时，希腊才会邀请英国军队登陆希腊本土。由于英国的主要军力还在北非，对于希腊此时提出的援助请求，英国政府确实显得措手不及。1941年1月21日，中东英军总司令韦维尔（Wavell）将军在发给伦敦的一封电报中声称，他希望首先能够攻占班加西（Benghazi），而不是将他的部队分布于欧洲和非洲。希腊总理梅塔克萨斯则狮子口大开，一上来就要求英国派遣至少9个师前往希腊，同时还痛斥了韦维尔往希腊派遣两到三个师的意见，认为这样不但不足以保卫希腊的国土，还会给德国军队的调动提供充分的理由。希腊的军事计划和要求也进一步加深了韦维尔对于派遣英国远征军的疑虑。1941年2月，英军攻占了班加西，英国政府终于表示无论如何都必须对希腊进行军事援助。丘吉尔决定放弃英军继续进攻的黎波里（Tripoli）的原定计划，转而派遣英国远征军前往爱琴海地区。英国这一转变的目的在于：打破希腊周边东南欧国家与轴心国集团合作的局面，希望通过军事斗争把它们变为自己的盟友。更重要的是，英国首相期望通过拒绝不经一战就放弃希腊来重振大不列颠联合王国的威望，进而希望英国支援希腊的抵抗可以使美国对盟军的态度产生更加积极的转变。

英国政府同时认为，如果能诱使南斯拉夫和土耳其加入英国的阵营，帮助希腊抵抗德国入侵的前景将会更为乐观。直到1941年2月，英国还在反复劝说这两个国家加入希腊，结成抵抗德国的统一战线。可得到的反应却令人失望，南斯拉夫的态度始终阴晴不定，而到当年3月土耳其终于回应说不准备参与任何反对第三帝国的行动。1941年2月在埃及开罗的一次会议上，对于英国远征军在希腊取得胜利的前景，英国外交大臣艾登（Eden）、英军帝国参谋总长约翰·迪尔爵士（Sir John Dill）以及中东英军司令部的高层们都持有审慎的怀疑态度，但最终他们达成协议，愿意承担将英国军队调动到爱琴海地区的风险。就在3月初，甚至连丘吉尔也开始表达类似的观点，只要土耳其仍然保持真正的中立，对英国来说，失去包括希腊的整个巴尔干地区虽然令人不快，但也不算是灭顶之灾。

在希腊政府宣布全面接受英国军事援助后的1941年2月22日，英国政府还是以协助其国防的理由与希腊进行了谈判，尽管之前英国政府承诺派遣3个师左右的部队。英国军事领导人建议，为避免在过于靠近边境的防御地带被德国军队包围，英希联军应该依托"阿利阿克蒙河防线"（Aliakmon river）进行防守。这条防线源自希腊与马其顿交界的凯玛克特萨兰（Kaïmakchalan），蜿蜒横跨韦尔米翁山（Vermion Mountains），最后直达爱琴海。而希腊陆军总参谋长帕帕戈斯（Papagos）将军则强调，除非南斯拉夫能够清楚表明立场，否则他无法撤回部署在保加利亚边境的希腊军队。由于阿尔巴尼亚前线的希腊军队（主要指伊庇鲁斯和西马其顿的军队）已经精疲力竭，帕帕戈斯对于调动这些部队加强"阿利阿克蒙河防线"的建议也持有严重的怀疑态度。同时，他还不想便宜了对面的意大利军队，不想让其不费一枪一弹就能占领阿尔巴尼亚与希腊的边境地区。1941年3月5日，英国驻雅典大使迈克尔·帕勒里特爵士（Sir Michael Palairet）通知伦敦政府，他们终于与希腊方面达成了折中协议："阿利阿克蒙河防线"将由英联邦国家军队和新组建的中央马其顿集团军（3个实力虚弱的师）共同据守，防御部队将沿着色雷斯以西到内斯托斯（Nestos）以东的区域展开。同时，东马其顿集团军的主力部队将继续扼守在保加利亚前线（即"梅塔克萨斯防线"）。一旦南斯拉夫表明了中立态度，德国开始从保加利亚边境发动进攻时，帕帕戈斯就计划从南斯拉夫前线撤出这些部队。虽然希腊陆军总参谋长的部署削弱了"阿利阿克蒙河防线"的力量，英国方面还是将信将疑地接受了。正因为如此，丘吉尔一直到3月5日仍然没有下定最后的决心，派遣英国远征军登陆希腊本土。而驻阿尔巴尼亚前线的伊庇鲁斯和西马其顿军队中的一些希腊将领们也开始发出反对雅典政府对抗德国的声音，这些原因不约而同地加深了英国首相的担心和怀疑。然而就在第二天，丘吉尔终于做出了决定，有鉴于英国和希腊的双边军事协定，以及希腊准备抵抗德国入侵的态度，英国政府别无选择只能对其伸出援助之手。

尽管盟军阵营内部意见不统一，但当德国军队跨越多瑙河之时，英国远征军也立即开始登船驶向希腊本土（即"荣光"行动）。英军的第一批部队于3月7日登陆雅典的外港比雷埃夫斯（Piraeus），开始向希腊北部地区进发；据德国驻雅典的军事武官估计，截至3月25日登陆希腊的英军部队总数在3万到3.5万人之间。

在德军进入保加利亚以及英军登陆希腊本土后，虽然希腊政府认为通过外交途径解决争端的希望已经日趋渺茫，但仍然没有放弃与德国政府达成谅解协议的努力。在3月中旬，一些有影响力的希腊军官四处活动，试图在与意大利的冲突中取得德国的调停。北部地区的一名希腊指挥官居然声称，如果对面的意大利军队换成了德国人，他将命令他的部队停止战斗。驻萨洛尼卡（Salonika）的德国外交官员也信誓旦旦地保证说，希腊军队的领导人将要求英国军队离开希腊。虽然德国政府断然拒绝了这些意见，希腊的代表们仍然没有放弃努力，试图通过各种外交渠道说服德国方面：即面对意大利和德国的军事调动，希腊只是对本国的防御势态做出了小小的调整。然而，德国对上述这些努力的反应极为冷淡，最终德国政府拒绝了希腊所有建立对话途径的要求。里宾特洛甫不想给外界留下类似印象，即希腊已经与德国政府建立了联系，两国将共同努力和平解决分歧。希特勒在3月17日的谈话中重申了德国的真正目标：为了将英国势力赶出爱琴海地区，德国军队必须占领希腊全境。

1940年11月初，德国政府接到意大利在阿尔巴尼亚前线失败的消息，希特勒自此开始考虑在必要情况下帮助墨索里尼进攻希腊。这同时意味着德国与南斯拉夫的关系也显现出特殊的意义。尚且不谈在德国对苏作战准备中南斯拉夫的战略和经济价值，仅仅凭借其特殊的地理位置，南斯拉夫的态度在德国征服希腊的计划中就至关重要。南斯拉夫政府既能够对阿尔巴尼亚前线的战事施加影响，又能使德国在保加利亚境内部署军队时不得不有所顾忌。意大利与希腊之间的战端一开，驻贝尔格莱德（Belgrade）的德国大使就向自己的政府报告说，南斯拉夫政府将恪守严格意义上的中立，因此南斯拉夫政府拒绝了意大利通过其领土运输部队的要求；到当年11月，德国军队要求通过南斯拉夫境内的照会也被婉拒了。

3月中旬，驻贝尔格莱德的一名德国空军武官提供消息说，南斯拉夫政府正在该国的马其顿地区动员军队。这让德国政府立即意识到，应该与南斯拉夫方面达成一项协议。如果南斯拉夫不立即服从轴心国的意愿，脾气暴躁的墨索里尼就准备对南斯拉夫动武。而希特勒则认为，先通过谈判赢得南斯拉夫对德国军事计划的支持更为重要。德国领导人显然对继续与南斯拉夫保持良好的经济关系很感兴趣，因此他极力避免任何可能妨害该国或其外交政策稳定的事情发生。1940 年 11 月初，南斯拉夫驻柏林军事武官瓦乌赫尼克（Vauhnik）询问了德国方面支持南斯拉夫获得萨洛尼卡港的要求，并暗示说这可以作为正式双边会谈可能的出发点。1940 年 11 月 28 日，希特勒向南斯拉夫外交部部长辛卡－马可洛维奇（Cincar-Marković）保证，德国将支持南斯拉夫的领土要求，南斯拉夫只需要签署一个意大利、德国、南斯拉夫三方互不侵犯条约作为回报。此外，轴心国集团还要求南斯拉夫对意大利展现出友好姿态，对达尔马提亚（Dalmatian）海岸地区进行非军事化管理；在希腊投降以后，南斯拉夫可以将萨洛尼卡港作为其主要的海军基地。希特勒同时还强调说，德国政府的目标就是维持东南欧国家的稳定，对巴尔干地区没有领土上的要求。德国计划改善与南斯拉夫的经济关系，也与这些目标紧密相关。在希特勒看来，南斯拉夫应该持续向德国提供原材料，德国也将继续向其提供工业品。

然而，贝尔格莱德的观察家们指出，由于两国之间的贸易并非来自南斯拉夫自身的需要，而是德国的需求，因此南斯拉夫片面倒向德国的经济政策才是该国经济出现大量问题的主要原因。地中海地区的战争进一步将南斯拉夫孤立于世界市场，使得该国即使想要转变贸易政策也不太可能。德国倒是准备继续加大对南斯拉夫经济的投入，但这只会进一步促使该国的货币与贸易政策倒向德国。

1940 年 12 月初，南斯拉夫方面准备同意希特勒的提议，与德、意两国签署互不侵犯条约，虽然三个潜在的条约伙伴间还存在着明争暗斗的关系，如南斯拉夫拒绝了意大利货车通过其领土前往阿尔巴尼亚的要求，德国便停止向南斯拉夫出口制造飞机的材料作为反制措施等等。几乎与此同时，德国政府开始考虑要求南斯拉夫加入轴心国集团，而不仅仅只是签署一个简单的互不侵犯条约。南斯拉夫政府对此感到非常意外，因为缔结一项互不侵犯条约的要求是由希特勒本人提出的，而德国元首在 1940 年 11 月 28 日的会晤中，并没有提及需要南斯拉夫进一步承担轴心国家的义务。1941 年 1 月，德国驻贝尔格莱德大使冯·海伦（Von Heeren）也提出自己的观点，南斯拉夫政府似乎急于在一触即发的战事中置身事外。南斯拉夫外交部部长辛卡－马可洛维奇于 1 月 5 日告知海伦，他对德国国防军进入罗马尼亚南部表示欢迎，但到了月底，当地德国使馆接到了截然相反的报告：如果德国军队试图穿越其领土，南斯拉夫将使用武力进行抵抗。因此德国政府得出结论，南斯拉夫虽然不敢反对德国在其他东南欧国家的行动，但该国也并不准备对这些国家提供支持，这对于德国来说，无疑是诱使南斯拉夫加入轴心国阵营的良好前提。

尽管如此，1941年1月和2月南斯拉夫还是分别拒绝了英、美两国政府要求其奋起反抗德国扩张的呼吁。就在1月底，南斯拉夫政府向到访的美国特使多诺万上校表态，如果德国军队进入保加利亚，南斯拉夫将不会进行干涉。南斯拉夫摄政保罗亲王（Prince Paul）也拒绝了与有关国家组成巴尔干联合战线抵抗德国的建议。在他看来，德国咄咄逼人的军事威胁固然无法回避，但美国承诺的军事援助也太过虚无缥缈。南斯拉夫政府同时还试图减少与美国代表之间的会晤，因此限制了对这次多诺万访问该国的公开报道。1941年2月，英国外交大臣安东尼·艾登（Anthony Eden）、美国驻贝尔格莱德大使亚瑟·莱恩（Arthur Lane）劝说南斯拉夫摄政亲王及该国政府高层抵抗德国的行动也全都以失败告终。

鉴于南斯拉夫国内政策的反民主和反共产主义倾向，及其与德国日趋紧密的经济联系，南斯拉夫政府转而开始采取一种谨慎且有助于改善与第三帝国关系的外交。1941年2月14日，应茨维特科维奇（Cvetković）本人的要求，希特勒在德国的贝格霍夫（Berghof）会见了到访的南斯拉夫总理。茨维特科维奇先是强调了南斯拉夫和德国之间的良好关系，接着又对双方广泛的共同点以及国内外政策上的共同利益大献溢美之词。在谴责了英国想在巴尔干地区获得立足点的企图后，他话锋一转向希特勒抛出了新的提案，即由南斯拉夫、土耳其和保加利亚三国签署一项条约，组成小三国同盟以对抗英国在东南欧登陆的企图。然而希特勒对此反应冷淡，他直言不讳地指出该计划成功的希望渺茫，更重要的是德国元首不相信土耳其可以脱离英国的掌控。最后希特勒要求南斯拉夫"为了她自己的利益"立即加入轴心国集团。茨维特科维奇和随行的外长别无他法，只能唯唯诺诺地表示愿意尽快安排保罗亲王与德国元首会晤。

1941年3月4日，第一批德国军队开始进入保加利亚。在南斯拉夫东南部，已经有3个师的力量被动员起来保护两国共同的边境地区。伴随着战云密布的气氛，希特勒在贝格霍夫会见了保罗亲王。在与德国元首的谈话中，保罗亲王毫不掩饰他个人对希腊和英国的同情，以及对意大利的厌恶。他还谈到了南斯拉夫国内形势的困难，同时坦言如果现在立即加入《三国轴心协定》，不排除南斯拉夫国内将发生政变的可能。但是希特勒并没有被吓住，他威胁说如果南斯拉夫不抓住目前的良机与德国和意大利达成协议并签订条约，将会面临严重的后果。

尽管存有严重的保留意见，保罗亲王还是在希特勒和里宾特洛甫的威逼利诱下屈服了。南斯拉夫政府同意在几天后发表愿意加入轴心国阵营的声明，但为了尊重民意，南斯拉夫政府提出必须在尽可能不影响国家独立的前提下加入《三国轴心协定》。考虑到德国今后的军事计划，希特勒宣布愿意接受南斯拉夫政府提出的绝大多数条件：德国保证该国的领土完整，为此德国军队放弃了从南斯拉夫领土上通过的要求；在即将到来的希腊战役中，轴心国集团也不要求南斯拉夫提供任何军事上的支持。此外，里宾特洛甫还额外开恩，表示准许南斯拉夫政府在条约发布的公告中加上这些内容。当然最后也是最重要的秘密条款，就是德国对南斯拉夫取得萨洛尼卡的承诺。另一方面，德国政府则拒绝发表今后不会要求南斯拉夫提供军事援助的声明。继而在 3 月 9 日，里宾特洛甫指示德国驻贝尔格莱德的大使秘密通知南斯拉夫政府，德国将很有可能需要南斯拉夫承担轴心国家的战争义务。尽管出现了新的变化，3 月 10 日南斯拉夫外长辛卡 - 马可洛维奇还是竭尽全力地劝说德国驻贝尔格莱德大使，并终于使德国政府在给南斯拉夫政府的一份秘密备忘中，同意并保证德国不会再向该国提出承担军事义务的要求。这样一来，德国也解除了南斯拉夫卷入对美或对苏战争的顾虑。

而在国内，南斯拉夫政府这种对德妥协的态度已经人尽皆知，而且并没有得到众多民众的支持。就在 3 月 1 日，有谣言说德国已经对南斯拉夫加入轴心国发出了最后通牒，这一消息当即在贝尔格莱德引发了大规模的反抗示威。为了声援南斯拉夫的示威运动，英、美两国的新闻媒体进行了广泛报道，呼吁共同抵抗轴心国集团的扩张。德国驻贝尔格莱德大使对此印象深刻，他指出南斯拉夫国内反对派的势力强大，因此要做好该国推迟加入《三国轴心协定》的准备。

当战争部长佩塔尔·佩什基奇（Petar Pešić）在内阁会议上描绘出令人绝望的军事形势时，无可争辩的保罗亲王和南斯拉夫政府决定屈从于德国的意愿。根据佩塔尔的推测，德国军队一旦开始进攻，就将在几天内占领该国的大部分地区，只有在波斯尼亚（Bosnia）和黑塞哥维那（Hercegovina）的边远地区，南斯拉夫军队才有可能抵抗德军 4 周以上的时间。1941 年 3 月初，米罗萨夫·派赖希奇（Miloslav Peresić）中校前往希腊，探讨成立希腊—南斯拉夫—英国统一战线的可能，结果会谈双方对军事形势的评估也得出了类似的结论。另外，即使加上英国提供的援助，希腊军队本身的资源也已经非常紧张，从而导致其最多只能执行防御性质的任务。

1941 年 3 月 21 日,南斯拉夫政府内阁就是否加入《三国轴心协定》举行了投票,结果显示 16 名内阁成员投了赞成票,只有 3 名成员投了反对票并在投票公布后立即递交了辞呈。德国方面本以为签约已经指日可待,但南斯拉夫总理茨维特科维奇节外生枝,试图推迟与德国签订条约的时间,同时还争辩说南斯拉夫内阁需要时间来任命新的部长成员。里宾特洛甫则对该国国内僵持不下的局面大为不满,他指示德国驻贝尔格莱德大使转告南斯拉夫政府,德国政府的耐心是有限度的,南斯拉夫只剩下四天时间考虑并接受德国签约的"善意"。如德国人所愿,南斯拉夫总理当然可以在几天内匆匆组阁,然后于 1941 年 3 月 25 日在维也纳签上自己的大名。可此时,他更加无法面对的是南斯拉夫国内强烈反对签约的呼声。事实上,正因为南斯拉夫政府在与德国谈判过程中的遮遮掩掩,才使得南斯拉夫国内民众无法得知政府真正的意图,反对签约的呼声愈演愈烈。尽管如此,德国驻贝尔格莱德大使依旧相信保罗亲王和茨维特科维奇总理仍然牢牢地控制着南斯拉夫局势,国内所谓声势浩大的反对派不但人数有限而且不会长久。总而言之,到 1941 年 3 月底,德国方面大体上已经完成了战争准备,针对希腊的军事行动已是箭在弦上,南斯拉夫加入轴心国集团解决了巴尔干地区最后的不确定因素,同时该国也比以往任何时候都更加依附于德国的国家社会主义外交政策。

从以上章节我们可以看出,从 1940 年 10 月到 1941 年 3 月底,德国在巴尔干地区的政策就是要从政治和经济上把东南欧国家牢牢地捆绑在德国的战车上。墨索里尼对希腊自取其辱的军事进攻,导致英国军队出现在了爱琴海地区,反过来又刺激了德国在巴尔干地区的行动,以求将英国势力彻底逐出希腊本土。希特勒的下一个目标就是维护整个欧洲南翼的安全,从而服务于对苏联的军事征服。随着墨索里尼在希腊的失败日趋明显,希特勒做出了在必要时军事援助意大利的决定。德国在巴尔干地区的军事干涉固然能够在经济上进一步利用东南欧国家为第三帝国今后的扩张计划服务,但希特勒在做出进攻希腊决策的过程中显得犹豫不决:一方面,他担心在巴尔干地区使用武力,会破坏东南欧国家政治和经济上的稳定;另一方面,他也对德国军事力量在该地区的消耗存在顾虑。最初,希特勒仍旧试图通过外交手段实现其在巴尔干地区的目标,或者在必要时施加一些政治压力,获得希腊的部分领土。但随着进攻苏联日期的临近,希特勒更加倾向于完全摧毁英国势力在希腊的立足点。由此可见,德国当时对东南欧国家的政策是从政治、经济和军事上的威胁逐渐转变为公开使用武力的。

从南斯拉夫政变到 1941 年 4 月 6 日战争的爆发

南斯拉夫政变

1941 年 3 月 25 日，迫于第三帝国巨大的政治压力，南斯拉夫政府在维也纳签署了协议加入《三国轴心协定》，此举立刻引发了该国国内各方势力的巨大不满。塞尔维亚民众和南斯拉夫军方对克罗地亚人和茨维特科维奇政府充满了不信任情绪，南斯拉夫各地相继爆发了示威游行，反对该国政府签署条约。早在 1940 年 10 月，驻贝尔格莱德的德国使馆就提醒过柏林方面有关塞尔维亚军方准备发动政变的传闻。反对派的政变带有双重目的，他们不但试图阻止南斯拉夫继续倒向轴心国集团的外交政策，还打算借机提高塞尔维亚人在这个多民族国家中的影响力。最终，南斯拉夫政府在维也纳签字的消息坚定了反对派领导人发动政变的决心。就在签字仅仅两天后，亲西方的空军将领杜尚·西莫维奇（Dušan Simović）发动政变并出任新的政府首脑，他将还有 6 个月才成年的彼得二世推上王位，继而命令茨维特科维奇政府立即辞职，以避免流血。新的统治者们暂时扣留了总理茨维特科维奇和外交部部长辛卡－马可洛维奇，同时勒令保罗亲王及其亲属离开南斯拉夫。随后，西莫维奇克服了初期的困难，成功地建立了一个由南斯拉夫国内各民族代表组成的内阁。德国外交部由此判断他是一个开明的人，并将会支持建立一个泛塞尔维亚—克罗地亚的国家。

于是，首都贝尔格莱德瞬间成了焦点，该国政变同时伴随着反对南斯拉夫加入轴心国集团的大规模群众抗议和示威游行。动荡不安的局面导致袭击德国驻南机构和人员的事件时有发生。例如当地一批亲德的新闻记者就曾被暂时扣留，德国大使馆不得不向新政府提出抗议，西莫维奇才表示他会尽一切努力防止类似事件再次发生。

南斯拉夫民众激烈的反德情绪导致第三帝国政府严重怀疑英国才是政变幕后的始作俑者。唐宁街 10 号不仅对南斯拉夫前政府加入《三国轴心协定》的行径发表过措辞严厉的声明，同时还警告说与德国的合作行为将在战后导致严重的后果。3 月 26 日，丘吉尔指示英国驻贝尔格莱德大使，使用一切手段阻止南斯拉夫加入轴心国。就在南斯拉夫政府签约的前两天，英国外交大臣艾登甚至命令驻南斯拉夫的英国外交官们，使出浑身解数以组织一场事变。可关键问题在于，一旦面临轴心国的军事恐吓甚至战争威胁，伦敦方面又能为南斯拉夫提供多少实质性的帮助呢？除了数量非常有限的物质支持外，英国政府也只能含糊其词地保证在战后以有利于南斯拉夫的方式，调整其与意大利在伊斯的利亚地区（Istria）的边界。此外，贝尔格莱德新政府在政变几天后的行事风格，也充分说明英国政府在此次事件中没有发挥显著作用。英国方面倒是期望与南斯拉夫新政府加深两国间的紧密合作，但西莫维奇拒绝采取相关的具体措施。

尽管如此，伦敦的唐宁街10号对贝尔格莱德的政变仍然持欢迎态度。在英国人看来，联合南斯拉夫在东南欧地区对抗第三帝国的前景又再度光明起来。"南斯拉夫民族找到了她的灵魂"，丘吉尔声情并茂地呼唤无非是期望贝尔格莱德的新政府能够摒弃倒向德国的外交政策。观察家们则更加谨慎地指出，该国国内反对派发动政变的真实目的更像是要推动南斯拉夫回归并保持真正的中立状态。也正是因为如此，南斯拉夫新政府才在加入《三国轴心协定》的最后一步前踌躇不决。无论如何，在整个西方国家看来，发生在贝尔格莱德的政变对希特勒在东南欧的军事扩张计划而言都是沉重的一击。

德国政府将3月27日发生在贝尔格莱德的事件视为不折不扣的耻辱。南斯拉夫总理和外长在维也纳签署的协议墨迹未干，一贯反德的塞尔维亚军官团就逮捕了刚刚返回国内的茨维特科维奇和辛卡－马可洛维奇，柏林方面认为这是对轴心国集团彻头彻尾的背叛。3月28日，南斯拉夫新政府开始在国内征召所有适合服役的公民，这又进一步加深了希特勒对政变领导人西莫维奇的怀疑。根据德国驻贝尔格莱德大使的猜测，南斯拉夫军队第一阶段的有序动员很有可能已经完成，只是以其国内的政治原因为借口，没有通知德国方面。

1941年3月27日，就在贝尔格莱德发生政变的消息传到柏林当天的仅仅数小时后，希特勒就召集他的将军们并宣布了新的决定：德国军队必须立刻从军事上摧毁南斯拉夫，使她不复成为一个实体国家。希特勒喋喋不休地说道，对该国不必进行宣战，也不必送交最后通牒，即使南斯拉夫新政府递交"宣誓效忠"的声明也不应理会。另外，作为最直接的报复手段，他还指示德国空军一俟天气好转，就立即起飞轰炸贝尔格莱德。希特勒对"贝尔格莱德政变"暴跳如雷且反应强烈，他不但力图挽回德国外交政策在全世界面前的威望，还想通过对南斯拉夫的迅速打击，保护第三帝国的"多瑙河农业和原料行省"，以防止东南欧国家结成可能形成的反德联盟。同时，征服南斯拉夫还有利于德国武装力量在希腊战役的展开。根据希特勒的指示，德第12集团军调整了保加利亚境内部分德国军队的部署，准备进攻南斯拉夫的南部。在占领该地区以后，德国的军事力量就能绕过保加利亚与希腊边境难以逾越的多山地区，直奔伯罗奔尼撒半岛。

对元首来说，征服南斯拉夫的时机选择得恰到好处，德国军队针对苏联战场的调动和部署才刚刚开始，此时可以轻而易举地南下进攻南斯拉夫。同时，德国元首预期对苏联开战的时间就在 5 月中旬，客观上也不允许他与贝尔格莱德新政府进行繁复冗长的外交谈判。

1941 年 3 月 27 日，希特勒做出了摧毁南斯拉夫的决定。这不但是第三帝国战略上的务实需要，也反映出元首意识形态上的影响，即希特勒本人长期以来对该国的反感及憎恶。德国元首试图彻底扭转第一次世界大战的结果，而首要任务就是要消除塞尔维亚在南斯拉夫的影响。"塞尔维亚官方与反对第三帝国的阴谋家们沆瀣一气"——希特勒和他的追随者们对此显然深信不疑，国家社会主义的宣传机器甚至开足马力叫嚣：1914 年弗朗茨·斐迪南大公在萨拉热窝（Sarajevo）的遇刺就是塞尔维亚一贯反德传统的证明。另一方面，驻贝尔格莱德的德国大使冯·海伦（Von Heeren）指出，南斯拉夫的政变是由少数个人或团体操纵的，大多数塞尔维亚人对德国并不持敌视的态度，他认为德国对南斯拉夫进行所谓的军事惩罚是一个冲动的错误，而这一观点也得到了德国外交国务秘书冯·魏茨泽克的赞同。但在魏茨泽克看来，任何劝说希特勒和里宾特洛甫取消进攻的尝试都是徒劳的。

既然下定决心要对南斯拉夫动手，并期待尽快取得战争的胜利，希特勒及其跟班们就开始想方设法地从该国内部削弱南斯拉夫的抵抗。就像意大利针对南斯拉夫的一贯伎俩，德国领导人也企图利用塞尔维亚和克罗地亚的民族矛盾，为战胜并瓜分南斯拉夫创造条件。德国外交部已经获悉，贝尔格莱德的政变并没有得到克罗地亚人的全力支持，西莫维奇将军的新政府也没有满足克罗地亚人的相关要求。在纳粹政权的领导人看来，这不啻为推动和支持克罗地亚分裂势力的天赐良机。3 月 31 日，里宾特洛甫私下转告克罗地亚方面，德国打算在肢解南斯拉夫以后，建立一个独立的克罗地亚国家。弗拉德科·麦契克（Vladko Maček）是克罗地亚农民党深孚众望的领袖，也是德国人重点争取的对象。里宾特洛甫企图说服他不要与贝尔格莱德新政府联系，转而与柏林方面合作，还承诺让他担任克罗地亚独立后的领导人。经过短暂的犹豫过后，麦契克拒绝了柏林方面关于脱离贝尔格莱德政府、建立大克罗地亚国家以及割让斯洛文尼亚给德国的建议。尽管如此，他也嗅出了南斯拉夫与德国达成协议从而结束双方对抗局面的可能性。为了能够对南斯拉夫的外交政策施加影响，在与西莫维奇一番讨价还价之后，麦契克最终还是加入了贝尔格莱德的新政府，并出任副总理一职。因此，德国外交部诱使麦契克率领克罗地亚分离势力脱离塞尔维亚的企图破产了，驻萨格勒布（Zagreb）的帝国代表不得不把目光投向了克罗地亚分裂势力中的激进派。这些人对西莫维奇的新政府不屑一顾，同时也反对麦契克在克罗地亚独立事业中的磨磨蹭蹭。德国政府希望通过扶持他们，鼓励大多数克罗地亚人反对南斯拉夫新政府，最终拒绝听从西莫维奇在战争中保卫南斯拉夫国家的号召。

从1941年3月27日政变当天起，麦契克和西莫维奇新政府就同时意识到"贝尔格莱德政变"将具有重大意义。南斯拉夫新任外长莫姆契洛·宁契奇（Momčilo Ninčić）在第一时间向德国方面解释说，茨维特科维奇政府的倒台是南斯拉夫国内政治因素不可逆转的结果，贝尔格莱德新政府将继续保持与德国的密切联系，同时准备履行加入轴心国集团的所有义务。就在事件当晚，政变领导人西莫维奇将军与德国大使冯·海伦进行了谈话，他不但重复了新任政府外长在白天的种种承诺，还保证将不会再有任何反德行为发生。冯·海伦随后得出结论，虽然存在西莫维奇推动南斯拉夫回归中立状态的可能，但无论如何，他都会争取与第三帝国间的友好关系，何况南斯拉夫新政府比茨维特科维奇的官僚们享有更加广泛的群众支持。耐人寻味的是，两天后德国驻贝尔格莱德军事武官鲁道夫·图桑（Rudolf Toussaint）上校向柏林方面报告说，南斯拉夫首都仍然充斥着强烈的反德气氛。虽然他同意南斯拉夫政变的主要原因是其国内政治的复杂性，但这位德国军事武官同时指出，贝尔格莱德新政府没有成功制止英国在南斯拉夫的宣传活动，这群"固执而又愚蠢的塞尔维亚官员们"使他对这次政变被最终结果左右的方向产生了怀疑。事实上就在政变当天，西莫维奇就试图劝说英国政府，不要针对南斯拉夫事变发表倾向明显的广播，他还分别通知英、美两国驻贝尔格莱德大使，南斯拉夫的外交政策不会因为该国政权的更迭而发生任何改变。紧接着在数天后，为平息"贝尔格莱德政变"将导致巴尔干组成反德联盟的传言，西莫维奇又拒绝了与英国外交大臣艾登的会晤。然而，南斯拉夫新政府对德国诚惶诚恐的态度不但没有改变希特勒进攻该国的决定，反而使东南欧国家更加脆弱地暴露在德国的军事威胁面前。

德国政府认为，西莫维奇所谓转向德国的中立是一场彻头彻尾的表演，南斯拉夫新政府需要时间进行军事动员，建立巴尔干国家的反德联盟才是其真实目的。由于希特勒已经做出决定，不再通过任何外交渠道解决南斯拉夫问题，德国外交部因此召回了几乎所有常驻贝尔格莱德的政府雇员。德国驻南斯拉夫大使冯·海伦已经奉召回国，贝尔格莱德的德国使馆仅剩下负责传递消息的低级官员。3月29日，德国外交部指示下属各机构和部门，停止与南斯拉夫方面的一切接触，对该国所有的外交试探都不予理会；如果南斯拉夫代表提出会面请求，德国外交人员应借口公务缠身或多有不便加以拒绝。4月2日，柏林方面命令贝尔格莱德使馆的留守人员销毁文件，并准备最终撤离该国；德国政府同时呼吁轴心国伙伴，断绝与南斯拉夫的外交关系。里宾特洛甫还特别要求滞留在贝尔格莱德的外交人员注意当地民众针对德国侨民和机构的报复行为，如有情况立即向德国外交部门报告；在第三帝国武装力量准备进攻的最后阶段，这些情报将成为教育德国民众极好的宣传材料。

德国外交使团逐渐离开贝尔格莱德的情况，引起了塞尔维亚官方的警惕和关切。有鉴于此，南斯拉夫政府在1941年3月30日再次发表声明，愿意承担《三国轴心协定》伙伴国的全部义务，希望保持和德国以及意大利的友好关系。就在同一天，里宾特洛甫通知意大利外长齐亚诺，德国将不会理睬南斯拉夫政府的表态，同时也没有发布对等声明的必要。另外，里宾特洛甫还援引了德国元首在3月27日给墨索里尼的信里的观点：希特勒提出必须对南斯拉夫使用武力。

尽管如此，西莫维奇仍然没有放弃努力，他呼吁在德国柏林举行听证会，并邀请意大利政府居中调解。鉴于墨索里尼长期叫嚷着要使地中海成为意大利的内湖，征服南斯拉夫无疑会使他更加踌躇满志，在此时邀请意大利调停，不仅显得不合时宜，而且还略带讽刺。根据意大利驻贝尔格莱德大使的消息，西莫维奇曾在政变发生两天后威胁说，如果德国军队占领萨洛尼卡（Salonika），南斯拉夫将在阿尔巴尼亚前线采取军事行动，这使得该国与意大利之间的关系也持续紧张起来。1941年4月3日，意大利政府不出意外地拒绝了为南斯拉夫居中调停的请求，但接连碰壁的南斯拉夫政府还是没有放弃与德国和解的努力。随着战争的逐渐逼近，南斯拉夫新任外长宁契奇拼命呼吁两国政府举行最高级别的谈判，甚至表示他本人可以立即飞往柏林以求实现两国关系的改善。1941年3月27日，希特勒下定了对南斯拉夫动武的决心，柏林方面因此拒绝答复宁契奇的请求，认为与南斯拉夫的战争已经无法避免。

德国针对希腊和南斯拉夫的战争部署

早在1941年2月，柏林的陆军最高司令部就得出结论，德国对南斯拉夫的军事行动将不可避免。在3月27日希特勒做出开战决定以后，德国陆军总参谋部迅速地对德军的进攻计划进行了修改。李斯特的第12集团军现在不仅肩负着进攻希腊的任务，同时还必须占领南斯拉夫的南部地区。此外，根据元首的"第25号指令"，驻匈牙利的德国第46装甲军，以及驻奥地利施蒂里亚（Styria）的德国第2集团军将组成突击集群，伺机从北面进攻南斯拉夫。接到命令的德国部队陆续从第三帝国的占领区向巴尔干前进：除了预备投入"巴巴罗萨"行动的德国国防军，还有西欧沦陷区的德国占领军，以及依然奋战在英吉利海峡的德国空军。

确定对南斯拉夫动武以后，德国元首便开始逐一要求轴心国集团的伙伴们履行具体的战争义务。罗马尼亚军队负责提供苏联方向的掩护，德国驻当地的军事使团将会帮助罗马尼亚人完成这一任务。3月27日，希特勒与保加利亚驻柏林大使德加拉诺夫（Draganov）举行会谈。席间，希特勒抛出南斯拉夫的马其顿地区诱使保加利亚参战。在看出希特勒"蜜糖包裹毒药"的伎俩后，索菲亚方面拒绝了德方立即加入战争的要求。德国政府唯一能做的，就是劝说保加利亚政府在土耳其边境布置军队作为防御措施。相比之下，匈牙利领导人霍尔蒂则显得异常活跃，他主动提出使用匈牙利的武装力量协助第三帝国的军事行动，尤其是在匈牙利事先要求得到的南斯拉夫巴纳特（Banat）地区。由于匈牙利政府在1940年12月与南斯拉夫签订了睦邻友好条约，霍尔蒂的这一表态直接导致南斯拉夫总理泰莱基（Teleki）的自杀抗议，于是匈牙利国内的军事动员也随之偃旗息鼓。布达佩斯方面不得不通知德国政府，匈牙利军队能够进入南斯拉夫的前提条件是该国不再是一个正式的主权国家。尽管如此，霍尔蒂还是同意了德方在匈牙利境内部署德国军队的要求。在德国元首明确表示肢解南斯拉夫的意图后，意大利领袖则显得更加急不可耐，墨索里尼甚至希望所有准备工作一俟完成，就立即进攻南斯拉夫。在"贝尔格莱德政变"发生两天后，德国和意大利的代表举行了秘密会晤，就军事进攻的细节问题进行了详细讨论。由于德军总参谋长哈尔德上将对意大利同行的作战效率心知肚明，因而意大利军队前期的主要任务仅限于在阿尔巴尼亚北部地区提供掩护。德国人同时强调，除非德国军队在南斯拉夫北部地区进展顺利，否则意大利军队不得单独发起对斯洛文尼亚的进攻。

希特勒就这样将轴心国集团拖入自己的战争计划中。随后，出于调配巴尔干战役后勤及调整军队部署的需要，德国军事领导人开始将注意力转回到德国军队本身。根据柏林方面的最新指示，李斯特已经在3月28日完成了其麾下第12集团军部队的重新部署。根据德国国防军最高统帅部3月22日的命令，第一装甲集群的指挥机构被撤出，其部队相关人员经维也纳调往布雷斯劳（Breslau）。陆军最高司令部同时通知德第12集团军，目前仅能提供部署在第三梯队的3个德国师作为其战略预备队。此外，保卫保加利亚与土耳其边境的德军装甲师也接到相关命令，准备返回罗马尼亚，他们将与罗马尼亚境内的德军预备队一同在该国待命。经过修改后的战争计划表明，德国政府现在断定土耳其进行军事干预的可能微乎其微，同时还自信满满地认为，对付战术低劣的希腊军队以及数量不多的英国远征军，投入适量的德国武装力量已经绰绰有余。出于时间和空间的考虑，德国军事领导层把所有他们认为多余的德国师撤出了巴尔干地区，并继续将其投入进攻苏联的准备当中。最终，赶赴东南欧国家参战的德军部队被编成了 3 个军，分别是：位于保加利亚西南角的第 18 山地军（下辖 2 个山地师、1 个步兵师，外加 1 个步兵团）、驻扎在希腊克桑西（Xanthi）以北地区的第 30 步兵军（下辖 2 个步兵师）和驻防保加利亚普罗夫迪夫（Plovdiv）附近作为预备队的第 40 军（摩托化部队）。

然而南斯拉夫政变不啻晴天霹雳，不但打乱了德国的原定军事计划，还迫使希特勒修改并调整了德国军队的作战部署。在元首发布的"第 25 号指令"中明确阐述了陆军元帅李斯特麾下德国各部队的分布情况，同时还强调德第 12 集团军下辖的部分作战单位必须首先进行重组，以完成夺取南斯拉夫南部地区的任务。德国第 18 山地军和第 30 步兵军的战役部署则没有发生太大变化：第 18 山地军继续原定对鲁佩尔隘口（Rupel Pass）的正面发起进攻，以打开该地区的通路；而第 30 步兵军的任务仍然是沿着爱琴海沿岸推进到克桑西和科莫蒂尼（Komotini）地区。除此之外，该地区的作战部队将得到 1 个装甲师力量的加强，该部将穿过南斯拉夫领土的斯特鲁米察（Strumica），继而向萨洛尼卡（Salonika）和埃泽萨（Edessa）方向进攻。德国的军事领导层试图通过高超的军事调动，从侧翼和后方进攻防守严密的梅塔克萨斯防线。

虽然制定上述作战计划的过程并不复杂，但就德国军队在南斯拉夫和保加利亚边境的主要任务这一问题，李斯特与德国陆军总参谋部的想法还是存在分歧。虽然第 1 装甲集群已奉命返回巴尔干地区，但李斯特的首要目标仍然是进攻希腊，于是这位陆军元帅试图尽量缩小装甲集群的编制，以便投入和加强伯罗奔尼撒半岛方向的进攻力量。德国陆军总参谋长哈尔德则持有不同意见，他试图向第一装甲集群的指挥机构派遣更多的师，希望由此形成强大的突击力量直指塞尔维亚的尼什（Niš），并最终令南斯拉夫军队的整个西南防线崩溃。此外，第 40 军（摩托化部队）从索菲亚西南地区发起的进攻，将帮助哈尔德锁定这一胜局。通过这一方案，德国军队就可以迅速穿过斯科普里（Skopje）抵达阿尔巴尼亚前线，这样不但可以打破希腊和南斯拉夫两国军队有可能建立起来的陆上联系，还可以大大减轻意大利军队在阿尔巴尼亚的压力。

经过讨论，希特勒最终表示支持哈尔德的计划，于是冯·克莱斯特（Von Kleist）指挥的第 1 装甲集群奉命移师索菲亚的西北地区，计划经尼什向贝尔格莱德推进，其加强后的兵力共计有4个师（2个装甲师、1个山地师和1个步兵师）。此外，第41装甲军（摩托化部队）将发起经蒂米什瓦拉（Timisoara）向贝尔格莱德的攻势，策应第1装甲集群的进攻。

因此，李斯特集团军所属的2个装甲师（第5和第11装甲师）将从现有地区撤出，他们布置在该地区的原定任务是防御土耳其可能发起的军事干涉。德国驻罗马尼亚军事师团的一支装甲部队将划归李斯特的指挥，以继续执行对土耳其方面的监视任务。同时，德国陆军最高司令部还将第11军（下辖2个步兵师）划归第12集团军指挥，该军将从其罗马尼亚驻地跨过多瑙河，到达第1装甲集群以东地区。第40军以每次运动1个装甲师或1个步兵师的方式，逐步向预定作战区域进发，其主力部队经普罗夫迪夫和旧扎戈拉（Stara Zagora）前出至丘斯滕迪尔（Kyustendil）以南地区集结。最后，李斯特保留了1个步兵师的第L军作为第12集团军的预备队；截至1941年4月5日，这支部队已经完成了普罗夫迪夫到帕扎尔吉克（Pazardzhik）之间一半的路程（帕扎尔吉克位于普罗夫迪夫以西），第40军的部分部队将跟随他们进入南斯拉夫。

1941年4月6日德国第12集团军所属部队情况详表			
所属军番号	所属师番号	集结区域	备注
第30军	第164步兵师、第50步兵师①	克桑西以北地区	
第18山地军	第2装甲师②、第5和第6山地师、第72步兵师、第125步兵师，外加1个步兵团	奈斯托斯河与斯特鲁马河（Struma）之间地区	
第40军（摩托化部队）	第9装甲师、第73步兵师、第1党卫军"阿道夫·希特勒警卫旗队"装甲师	丘斯滕迪尔（Kyustendil）	
第1装甲集群	第24装甲军下属第5及第11装甲师、第4山地师、第294步兵师、第60步兵师（摩托化部队）③	索菲亚西北地区	截至4月12日，第5装甲师的个别单位被划归第2装甲集团军指挥
第41军（摩托化部队）	第2党卫军"帝国"装甲师、德国国防军"大德意志"步兵团	蒂米什瓦拉附近	截至4月12日，第41军被划归第2装甲集团军指挥
第11军	第198步兵师、第76步兵师	博泰夫格勒（Botevgrad）和普列文（Pleven）之间地区	
第L军	第46步兵师、第16装甲师	普罗夫迪夫（Plovdiv）以西，杨博尔（Yambol）附近地区	第16装甲师来自驻罗马尼亚的德国军事使团

① 1个步兵师的总兵力大约为15000到18000人之间（辖3个步兵团外加1个炮兵团）。
② 1个装甲师的总兵力大约为15000人（装甲车辆大约为150到300辆）。
③ 1个摩托化步兵师的总兵力大约为14000人（辖2个步兵团外加1个炮兵团）。

作为对南斯拉夫政变的回应，从土耳其—保加利亚边界到索菲亚以西，从罗马尼亚—保加利亚边界到多瑙河以南，德国军队从四面八方依次到达了进攻阵地。此外，德国军事领导人还试图为罗马尼亚领土暴露的侧翼部分提供掩护。根据柏林方面陆军最高司令部的指令，"戈林将军"团（General Göring）脱离了原本隶属的第41军，改由驻布加勒斯特的德国空军使团指挥。希特勒同时还决定至少在罗马尼亚境内保留1个装甲师的机动力量。

德国第12集团军的主力部队（第18山地军、第30军以及第40军）预定于1941年4月6日发起进攻，紧接着第1装甲集群将于两天后投入作战行动。由于匈牙利、施蒂利亚（Styria）和卡林西亚（Carinthia）的德国军队还没有到达指定区域，第41军的进攻只能推迟到4月12日开始。而按照德国陆军最高司令部的原定计划，所有直接进攻贝尔格莱德的作战单位都应在同一时间发起进攻。

由于匈牙利以西的德国边境地区没有能够执行作战任务的德国集团军，组建一支新的进攻力量成了德国国防军的当务之急，而要在南斯拉夫边境以北地区集结一个强大的突击集群，本身就是一项烦冗复杂的军事任务，其工作强度将远远超出对第12集团军的重组。预计参战的德军各师距离南斯拉夫前线路途遥远，再加上大量摩托化部队的频繁调动，不可避免地造成了德国军队在进攻时间上的耽搁。同时，德国士兵们才刚刚接到向东方调动的命令，希特勒又仓促决定发动针对贝尔格莱德的军事打击，也严重干扰了德国军队进攻苏联的战争准备。唯一稍感欣慰的是，目前肩负训练任务的第2集团军司令部就设在慕尼黑（Munich），德国陆军上将马克西米利安·弗赖赫尔·冯·魏克斯帝国男爵（Maximilian Freiherr von Weichs）奉命接过了新成立的第2集团军指挥权。为了迅速补充该集团军的实力，德国陆军最高司令部决定从南德地区以及法国被占领土抽调德国军队。这些部队将主要通过铁路运输到达位于南斯拉夫边境的作战区域，但也存在搭乘卡车的特殊情况。由于维也纳以南通往格拉茨（Graz）和匈牙利方向的铁路运力紧张，大量的德国军队不得不采用其他的运输方式通过。

为了进攻南斯拉夫北部地区，德国陆军最高司令部准备使用4个军共计11个师的进攻力量。第2集团军司令部在匈牙利西南多瑙吉考尼饶（Nagykanizsa）附近布置了3个快速师，其指挥建制归属第41军（下属2个装甲师和1个摩托化步兵师）。第2集团军的主力将攻占德拉瓦河（Drava）的渡口，然后沿着德拉瓦河到萨瓦河（Sava）之间的广阔区域向贝尔格莱德攻击前进，最后与李斯特的第12集团军在南斯拉夫首都会师。

1941 年 4 月 6 日德国第 2 集团军所属部队情况详表[1]

所属军番号	所属师番号	集结区域	备注
第 46 军 （摩托化部队）	第 8 装甲师、第 14 装甲师[2]、 第 16 步兵师（山地师）	匈牙利西南地区	4 月 10 日，主力部队达到作战地域；4 月 13 日划归第 2 集团军（第 1 装甲集群）
第 L1 军	第 132 步兵师、第 183 步兵师、 第 101 轻装师[3]	格拉茨之南地区	4 月 6 日，三分之二的部队到达；从 4 月 11 日起划归第 2 集团军指挥
第 49 山地军	第 1 山地师、第 79 步兵师[4]	克拉根福东南地区	从 4 月 12 日，划归第 2 集团军指挥
第 L2 军[5]	第 125 步兵师[4]	索菲亚西北地区	计划截至 4 月 13 日，划归第 2 集团军指挥
第 1 装甲集群	第 14 军（摩托化部队）下辖第 11 装甲师、第 4 山地师、第 294 步兵师、第 60 步兵师	索菲亚西北地区	从 4 月 12 日，划归第 2 装甲集群指挥
第 41 军 （摩托化部队）	第 198 步兵师、第 76 步兵师	蒂米什瓦拉附近	4 月 12 日以前归属第 12 集团军指挥建制

此外，第 2 集团军的一支装甲师还应向萨格勒布方向疾进，迅速夺取该市，并宣布克罗地亚脱离南斯拉夫政府单独成立国家，以满足匈牙利军事干涉南斯拉夫的条件。为了实现这一目标，德国军事领导层决定在预订发起进攻的 4 月 12 日之前，就动用第 41 军（摩托化部队）的强大突击力量。由于不可能立即得到匈牙利军队的协助，德国陆军最高司令部命令第 41 军在蒂米什瓦拉附近集结，准备沿着蒂萨河（Tisza）以东向贝尔格莱德方向进攻。在格拉茨以南，第 L1 军集结了 3 个步兵师准备经马里博尔（Maribor）向南斯拉夫东南地区进攻。最终，第 41 军和 1 个山地师被部署在第 2 集团军的右翼，位于克拉根福（Klagenfurt）以东地区，此后还得到一个额外的步兵师作为加强。按照作战计划，第 41 军将经过斯洛文尼亚的采列（Celje）直取克罗地亚首都萨格勒布，而意大利的第 2 集团军将占领斯洛文尼亚的西北地区。随后，德国陆军最高司令部为了便于指挥投入东南欧地区的两个集团军，于 1941 年 4 月 9 日在奥地利的维也纳新城（Wiener Neustadt）设立了前进司令部。

希特勒征服南斯拉夫的决定使德国空军的作战压力骤然增长。在 3 月 27 日南

---

① 第 197、第 179、第 169、第 100 步兵师、第 20 山地师以及第 4、第 12 和第 19 装甲师原定作为总预备队，但德国陆军最高司令部于 4 月 12 日下达命令，停止将这些部队运往巴尔干地区。

② 4 月 10 日，第 14 装甲师被直接划归第 2 集团军指挥。

③ 4 月 14 日该部达到萨瓦河，4 月 18 日到达马里博尔以北地区；轻装师：特指武器和装备介于步兵师和山地师之间的部队，后统一更名为"猎兵师"。

④ 在战争中没有到达南斯拉夫前线。

⑤ 4 月 15 日，第 L2 军接过了第 125 步兵师以及第 101 轻装师部分单位的指挥权。

斯拉夫政变以后，第8航空军支援第18山地军的预定任务没有改变，但在丘斯滕迪尔（Kyustendil）附近发起进攻的第40军（摩托化部队）现在也申请德国空军支援。为此，空军将军里希特霍芬将第8航空军半数的地面单位派驻给行进中的前线部队，以加强陆军与空军单位之间的合作。这些地面联络员可以根据情况，随时召唤空中支援。由于德国空军暂时不需要建设新的前进机场，作为里希特霍芬第8航空军支援力量的额外3组不带地勤的俯冲轰炸机编队也于4月2日到达保加利亚前线。然而，在开战之初决定将地面单位调往第40军的部署，以及大量空中支援力量的到达，还是给第8航空军的后勤供给带来了巨大的压力。

于是，德国国防军最高统帅部决定在维也纳以南地区组建德国空军的第二支进攻力量。3月27日到28日，帝国元帅戈林接连发布命令，从法国被占领土和北德地区抽调大量德国轰炸机和战斗机（大约500架次），以加强德国空军上将亚历山大·勒尔（Alexander Löhr）麾下的第4航空队。该部将对贝尔格莱德进行轰炸，摧毁南斯拉夫空军的地面设施，然后为地面推进的第2集团军提供空中掩护。德国空军还接到命令，严禁在克罗地亚境内卷入地面战斗或进行单独的轰炸行动，以此来尽可能减少该地区平民的伤亡。为了在即将爆发的战争中发挥最大作用，勒尔将担任地面支援任务的空军编队全部调往南斯拉夫前线，负责轰炸任务的空军编队则全部派驻第4航空队的后方，即从维也纳以南的国内机场起飞。出于同样的目的，第8航空军也把自己的轰炸机部队集中在普罗夫迪夫附近。此外，第4航空队还将得到驻西西里（Sicily）第10航空军的支援，特别是在希腊和南斯拉夫南部靠近地中海的战区。同时，驻布加勒斯特（Bucharest）的第11航空军正枕戈待旦，随时准备投入空降作战行动。总之，为了准备进攻希腊和南斯拉夫，德国动员了她整个空军力量的四分之一（共计约900架）数量的飞机。

"贝尔格莱德政变"后，南斯拉夫、希腊和英国的战争准备

"贝尔格莱德政变"以后，南斯拉夫新政府拒绝了与希腊和英国结成政治反德联盟的提议，这也不免让人对三国即将展开的军事合作心存疑虑。3月31日，英军帝国总参谋长迪尔爵士（Dill）对贝尔格莱德进行了访问，令他印象深刻的是政变领导人西莫维奇言不由衷地承诺：只有当轴心国进攻到萨洛尼卡（Salonika）时，南斯拉夫才能够提供军事上的援助。而直到战争爆发时，南斯拉夫政府甚至没有向希腊和英国方面派驻哪怕一个联络员。1941年4月3—4日，英国远征军司令威尔逊

（Wilson）、希腊陆军总参谋长帕帕戈斯，以及南斯拉夫陆军作战司令拉迪沃耶·扬科维奇（Radivoje Janković）在希腊与南斯拉夫边境的卡纳利（Kanali）举行了会晤。这三个国家的军事将领讨论了希腊和南斯拉夫组成联军向阿尔巴尼亚领土进军的可能性。会上扬科维奇将军表示，希望会谈的主题能够围绕如何应对德国对萨洛尼卡的进攻，而后他又对帕帕戈斯提出的"南斯拉夫应集中该国军队于东南部地区"的建议不以为然，认为这样将使南斯拉夫的北方领土陷入无人防守的险境。就在这种三心二意的对话气氛中，所谓的"三国军事合作"也就无疾而终。

与丘吉尔想要推动南斯拉夫新政府迅速派出军事力量，投入阿尔巴尼亚地区打击意大利人的行动中来的急切心情相比，西莫维奇反而沉着冷静，尽量避免在这一敏感时期做出任何决定。带着对轴心国集团将会尊重南斯拉夫新政府坚持中立的期盼，西莫维奇继续佯装对希腊和英国的热情呼唤视而不见。南斯拉夫这种政治上模棱两可的态度也反过来影响了其国内军事力量的动员，西莫维奇的新政府直到政变发生三天后，才开始在南斯拉夫国内征召预备役人员。到战争爆发时，大多数南斯拉夫军队中只有部分达到了其战时的实力，但该国原本计划要在所有可能的方向进行防御。南斯拉夫军队共有7个集团军（1个南斯拉夫集团军相当于1个德国军的编制）总计36个师，虽然每个集团军都有单独的预备部队，但是放眼整个南斯拉夫国内，都缺少足够的战略后备力量。

南斯拉夫军队将其主力部署在首都贝尔格莱德周边以及该国领土的东南部地区，只有阿尔巴尼亚前线的南斯拉夫师接到了命令，可以向意大利人进攻，其他所有方向的南斯拉夫军队都奉命实施防御，以准备迎接轴心国集团的进攻。介于上文提到的动员和部署因素，南斯拉夫的武装力量处于非常不利的初始位置，反坦克和防空武器的缺乏又进一步加深了该国的困境。再加上南斯拉夫国内众所周知的克、塞两族矛盾，也令该国军队的战斗力大打折扣。此外，南斯拉夫总参谋部尤其是塞尔维亚族的军官们都一致反对新政府这种骑墙和观望的态度，他们强烈要求与希腊和英国结成对抗德国的统一战线，而这一点恰恰是西莫维奇出于政治考虑而无法应允的。更加糟糕的是，德国军队通过在南斯拉夫的代理人、军队逃兵和德国的外交人员，逐渐摸清了南斯拉夫武装力量的进攻计划、集结区域以及战略部署。

和德国政府的反应相同，贝尔格莱德的政变也促使希腊和英国政府对自己的防御计划进行了修改。一经获知政变成功的消息，英国外交大臣艾登和帝国总参谋长迪尔爵士就立即飞抵雅典，听希腊陆军总参谋长将其拟定的新防御计划娓娓道来。帕帕戈斯呼吁英、希两国建立一条从亚得里亚海（Adriatic）直达土耳其边境的新防线，同时还计划说服南斯拉夫调动军队向阿尔巴尼亚和保加利亚发动进攻。然而，英国领导人对希腊新的战争计划表现出强烈的保留态度，他们还担心南斯拉夫军队在面对德国的进攻时会消极抵抗。因此，英国政府否决了在刚刚建立的"阿里阿克蒙线"以北修筑一条新防线的计划。此外，英国远征军司令威尔逊将军强调了英希联军将面临被包围的危险，同时指出了德国军队突破防御经由多伊兰湖（Lake Doiran）直扑萨洛尼卡带来的威胁，因此他申请使用一个希腊师的力量增援东马其顿集团军的方向。

对局势的进一步分析表明，南斯拉夫在加入盟军阵营一事上显得犹豫不决，这使得希腊的军事防御面临更加严峻的考验。德国军队只要能够迅速征服南斯拉夫，就可以通过瓦尔达尔河谷（Vardar Valley）[又名阿克西奥斯河（Axios）]及弗洛里纳（Florina）这两扇敞开的大门直接南下，从而绕过保加利亚和希腊边界重兵把守的梅塔克萨斯防线。而德军对费洛里纳附近的进攻，无疑是对联军最为致命的一击。由于侧翼和后方受到威胁，英国远征军和中央马其顿集团军（两支军队现合并为第 W 军）将不得不从当前的防御阵地撤出。同时，德军对该地的进攻还切断了大部分希腊军队的后方交通（大约 14 个师），此时这些希腊部队正在阿尔巴尼亚前线对抗意大利的两个集团军。令人感到匪夷所思的是，帕帕戈斯甚至还有英国的领导者们此时还在憧憬南斯拉夫对意大利军队发起决定性进攻的光明前景，因此他们相信使用少量的兵力已足以防御费洛里纳及其附近地区。联军的领导者们甚至开始盘算，利用南斯拉夫的胜利将西马其顿集团军从阿尔巴尼亚前线解放出来，继而将其调往中央马其顿方向，以加强该地区的防御。

反观希腊军队除了极少数的摩托化部队，其绝大多数战斗单位还是由步兵人员组成。由于缺乏防空武器、反坦克武器以及大量其他类型的火炮，德国同行们虽然尊重每个斯巴达士兵的毅力和勇气，但也没有避讳希腊军队在军事装备上的落后。在阿尔巴尼亚前线与意大利军队持续了数月的僵持中，希腊军队虽然经受住了战火的考验，但由此带来的人员和物资上的损失也影响了该国军队的士气。另一方面，勉强拥有 3 个师兵力的英国远征军在武器装备和火力配置上则与德国军队的水平相当。其附属的 1 个英军装甲旅装备了大量的反坦克武器，使得该部成为打击德军快速机动编队的中坚力量。英国政府原本计划从埃及抽调更多的军队以充实英国远征军的实力，例如波兰喀尔巴阡独立步枪旅（Polish Independent Carpathian Rifle Brigade）以及少量额外的澳大利亚军队；但隆美尔（Rommel）在北非昔兰尼加

（Cyrenaica）突然发起的攻势迫使英国人打消了向希腊增兵的念头。基于同样的原因，截至 1941 年 4 月 5 日，英国皇家空军派遣到希腊的空中力量大约只有 80 架可用的战斗机。由于希腊政府解除了原先对英国空军的几乎所有限制，大不列颠的战斗机现在终于可以放开手脚，投入作战行动。在"贝尔格莱德政变"以后，希腊甚至允许英国空军使用该国中部地区的机场；如此一来，德国军队的交通网就直接暴露在英国空军的威胁之下。希腊政府甚至进一步表示，只要轴心国军队越过了南斯拉夫边境（即使德国并不准备进攻希腊），英国皇家空军就可以自由使用希腊所有的机场。

通过双方的力量对比不难看出，希特勒投入了大量的装甲部队和空军力量，以准备巴尔干地区的这场军事冒险，德国军队的武器和技术装备远比希腊和英国联军的绝大多数单位要先进。得益于此，德国国防军可以在行动中保持更快的速度和更高的机动性。而反观联军方面，鉴于上文提到的诸多不利因素，希腊和南斯拉夫军队的战斗力水平不免令人心生疑虑。此外，英国、希腊以及南斯拉夫现在还不得不被动地坐等轴心国集团发起进攻，而进攻的时间和地点又由德国的军事领导人所掌控。希特勒究竟准备在何时发起进攻？看一眼英国情报人员关于德军准备工作的报告，还是能够从些许迹象中看出一些端倪的。

进攻南斯拉夫和希腊

1941 年 4 月 6 日"棕榈主日"（Palm Sunday）一早，德国驻雅典大使就向希腊总理亚历桑德罗斯·科里齐斯（Alexandros Koryzis）递交了外交照会。希特勒为自己几个小时后将向希腊发起的进攻进行了辩护，他列举了希腊与英国长期合作的种种罪行，并指出德国无法容忍在东南欧出现英国的第二战场。德国大使同时还向科里齐斯强调，第三帝国的进攻并非针对希腊人民，而是为了清除英国在巴尔干地区的影响。面对柏林方面这种欲盖弥彰的行径，希腊总理最后措辞强烈地宣布：他的国家不会不战而降，面对轴心国集团的进攻，希腊将会誓死抵抗。

与之形成鲜明对比的是，德国对南斯拉夫的进攻则没有任何事先的声明。1941年 3 月 27 日，希特勒下令德国空军轰炸贝尔格莱德，作为对南斯拉夫政变的报复（行动代号为"惩罚"）。为此，德国空军调集了大约 500 架作战飞机，准备对南斯拉夫首都展开夜以继日地轮番轰炸。1941 年 3 月 31 日，德国空军上将勒尔（Löhr）向德国空军第4航空队下达了准备作战的命令，但直到4月5日，还是没有从柏林传来确认轰炸贝尔格莱德的消息。德国政府突然踟蹰不前的原因是多方面的。两天前，南斯拉夫政府刚刚宣布贝尔格莱德为不设防城市，从当地的德国大使馆也传来消息说，南斯拉夫的首都没有任何的军事防御设施，南斯拉夫军队的调动也都在远离该市的地方进行。然而，对南斯拉夫政变的仇恨冲昏了希特勒的头脑。1941年4月6日07:00，德国空军还是对贝尔格莱德进行了轰炸。在第一批炸弹落下后不久，德国政府的宣传机构就已经开始全力鼓噪所谓的针对"贝尔格莱德堡垒"的作战行动，以掩盖自己攻击这一不设防城市的无耻行为。铺天盖地的轰炸一直持续到了4月7日。最终，德国的空袭不但造成了当地民众的大量伤亡，还令南斯拉夫政府与军队和指挥机构的通信陷入瘫痪。弱小的南斯拉夫皇家空军虽然竭尽全力地进行了反击，但仅仅数天后，占尽优势的德国空军就统治了南斯拉夫的地面和天空。政变领导人西莫维奇在轰炸伊始就匆匆撤离了首都，无法建立起与南斯拉夫军队和政府各部门的有效联系。为了避免该国抵抗力量的崩溃，西莫维奇向南斯拉夫军队的"所有单位"发出号召，要求他们自行组织抵抗，不必拘泥于上级机关的指令。

在如此绝望的形势之下，根据条约义务的约束，南斯拉夫政府能够指望的就只剩下来自苏联和土耳其的援助了。土耳其是1934年《巴尔干条约》的签约国，就在德国发起进攻的11小时前，苏联也与南斯拉夫签署了《互不侵犯条约》。因此，在第一批德国轰炸机起飞之前，德国政府就已经展开了积极的外交活动，防止苏联对南斯拉夫施以援手。根据里宾特洛甫（Ribbentrop）从国内发出的指示，德国驻莫斯科大使舒伦堡（Schulenburg）向莫洛托夫（Molotov）信誓旦旦地保证，第三帝国对东南欧国家发起军事行动的目的在于驱逐英国的势力，德国在巴尔干地区并没有领土要求，德国军队将会在战争结束后返回国内。耐人寻味的是，莫洛托夫（Molotov）丝毫没有提及苏联与南斯拉夫之间墨迹未干的条约，他以不痛不痒的论调表示苏联政府对于战争的爆发"极为遗憾"。两天后，外交国务秘书魏茨泽克（Weizsäcker）在柏林会见了苏联大使，对方不但同样对苏联政府的条约义务避而不谈，还处处措辞谨慎以绕过对德国军事行动的评论。种种迹象表明，斯大林和莫洛托夫的苏联外交政策就是不遗余力地避免与德国发生冲突。作为渴望与德国保持良好关系的明证，苏联政府坚持将与南斯拉夫之间的条约签署日期从4月6日提前到4月5日，以防止被看作是对德国军事行动的直接反应。

1941年4月6日，为了预防土耳其军事干涉德国对希腊和南斯拉夫的进攻，德国的外交机构也向土耳其政府递交了外交照会，其实质内容与转交给苏联政府的那份文件如出一辙。两天后，里宾特洛甫在与土耳其驻柏林大使盖雷德（Gerede）的会谈中进一步强调，元首承认土耳其政府对达达尼尔海峡（Dardanelles）的领土权，德国政府甚至有意以书面文件的形式进行担保。盖雷德对柏林方面释放出的善意表示感谢，同时承诺将竭尽全力促进两国政府间的友好关系。

希特勒的殚心竭力似乎初见成效，看起来轴心国集团整个进攻的左翼部分暂时安全了。然而，作为德国小伙伴的匈牙利此时正承受着英、美两国的巨大压力。两个盎格鲁–撒克逊（Anglo-Saxon）巨人同时警告匈牙利不得进攻南斯拉夫，英国甚至采取宣战和轰炸的武力方式恫吓、威胁该国。1941 年 4 月 7 日，英国政府中断了与匈牙利之间的外交关系，以惩罚匈牙利同意德国军队进驻该国领土。然而，英国的这一行动看起来并无实质性的危险，德国政府也毫无疑问地向匈牙利方面通报了英国在希腊驻军的窘迫情形（例如英国在巴尔干地区的空军力量不足等等）。于是匈牙利决定入伙，一俟独立的克罗地亚国家宣布成立，她就准备在德国的怂恿下入侵南斯拉夫。尽管如此，由于纳粹政权的军事领导层已经授意由驻保加利亚的德第 12 集团军担任主攻，在战争初期匈牙利军队也就注定了自己"打酱油"的角色。

德国第 12 集团军对希腊和南斯拉夫南部的进攻

李斯特的第 12 集团军肩负着占领南斯拉夫南部并向希腊北部推进的任务，他们首先面临的考验，就是保加利亚与希腊边境绵延不绝的洛多皮山脉（Rhodopes Mountains）。这里崎岖多山的地形阻碍了德军机械化部队的前进，而南斯拉夫马其顿地区重峦叠嶂的群山极大地限制了德军的机动。只有希腊与南斯拉夫边境地区的数条河谷，可供德国军队的大型军事单位通过。为了进一步深入希腊和南斯拉夫境内，第 12 集团军还要克服复杂艰险的山区道路条件，而这些天然的屏障也成了联军部队迟滞德国军队的有利依托。

1941 年 4 月 6 日一早，德国空军就对希腊边境壁垒森严的梅塔克萨斯防线（Metaxas Line）进行了饱和轰炸，正式揭开了巴尔干战争的序幕。德国空军第 8 航空军和第 12 集团军的重炮集中攻击了鲁佩尔隘口（Rupel Pass）以及周边要塞地区的防御工事，试图协助德国进攻部队一举突破到斯特鲁马河谷（Strimon valley），从而打开通往爱琴海（Aegean）的通道。同时，德国空军联队还空袭了东马其顿集团军的后方交通枢纽以及军事设施。英国皇家空军毫不示弱地还以颜色，也袭击了德国军队在保加利亚境内的集结地域和军事目标，但由于其在数量上的绝对劣势，终究无法对德国人的进攻产生足够的影响。面对德国空军的狂轰滥炸，希腊军队虽然几乎无还手之力，但他们还是依托强大的鲁佩尔要塞进行了坚决地抵抗，有力地挫败了第18山地军经过精心策划的首日进攻。事实证明，第8航空军的轰炸对希腊的山地防御工事收效甚微。德国军队最终还是在重型火炮和高射炮的支援下，在若干地点达成了突破。虽然付出了大量伤亡，德国第5山地师终于在彼得里奇（Petrich）附近对鲁佩尔隘口形成了包围，继而从南面敲开了该地区坚固的要塞防御。面对德国军队惨重的人员损失，甚至连该师的指挥官都疑惑不解地评述道："有英国人撑腰，希腊军队怕是要战斗到最后一刻。"

德国第18山地军军长对其下属的进展同样摇头不已，第72步兵师本应取道塞雷（Serrai）突破至斯特鲁马河谷，但经过两天旷日持久的鏖战，该师的先头部队目前仍在该城东南20公里处裹足不前。相比之下，隶属于第30军的2个步兵师在奈斯托斯河（Nestos）以东的行动则更为成功。4月6日进攻伊始，该部就切断了科莫蒂尼（Komotini）与克桑西之间的铁路，随即两地分别于4月7日和8日落入德国军队手中。希腊军队只能撤退到奈斯托斯河以西，依托这一天然屏障，构成了梅塔克萨斯防线的最东段。德国军队因在此遭遇的顽强抵抗而进展甚微，直到4月9日才得以继续西进。

当左翼的德军部队因为保加利亚边境的激烈战斗而停滞不前时，位于右翼的第18山地军开始逐渐加强了攻势。早在4月6日，第2装甲师就在德国空军的支援下，攻占了南斯拉夫城市斯特鲁米查（Strumitsa），同时击退了南斯拉夫第3集团军由什蒂普（Shtip）匆忙展开的反击。幸存的南斯拉夫人仓皇撤退到瓦尔达尔河以西，就地组织了一条新的防线。第18山地军的装甲部队随即转向南面，在进攻的第二天到达了希腊与南斯拉夫边境的多伊兰湖附近。由于该地区与萨洛尼卡之间已经没有了天然屏障，德军这一出人意料的快速推进立即使东马其顿集团军面临被围歼的险境。该集团军司令尼科斯·巴克普洛斯（Nikos Bakopoulos）中将迅速做出反应，调集希腊第19师（摩托化部队）前往多伊兰湖与阿克西奥斯河之间地区建立防御，以阻止德军坦克继续南下的企图。然而，德国空军已经夺取了战场制空权，并在随后将航空力量的重心转移到第18山地军所在的右翼。持续不断的空袭有效迟滞了希腊军队的集结与调动，迫使多伊兰湖西南的希军摩托化部队无法及时赶赴预定区域；而尚在集结中的希腊第19师在经受了德国第2装甲师的猛攻后结果不言而喻。最终，损失惨重的希腊部队被迫向斯特鲁马河谷方向撤退。虽然英军装甲旅炸毁了阿克西奥斯河上的桥梁，暂时阻止了德国军队向"阿利阿克蒙河防线"的推进，但通往萨洛尼卡的道路现在已经畅通无阻。到 4 月 8 日夜间，长驱直入的第 2 装甲师距离该城只有几公里之遥。

萨洛尼卡以及附近地区现在已经对德国军队敞开了大门，巴克普洛斯（Bakopoulos）开始考虑将部队撤往南面，并最终通过海路进行军事撤退。但经过与希军总司令的激烈讨论后，他也不得不认清了希腊船只缺乏以及空军掩护不足的事实。由于已经没有力量阻止德国第 2 装甲师继续向东深入，目前再讨论东马其顿集团军的撤退工作似乎为时已晚。希腊军方的将领们同时意识到，瓦尔达尔河沿线的南斯拉夫军队此时也无力向德军的侧后方发起进攻。于是，阿克西奥斯河以东的希腊军队的命运就这样被决定了。4 月 8 日，雅典的希腊陆军司令部以及巴克普洛斯中将做出决定，命令其部队就地投降。在德国军队开进萨洛尼卡以后，希腊军队开始大规模地放下武器。最终，德军共计俘获了大约 6 万名希腊士兵。

德国国防军最高统帅部随即发出指示，必须确保投降的希腊士兵待遇良好。同时，为了避免新的被占领区牵制德国的军事力量，柏林方面甚至允许当地的希腊警察佩带武器以维护治安。虽然可以借助保加利亚军队的力量作为占领军，但出于避免刺激土耳其的考虑，希特勒还是严令该国军队暂时不得进入希腊东北部。

蓦然回首，人们不禁疑窦丛生，第 12 集团军为何对东马其顿集团军采取了伤亡惨重的正面进攻，而不是以相对较小的代价直接突向梅塔克萨斯防线的侧后？很明显，柏林方面对希腊军队的顽强抵抗感到措手不及，德国人尤其没有料到的是，在经历了与意大利在阿尔巴尼亚前线持续了数月的僵持之后，希腊军队仍然保持着不屈的战斗意志。同时，德国空军对希腊山地防御要塞的轰炸也并没有取得满意的效果。但是由于南斯拉夫军队在该国东南部地区的抵抗突然崩溃，德国军队对南斯拉夫的打击迅速取得了决定性胜利，这是德国第 12 集团军在进攻伊始也始料未及的。因此，德军坦克得以快速南下，并从侧翼包围了希腊的东马其顿集团军。此外，希腊、南斯拉夫与英国的军事领导人缺乏统一的部署和指挥，也从侧面加速了南斯拉夫军队防线的分崩离析。

于是，德国第 18 山地军和第 30 步兵军马不停蹄地向其目标——爱琴海沿岸扑去。接下来，他们将要面对英希联军戒备森严的阿利阿克蒙河防线，因此急需建立一个良好的进攻出发阵地。而第 40 军的任务是清除南斯拉夫东南部地区的所有抵抗，以彻底减轻阿尔巴尼亚前线意大利军队的压力。4 月 6 日一早，该军指挥官就催促部队从斯科普里（Skopje）出发，通过快速路前往比托拉（Bitola），防止南斯拉夫第 3 集团军群可能形成有组织的抵抗。为了尽快达成作战目标，作为该地区主要打击力量的第9装甲师以及党卫军"阿道夫·希特勒警卫旗队"装甲师，在进攻伊始就从丘斯滕迪尔（Kyustendil）附近跨过了保加利亚边境，继而快速地攻占了斯科普里。与此同时，该军的其他部队也迅速行动，经由什蒂普到达了普里莱普（Prilep）。

克服了最初的激烈抵抗，德国军队在进攻首日就成功地深入了南斯拉夫国土。虽然南斯拉夫后备师迅速到达斯科普里的东南部地区，并试图封闭日益扩大的缺口，但也无法改变这一马其顿首府城市在敌人发起进攻第二天便陷落的现实。此外，第73步兵师几乎同样迅速地前出至什蒂普；截至4月8日，其先头部队已经对普里莱普产生了威胁，并且距离南斯拉夫—希腊边境只剩下50公里的路程。伴随着第40军的快速推进，南斯拉夫第3集团军的整个东部防线已经土崩瓦解，残余的南斯拉夫军队被逼退到瓦尔达尔河西岸。随着战争的继续，有德国的观察家指出，南斯拉夫军队从内部瓦解的可能性正在逐渐增加：塞尔维亚人仍然在抵抗，而越来越多的马其顿人和克罗地亚人已经倾向于放下武器。

另一方面，德国空军第8航空军不遗余力地对地支援，也是德军地面部队在南斯拉夫南部得以迅速突破的重要因素。通过对南斯拉夫机场毫不间断的轰炸，里希特霍芬的空军联队在战争伊始就占据了绝对的空中优势。此外，德国空军还集中力量袭击了对手的行进纵队、后勤单位以及指挥机构，极大地打击了南斯拉夫地面部队的士气。虽然南斯拉夫政府通过希腊的最高司令部向英国远征军提出，能否考虑至少在斯科普里周边地区为南军提供空中掩护。但由于东马其顿集团军方向本已紧张的形势，以及英国空军在巴尔干地区极为尴尬的数量，这一要求最后也只有不了了之。于是，德国第9装甲师抓住有利时机，扩大了在斯科普里取得的胜利，大胆地继续向该城以北和以西的广大区域攻击前进。在德军的压力下，南斯拉夫第3集团军群的余部只能撤往黑山（Montenegro）和塞尔维亚（Servia）方向。

在斯科普里以南方向，第40军的摩托化单位于4月10日推进到了比托拉，并于第二天占领了希腊城市弗洛里纳，其兵锋直指韦维（Vevi）。也就是在这里，德国人遇到了英希联军坚决的抵抗，从而暂时停止了继续南下的脚步。当然部分原因也来自柏林方面，德国元首亲自指示第9装甲师和党卫军警卫旗队装甲师，分别抽调快速机动部队继续向阿尔巴尼亚方向前进，以便尽早与意大利军队取得联系。由于希望德国军队能够集中兵力继续南下，希特勒的这一决定无疑使德军总参谋长哈尔德上将大失所望。于是，4月10—11日，第40军的部分单位掉头向阿尔巴尼亚前线攻击前进。

而自 4 月 7 日起，在阿尔巴尼亚的东部边境地区，南斯拉夫第 3 集团军正陷入与意大利军队的交战，德国军队的这一机动将往南斯拉夫人身后插上一刀。目前看来，德军向西推进的最远处可能位于普利兹伦（Prizren）附近，但这也取决于南斯拉夫第 3 集团军的撤退是否会穿越阿尔巴尼亚的北部地区。尽管并不能真正对该市造成多少威胁，南斯拉夫人却依然坚持使用其位于斯库台（Scutari）以北的残余力量发动进攻。总之，在德国军队的迅速推进消除了南斯拉夫军队与英希联军会和的可能性后，哈尔德目前有理由相信德国人已经挽救了意大利军队在阿尔巴尼亚前线的危险局面。

希腊的东马其顿集团军现在已被从地图上抹去，南斯拉夫南部地区的激烈抵抗也逐渐平息，德国军队开始集中兵力，将注意力转向中央马其顿集团军方向的英希联军部队。德国第 18 山地军渡过阿克西奥斯河，逼迫英希联军的第 W 军缓慢地退过韦尔米翁山（Vermion Mountains）。德军坦克随后沿着海岸向色萨利平原（Thessalian plain）上的城市拉里萨（Larisa）疾进；截至 4 月 12 日，该军的摩托化部队已经前出到了埃泽萨附近。由于英军的后卫部队已经向西撤退，德国军队的推进并没有遇到较大规模的抵抗。几天以后，第 18 军打算向南旋转，对东边的奥林波斯山（Mount Olympus）形成包围；但由于后勤补给，尤其是油料的缺乏，该军的装甲部队不得不停止继续南下的车轮。

另一方面，德国第 40 军从北面向"阿利阿克蒙河防线"的进攻，同样需要经过奥林波斯山进抵色萨利平原。这支部队拥有庞大的兵力，并肩负着两个重要任务：一是切断阿尔巴尼亚前线希腊军队的后方交通线，使意大利军队从西北方向发起的反攻成为可能；二是试图包围英希联军部队的第 W 军。希特勒指示德国军队必须将英国远征军消灭在希腊北部地区，并严令不得使英国远征军顺利撤出希腊本土。

目前看来，要想突破英希联军在弗洛里纳以南的防御，光凭党卫军警卫旗队装甲师的力量明显不够。4 月 11 日，德国军队向西进攻希腊—阿尔巴尼亚边境地区的企图也宣告失败。有鉴于此，第 40 军不得不将第 9 装甲师的力量纳入其指挥建制，尽管该师 4 月 12 日才到达比托拉。陆军元帅李斯特还下令，将克莱斯特的第 5 装甲师经由尼什调往第 40 装甲军。由于希腊—南斯拉夫边境地区糟糕的道路条件，哈尔德估计这些部队恐怕需要数天才能到达指定的作战区域。对德国军队来说，目前还急需保障部队的后勤补给，以及修建合适的前进野战机场，但是李斯特坚持认为，地面部队的成功推进与德国空军的有力支援密不可分。

在德国军队推进到弗洛里纳之前，英希联军仅仅在中马其顿以及阿尔巴尼亚与轴心国军队进行过小规模的战斗。4月7日，希腊军队总司令帕帕戈斯将军组织了一场针对西马其顿方向意大利人的攻势，但取得的战果却寥寥无几。虽然南斯拉夫军队也同时向爱尔巴桑（Elbasan）发起了进攻，但同样未取得任何决定性的突破。鉴于南斯拉夫南部不容乐观的军事形势，帕帕戈斯第二天就叫停了希腊军队的军事行动。

德国军队向弗洛里纳的推进以及第18山地军在阿克西奥斯河以东的出现，对中马其顿地区的英希联军部队构成了严重威胁。目前，德军对盟军部队合围的企图已经昭然若揭。虽然英希联军部队指挥威尔逊和帕帕戈斯对其部队的防御态势进行了部分重组，但是联军大部分主力部队仍然留在阿尔巴尼亚境内（包括西马其顿以及伊庇鲁斯集团军共计大约14个师），以及奥林波斯山与韦维之间地区（第W军共计4.5个师）。而在希腊北部英希联军主要防御力量之间的多湖地带，存在一个主要由西马其顿集团军防守的明显缺口。在联军领导人看来，如果要对这些部队进行加强，无疑会受到种种不利条件的限制，例如糟糕的道路条件、希腊军队运输工具不足以及德国第8航空军随时可能进行空袭。早在4月6日，德国飞机就轰炸了希腊最重要的港口城市比雷埃夫斯，此举暴露出英国空军力量在当地的严重不足，同时表明纳粹空军已经夺取希腊战场的制空权。但接下来，恶劣的天气阻止了德国空军对联军调动的进一步干扰，加上里希特霍芬的联队欠缺执行夜间轰炸的能力，英希联军得以从容地在弗洛里纳以南集结大量兵力。这批有生力量的出现阻挡了德国军队继续南下的步伐，直到4月12日，德国人才得以重新开始前进。

尽管如此，随着德军装甲部队的到达，以及比托拉附近前进机场的逐渐完工，威尔逊和帕帕戈斯得出结论，在德军新锐力量和第8航空军的支援下，现有的英希联军防御不可能长久地支撑下去；将英希联军主力集中于弗洛里纳以南地区的做法，又会削弱了中央马其顿方向的防御力量。同时，增援第W军的部分澳大利亚军队还在缓慢地从雅典向希腊北部运动，并没有到达"阿利阿克蒙河防线"。有鉴于此，希腊最高统帅部在与英国远征军司令威尔逊协商后，决定将英希联军所有的盟军部队撤至奥林波斯山（希腊西马其顿地区城市）—塞尔维亚—普雷斯帕湖（Lake Prespa）一线。这样一来，西马其顿集团军不但可以有序地从阿尔巴尼亚前线撤往阿利阿克蒙河谷的上游地段，联军领导人也可以建立一条新的、较短的从奥林波斯山顺着阿利阿克蒙河直达阿尔巴尼亚的新防线。此外，由伊庇鲁斯集团军负责驻守新防线的左翼地段。

从希阿边境的紧急撤退不仅考验着希腊军事领导人的后勤保障与组织能力，还严重影响着阿尔巴尼亚前线部队的士气。经过数月的苦战，希腊军队不但挡住了意大利人前进的步伐，还通过出色的反击，深入到阿尔巴尼亚境内的敌国领土。当前，士兵们尤其不愿不经一战就放弃鲜血换来的土地。于是希腊军队企图坚守当前在阿尔巴尼亚的阵地，直至德国军队的推进威胁到其后方；以此证明是德国军队，而不是当面的意大利军队迫使他们放弃已占领的地区。一些希腊军队的军官甚至争辩说，从阿尔巴尼亚前线撤退是不可能完成的任务。有鉴于此，帕帕戈斯于 4 月 12 日才最终下令，命西马其顿和伊庇鲁斯集团军从阿尔巴尼亚撤离，因为此时德国军队已经穿透了希腊北部边境的防御。

与此同时，第 W 军已经占据了新的阵地，准备掩护英希联军撤退。当英联邦军队迅速到达奥林波斯山南部山脚，位于塞尔维亚市附近的预定区域时，希腊军队向阿利阿克蒙河上游地区的转移却因为糟糕的天气状况而严重延误。4 月 12 日晚，威尔逊命令英军的掩护部队从韦维市以南撤至格雷韦纳（Grevena）。而此时，希腊陆军的主力部队（第 12 和第 20 师）还没按时到达其位于阿利阿克蒙河的新防线。更糟糕的是，在撤退的行军途中，希腊军队的编制被打乱，大量人员被第二天追击而来的德军第 9 装甲师俘获——该师于 12 日晚穿过弗洛里纳以南地区的峡谷隘道，向塞尔维亚市方向推进。仅仅由于后勤补给、弹药以及燃料的缺乏，德军坦克才不得不再次停止滚动的履带。

英国远征军司令威尔逊指出，李斯特装甲部队的快速推进极具威胁，德国人试图包围整个第 W 军和位于西翼的英军部队，以阻止英国人撤往希腊南部地区。尽管如此，英国军队从弗洛里纳地区的迅速撤退还是危及了西马其顿集团军在阿尔巴尼亚前线的撤退行动。目前，通往阿利阿克蒙河上游的一系列隘口是跳出德军包围的唯一出路，现在也只能由第 W 军中几支力量虚弱的希军单位坚守着。

于是德国人开始了进攻，德国的装甲部队沿着公路朝塞尔维亚市的公路向前推进，他们首先克服了英国第 1 装甲旅的激烈抵抗，占领了托勒密（Ptolemais），并于 4 月 14 日到达塞尔维亚市附近的阿利阿克蒙河北岸。在这里，他们碰上了严阵以待的澳大利亚军队。尽管有德国空军近距离的支持，但经过几天激烈的战斗后，德军还是未能完成在行进间夺取该城的计划。而此时，英军第 1 装甲旅面对来势汹汹的德国第 40 军，不得不撤退到了卡兰巴卡（Kalabaka）。

与此同时，作为德军的另外一支装甲铁钳，党卫军希特勒警卫旗队克服了希腊军队的激烈抵抗，抵达了阿利阿克蒙河谷的上游地区。4 月 17 日，在德国空军的强有力的支援下，这支德国军队控制了阿利阿克蒙河东边的隘口，并占领了奈阿波利斯（Neapolis）和格雷韦纳两座城镇。上文已经提到，希腊中央马其顿和西马其顿集团军的力量不足以守卫这些隘口，希腊军队现在只能尝试通过奥林波斯山脚向西南地区撤退，这两支部队的目的在于和伊庇鲁斯集团军的师部建立联系。然而由于希腊军队饱受后勤供养缺乏之苦，德国空军又继续不受阻碍地狂轰滥炸，大部分希腊士兵在混乱中被打散。

德军夺取阿利阿克蒙河谷上游地区后，仍然固守在希腊北部的西马其顿集团军顿时陷入了危局；李斯特现在可以腾出手来切断该部的撤退路线，并向其施加压力，将其逼向无法逾越的品都斯山脉。由于防线左翼的部队无法及时到达预定位置，德军的迅速推进同时挫败了联军沿阿利阿克蒙河新建立一条共同防线的企图。伊庇鲁斯集团军刚刚于 4 月 14 日开始撤退，德国军队就紧随其后，逼近其撤往希腊中部地区的道路。这一势态导致英希联军战场形势的进一步恶化。

德国第 18 山地军装甲部队以及山地步兵师的快速推进，迫使阿利阿克蒙河东端的新西兰后卫部队迅速向身后的卡泰里尼（Katerini）退去。奥林波斯山以东由澳大利亚—新西兰师（现改称"澳新军团"）建立的第一道防线，也没能挡住轴心国坦克的快速推进。4 月 17 日，德国军队抵达了位于皮尼奥斯河（Pinios）下游的希腊战略关隘——坦佩关（Tempe gorge）。与此同时，德军进攻部队从卡泰里尼派出一支配备装甲车辆和步兵的战斗群，从西北边绕过了奥林波斯山，然后快速推进到从塞尔维亚市到拉里萨不足 20 公里处。

这一形势使第 12 集团军按计划合围"阿利阿克蒙河防线"和英国远征军成为可能。由于德国军队已经威胁到了后方，目前英国和澳大利亚军队在塞尔维亚市附近的顽强抵抗也失去了意义。英国远征军司令威尔逊立刻判断出了德军的企图，并开始进行英国军队预防性的撤退工作。他指出，由于不可能再指望得到西北方向希腊军队的任何援助，大英帝国军队的撤退将无可避免。早在 4 月 14 日，就在最后一名英军士兵抵达"阿利阿克蒙河防线"的西南防区不久，威尔逊就命令英军继续向温泉关（Thermopylae）的防御阵地撤退。到 4 月 16 日，希腊的军事领导人帕帕戈斯将军同意了英军的这一计划。

出于对德国空中优势的忌惮，4 月 17—19 日撤退期间，英国远征军的主力部队大多只会在夜间展开撤退行动。但有时英军的掩护及后卫部队也不得不在白天行动，以确保大部队在撤退中的安全；尤其当他们意识到要在如此遥远的距离上进行机动（大约 100 到 150 公里）时，他们不得不承认并不是所有的撤退工作都能在夜间完成。由于天气条件的逐渐好转，撤往希腊南部的道路也不多，威尔逊将军的部队在南撤退的过程中始终面临着被德国空军发现并消灭的威胁。另一方面，英国皇家空军仅能为英希联军提供极为有限的支援力量——在德国飞机轰炸了拉里萨的机场后，英国驻希腊的空军司令部已经决定将所有英国飞机疏散到克里特岛。在种种不利的条件之下，从"阿利阿克蒙河防线"撤退的英国远征军被分成 3 个集群于 4 月 20 日到达了他们位于温泉关的新防线。

于是，第 18 山地军的装甲部队和山地师开始铆足了力量疾进。4 月 19 日，德军夺取了拉里萨，并清除了新西兰后卫部队的抵抗。紧接着数天后，德国人又朝着法尔萨利（Farsala）和佐莫科斯（Dhomokos）方向继续南下。与此同时，由于该地区许多桥梁被后撤的英军炸毁，塞尔维亚市附近的德军部队只能缓慢地逼近该城的英军后卫部队。已经到达的第 5 装甲师则于 4 月 19 日夺取了卡兰巴卡，并于一天后逼近了拉米亚（Lamia）城区。4 月 21 日，该师的先头部队对温泉关的英军发起了仓促的进攻，但最终未能撼动英军的防线。

伴随着里希特霍芬战斗机联队密切的空中支援，德军地面部队顺利向希腊腹地推进。然而，德国空军第 8 军无法独立完成消灭整个英国远征军的任务，德国飞机的狂轰滥炸也并不能彻底阻止澳新军团的撤离。导致德国空军无法成功的原因有很多，其中之一是缺乏油料；此外，英国军队巧妙的伪装和分散的行军方式也大大降低了人员、装备在撤退时的损失。于是，德国空军的战斗机逐渐改变了作战方式，试图挫败英国军队从希腊的撤离行动。英联邦军队虽然已经跳出了在"阿利阿克蒙河防线"遭遇合围的险境，但里希特霍芬决心不让英国人从海路轻易溜走。

4 月 14 日，英国政府命令驻开罗（Cairo）的中东英军司令部做好准备，迎接英国远征军的最终撤离。两天以后，希腊军事领导人帕帕戈斯将军主动向威尔逊建议，在希腊的军事局面进一步崩溃之前，将英国远征军撤出希腊本土。于是，丘吉尔和韦维尔顺势推舟地表示，他们不会违背雅典方面的意见，会将英国军队继续留在希腊大陆。与此同时，作为中东英国军队司令的韦维尔决定不再向爱琴海地区派遣运送供给的船只。

帕帕戈斯提出这一建议，很大程度上是迫于希腊军队在该国西北部严峻的军事形势。从阿尔巴尼亚前线撤退的第二天，伊庇鲁斯集团军司令洛安尼斯·皮蒂西卡斯（Loannis Pitsikas）就敦促雅典的希腊军队最高统帅尽快开始与柏林方面的停战谈判。否则，他怀疑他的整支军队将会陷入灭顶之灾。尽管如此，由于英国远征军目前尚未离开希腊本土，帕帕戈斯将军拒绝命令希腊军队在此时投降。希腊国王与希腊政府也都对他的这一决定表示支持。尽管如此，希腊军队的指挥官们还是反复催促帕帕戈斯，尽快达成与德国的停火协议；他们同时大肆渲染手下军队分崩离析的可能，况且没有希腊士兵愿意做意大利军队俘虏。最终，在没有得到希腊政府批准的前提下，索拉科格鲁（Tsolakoglou）将军自荐为阿尔巴尼亚前线希腊军队的代表，于4月20日向德国军队发出了停战的请求。第二天，在约阿尼纳（Yannina）附近地区，16个希腊师放下了武器向德国第12集团军投降。于是，在阿尔巴尼亚境内被一顿胖揍的意大利军队现在终于小心翼翼地腾挪到希腊边境地区。

在停战谈判的过程中，柏林方面与希腊的谈判代表、李斯特元帅与德国国防军最高统帅部之间都存在着严重的分歧。索拉科鲁最初明确地提出，希腊军队要求停战谈判的对象仅限于德国军队，不包括意大利方面；德国第12集团军司令与希特勒本人也接受了这一要求。李斯特甚至转告意大利军队在阿尔巴尼亚前线的总司令乌戈·卡瓦莱罗（Ugo Cavallero）将军不要指挥意大利军队继续推进，以免危及德国与希腊之间的停战谈判。卡瓦莱罗向罗马的独裁者汇报了这一对意大利荣誉不可饶恕的侮辱，墨索里尼立刻向希特勒发出了抱怨，后者马上将约德尔将军派往希腊，以确保意大利能够参与停战谈判。李斯特将此举视为对其本人和希腊方面的羞辱，虽提出了抗议，却徒劳无功。4月23日，在李斯特缺席的情况下，约德尔和意大利的军事代表在萨洛尼卡接受了希腊军队的投降。同时，为了减轻对意大利的刺激，国防军最高统帅部告诫新闻机构和军事武官，严禁透露或提及关于意大利参与停战的详情。

希腊军队停止抵抗对英国以及希腊同盟国政府一方造成了严重后果。面对绝望的军事局面，希腊总理科里齐斯（Koryzis）于4月18日开枪自杀。希腊国王经过数次尝试，才组成了以伊曼纽尔·楚泽洛斯（Emqnuel Tsouderos）为首的希腊新政府，他们决心转移到克里特岛上继续抵抗。

希腊政治和军事发展的急剧恶化迫使英国人重新考虑其对策。在接到索拉科鲁军队投降的消息前不久，韦维尔和威尔逊还在拟定英国远征军尽可能长期坚守温泉关的战略计划。他们指派希腊军队坚守现有防线的西南部区域，指派澳新军团占据防线东部以及莫洛斯（Molos）两边直达海边的地区。由于在前期的战斗中蒙受了严重的损失，格外虚弱的英国第1装甲旅目前只能将其防御阵地设置在阿塔兰迪（Atalandi）附近的海岸地区。英军决心在温泉关地区顽强抵抗的原因主要有两点：一是为了确保英国远征军撤退行动（"恶魔"行动）的成功；二是尽量迟滞德军向希腊大陆南部推进的时间。英国军事领导人同时认为，坚持英国军队在希腊的继续抵抗是有意义的，尤其是这样可以使北非战场的中东英军暂时远离德国空军的威胁。

希腊领导人表示了他们的态度，希腊军队无法继续支援英国远征军的战斗，只能为其撤离该国的行动提供有限的帮助。于是，韦维尔和威尔逊决心坚守英国军队在温泉关地区的现有阵地，为"恶魔"行动争取到足够的时间。对英国人来说，他们必须争分夺秒地进行撤退的各项准备工作。由于德国空军在拉里萨附近修建的野战机场已经完工，德国空军现在不仅可以从那里对温泉关的英军部队狂轰滥炸，还可以派遣俯冲轰炸机攻击英国的运输船队。4月19—20日，德国飞机对雅典的机场进行了全方位的轰炸，虽然英国皇家空军的拼死抵抗给德国飞行员留下了深刻印象，但其自身的损失也很严重。有鉴于此，朗莫尔（Longmore）命令将所有的英国空军力量撤出希腊大陆。如此一来，担任"恶魔"行动掩护任务的英国飞机只能从克里特岛或埃及出发。在这一前提下，英国人自己估算的顶多撤出百分之三十的人员并损失所有装备并无虚言。

早在英军准备撤离之前，德国空军就已经开始转移目标，将注意力集中到对同盟国船只的攻击，这一点也从侧面证实了伦敦方面的悲观预测。仅4月21—22日两天，里希特霍芬的空军联队就在爱琴海区域击沉了23艘英国及希腊船只。在与撤退行动总指挥普莱德哈姆·威佩尔（Pridham-Wippell）海军中将商议后，威尔逊作出决定，英国远征军的撤离登船行动只能在夜间进行。经过14天的激烈战斗，英国人已经察觉到德国空军夜战能力不足的弱点。于是，按照新的时间表，英国皇家海军的船只只能于每晚23点左右到达希腊港口；在紧急装卸后，统一于次日凌晨03:00前驶离，并在天亮前穿越危险的北纬37度线；在更南边的港口就可以得到来自埃及和克里特岛的英国皇家空军力量的掩护了。最初，威尔逊和普莱德哈姆·威佩尔计划于4月28日从阿提卡（Attica）沿岸的港口开始撤军行动，但是希腊军队的投降和德国空军日复一日地迅猛轰炸，迫使他们将日期提前到了4月24日。随即，温泉关东南地区的港口全部动员起来，为英国远征军的撤离做准备。同时，将英国远征军分散到不同港口的撤离方式，还可以缩短船只渡海的航程。

此时，撤退行动成功的关键取决于以下两点：英国远征军能够延迟德军逼近码头装卸区的时间，以及后卫部队能否未被察觉地脱离与德军的接触。事实上，澳新军团一直将德军阻挡在温泉关附近动弹不得。直到英国人计划撤出的4月24日，在投入了装甲部队、山地师和步兵师组成的突击集群后，德国第5装甲师终于在莫洛斯附近达成了突破，并将澳新军团逼退到温泉关隘口的最南端。与此同时，威尔逊已经将英国部队的主力撤往底比斯（Thebes）方向或疏散到东南沿岸的装卸港口准备撤离。因此，德国军队未能抓住后撤中的英军主力，仅仅陷入与其后卫部队的鏖战。另外，德国还派遣了一支机械化部队经埃维亚岛（Euboea）向哈尔基斯（Khalkis）快速推进，以切断澳新军团的撤退路线，也没有取得任何足以影响战役进程的结果。

于是，英国远征军的后卫部队在哈尔斯基附近站住了脚跟，他们用娴熟的防守继续阻挡着德国人，直到英军主力部队穿过该城继续向东南方向退去。由于战争的破坏，莫洛斯与雅典之间的公路已经不堪重负，德军第5装甲师的先头部队迟至25日夜间才到达底比斯，并在雅典附近的埃里斯雷（Erithrai）与英军的最后一批后卫部队发生了交火。

就这样，英军部队屡次跳出了德军精心构筑的合围行动。为了彻底击败英国远征军，德国军事领导人决定动用伞兵进攻科林斯地峡，彻底堵塞澳新军团继续撤往伯罗奔尼撒半岛的通道。德军还企图完整地夺取并控制科林斯运河，以保障罗马尼亚到意大利石油运输路线的通畅。4月23日，德国国防军最高统帅部颁布了元首的指令，但负责战役指挥的德军将领态度迥异。李斯特相信，投入伞兵部队对扩大德国军队目前的战果极为有利；里希特霍芬却抱怨突袭科林斯地峡的行动势必会要求德国空军提供额外的运力，来满足德国伞兵所需的补给，这会令第8航空军本就捉襟见肘的后勤保障情况进一步恶化，从而分散德国空军打击英军运输船队的力量。然而，戈林不但支持李斯特的观点，而且还同意第12集团军司令部将伞兵作战的时间定为4月26日早上。

于是德国人开始行动，第4航空队先将参战的伞兵部队从保加利亚的普罗夫迪夫运输到拉里萨，使他们可以尽可能地靠近作战目标区域。4月25日，德国空军第8军发动的数次空袭几乎摧毁了科林斯地峡附近英军所有的对空防御，威尔逊最终只剩下两个力量虚弱的营守卫着该地。尽管如此，在第二天夺取英军防御阵地的尝试中，德国伞兵还是付出了惨重的代价。此外，德国人企图完整夺取科林斯运河上唯一一座桥梁的行动也失败了，英国士兵抢在撤退前的最后一刻爆破了该桥。截至4月26日，科林斯地峡附近的空降作战结束，英国远征军只有少量余部还在运河以北地区。其主力部队要么已经到达罗奔尼撒半岛，要么在两天前的夜里偷偷通过多个希腊港口撤走。滞留在科林斯地峡以北的部队也轻松到达了阿提卡南部的装卸港口，并成功撤退。

虽然里希特霍芬早在4月25日就意识到情况有变，英国军队正在希腊沿岸港口等待船只撤离，但他的空军却无法对"恶魔"行动产生任何举足轻重的影响。德国空军失败的原因是多方面的，希腊南部分布着大量可供英军撤退的港口，而英军部队在白天的伪装又天衣无缝。截至 5 月 1 日，总计 62000 人的英国远征军已经有 50000 名士兵撤离了希腊本土。就算损失了所有的装备和重型武器，与前文的悲观预测相比，这也是个极为令人满意的数字。

英军的整个撤军行动过程，只有两次真正面临德军的威胁。4 月 27 日在北纬 37 度附近，里希特霍芬的飞行联队发现并击沉了 3 艘太晚驶离纳夫普利翁（Navplion）的英军船只。4 月 28 日，德军的先头部队抵达了盟军撤离的港口之一——卡拉马塔（Kalamata），虽然没能先占领该城，但阻止了数千名英军士兵登船。

▽ *1941年4月6日至30日在南斯拉夫南部和希腊的行动。*

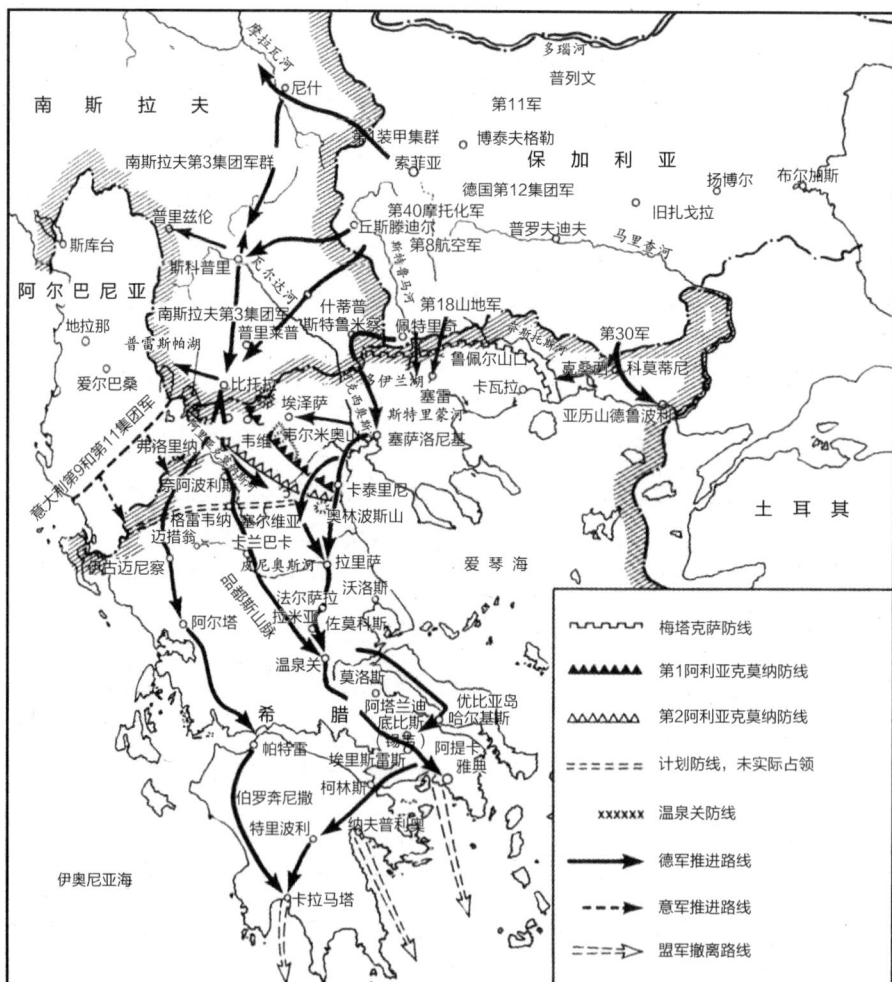

梅塔克萨防线
第1阿利亚克莫纳防线
第2阿利亚克莫纳防线
计划防线，未实际占领
温泉关防线
德军推进路线
意军推进路线
盟军撤离路线

希腊的命运就这样被决定，德军装甲部队已经在几天前占领了雅典，并通过临时搭建的简易桥梁穿过了科林斯地峡。同时，从阿尔塔（Arta）南下的党卫军警卫旗队装甲师抵达了帕特雷湾（Patras）。从该地渡过帕特雷海峡后，该师克服了沿途希腊军队虚弱的抵抗，继续沿着西部海岸向南疾进。另一方面，由于纳夫普利翁和特里波利斯（Tripolis）附近的澳新军团残部拒不投降，德国第5装甲师不得不陷入当地的鏖战，直到4月29日才继续向卡拉迈（Kalamai）方向前进。4月30日，德国军队到达了罗奔尼撒半岛的最南端。5月3日，除了克里特岛外，希腊所有的重要岛屿均被占领，希腊战役宣告结束。

与此同时，德国第30军下辖各师目前仍驻扎在东马其顿和西色雷斯地区，由保加利亚的第2集团军负责掩护。大量的保加利亚军队潮水般地涌过边界，他们不但占领了斯特鲁马河与亚历山德鲁波利斯（Alexandroupolis）之间的海岸地区，还进入了南斯拉夫境内，夺取了摩拉瓦河（Morava）上游与瓦尔达尔河之间的边境地区。塞尔维亚市附近的战斗结束以后，德国第9装甲师奉命在拉里萨附近集结；另外两支德军步兵师则驻扎在希腊北部的奈阿波利斯与卡泰里尼附近。德国第40和第18

❯Do-217轰炸机飞过雅典卫城上空。

山地军则将他们的主要力量沿阿提卡半岛，部署在科林斯和佩特雷（Patras）附近。意大利军队最后推进到了迈措翁山口（Metsovon pass）及约阿尼纳以北某地。

根据希特勒的指示，德国军队将在希腊战役结束后，留下两到三个德国师驻守在雅典和萨洛尼卡附近作为威慑。早在4月底或5月初，第12集团军的部分德国部队就已经开始了撤离希腊本土的行动，由意大利军队接替他们作为占领军。显而易见，这样安排的目的在于尽量提升墨索里尼在东南欧地区的声望，同时尽早将尽可能多的德国军事力量撤回，以投入希特勒新的战争计划。

4月23日，希腊国王乔治二世（George II）和希腊政府总理楚泽洛斯离开希腊本土，前往克里特岛。

全面占领南斯拉夫

德国第40摩托化军在战争头两天的疾进，打破了盟军各国部队联合作战的军事意图，不仅减轻了意大利军队在阿尔巴尼亚前线的压力，还为第1装甲集群即将开始的进攻取得了一个异常轻松的开局。在第40军的成功突破确保了整个进攻左翼的安全后，克莱斯特的装甲部队于4月8日从卡里布罗德（Caribrod）跨过了保加利亚与南斯拉夫边境。而第1装甲集群计划先夺取尼什，再向贝尔格莱德方向攻击前进，与从罗马尼亚境内出发的第2集团军和第41摩托化军一同在南斯拉夫首都会师。然而，南斯拉夫第3和第5集团军位于普里什蒂纳（Priština）以北的大量部队还是延缓了德国军队的推进速度。

最初，克莱斯特的第2装甲师在通往尼什的路上，遭遇了南斯拉夫第5集团军部队的顽强抵抗，但在德军坦克和飞机的立体攻势下，该部未能支持多久。到了4月9日，南斯拉夫军队被迫撤往摩拉瓦河左岸，德军通往尼什的道路终于畅通无阻了。于是第二天，德军第2装甲师铆足了劲儿继续向前进攻，到当天夜间，其先头部队已经走完了南斯拉夫边境到贝尔格莱德一半的路程。

但是德军后勤单位、山地师和步兵师行动缓慢，他们本该确保装甲部队进攻侧翼的安全，然而此时却无法跟上迅猛前进的德军坦克。截至4月10日，第6山地师才刚刚越过皮罗特（Pirot）不远处，并于第二天缓慢地占领了克尼亚热瓦茨（Knjaževac）。糟糕的天气使得所有的辅路都不堪使用，迫使德军士兵不得不拥挤在主要干道上。面对南斯拉夫军队的坚决抵抗，各个单位和兵种的德军部队排成了一字长蛇阵，从第1装甲集群的先头坦克一直拖到保加利亚边境。

有鉴于此，克莱斯特向陆军最高司令部请求撤销将第5装甲师调往南斯拉夫南部的命令。柏林方面原本有意将该师部署在希腊北部，克莱斯特却更想利用第5装甲师来掩护第2装甲师朝西北方向深入的侧翼。经讨论，双方形成折中方案：克莱斯特获准使用该师的一个装甲营，以击退阿莱克西纳茨（Aleksinac）以北地区的南斯拉夫第5集团军，该部此时已经威胁到这位陆军上将的后方交通线了；剩下的两个装甲营将从尼什向普里什蒂纳方向攻击前进，以确保克莱斯特部分敞开左翼的安全。而南斯拉夫第5集团军在摩拉瓦河西岸的弗拉涅（Vranje）到克拉古耶瓦茨（Kragujevac）之间建立防御阵地的计划，也随德军新军事行动的展开而化为了泡影。

在这种情况下，南斯拉夫陆军司令部于4月12日被迫发出命令，将贝尔格莱德附近的第1的第6集团军向南撤过多瑙河。然后，这些部队将转向南面，与第5集团军的残余部队一同在斯库台湖（Lake Shkodër）—克鲁舍瓦茨（Kruševac）—贝尔格莱德的三角地带占据防御。但是糟糕的天气以及道路条件，使南斯拉夫军队无法迅速到达新的作战区域。

南斯拉夫军队跨过多瑙河撤向南面，以及克莱斯特麾下德军部队的迅速推进，促使陆军最高司令部更改了进攻时间表。在蒂米什瓦拉附近集结的第41摩托化军原计划在4月12日才开始向贝尔格莱德进军，柏林方面却命令他们立即动身。于是，第41军于4月11日跨过罗马尼亚与南斯拉夫边境，在克服了微弱的抵抗后，于进攻当天就夺取了弗尔沙茨（Vršac）。到4月12日，德军已经迫近南斯拉夫首府附近。

▼ 1941年4月至5月期间入侵南斯拉夫和希腊的德国装甲车（实际上是法国的"霍奇基斯"主战坦克）。

多瑙河　维也纳
第4航空队
德国
德国第2集团军
格拉茨
布达佩斯　萨瓦河　德布勒森
匈牙利
第49山地军
克拉根福
意大利　德瓦拉河　采列
第2卢布尔雅那　马里博尔　瑙吉考尼饶
集团军　南斯拉夫
第7集团军　萨格勒布　巴卡斯
新梅斯托
卡尔洛瓦茨
阜姆　代尔尼采
（里耶卡）　第1集团军群
第46山地军
匈牙利第3
集团军
塞格德
蒂米什瓦拉
罗马尼亚
南斯拉夫第4集团军　奥西耶克　南斯拉夫第1集团军　第41摩托化军
斯拉沃尼亚布罗德　南斯拉夫第2集团军
弗尔沙茨
米特罗维察
贝尔格莱德　多瑙河
比哈奇　巴尼亚卢卡
南斯拉夫
第2集团军群　南斯拉夫第6集团军
扎达尔　利夫诺
萨拉热窝
克拉古耶瓦茨
乌日采　阿莱克西纳茨　克尼亚
克鲁舍瓦茨　热瓦茨
南斯拉夫第5集团军　皮罗特
南斯拉夫岸防师
尼什　季米特洛夫格勒
第1装甲集群　索菲亚
亚得里亚海
杜布罗夫尼克
第3集团军　普里什蒂纳
弗拉涅
丘斯滕迪尔
第40
摩托化军
第8
航空
军
斯库台
普里兹伦
斯特普里　斯特拉钦
什蒂普
斯特鲁米察
南斯拉夫
第3集团军
阿尔巴尼亚
地拉那
第18
摩托化军
比托拉
萨罗尼加

德军推进方向
意军推进方向
匈牙利军推进方向
南斯拉夫集团军群

▲ 1941年4月6日至17日在南斯拉夫的行动。

与此同时，经过克拉古耶瓦茨周围的激烈战斗后，克莱斯特的部队成功地夺取了贝尔格莱德东南部的制高点。

克莱斯特在南斯拉夫东南部取得的成功，对德国第2集团军的进攻时间也产生了影响。虽然魏克斯的部队目前仍在奥地利的卡林西亚和匈牙利南部地区集结，该部的战役部署以及后勤供给问题也有待商榷，但4月9日，陆军最高司令部还是指示魏克斯，将麾下部队的进攻日期提前到4月10日和11日。由于奥匈边境部队分别向南斯拉夫境内发起突袭，柏林方面有理由相信，德国第2集团军可以在迫在眉睫的进攻中决定性地改善其出发阵地的势态。截至 4 月 9 日，在克服了南斯拉夫军队微弱的抵抗后，穿越卡拉万克山（Karawanken）的隘口以及穆尔河、德拉瓦河上所有重要的渡口已经悉数在德军的掌握中。此外，德国人很早就意识到保护多瑙河原材料运输安全的重要性。在战争爆发前，一支负责执行特殊任务的党卫军部队身着匈牙利军队服装，潜入了铁门峡谷（Iron Gate）地区，成功阻止了南斯拉夫军队对一座重要桥梁实施爆破，从而避免了运河航道的阻塞。

在作战行动中，柏林方面明显感觉到，在南斯拉夫西北地区遇到的抵抗要比东南地区要弱小得多。德国人的这一猜测是正确的，由于南斯拉夫政府迟缓的动员，进攻初期，德国第 2 集团军在该国北部遇到的抵抗的确微不足道。南斯拉夫军方的参谋人员也纷纷向贝尔格莱德的陆军司令部报告，该国军队内部不服从命令以及克族军队与其他种族军队互相攻击的状况时有发生。同时，德国空军第 4 航空队对该国军事设施以及人员集结地的轰炸，也极大地打击了南斯拉夫军队的士气。有鉴于此，南斯拉夫陆军司令部不得不于 4 月 8 日命令卢布尔雅那（Ljubljana）附近的第 1 集团军向东南方向撤退。

4 月 10 日，德国第 2 集团军开始进攻，并且在数天内便取得了决定性的成果。在克服了南斯拉夫第 4 集团军的微弱抵抗后，德国第 41 摩托化军和第 14 装甲师跨过了匈牙利与南斯拉夫边境已被牢牢占据的德拉瓦河渡口，占领了克罗地亚首府城市萨格勒布，同时还与意大利第 2 军建立了联系。应德国人的要求，意大利军队同样提前了他们的进攻时间表；从 4 月 11 日到 12 日，意大利军队从弗留利（Friuli）和斯洛文尼亚西部出发，经卢布尔雅那到达代尔尼采（Delnice），该地位于阜姆（Fiume）[旧称里耶卡（Rijeka）]以东。同时，出于日后作战需要的考虑，德国同意了意大利的要求，将达尔马提亚一块 50—80 公里宽的狭长海岸留给了意大利。

与此同时，德国第 46 摩托化军属下的第 8 装甲师跨过包尔奇（Barcs）的德拉瓦河渡口，沿着河流向东南方向前进。在进攻的第三天，该部克服了南斯拉夫第 2 集团军的抵抗，其先头部队经过斯拉蒂纳（Slatina）和奥西耶克（Osijek），到达了米特罗维察（Mitrovica）附近的萨瓦河。

在北方，德国第 49 山地军和第 41 军队紧追着撤退中的南斯拉夫第 1 集团军，两支军队对南斯拉夫发起的进攻同样大获成功。到 4 月 12 日，两个步兵师和一个山地师已经渡过了萨瓦河，然后朝着卡尔洛瓦茨（Karlovac）和萨格勒布方向推进。他们的到达解脱了德军第 14 装甲师，该部于是奉命继续向波斯尼亚（Bosnia）境内的乌纳河（Una）前进。4月10日，也就是萨格勒布陷落的同一天，克罗地亚法西斯领袖帕维利奇（Pavelić）和库瓦特尼克（Kvaternik）宣布大克罗地亚国家成立。南斯拉夫国家的崩溃，使匈牙利政府没了道德包袱，开始军事干涉她的邻国：4月11日，匈牙利军队克服了南斯拉夫军队虚弱的抵抗，占领了蒂萨河到德拉瓦河之间的地区。德国非常小心地处理着轴心国小伙伴之间的关系，命令匈牙利军队不得向南朝着萨瓦河或越过蒂萨河向东推进。罗马尼亚元帅安东内斯库（Antonescu）曾威胁说会向匈牙利人开战，尤其是他已经声明罗马尼亚将保留对巴纳特（Banat）地区的权力。

与此同时，南斯拉夫军队发生解体的危险已经达到了临界点。克罗地亚分离运动分子宣布独立以后，萨格勒布附近的南斯拉夫第4军停止了战斗，南斯拉夫第1集团军和第7集团军以及沿海的一些部队发生了兵变。位于斯拉蒂纳—布罗德（Slatina–Brod）地区的南斯拉夫第2集团军只能带着虚弱的残部执行渡过萨瓦河向南撤退的命令。其他所有的南斯拉夫军队要么已经解体，要么成为德军进攻的牺牲品。

只有在贝尔格莱德附近的南斯拉夫军队还有抵抗的力量，但面对德国第1装甲集群，他们也都撤向了塞尔维亚和波斯尼亚的山区。这样一来，克莱斯特的军队便顺利地于4月13日占领了不设防的南斯拉夫首都。

贝尔格莱德陷落以后，柏林方面决定使用少量的武装力量去执行扫清南斯拉夫剩余军队的任务，同时迅速占领该国重要的原料产地。于是，德军向萨拉热窝（Sarajevo）的推进采取了两头并进的方式。第16摩托化师从萨瓦河下游地区偏南的位置进攻，第14装甲师则经由巴尼亚卢卡（Banja Luka）向西进攻，该师的侧翼则由第2集团军的步兵师单位负责保卫。与此同时，为了从东面保护向萨拉热窝的进攻，德军还计划使用第8装甲师追击南斯拉夫的第6和第1集团军，而此时，这两支南斯拉夫军队正朝贝尔格莱德南部撤退。在克服了南军零星的顽强抵抗后，德国军队最终于4月15日占领了萨拉热窝，并于两天后到达亚得里亚海。在那里，他们与从杜布罗夫尼克（Dubrovnik）出发、沿海岸推进的意大利军队建立了联系。

面对日益绝望的形势，南斯拉夫陆军司令部发出指示：该国所有集团军和军群的指挥官现在可以建立与德军的联系，以商讨停火事宜。尽管如此，德国人最初还是驳回了停火的请求，南斯拉夫军队也不得不硬着头皮打下去。直到4月15日，德军在萨拉热窝俘获了南斯拉夫陆军司令部且几个南斯拉夫师停止抵抗后，德国第2集团军才准备接受对方的停战请求。4月17日，弗赖赫尔·冯·魏克斯上将出席了在贝尔格莱德举行的投降仪式，南斯拉夫前外长辛克－马可洛维奇以及陆军中将扬科维奇在协议上签字。在英国的帮助下，彼得国王和政变总理西莫维奇逃离了南斯拉夫。

　　在南斯拉夫政府宣布投降的前几天，只有为数不多的几支德军部队仍处于与南斯拉夫军队的交火状态中。4月12日，当柏林方面得知该国境内的战事几近平息，德国陆军司令部立刻停止了将德军预备队调往南斯拉夫境内的原定计划。与此同时，第2集团军和第1装甲集群的指挥机构接到命令，开始集结南斯拉夫境内所有没有作战任务的德军部队。德国的军事领导层希望通过这种方式，在接下来的数天中，将德军的快速单位、各个集团军的装甲部队以及指挥机构快速调往东线。

　　根据希特勒4月16日的决定，在未来老塞尔维亚（Old Serbia）地区的被占领土上，德国军队将留下两个德国师作为威慑；同时，另外派遣一个德国师驻守位于摩拉瓦河（Morava）与多瑙河之间的铜矿开采地带。由于英国军队在东马其顿地区拥有军事基地，希特勒认为德国空军力量留驻巴尔干地区是必要的。1941年4月底到5月中旬，德军的机械化部队开始按照预定计划从南斯拉夫境内大规模撤出。到5月底，德国陆军司令部甚至撤回了滞留在南斯拉夫境内的德国步兵师和山地师。

　　南斯拉夫投降以后，参与侵略的国家最终同意对该国实施分区占领：德国获得了斯洛文尼亚北部、老塞尔维亚和巴纳特地区；匈牙利获得了蒂萨河以西到多瑙河及穆尔河以东到马里博尔的广大地区；意大利获得了斯洛文尼亚南部、黑山以及西马其顿地区；保加利亚的军队开进了东马其顿地区；新成立的"大克罗地亚"国成了意大利影响下的附庸国。希特勒实现了肢解南斯拉夫的意图，就连在该国法西斯党领导下、所谓"独立"的"克罗地亚国"，与先前的克罗地亚和波斯尼亚地区相比，也不过是意大利和德国占领军控制下的傀儡政权。至于雅典方面，希特勒允许亲德的希腊将军索拉科格鲁（Tsolakoglou）组建了新的希腊傀儡政府，该国的命运将在这场战争结束之后再决定。

　　于是，巴尔干战役就这样结束了，轴心国集团以惊人的速度达成了战略目标。虽然德国陆军和空军都没能完成彻底消灭英国远征军的任务，但他们将英国的势力赶出了巴尔干和爱琴海。这一战役的成功也增强了意大利在东南欧国家的地位，使其更加牢固地和第三帝国的命运捆绑在一起。

　　在对苏战争的准备层面来说，整个侵苏战争的南翼已经完全从军事、政治和经济上安全了。尽管如此，希特勒坚持认为英国皇家空军仍然能够从克里特岛发动对罗马尼亚油田的空袭。虽然柏林方面一开始并没有在东地中海地区继续采取军事行动的打算，但对德国军方而言，夺取克里特岛只不过是巴尔干战役最后阶段一个自然而然的结果。也只有结束与苏联在欧洲的霸权争夺以后，德国人才会认真地考虑以东南欧地区为跳板，继续向英国在中东的统治挑战。

巴尔干战役的失败在同盟国内部产生了余波，英国议会不得不展开了战后检讨。5月5日到6日，在英国下议院的一次秘密会议中，人们普遍同意，向希腊提供军事援助这一政治决定本身无可厚非。许多议员还持有这种观点，即英国对希腊负有军事援助上的道德义务。而且人们也难以否认丘吉尔的说辞，即盟军经过希腊一战以后撤出巴尔干，会促使美国总统更加倾向于支持大英帝国的事业。然而，英国首相还是不得不面对难堪的提问，尤其是有关"光辉行动"（Operation Lustre）的准备工作等等。事实证明，英国政府在巴尔干地区的外交和情报工作效率低下。战前对巴尔干地区各国情况的报告并不十分准确，并由此带来了极为严重的后果。而早在一年前，英国军队从挪威撤退就是一个类似的悲剧。英国的军事计划往往太过依赖英国空军力量的支持，皇家空军在本土的防御作战中固然表现优异，但在巴尔干战役中，英国战斗机确实不足以匹敌德国空军数量上的巨大优势。然而，伦敦方面普遍认为，英国军队在希腊的失败不过只是插曲而已，保卫埃及和苏伊士运河（Suez Canal）的安全仍然是大不列颠联合王国的首要任务。

就这样，希特勒与他的将领们再次将目光投向了东方。早在1941年3月28日，哈尔德就已经推算出，巴尔干战役将导致德国对苏联的进攻时间延后四周左右，但是战事的神速推进使德国军队尽早撤出占领区成为可能，预备队也不必按照计划前往东南欧地区。可是，由于东欧地区数条河流在早春时节洪水泛滥，德国军队直到6月中旬以前都无法进行大规模调动。因此，进攻苏联的日期最终定在了6月22日。

德国占领南斯拉夫和希腊的长期后果也逐渐显现了出来。轴心国集团对当地人民尤其是塞尔维亚族的苛刻对待，不仅引发了残酷的游击战争，也使得德国对南斯拉夫经济资源的开发变得更加艰难。南斯拉夫境内的游击队活动，反过来又进一步牵制了第三帝国在当地的军事力量。这些都对战争未来的导向产生了深远的影响。

有鉴于柏林方面对塞尔维亚人的仇视以及希特勒摧毁南斯拉夫国家的决定，巴尔干地区的这场战争不免令人回想起一年前的波兰战役。从此种角度而言，对东南欧实施的突然打击与德国征服西欧、北欧的情况不同。在贝尔格莱德发生政变以后，德国人对塞尔维亚人的敌意从长期以来的酝酿转变为井喷，第三帝国领导人的反应就是明证。希特勒（一个奥地利人）指责塞尔维亚是发动第一次世界大战的罪人，是欧洲恐怖活动的中心。同时，元首还痛斥该国长期和英国串通一气，妄图对德国不利。除了

格拉茨 匈 牙 利 德勒布森 雅西

布达佩斯 巴克乌

瑙吉考尼饶 塞格德 锡比乌 布拉索夫 加拉茨

卢布尔雅那 萨格勒布 蒂米什瓦拉
阜姆（里耶卡） 匈牙利 罗马尼亚
1941年4月 巴纳特山脉

克罗地亚 贝尔格莱德 布加勒斯特

扎达尔 克拉约瓦

南 斯 拉 夫
萨拉热窝 塞尔维亚
斯普利特 尼什 瓦尔纳

采蒂涅 保 加 利 亚
拉戈斯塔 普里兹伦 索菲亚 普罗夫迪夫

亚 得 里 亚 海 阿 斯科普里
尔 马 其 顿 埃迪尔内
巴 地拉那 比托拉
那不勒斯 里 卡瓦拉
意 大 利 塞萨洛尼基 萨索斯岛

科扎尼 土 耳 其
黑西拿 约阿尼纳 利姆诺斯岛 达达尼尔海峡
科孚岛 希 腊 爱 琴 海

凯法利尼亚岛 米蒂利尼 伊兹密尔
斯基罗斯岛
优比亚岛 希俄斯岛 萨摩斯岛

帕特雷 雅典 纳克索斯岛
爱 奥 尼 亚 海 伯罗奔尼撒半岛 佐泽卡尼索斯群岛（意占）

米洛斯岛
基西拉岛 伊拉克利翁 锡蒂亚
克里特岛

—·—·— 1941年1月的战线
---------- 巴尔干战役后南斯拉夫和希腊的国界线

德国　　　　　　　　　意大利/阿尔巴尼亚　　　　　与轴心国结盟的国家

1941年4月起归德国管辖（计　　1941年4月计划由意大利/阿　　1941年4月起保加利亚管辖（计
划吞并）　　　　　　　　尔巴尼亚占领　　　　　　划吞并）

德国占领　　　　　　　意大利占领　　　　　　　苏联

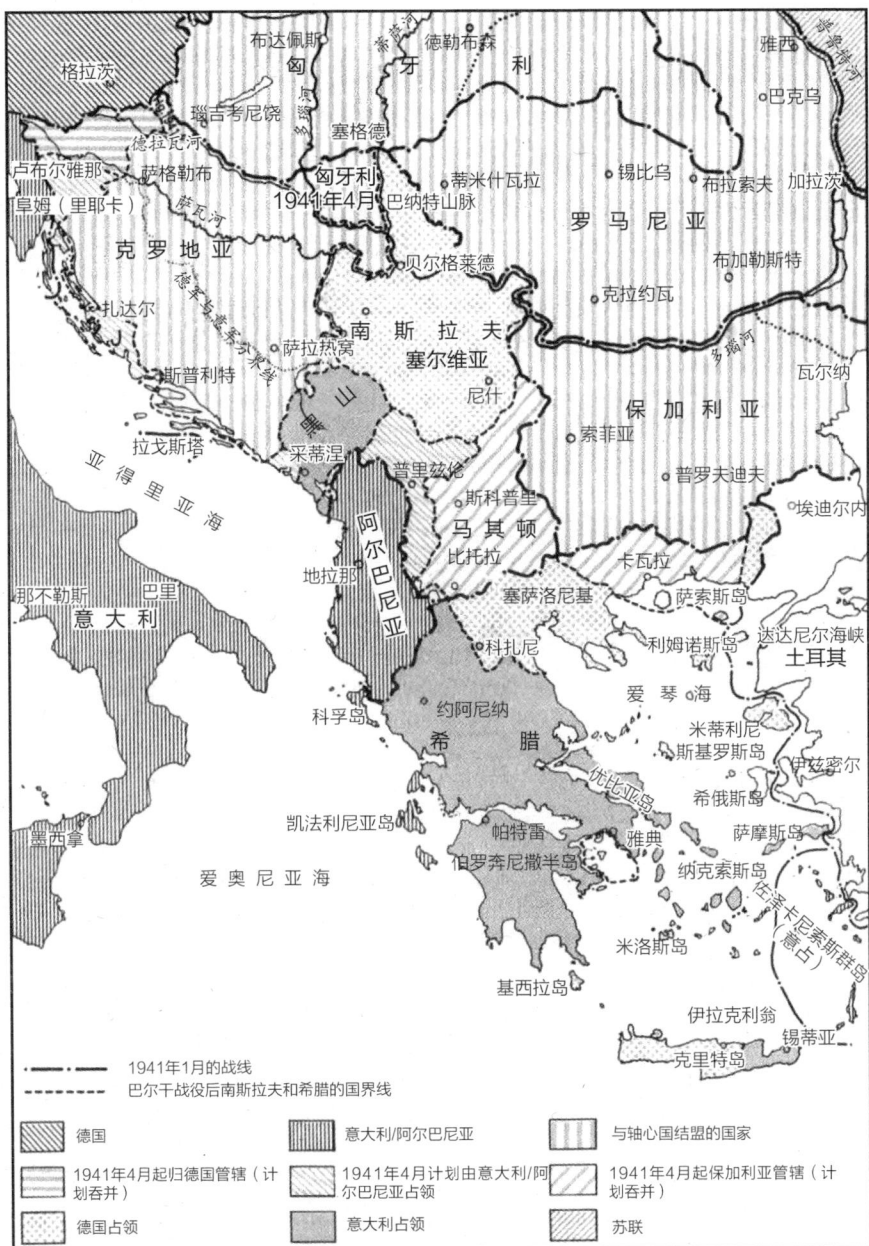

▲ 1941年巴尔干战役后，南斯拉夫和希腊的划分。

这种敌视的态度，许多德国外交官员和德国军官还经常在南斯拉夫人面前表现出明显的优越感，甚至偶尔还流露对该国人民的公然藐视，这也解释了纳粹政权对贝尔格莱德的轰炸及战后对塞尔维亚人的残酷虐待。在战争开始前，德国士兵都被普遍灌输了塞尔维亚士兵在战斗中"强硬""野蛮""无情"的印象；有鉴于此，任何宽厚对待敌军士兵甚至俘虏的行为都被德国军方严厉禁止。德国国防军陆军司令部甚至计划在战斗打响后逮捕任何"尤其重要的个人"，这份被列为"第三帝国敌人"的名单包括：流亡者、犹太人、共产主义者、破坏分子、恐怖分子等等。这类人员将由秘密警察、安全机构、情报人员或德国陆军司令部的反情报部门执行逮捕。就像第三帝国在波兰的罪行一样，这些都是将会发生在南斯拉夫以及苏联的种种暴行的预演。

克里特岛的陷落

克里特岛在英、德两国 1940—1941 年战略规划中的地位

随着巴尔干地区战事的逐渐平息，特别是盟军在希腊的失败已成定局之后，德国的军事领导人开始将目光转向东地中海地区。于是，利用德国空军摧毁克里特岛和马耳他（Malta）的英国军事基地，进而全面占领这些岛屿的前景开始变得愈加明朗起来。虽然德国取得了巴尔干战役的胜利，但英国仍然可以依托东地中海上的军事据点，继续将轴心国驶往北非（North Africa）的运输船队送入海底。克里特岛的海空军基地也为英国皇家海军突向爱琴海的水面行动打开了方便之门。此外，在德国军队转向苏联战场之后，盘桓在该岛的英国空军对罗马尼亚油田构成了直接威胁。以上种种均使希特勒感到如鲠在喉。

1940 年 10 月底，好大喜功的墨索里尼向他的德国盟友通报了意大利向希腊的进军的消息，于是德国元首开始第一次认真考虑夺取克里特岛的可能性。德国政府确信意大利对希腊的进攻将使伦敦方面获得极好的借口，派遣英国军队通过突然袭击的方式占领克里特岛。而早在 1940 年 9 月 10 日，驻罗马的德国海军联络官就曾劝说墨索里尼，抢在英国人动手之前派遣意大利军队登陆克里特岛。除了刚刚提到的克里特岛在日后东方战争中的重要性，该岛在轴心国集团与英国势力在地中海地区的争夺中也愈发令人关注起来。意大利军队正在北非蠢蠢欲动，准备扑向埃及的马特鲁（Marsa Matruh）；此时若能征服克里特岛，对领袖而言，不啻为另外一个

重大胜利。因此，德国国防军指挥参谋部下达指令，必须对该岛战略上的重大意义进行详细论证。虽然德国海军作战部已经习惯在第三帝国目前的整体战略中担任配角，但他们尤其欢迎任何能够动摇英国地位的军事方案。在德国海军看来，将英国势力赶出地中海地区，将是德国争取对英作战胜利的必要条件。

1940 年 10 月 28 日，意大利军队跨过了阿尔巴尼亚与希腊的边界，德国政府估计伦敦方面将会立即采取手段夺取克里特岛。于是，德国国防军指挥参谋部发出警告：意大利与利比亚（Libya）之间的北非运输船队即将面临新的威胁。就在希特勒与墨索里尼于佛罗伦萨（Florence）会晤的当天，德国元首突然向意大利领袖提出，愿意提供两个德国伞兵或空降师帮助轴心国集团夺取克里特岛。尽管盛情难却，墨索里尼却怀揣着不能让德国继续对地中海战事施加影响的打算，忙不迭地谢绝了德国人的提议。但事实上，意大利人从未设法通过本国军队的力量占领克里特岛。意大利代总参谋长罗阿塔将军（Roatta）同样言辞凿凿地拒绝了德国同行的建议，其言下之意则在于，意大利军队不具备实施类似军事行动的能力。于是，德国人担心的事情在几天以后得以证实：1940 年 11 月 1 日，英国皇家空军和英国陆军部队开始在克里特岛登陆。

在克里特岛以及希腊建立空军基地的积极行动，充分提高了大英帝国在爱琴海地区的军事地位。与此同时，意大利军队在阿尔巴尼亚前线的一败涂地，严重损害了领袖在东南欧以及东地中海地区的威望。鉴于两股势力在地中海博弈中的此消彼长，11 月 19 日，希特勒在上萨尔茨堡（Obersalzberg）与齐亚诺的会谈中直言不讳地指出，业已改变的形势已经影响到德国在东南欧地区的利益。尤其令德国元首愤懑不平的是，英国目前在希腊本土和爱琴海地区建立的空军基地将迫使至关重要的罗马尼亚油田面临现实的轰炸威胁。1940 年 12 月，韦维尔的英国军队开始在北非大举进攻，希特勒确信意志不坚的意大利军队将会遭受沉重的打击。

德国元首原先估计，最早要到 1941 年春天自己才能抽出身来帮助意大利收拾巴尔干的乱局，但形势的发展迫使他决定在来年年初就对四面楚歌的墨索里尼伸出援手；事实上，英国人马上就要把利比亚的意大利军队赶下海了。尽管如此，希特勒还是不无忧虑地指出，英国在马耳他的军事基地仍然继续威胁着增援北非战场军事行动的轴心国船队。到 1941 年 2 月中旬，德国国防军最高统帅部得出结论，就算意大利丢掉了整个北非地区，马耳他岛仍然在轴心国整个地中海战役的进程中占有重要地位。根据瓦尔利蒙特（Warlimont）的备忘录，德国国防军指挥参谋部曾经就夺取马耳他做过详细的研究，德国军事人员指出，夺取该岛将极有可能破坏英国与中东地区之间的运输航线，同时还能进一步阻止英国军队在南欧地区针对轴心国的作战行动。于是，德国国防军最高统帅部首次认真考虑了实施马耳他登陆作战的可能。由于对苏联开战已是箭在弦上，同时进行两场军事行动对于德国捉襟见肘的资源来说无异于雪上加霜，如果实施马耳他的登陆作战，也就排除了在数月后夺取克里特岛的可能性。

1941 年 2 月 22 日，德国国防军最高统帅部向德国海军作战部宣布了元首的决定，希特勒计划在东方战争结束以后的 1941 年秋天实施夺取马耳他岛的军事行动。3 月 18 日，就目前局势的讨论中，雷德尔再次怂恿德国的军事领导人尽快占领马耳他，但希特勒拒绝放弃自己在这一问题上的保留立场。元首同时还进一步提醒雷德尔，德国空军对于执行马耳他计划在技术上的可行性存有疑虑。

此外，东地中海地区局势的若干迹象，尤其是英国军队出现在爱琴海，引起了希特勒的注意：元首曾反复要求墨索里尼和齐亚诺不要放弃多德卡尼斯群岛（Dodecanese），雷德尔甚至鼓励意大利人向东地中海上的英国舰队主动出击。与此同时，德国空军的伞兵部队也奉命向保加利亚南部地区集结，准备在关键时刻夺取爱琴海上的重要岛屿。与半年前的努力方向一样，希特勒矢志不渝的目标就是要从根源上消除来自英国空军的任何威胁。在希腊本土或可能夺取的克里特岛上建立起合适的航空基地之后，德国空军就能够令大英帝国穿越整个苏伊士运河的生命线瘫痪。而德国海军作战部所拟定的计划更远远超出了这一目标：正如他们在 1940 年 11 月所指出的，如此令人鼓舞的势态发展将会为德国与英国继续争夺东地中海创造有利条件。

此外，德国在希腊的胜利为轴心国实现其在地中海地区的宏伟战略迈出了重要的一步。如前所述，经过经年累月的长期谋划，德国现在终于等到了夺取克里特岛的良机。1941 年 4 月中旬开始，德国空军的资深将领们对克里特岛的关注与日俱增，他们就如何拟定占领该岛的具体方案争执不下。经过数次间或有戈林出席的激烈讨论，德国空军最终达成了使用空降兵和伞兵部队以突袭方式夺取该岛的一致意见。鉴于直布罗陀（Gibraltar）与亚历山大之间星罗棋布的英国军事基地，德国海军作战部虽然对进攻克里特岛的方案并无异议，但同时也清楚地指出，克里特岛只是其中的一个联系纽带，只有夺取战略地位至关重要的马耳他，才能保证轴心国集团在地中海取得与英国军事斗争的胜利。1941 年 4 月 15 日—16 日，英国舰队在克尔肯那群岛（Kerkenna）附近再次击沉了隆美尔的运输船队，而德国国防军指挥参谋部早在 1941 年 2 月就曾警告说必须首先占领马耳他岛。

尽管如此，1941年4月21日在与德国空军代表的会晤中，希特勒还是当场做出了尽快夺取克里特岛的决定，这足以证明他始终对英国在东南欧地区的军事存在心存芥蒂。元首同时明确表示，德国军队占领克里特岛将正式宣告巴尔干战役的胜利结束，希特勒同时强调，自己并不反对德国空军继续保持对马耳他英国守军的压力。于是，德国海军作战部也在第二天改弦易辙，声称夺取克里特岛将成为马耳他行动成功与否的先决条件；他们同时指出只有德国和意大利的军队叩响埃及的大门，轴心国集团才能真正通过夺取马耳他获得战略上的优势。德国陆军总参谋长哈尔德则认为攻占克里特岛将是援助北非隆美尔军团的最佳方式，他的观点得到了意大利空军部（Regia Aeronautica）的支持。柏林和罗马两方面都认为，将克里特岛掌握在轴心国手中将大大减轻德、意军队在地中海战场的后勤补给压力。

　　此外，由于在1940年的不列颠战役中未能挫败英国皇家空军，德国空军的高级将领们急于在新的战场上摘取胜利的月桂环。他们希望通过德国空降兵和伞兵部队对克里特岛的闪电袭击，重新建立起第三帝国空军不可战胜的神话。

　　1941年4月21日，希特勒最终为德国空军对克里特岛发起的军事行动打开了绿灯。鉴于与苏联开战的最后期限正在日益逼近，第三帝国元首在四天后发布的"第28号指令"即"水星"行动（Merkur）的命令中，再次清楚地指出了东方战争的先后顺序：5月中旬对克里特岛的进攻必须在最短时间内完成，同时"水星"行动的实施不得延误德国军队进攻苏联的时间。由此看来，就当时情况而言，闪击克里特岛将是德国军队在东地中海舞台上的最后一次演出。于是，德国海军领导人永远失去了热切盼望中的进一步深入地中海的机会，这些海市蜃楼般的计划除了伺机削弱英国海军在该地区的军事存在外，最多也只能成为第三帝国保卫欧洲被占领土的一种尝试。首先夺取克里特岛并继续空袭、压制马耳他守军的决定再一次证明，地中海地区的战事对于德国元首来说始终是一个次要的存在，打击进而粉碎苏维埃的巨人才是希特勒的首要目标。

　　从1940年年初开始，克里特岛在地中海战场上的地理位置就已经引起了英国政府的高度重视。在唐宁街10号看来，克里特岛的军事基地将是英国舰队突入爱琴海的理想选择，同时在该岛派驻英国军队还能更好地保护英国在马耳他和埃及的军事据点。自1912年意大利军队占领了附近的罗德斯岛（Rhodes）起，英国政府就确信控制克里特岛还可以有效地对抗意大利海空军在东地中海地区的军事行动。因此迫于时局的发展，1940年4月底，英军帝国总参谋部决定，只要墨索里尼加入德国的战争阵营，就派遣英国军队夺取克里特岛。这一雄心勃勃的计划原本是有意邀请法国军队参加的联合作战行动，但欧战爆发后，高卢雄鸡的迅速败亡迫使自顾不暇的英国政府暂时丢掉了幻想。1940年6月，意大利急不可耐地在摇摇欲坠的法国身后插上了一刀，于是对克里特岛念念不忘的英国人再次将占领该岛的计划抬上了桌面。尽管如此，为了避免破坏希腊的中立国地位，英国政府暂时保持了克制，英国军队并没有立即踏上克里特岛，而仅限于登陆作战的后勤准备阶段。1940年10月28日，自负的意大利军队越过了阿尔巴尼亚与希腊的边境，于是英国军事援助的道德障碍伴随着希腊政府的呼吁和邀请自我解除了。两天后的11月1日，来自埃及亚历山大港的英军先头部队登上了克里特岛。在最初的几个月中，该岛的英国军队仅仅获得了屈指可数的增援力量，包括一个虚弱的英军步兵营以及若干轻型的防空单位。尽管如此，英国空军上将朗莫尔还是进一步指出，克里特岛的苏达湾（Soudha Bay）将是英国护航队从埃及到马耳他之间的理想中途点，同时皇家海军的飞机可以利用马莱迈（Maleme）附近的机场为岛上的英军基地提供空中掩护。

1940年11月初，迫于形势的压力，希腊政府将克里特岛上的希腊军队调往了伊庇鲁斯（Epirus）前线。丘吉尔随即建议立即增派英国的军事力量以加强该岛的防御，但中东英军司令对于这一军事调动的必要性持强烈的怀疑态度。此时，韦维尔手头只有为数不多的几个英国师，并且正在忙于应付意大利利比亚军团向埃及的进攻，而他本人并不希望将自己有限的军事力量分散投入到地中海地区的各个战场。此外由于埃及与克里特岛之间的距离过于遥远，使用英国的海空军力量保卫该岛将势必面临德国空军的严峻挑战。与英国空军在北非的机场相比，意大利在罗德斯岛的军事基地则享有更加靠近克里特岛的地理优势。伦敦的英国陆军部（The War Office）因此担心皇家空军的战斗机中队将在克里特岛上空蒙受严重的损失。与此同时，英国皇家海军也将面临不利因素。由于针对该岛的装卸工作只能在克里特岛的北部海岸地区进行，仅凭当地现有的潜艇和战斗机数量，英军的舰船将无法得到足够的保护。此外，由于英国皇家空军在埃及的战斗机数量不足，在任何情况下，开罗和伦敦的重要人物都不会乐于见到英国在埃及的空中力量被调往别处。

1941年11月初，意大利军队在阿尔巴尼亚与希腊边境遭受的挫败已经日趋明显，中东英军司令韦维尔于是得出结论：目前英国在克里特岛的军事力量已经足以拱卫该岛。虽然在接下来的数月中对地中海局势持同样乐观态度的不乏其人，但丘吉尔还是无视反对意见，坚持向该岛调集了更多的英国军队。1941年2月，英国陆军的增援部队抵达了克里特岛，岛上的三个机场跑道也被重新修缮，以迎接英国皇家空军的到来。但就在 1941 年 3 月，履新的德意非洲军团（Deutsches-Italien Afrikakorps）统帅隆美尔向北非的英国军队发起了反攻；同时面对德国在巴尔干地区咄咄逼人的军事压力，英国远征军也开始陆续抵达希腊本土。鉴于大英帝国在地中海地区本已捉襟见肘的军事力量，此时再向克里特岛派遣任何大规模的军事援助已无可能。1941 年 4 月到 5 月间，德国情报机构对伊朗和叙利亚亲德政权的策反工作也在紧锣密鼓地进行着，再加上意大利军队在埃塞俄比亚的动向，英国在近东和中东的利益一时间都变得岌岌可危起来。以上种种情况都一再引起了韦维尔的注意，继而进一步限制了他对其麾下数量有限的中东英国军队的运用。

1941 年 4 月中旬，英希联军在巴尔干战役的失败已成定局，英国政府不得不转而认真考虑保卫克里特岛的可能性。毫无疑问，该岛目前的防御力量并不足以击退德国军队的入侵。早在 1941 年 3 月底，就有传闻说德国空军第 11 航空军的部分联队将被调往保加利亚。伦敦的英国陆军部据此推测，希特勒将会在东南欧地区进行一次空降突袭行动。英国政府最初还并未意识到这一军事调动的目的在于夺取克里特岛，直到随后传出了 250 架德国运输机陆续到达普罗夫迪夫的消息，才最终证实了一场大规模空降行动迫在眉睫。而几天以后，从英国情报机构又传来了更加耐人寻味的说法：1941 年 4 月 26 日，结束了科林斯地峡进攻作战的德国伞兵部队并没有离开希腊本土。尽管享有以上这些情报工作上的优势，英国政府一度还是难以判断出希特勒下一步真正的目标。而开罗和伦敦的英国军事人员则通过目前的种种迹象指出：德国军队正在枕戈待旦，以准备夺取克里特岛；与此同时，也不能完全排除其进攻塞浦路斯和叙利亚的可能性。此外，在英国的军事领导人中间还存在着更加深远的忧虑：德国军队对克里特岛的征服只不过是希特勒在中近东地区宏大进攻计划中的第一步，轴心国集团的最终目标在于彻底动摇大英帝国在埃及的统治。

正是基于对德国战争意图的判断，早在巴尔干战役爆发前，英军的作战参谋们就已经着手制定了克里特岛的防卫预案，而大英帝国在战略上针对的正是德、意两国法西斯政权在地中海地区的扩张。当英国政府迫于形势最终做出了从希腊本土撤出英国远征军的决定时，有关克里特岛防御作战计划的具体细节也开始一一浮出水面。1941 年 4 月 17 日，丘吉尔指示韦维尔将部分英国远征军的有生力量撤往克里特岛，至少能够保证守卫该岛的英国军队占有数量上的优势。此外，撤退到克里特岛的希腊军队尚且拥有一定实力，也依然保持着对希腊王室的忠诚态度。这位英国首相确信以上种种都将成为支持英联邦军队在该岛长期坚守的有利条件。尽管如此，在第二天发给开罗中东英军司令部的电报中，丘吉尔还是着重指出了由于英国军队在地中海地区的军事资源有限，克里特岛注定只能在大英帝国的整个中东战略中屈居次要地位。甚至就在英国远征军被迫撤出希腊之前，丘吉尔的主要算盘仍然是如何在利比亚战场上取得决定性的胜利。就在发给开罗中东英军司令的最初指示中，他明确表示克里特岛就当时情况而言只不过是英国军队撤出希腊后的"收容所"。直到德国军队入侵的威胁日趋明显后，英国政府才真正开始进行保卫克里特岛的准备工作。

时至1940年年底，韦维尔再次强调了中东英国军队资源不足的窘境，并对能否成功保卫克里特岛表达了审慎的保留态度。而到了1941年4月末，伦敦英国海军部的要员们甚至提出了所谓"更为有利"的解决方案，即集中北非所有可用的空军力量和防空作战单位以重新夺回班加西。从他们的观点看来，目前克里特岛掌握在谁的手中已经不再是问题的关键。

1941年4月底，丘吉尔最终力排众议，坚定了必须保卫克里特岛的决心。大英帝国的首相向中东英军司令预言了自己的判断：德国空军的伞兵部队将在夺取克里特岛的行动中损失惨重，同时英国军队坚守该岛也会对土耳其的态度以及整个中东局势产生积极的影响。

"水星"行动及克里特岛的防御

根据元首"第28号指令"以及随后陆陆续续的指示，德国军队也在抓紧时间制定夺取克里特岛的作战方案。希特勒授意德国空军司令戈林担任这场战役的总指挥，这位帝国元帅随即命令驻维也纳的第4航空队负责战役的准备和执行工作。于是，第11航空军（其时任指挥官为斯图登特空军少将）属下的德国伞兵和空降兵部队转由第4航空队司令勒尔空军中将指挥，而里希特霍芬的第8航空军则负责提供战斗机和轰炸机为攻击部队护航。为此，驻希腊的第12集团军特别抽调了第5山地师的部分单位作为第11航空军的支援力量。德国国防军指挥参谋部还计划在战役的实施过程中投入德国海军，在确保希腊本土与克里特岛之间海上交通的同时，采用护航运输的方式将德国陆军和空军的后续参战部队运往该岛。尽管如此，由于第三帝国海军力量在地中海地区虚弱的存在，邀请意大利舰队出场将不可避免。

虽然元首指定德国空军享有克里特岛作战行动的指挥权，但实际上，德国国防军的各级部门都参与了这场战役的准备工作。由于这次动员了大量的德军地面部队参战，德国陆军最高司令部反而不负指挥之责，总参谋长哈尔德上将对这种公然偏袒空军的态度颇有微词。然而，他的抗议最终未能改变希特勒早已下定的决心。

争论的结果还是由德国空军来制定迅速夺取克里特岛的方案，于是戈林的高级将领们针对该岛独特的地理特征展开了讨论。克里特岛是希腊位于爱琴海最南面的皇冠，其海岸线蜿蜒曲折东西长260公里，南北宽15到60公里。陡峭的克里特山脉主要位于南部海岸，其间只能通过几条极其糟糕的原始道路前往该岛的其他部分，而主要城镇和东西向的公路以及所有重要的港口则全都位于该岛的北部地区。

由于这些地形条件上的限制，德国空军的高级将领们在具体的作战方案上各持己见。勒尔建议先夺取首府城市干尼亚（Khania）以及马莱迈（Maleme）附近克里特岛最大的机场，然后沿着该岛的主要公路由西向东推进。而第11航空军则认为，德国伞兵和空降兵部队应在第一时间占领该岛的全部重要据点，同时通过奇袭的方式夺取马莱迈和雷西姆农（Rethimnon）的机场，以便空运后续的德国山地军部队登陆该岛，继而征服克里特岛的其他地区。然而，由于第8航空军的战斗机数量不足以为如此广阔的空投区域提供掩护，斯图登特及其作战参谋提出的上述方案遭到了里希特霍芬的强烈反对。戈林不得不亲自出面干预，并最终与德国空军指挥参谋部达成了折中方案。为了集中第8航空军的护航力量为这场空投行动提供充足的掩护，克里特岛战役进攻当天的目标被缩减为马莱迈、干尼亚、雷西姆农和伊拉克利翁（Heraklion），同时德国的伞兵和空降兵部队将采用机降突袭的方式逐一对这些战略要点展开争夺。当然，在战役行动的具体时间安排上还是尊重了勒尔的最初意见：第一批参与进攻的德国伞兵将在当天清晨出现在马莱迈和干尼亚的上空，第二批空投部队则会在午后的攻击行动中直扑雷西姆农和伊拉克利翁。

1941年4月21日，希特勒曾指示德国军队要在一个月以后的5月15日对克里特岛发起进攻；但在5月初，哈尔德和勒尔就同时声称对该岛的进攻最早可于5月10日开始。由于有消息说伦敦方面正忙于将英国远征军从克里特岛撤出，以用于在叙利亚的军事行动，德国的高级将领们因此做出判断，如果这一情报属实，则英国军队在克里特岛的抵抗不可能长久。

于是，针对该岛进攻的具体时间在很大程度上取决于驻希腊德国军队的准备情况。而目前的当务之急，则是尽快将第11航空军的战斗人员以及装备运往集结区域，同时加紧为这支参加克里特岛战役的部队提供后勤准备。早在1941年3月底，第11航空军的部分单位（隶属第7航空师的空降突击团）就已经到达了保加利亚和希腊境内。该军的其他作战单位则先通过铁路运输进入罗马尼亚，然后再转乘卡车最终于 5 月 14 日到达预设在阿提卡和比奥夏（Boeotia）的前进基地。与此同时，第 8 航空军投入克里特岛作战任务的运输机（大约 500 架容克 52 型）也已经全部运抵位于该地区的空军基地。由于德国空军力量密集的调动，第 8 航空军的战斗梯队将不得不与第 11 航空军的部分单位共同使用阿提卡地区的机场。此外，投入作战的德国战斗机和轰炸机联队还根据各型飞机航程距离的远近，分别在保加利亚和伯罗奔尼撒半岛安排了航空基地。意大利人也在卡尔帕索斯岛（Karpathos）为德国飞机的起降行动进行了军事准备，罗德斯岛上的军事基地也驻扎着意大利空军的战斗机。在希腊本土，德国陆军第 5 山地师以及第 12 集团军的支援单位也做好了参战准备，顺利地占领并控制了雅典周边的指定集结区域。

于是，帝国元帅的飞行联队密密麻麻地占据了希腊的机场，参战的德国飞机数量达到了 1280 架。而直到此时，德国空军的领导层才发现，当地现有的基础设施建设完全不足以支持这场对克里特岛的大规模军事行动。由于大量作战单位和技术兵器已经投入到对苏联的迫在眉睫的进攻之中，目前克里特岛战役捉襟见肘的军事

德国第 11 航空军及第 8 航空军"水星计划"所属部队情况详表
第 11 航空军（斯图登特）[①]
1 个侦察飞行梯队
10 个"特殊作战任务空军大队"，容克 52 型运输机（总计大约 500 架飞机）[②]
军直属部队：1 个突击团（按德国空军伞兵标准训练以及武器配备），各种支援部队
第 7 航空师下辖 3 个伞兵团
增援部队：第 5 山地师下辖 3 个团
摩托化步兵，装甲部队以及防空作战单位
军预备队：第 6 山地师的部分单位
第 8 航空军（里希特霍芬）[③]
280 架轰炸机
150 架俯冲轰炸机
180 架战斗机
40 架侦察机
此外，意大利空军在多德卡尼斯拥有 62 架作战飞机[④]

---

① 数据来源于 Gen.Kdo.XI.Fl.K., Einsatz Kreta, 5ff., BA–MA, RL 33/98 和 Lfl.4, Bericht Kreta, II–12, BA–MA, RL 7/463。

② 数据含大约 80 架滑翔机。

③ 数据来源于 Deichmann, 'Balkanfeldzug des VIII.Fliegerkorps', 26, BA–MA RL 8/238。

④ 在 Greiner's memorandum 第 107 页 BA–MA, RW 4v.42.Domeniko ('Die Eroberung Kretas aus der Luft', 3, BA–MA, ZA 3/21）中提到 21 架轰炸机、侦察机和 24 架战斗机、鱼雷轰炸机。

准备情况难以得到重大改善。德国空军在希腊的地面支援单位、通信手段以及运输工具等各方面都存在严重不足，再加上当地条件恶劣的机场跑道以及如此多的德国飞机云集在屈指可数的野战机场，更让人在一开始就感觉到德国对克里特岛的争夺更像是一种临时起意。

而下面的事实则极大地加强了这一印象：希腊战役的硝烟才刚刚散尽，许多地方的道路系统还没有完全从战争的破坏中恢复，试图在此时利用该国的交通线保障德国军队的供应几乎是不可能完成的任务，这也直接导致克里特岛参战部队的后勤补给工作面临着极大的时间压力。于是两条补给线被迅速建立起来，以作为替代方案：一条穿过罗马尼亚境内到达黑海地区，然后通过船运到达比雷埃夫斯；另外一条穿过意大利，然后通过海运分别到达帕特雷（Patras）、科林斯湾以及比雷埃夫斯。希特勒任命的"东南欧舰队司令"卡尔格奥尔格·舒斯特尔海军上将（Admiral Karlgeorg Schuster）征集了来自保加利亚、罗马尼亚和意大利等国的运输船，将它们每12艘编为1个特遣队，准备向北非隆美尔的军队输送物资。意大利人则负责海上运输的安全工作，同时提供了若干艘意大利的战船归属舒斯特尔的指挥。当墨索里尼获悉了德国打算在4月底或5月初进攻克里特岛的计划后，他甚至主动向德国人提出，愿意提供意大利的军事力量协助作战。尽管如此，戈林还是谢绝了意大利人的好意。由于罗马尼亚油田对于意大利的战争石油储备非常重要，领袖的实际兴趣主要在于保障希腊到意大利供给渠道的畅通。希腊战役刚刚结束不久，当这条运输线路的东段逐渐开始恢复有效的运力时，从意大利到希腊的西段供应线却仍然面临着严峻的形势：由于战争造成的破坏，科林斯运河直到5月16日才能够正式重新开放，并且最初只允许小型船只通过。同时，英国海军的水雷和潜艇还在不时地袭扰正常的船运交通。

由于后勤补给系统面临的严重困难局面，德国军队的参谋军官们不得不一再修改对克里特岛发起进攻的时间。根据5月5日的原订计划，德军的攻势将在5月16日到18日之间展开，但5天之后，舒斯特尔和德国空军第4航空队参谋长君特·科尔腾（Gunther Korten）少将共同要求将进攻日期推迟到5月19日。有鉴于作战行动燃料运输工作的严重滞后，发动克里特岛战役的最终日期被定在了1941年5月20日。

由于第11航空军的飞机数量不足以为克里特岛的伞兵和空降兵提供后续的增援，负责战役计划的德国空军高级将领们提出，请求德国海军方面的协助将不可避免。这就导致除了需要面对棘手的后勤补给问题外，舒斯特尔海军上将还得准备一些向克里特岛输送德军的后续部队和作战物资的船只。而德国海军的作战参谋则在

4月底针锋相对地指出，鉴于英国海军力量在地中海地区的优势，在首次空投行动后，继续使用德国空军的力量向克里特岛输送后续增援部队才是上策。时至5月中旬，驻希腊的德国海军司令部参谋长再次强调了通过海路向该岛输送人员和物资的高风险性，于是第11航空军最终决定，通过空运的方式将大部分主力部队投放到克里特岛。尽管如此，德国东南欧舰队司令还是铆足了劲儿四处搜罗运输船只，准备一俟情况好转就派遣运输船队从希腊各大港口出发前往克里特岛。而募集足够运载能力的船只与征召船上水手此时又成了相当大的难题。于是，德国的军事当局东拼西凑了大量的小型机帆船，又派遣了一些必需的海事人员从德国飞往希腊。最终，舒斯特尔成功地征集了2支运输船队，共计大约60艘满载着人员和各类物资的机帆船。意大利人则表示乐意为这支临时拼凑的运输船队护航，航线计划途经米洛斯岛（Melos）前往克里特岛。

两支运输船队最初的出发计划如下：第一支船队将于进攻第一天的当晚到达克里特岛；第二支船队将于第二天到达伊拉克利翁附近；而装载重型装备的船只最早将于5月22日出发离港。由于无法确定伞兵和空降兵部队能否于5月20日占领船只卸货的地点，第11航空军建议德国海军的运输船队推迟出发的时间。于是就在德国空军准备对克里特岛发起袭击行动之前，所有德国海军相关的船运计划在时间上都向后顺延了一天。同时，由于意大利海军拒绝出动在克里特岛以西海域对抗英国的地中海舰队，德国人认为此时最明智的做法是坐视该岛北部战事发展的情况，再决定是否派遣运输船队跨海前往克里特岛。

然而，暂时的踌躇并不意味着德国第4航空队改变了其主攻区域位于苏达湾、干尼亚和马莱迈之间的原订计划。虽然德军作战部队的参谋军官认为英国军队在该地区集了重兵，但无论从岛上的情报来源，还是德国空军的侦查行动来看，德国人对于英国军队防御克里特岛的实际部署仍然是一头雾水。林林总总的消息中唯一能够确认的，只有英国皇家空军在该岛三个机场中的分布情况。在5月的前半个月，里希特霍芬的空军联队展开了对克里特岛的强力空袭，而英国皇家空军在该岛仅仅驻扎了聊胜于无的40架战斗机，其中只有20架战斗机具备真正的作战能力。截至德国正式发起进攻前，鉴于惨重的损失，英国人已经把剩余的空军力量全部撤回了埃及，第11航空军就此占据了克里特岛绝对的空中优势。虽然德国的侦察机和战斗机趁机蜂拥而至，努力辨认出了干尼亚和伊拉克里翁附近的几处英军的防空阵地和防御设施，德军的指挥机构还是未能确定英国军队在克里特岛的防御部署和具体人数。德国空军同时对业已确定或疑似的英军阵地进行了持续不断的空袭，但轰炸取得的实际效果却事倍功半。5月19日即进攻前一天，德国空军第4航空队估计守卫克里特岛的英国军队实力为1个步兵师，撤退到该岛的英国远征军的余部和希腊军队同样是不容忽视的支援力量。但德国人相信，英国守军将克里特岛的海面视为德军进攻的主要方向。

而第8航空军的主要任务则是找到并击沉克里特岛附近的英军运输船只和英国战舰。从5月初开始，德国空军加强了对同盟国海上力量的打击力度，迫使英军只能在夜间对克里特岛进行补给。在接下来的数天内，德国空军的侦察机已经很难在白天发现英国船只的踪迹，导致第4航空队做出了英国军队将分阶段撤出克里特岛的乐观结论。但就在德军的进攻部队准备出发之际，里希特霍芬和斯徒登特的作战飞机终于发现了部署在克里特岛以南和以西的英国皇家海军舰队，德国的军事领导人此刻才意识到英国军队已经获悉了德军的意图，并将在该岛进行坚决的抵抗。

截至1941年4月底，伦敦的英国政府决心暂时不顾其他战场的威胁，采取坚决的措施保卫克里特岛，而岛上的英国军队也已经开始着手进行各项防御的准备工作，这些都表明了英国人拒绝不经一战而放弃该岛的态度。1941年4月30日，原驻希腊新西兰军队司令伯纳德·弗赖伯格（Bernard Freyberg）少将正式接过了克里特岛英国军队的指挥权。直到此时，岛上英军的军事准备才在"灼热"（Scorcher）的行动代号下，大张旗鼓地开展起来。事实上，要在该岛组织防御部队并不缺乏人手：截至4月底，30000名英国远征军士兵已经到达克里特岛，此外还有原本就驻扎在此的一个5000人的英国步兵团及一支7000人的希腊军队。尽管如此，这些守卫部队的状态却都不尽如人意。由于从希腊撤退时损失了绝大部分装备，他们大都仅仅装备着各类轻型的武器。一些跟随英国远征军撤退的军事辅助人员对英军在该岛的防御来说，更像是一种妨碍和累赘。虽然弗赖伯格最初认为能抵抗德军入侵的希望渺茫，但他还是竭尽全力地为防御部队四处搜刮武器、装备和其他基本物资。岛上不必要的非战斗人员通过海路被陆续疏散到了埃及，余下的有战斗力的部队则被组织起来，准备迎接德军的进攻。中东英军司令部原本打算让装备齐全的新整编的英国师来执行克里特岛的防御任务，将英国远征军撤到与该岛隔海相望的埃及进行休整，但由于时间上的紧迫以及船只运力上的限制，该计划最后只能告吹。

在弗赖伯格的不懈努力下，中东英军司令部开始大力向克里特岛的守军输血。驻埃及的韦维尔将军在接下来的数周内和英国的海军力量通力合作，率先向该岛运输了大量的防空武器、大炮及若干辆坦克。弗赖伯格还劝说新西兰总理向伦敦施加外交压力，迫使丘吉尔向该岛提供更多的军事力量以及援助。虽然丘吉尔最终同意了向克里特岛派遣最为急需的英国战斗机，但这些皇家空军的飞机要到 5 月 25 日才能够抵达该岛。除了担负埃及—克里特岛航线的运输护航任务外，韦维尔和地中海英军舰队司令坎宁安上将（Cunningham）还承诺，英国皇家海军将会提供任何可能的援助。尽管面临着德国空军带来的巨大压力，坎宁安还是帮助岛上的这支"克里特部队"（Creforce）克服了最为严重的武器和装备短缺的问题。最终，英国地中海舰队的船只向克里特岛运送了大约 2000 人的增援力量，同时还疏散了大约 7000 名岛上的非战斗人员。

英军防卫部队的具体防御部署则取决于克里特岛独有的地理特征，以及他们所掌握的德军进攻方案。鉴于英国情报机构的出色表现，弗赖伯格能够获知德国军队在希腊的军事准备、大体的组织架构以及进攻中的主要目标。他据此推测，一场德国海空军力量针对克里特岛的联合进攻已经迫在眉睫，而德国人的主要打击力量将位于该岛的西部地区。于是，弗赖伯格将其防御部队的主力集中在马莱迈、干尼亚以及苏达湾的附近地区，同时命令他们在面对德国人的海空中联合进攻时，坚决守住克里特岛的首府城市、机场以及最重要的港口等战略要地。新西兰和英国军队构成了该地区防守部队的主要力量，而澳大利亚军队则负责雷西姆农以东以及附近地区的防御。英军的作战单位同时还守卫着伊拉克利翁以及附近的机场，希腊军队则奉命全方位地配合英联邦军队在该岛的防御。

英联邦军队在克里特岛的四个主要防御地段的部署如下：马莱迈 11500 人（第 2 新西兰师以及第 4、第 5、第 10 旅外加 3500 名希腊人）；干尼亚和苏达湾 17400 人（各种英国和澳大利亚的部队单位，外加 930 名希腊人）；雷西姆农 4800 人（第 19 澳大利亚营，外加 3200 名希腊人）；伊拉克利翁 8100 人（第 14 英国旅，外加 3200 名希腊人）。英国、新西兰以及澳大利亚军队包括 6000 名后勤服务人员。

随着岛上英军的防御部署逐渐从武器配备、后勤供给等方面不断得到加强和完善，以及坎安宁英军舰队在该地区的海上优势，到 5 月上旬，即使面对即将来临的战争，弗赖伯格也从最初的悲观态度开始转为谨慎的乐观情绪。而另一方面，英国皇家空军在克里特岛和埃及的虚弱状况也令人担忧。在白天，德国空军往往能够不受干扰地轰炸弗赖伯格的防御阵地，并且将英国皇家海军的舰船远远地驱离该岛。克里特岛的守岛部队是凭借出色的伪装技术，才避免在德军进攻前的轮番空袭中遭受重大损失。除此之外，英军掌握了德国空降作战的方案以及第 4 航空队的进攻时间表也是克里特岛战役防守方的一大优势。5 月 6 日以后，英国军事领导人不但对勒尔最初发动进攻的日期定于 5 月 17 日一清二楚，甚至连之后德军进攻时间的每一次延期都了如指掌。如此一来，弗赖伯格就可以依靠掌握德国人进攻的具体时间，避免其属下的部队一直处于高度戒备的状态中。

英国人还利用他们掌握的有关第 11 航空军在希腊机场驻扎的情报，接连从埃及对这些伞降进攻基地发动了数次小规模的夜间袭击。由于英国皇家空军在东地中海地区寥寥无几的军事存在，这些突袭行动未能对整个克里特岛战役产生任何决定性的影响。

同样，迫于缺少足够的空中掩护力量的压力，坎宁安不得不限制其麾下英国舰队的活动，以避免皇家海军的船只在德国空军的轰炸中损失惨重。尽管如此，出于监控克里特岛周边海域进而威慑德军放弃从海上登陆的企图，他还是于 5 月 15 日将地中海舰队调到了克里特岛的南部和西部海域。从这些有利位置出发，英国海军可以迅速地增援该岛北部地区的战斗。与此同时，来自埃及的英国战斗机也可以提供部分时间的空中掩护。布置在克里特岛西部海域的英国战舰还做好了准备，以应对意大利海军可能发起的军事介入。虽然很多地中海舰队的船只前往埃及的亚历山大港以补充急需的油料，但截至 5 月 19 日夜间，几乎全部坎宁安麾下的英军舰船都返回到了原先的作战海域。

在英、德双方针对该岛的争夺即将开始的前夜，虽然第三帝国的战斗机牢牢地统治着克里特岛的天空，但大不列颠的舰队也同样在密切地监视着海面上的一举一动。尽管如此，由于缺乏足够的空中掩护，英国海军的船只还是不得不冒险在白天活动。与此同时，弗赖伯格和开罗的英国军事领导人已经洞悉了德国的进攻计划和时间，而勒尔及其同僚对克里特岛英军防御情况的掌握却仅限于各类支离破碎的消息。退一步而言，希特勒是在指示他的将军们在希腊这样一个基础设施落后的国家匆忙拼凑并实施一场严重依赖现代交通和技术的战争，这也导致德国军队在之后的战役中不可避免地面临一些困难。

英、德两国争夺克里特岛的战斗

为了保证德国伞兵以及空降兵部队的顺利登陆，5 月 20 日清早，第 8 航空军集中力量轰炸了英国军队位于干尼亚附近的阵地。德军的狂轰滥炸给英军防空部队造成了严重伤亡，同时摧毁了英军大部分的通信线路，但并没有真正使英国守军在该地区的作战能力陷入瘫痪。

为了迅速清除英军地面部队的抵抗力量，第11航空军在战斗伊始就向克里特岛投入了大量的滑翔运输机（主要运载的是德军空降突击团的士兵），其中有部分空降兵搭乘的滑翔机降落到了马莱迈以南的英军阵地附近。紧接着，德国伞兵部队也陆续到达，并与先期抵达的部分空降突击团士兵取得了联系，这群第三帝国空军的精英部队试图率先夺取干尼亚以及德国海军预定在苏达湾的卸货地点（德军的第一波进攻兵力大约在5000—6000人）。然而，在该地区严阵以待的新西兰、英国守军迎头痛击了第11航空军的首批进攻部队。有数架滑翔机在飞往克里特岛的途中失事，还有一些飞机不是未能到达指定区域，就是被英军的防空火力击落，再加上一些技术上的问题，导致德军蒙受了惨重的人员损失。后续的德国伞兵部队降落到岛上后，只能面临被动的防守局面。由于他们仅仅携带着轻型武器，并且无法从附近的伞降容器中获取重武器，在面对克里特岛守军的密集火力时，同样蒙受了重大的伤亡。因此，降落到干尼亚南部的中央集群伞兵部队未能完成夺取干尼亚和苏达湾的任务，德国人只能在他们当前的防御阵地上继续坚守到入夜时分。最终，只有西部集群的德军部队在空投后，成功地在塔夫罗尼蒂斯河谷（Tavronitis valley）完成集结，虽然该部的战地指挥官负重伤且多名其他军官也非死即伤，但这股德军立即开始尝试向马莱迈机场以南的高地进攻。守卫该地的新西兰部队成功地在白天击退了德国人的进攻，同时阻止了德国军队使用马莱迈机场的企图。然而就在当天夜间，由于失去了与克里特岛部队司令部的通信联系，该部的新西兰指挥官错误地判断了己方部队的实力，认为已经无法撑过次日天明德国空军的狂轰滥炸。经与该营指挥官的讨论并获准后，他命令麾下的机场守军部队将战线向东移动并后撤了3—4公里。于是就在当晚，德国人紧紧跟随着撤退的新西兰人推进，随即占领了机场南部的高地以及马莱迈机场的部分地区。尽管如此，到了第二天日出时分，该机场跑道的部分降落区域仍然处于英军大炮和步兵武器的射程之内。

　　由于首批抵达克里特岛的德军部队丢失了电台，德军指挥部无法获得战场的实际情况，导致德国的军事领导人误认为第一阶段的进攻目标已经圆满达成。直到当天下午与岛上的通信联系恢复以后，雅典方面才如梦初醒，获悉了第一波攻击失败的消息以及德国军队损失的大致程度。然而对于德国人来说，此时再根据最新势态修改第二波进攻的方式已经太迟。由于多条通信线路的故障，德军总部无法与第8航空军的飞行联队保持足够的联系。此外，种种其他不利因素也在持续发酵，如滑行跑道糟糕的起飞条件、返程飞机补充燃油耗时过长等等，致使德国空军的运输机部队也无法在规定时间内出发。最终，里希特霍芬的空军部队还是与意大利的飞机一起，对克里特岛的中部和东部地区进行了轰炸（主要位于雷西姆农和伊拉克利翁附近）。与原定计划不同的是，由于希腊本土机场尘土飞扬，后续的德军运输机没有紧随空袭部队投入作战，导致第二波进攻的德军士兵被迫在没有保护的情况下进行伞降，遭受了比首批登陆部队更加惨重的损失，有几乎一半的德军士兵在半空或落地后不久被地面的守军部队射杀。无论在雷西姆农，还是伊拉克利翁，德军此时都未能取得重大进展。于是，散落在克里特岛上各处的德军部队只能被迫继续转入防御。

由于克里特岛部队出人意料的顽强抵抗，到了德军进攻首日夜间，勒尔、斯图登特和里希特霍芬不得不承认他们未能达成任何一个进攻目标。更为严重的是，德军部队也未能占领或控制任何一个克里特岛的机场。已经登上该岛的德国伞兵和空降兵部队散落在互不相邻的封闭区域中苦苦支撑，无法互相支援，而此时立刻向他们增派后续部队的想法又不太现实。放眼望去，此时只有马莱迈的局势最为有利，该地区的德军部队至少到达并控制了部分的机场，而夺取雷西姆农和伊拉克利翁附近的机场已经希望渺茫。于是，勒尔以及参战航空军的高级将领们立即做出决定，向该岛的西部集群投放更多的伞兵部队，以求尽快占领马莱迈的机场，继而将急需的德国国防军第5山地师运往克里特岛。与此同时，在夜间使用第1滑翔机梯队向克里特岛西部输送山地步兵的尝试也正在悄悄地进行。

5月21日清早，数架德军运输机终于在马莱迈与海岸之间的地带成功降落，为岛上西部集群的士兵们带来了急需的武器和弹药。到了当天下午，几个后续的伞兵连也在该地区降落。由于德军伞兵的好些降落地点位于皮尔戈斯（Pirgos）附近英军的防御阵地内，只有为数不多的伞兵顺利脱身，逃回己方阵地。降落到马莱迈以西的德军部队则损失轻微。得到这些来之不易的增援力量后，西部集群的德军部队终于集结起来，一鼓作气地夺取了马莱迈附近的机场。仅仅数个小时后，第一架德军运输机就满载着第5山地师的士兵降落到了该地。然而，由于英军的火力仍然控制着部分机场跑道，德军空军的运输机损失严重。截至当晚，有超过80架受损或击毁的运输机残骸七零八落地散布在机场跑道上。相比飞机的损失，德军人员的损失反而还算轻微。于是，得到增援后的德军西部集群开始重整旗鼓，并向东面推进。到了5月21日晚，由于新西兰第5营在皮尔戈斯附近的坚决抵抗，德军的推进被暂时阻止。

由于判断德军的主要进攻威胁将来自海面，弗赖伯格和新西兰营的指挥官一样，一开始就忽视了克里特岛西部地区战斗的重要性。正因为如此，他没有下令撤出海岸

▲ 德军伞兵空降克里特岛。

▼ 空降中的德国伞兵。

▲ 克里特岛之战中英军与德军伞兵展开的厮杀。

地区的防御部队，向马莱迈附近的德国伞兵进攻，反而下令采取一切手段孤立已经降落到克里特岛的德国伞兵和空降兵部队。通过这一努力，他在干尼亚、雷西姆农和伊拉克利翁附近获得了成功。截至 5 月 21 日，这些地区的德军部队虽然付出了沉重的代价，但仍然无法取得任何决定性的进展。弗赖伯格预料中的德军来自海面上的进攻也得到了证实：就在同一天，舒斯特尔海军上将的船队满载着士兵、武器和装备离开了希腊，前往克里特岛。第一批运输船队有 25 艘机帆船，由意大利驱逐舰担任护卫。这支船队未能在黄昏时分到达克里特岛，在该岛北部被头天晚上在此海域巡逻的英国舰队拦截。虽然意军驱逐舰猛烈地开火，试图掩护这些手无寸铁的运输船队离开，但还是被英国皇家海军的战舰击沉了一些机帆船，剩余船只好撤往米洛斯岛。这一失败的行动损失了大约 300 名德军山地师士兵以及船队装载的绝大部分武器装备。次日，德军派遣运输船队前往克里特岛的再次尝试在离米洛斯岛以南 20 海里处又一次遭遇失败。这次皇家海军是在当天早晨从伊拉克利翁出发的，他们拦截了比前一次更多的德军运输船。比第一支船队幸运的是，英军舰队最终在意大利护航舰只和德国空军的英勇反击下掉头离开，幸免于难的机帆船运输队得以平安返回希腊本土。于是，德国空军加大了空袭的力度，坎宁安的战船不得不暂避其锋芒，驶往基西拉海峡（Kithira channel）与另外一支英军舰队会合。尽管如此，皇家海军还是在人类历史上的第一次海空军的对抗中损失惨重。截至 5 月 23 日，里希特霍芬的联队已经击沉了 3 艘英国战舰（2 艘巡洋舰和 1 艘驱逐舰），其他数艘英国舰船也损失惨重。

由于坎宁安舰队向克里特岛北部海域发动的突袭作战持续到了 5 月 22 日白天，德国的军事参谋人员因此指出，英国人将不顾一切危险，阻止德国军队的海上登陆行动。于是，勒尔决定在接到最新指示以前，将运送德军士兵和装备前往克里特岛的任务全权委托给第 11 航空军的运输机联队。

而在英国人方面，由于皇家海军在克里特岛战役头三天里的惨重损失——6 艘战舰被击沉，7 艘其他舰只受损严重——坎宁安向伦敦的海军部提出，停止皇家海军白天在德国空军作战区域内的任何行动。最初，英国政府并不希望批准这一请求，但伦敦的议员们无法否认坎宁安和韦维尔的观点，即任何继续损失英国海军舰只的消息都将严重损害大英帝国在东地中海地区的优势地位。还未及等待伦敦方面的正式答复，坎宁安就在与韦维尔商讨后的 5 月 23 日，发布了将所有英国船只撤往亚历山大港的命令。另外，为了躲避德国空军的轰炸，英国人将使用航速最快的船只在夜间为岛上的英军部队运送补给。

在弗赖伯格的司令部，丢失马莱迈机场带来的危险现在已经确认无疑。于是，新西兰第5营于5月21日奉命向德军发起反击，力求在日落前重新夺回机场。虽然攻击行动在5月22日凌晨有过小小的耽搁，但新西兰部队在进攻伊始却进展顺利：在南部地区，他们到达了塔夫罗尼蒂斯河（Tavronitis river）；在海岸地区，一部分新西兰人甚至成功地推进到了机场边缘。然而在天亮以后，德军的抵抗开始逐渐增强。由于德国空军的出场，新西兰的部队就无法再继续前进一步。德军接下来发起的反攻，迫使新西兰人撤回皮尔戈斯以东的出发阵地。为了避免被德军的侧面迂回包围，他们开始继续撤往后方的普拉塔利亚斯（Platanias），最后于第二天撤到了加拉塔斯（Galatas）。德军的这一成功，使尤里乌斯·林格尔少将（Julius Ringel）尤为满意，他于5月22日起开始担任克里特岛西部集群所有德军部队的总指挥。现在马莱迈机场的德军士兵终于与干尼亚西南地区分散开来的德国伞兵部队取得了联系。更为重要的是，马莱迈机场已经不再处于英军炮火的威胁之下了。

而勒尔的主要考虑则是尽快到达苏达湾，切断英国军队的后勤补给，同时减轻雷西姆农和伊拉克利翁地区德国伞兵部队的压力。于是，林格尔命令德国山地兵部队绕过南边的英军阵地，同时投入手中其余的所有力量沿着海岸向东推进。就在德军南翼的进攻在不可逾越的多山地区仍然收效甚微时，新西兰部队也在加拉塔斯附近依托精心构筑的防御阵地阻止了德国人的突破。直到5月26日，在德国空军持续不断攻击的帮助下，林格尔的部队才终于突破了弗赖伯格的防御阵地，并于第二天到达干尼亚。

就在德国军队的猛攻在加拉塔斯附近停滞不前并损失惨重时，5月26日，德国国防军指挥参谋部开始向墨索里尼提出要求，希望领袖能够派遣意大利军队参加克里特岛的登陆作战，以减轻德国军队的压力。墨索里尼满口应承下来。两天以后，一个意大利团就在装甲部队和大炮的掩护下，在克里特岛东部的锡蒂亚（Sitia）地区登陆了。到了月底，这支部队未经激烈抵抗就到达了该岛南部的耶拉彼得拉（Ierapetra）。

德国人请求意大利方面的援助不是没有原因的。英国皇家空军在该岛的支援行动，一度被视为第1航空军向马莱迈机场继续运输后勤补给的巨大威胁。5月23日，英国战斗机和轰炸机出现在了伊拉克利翁上空。接下来几天，他们又数次成功地轰炸了德军在马莱迈的机场。有鉴于此，勒尔决定继续向伊拉克利翁附近空投德国的伞兵部队，以力求至少能够占领该地的机场。虽然增援的德国伞兵们一度推进到将机场纳入火力射程的位置，但他们终究还是未能夺取机场。在第8航空军调集了更多德国战斗机保卫马莱迈机场以后，英国飞机也未能在克里特岛上空再现短暂的辉煌。

德国人占领干尼亚之后，弗赖伯格利用埃及派来的增援部队，沿着通往苏达湾的道路建立了一条新的防线，这一部署使继续发起进攻的德国军队蒙受了巨大的损失。但他同时也意识到，自己手中的军事力量仅仅能够暂时地维持这条新的防线。于是5月26日，他向开罗的中东英军司令报告说，鉴于德国空军的威胁和获得的后勤补给日益减少，克里特岛部队现在已达到了忍耐的极限。在一番讨论过后，丘吉尔和韦维尔共同批准英国远征军撤离。弗赖伯格随后决定从第二天就开始向该岛南部海岸的霍拉斯法基翁（Khora sfakion）撤退，并尝试从海上撤退守卫部队。位于克里特岛中部和东部的英国军队将由皇家海军舰船分别从南岸的伊拉克利翁以及普拉基亚斯（Plakias）接应上船。虽然坎宁安于5月25日声称手下的海军人员也已经筋疲力尽，但他仍然准备尽一切努力让尽可能多的英国守军撤离，使他们避免沦为德国军队的俘虏。

在弗赖伯格做出撤退决定两天以后，林格尔的部队突破了干尼亚东南地区英军的顽强防御，并占领了苏达湾。第二天（5月29日），德军部队与雷西姆农附近伤亡惨重的伞兵部队建立了联系，同时迫使岛上的克里特岛部队向东面和南面撤退。更为重要的是，德军指挥官并没有意识到克里特岛部队的主力正撤往科拉萨福克，以为英国军队正似看上去那样沿着海岸公路撤退。正因为如此，林格尔仅仅向科拉萨福克方向派遣了少量的部队，而德军主力仍然向该岛的东部推进。这一无可挽回的失误挽救了弗赖伯格的后卫部队，并使他们获得了充裕的时间以保卫克里特岛部队主力的撤退行动。由于此刻戈林的将领们享有全面的空中优势，看起来德国人似乎早就洞悉了岛上英军的所有重大行动，从这一角度而言，林格尔的错误判断尤其令人匪夷所思。当然，林格尔对于当时局势的错误判断，很大程度也是由于他和勒尔出于同样的优先考虑，即必须首先减轻雷西姆农附近德国伞兵部队所面临的巨大压力，而当时该地区德国部队的形势也确实非常危险。

在林格尔的部队最终与这些伞兵部队取得联系以后，德国人又继续向雷西姆农推进了，并于5月30日迫使该地以东地区的克里特岛部队投降。这些澳大利亚营本应该向克里特岛南部海岸撤退，但遗憾的是，弗赖伯格撤退的命令未能按时到达该部。另一方面，就在5月28—29日夜间，伊拉克里翁的克里特岛部队在悄声无息中登上了英军舰船，安全撤离了该岛（大约4000人）。于是在5月29日，伊拉克利翁以东地区的伞兵部队未遇激烈抵抗就与林格尔由西向东推进的部队取得了联系。

克里特岛的英军于5月28到29日夜间开始进行撤退工作，以避开德国空军在白天时段有可能发起的空袭，但皇家海军的这一行动最初也面临着严重困难。由于其中一艘船只操控失灵，由伊拉克利翁撤出的英军船队错失了利用暗夜掩护通过克里特岛东部卡索斯海峡（Kasos Strait）的时机，以致德国空军在次日白天大举出动，对这支船队发起了空袭，造成了数艘船只的严重损失。本应提供空中保护的英国飞机也因产生的延误而姗姗来迟。另一方面，克里特岛南岸的撤退工作则相对顺利，在经过4个晚上连续撤退后的6月1日，皇家海军已经成功将大约13000名士兵从科拉萨福克撤到了埃及。这一成功的撤退行动主要归功于若干长距离飞行的皇家空军中队，他们在日出后尽力保护仍然处于其航程内的英军船只免遭德军飞机的攻击。而自克里特岛行动以来，德国空军也开始面临飞机的严重损耗，以及不断攀升的各类技术故障，持续不断的出击和并不完善的后勤维护也降低了德国空军的出勤率，英军就是趁这些机会完成了撤退行动的空中掩护任务。最终在6月1日，德国山地部队俘获了科拉萨福克附近未能及时撤走的9000名克里特岛部队士兵以及1000名希腊士兵。尽管遭到伦敦方面的强烈反对，开罗的中东英军司令部还是拒绝在6月1日后继续执行撤退任务，因为岛上的英国军队已经无法有效抵挡德国山地步兵师的逼近。

随着科拉萨福克的陷落，克里特岛的正式战斗宣告结束。但是德军与当地克里特人之间的斗争才刚刚开始。不同于本土的希腊人，克里特岛当地的民众自发组织游击队以支援盟军的行动。当德国人获悉希腊军官曾经帮助克里特人组织地方武装后，他们扣留了所有希腊士兵作为俘虏，而不是像在希腊本土那样解除武装后释放。斯图登特同时命令德军部队对参与战斗或"犯下暴行"的希腊民众采取严厉的惩罚手段。负责报复的德国军队返回当地人的乡村，消灭了所有男性居民，拆毁并焚烧了所有的房屋。斯图登特明确指示参与镇压行动的德军军官，对游击队活动的处理无需等待军事法庭的审判，必须直接采用残酷的方式以儆效尤。作为日后德国国防军驻该岛的全权代表，他相信通过这些手段可以更好地维护第三帝国在当地的统治。

负责报复的德军单位并没有报告有多少当地民众沦为了大屠杀的牺牲者。相反的是，德军在克里特岛战役期间的人员和物资损失都有详细的记载。考虑到战役进行的时间很短（一共12天），德国军队所承受的伤亡数量尤其高昂，特别是被视为精锐的伞兵和空降兵部队。在很多德军的作战单位中，半数以上的士兵阵亡、失踪或受伤。第11航空军的总共损失大约为6000人，更严重的是大量飞机的损失。在克里特岛的战斗结束之际，斯图登特可供调遣的飞机只剩185架，150架飞机被彻底摧毁，其余165架严重损毁。尽管面临着如此严重的数量损失，当勒尔在1941年6月12日接到命令时，仍然令人吃惊地向元首和德国国防军最高统帅部承诺：德国空军已做好准备迎接新的作战任务。事实上，戈林最好的战斗单位尤其是素质优秀的军官们在克里特岛遭受了最为严重的损失，德国空军显然无法在最近一段时间内投入新的战斗。

盟军的损失也同样相当严重。然而，英国人再一次像在希腊本土那样，成功地将他们绝大多数最好的战斗部队撤退到了埃及。在接下来的数月中，他们得以继续对抗轴心国在北非的军事行动。对英国政府和开罗的军事指挥人员来说，英国海军舰船的损失则是克里特岛战役最为沉痛的一击。德国空军的飞机击沉了 6 艘英国战舰，同时重创了其他 7 艘舰船。尽管如此，就像哈尔德所承认的那样，英国皇家海军在东地中海的剩余力量仍然足以维持其在该地区的优势地位。

无论如何，希特勒赢得了这场海、陆、空三军同时行动的战役（尽管主要是由德国空军和陆军的部队执行的），德国军队首次从空中占领了一个大型岛屿。德国占领克里特岛确保了黑海到意大利这条补给线的安全，同时大大减轻了领袖在东南欧和巴尔干地区的压力。进一步而言，德国政府相信土耳其将会比以往更不愿意采取与英国结盟的行动。此外，还有观点指出，由于意大利已经在多德卡尼斯的军事基地经营了多年，从该岛起飞的意大利空军可以全天候地监控东地中海地区，因此德国夺取克里特岛以阻止英国染指东南欧似乎并无必要。轴心国集团原以为夺取克里特岛将能大大缓解向北非德意军团输送后勤补给的压力，结果也被证明是一场空欢喜。希腊当地交通路网的落后程度远超德国当局的想象，德国和意大利海军的运力毕竟有限，不但不足以向克里特岛的守军运送补给，就连德意运输船队通往北非的航道也依旧需要经过英国控制的马耳他岛附近。墨索里尼曾向希特勒保证说，克里特岛的陷落将导致英国放弃埃及的亚历山大，英国舰队将只剩下直布罗陀（Gibraltar）作为地中海地区唯一的海军基地等，最后也被证明完全是无稽之谈。

虽然希特勒并没有责怪意大利的盟友，但他对于德国在地中海地区的未来战略其实有着更为现实的打算。这其中有两个方面是必须纳入考虑的重要因素：德国空降兵部队在克里特岛战役中的惨重损失将不容忽视，另外德国应该更加清晰和慎重地考虑今后战争主要对象的地理特征。事实上，希特勒持有以下观点：由于克里特岛战役惨重的人员和物质损失，今后应该禁止德国军队实施任何大规模的伞降军事行动。墨索里尼曾试图劝说德国元首继续向南扩张，以夺取英国在该地区最后的军事堡垒——塞浦路斯（Cyprus），从而真正掌握在东地中海地区日后行动的关键钥匙。而希特勒则辩称，由于航程上的限制，德国战斗机无法使用土耳其的空军基地，因此再次发动类似克里特岛战役的打击行动是不现实的。尽管如此，凯特尔（Keitel）在与意大利陆军总参谋部的代表们会谈时，也曾怂恿意大利人利用其在多德卡尼斯的军事基地，在德国空军的配合下单独完成对塞浦路斯的占领。

德国海军作战部以及德国国防军指挥参谋部下属的国土防空部则与墨索里尼的观点惺惺相惜，他们都强烈要求继续推进第三帝国目前在地中海地区的攻势。德国海军司令雷德尔指出，考虑到大英帝国的声望与该国在地中海地区的联系密不可分，德国和意大利应该保持在这一地区对英国持续的压力。轴心国集团与大英帝国在地中海的争夺将决定着这场战争的最终结果，而他本人绝不希望看到对苏联的战争准备推迟了德国在地中海地区的战争部署。

然而，希特勒坚信苏德战争的结果才是决定性的，而且很明显，第三帝国没有足够的资源同时维持两场规模宏大的军事行动。1941年6月9日，德国元首发布了"第31号指令"，准备使用第10航空军继续对东地中海地区的英军保持攻势，而该部也确实在6月初收到了进驻希腊的命令，但希特勒同时解释"目前"只是在进行将该岛建设成"克里特岛要塞"的组织、准备等初期工作而已。虽然第10航空军在到达该岛后不久确实进行过数次行动，但在那之后德国空军的任务就仅限于保障被占领土的安全了。

在克里特岛陷落之后，英国人起先认为希特勒会寻求扩大在该地区的胜利，继而把眼光投向地中海和中东地区的其他目标。伦敦的陆军部甚至划定出了一份先后顺序的名单，而目前在北非战场则成了英、德交锋的下一个焦点。就在英国政府考虑向叙利亚的盟军部队派驻增援力量的同时，此刻塞浦路斯岛上的虚弱的守备部队已经难以获得任何多余的援助。经过对德国下一步行动的现实评估，英国人现在更加关心如何保护英军控制下的机场以及皇家海军水面舰队的安全。当然也有人猜测希特勒会继续进行空降英国本土的计划，但由于皇家空军在英伦三岛的优势地位，以及德国刚刚在克里特岛遭受的惨重损失，再次发动如此大规模的空降作战行动极不现实。经过这一新的失败和最初的震惊，英国人慢慢意识到德国占领克里特岛对地中海以及中东的战斗并不具备决定意义。在英国人的角度看来，德国人选择占领克里特岛而不是马耳他，对北非战场的进程来看不啻为一件好事。在接下来的数月中则开始出现越来越多的迹象，第10航空军从意大利向希腊的调动反而有利于英国在马耳他的防御，同时轴心国通往北非的后勤补给线路也变得愈发脆弱起来。

德国对克里特岛场面壮观的宏伟征服，以及没有动用海军力量就占领这一大
型岛屿等等都不能改变这一事实，即克里特岛的作战行动对英、德双方来说，并不
是一场具有决定性意义的战斗。事实上，真正重要的关键性战役发生在别处。到
1941 年中期，英国在东非埃塞俄比亚（Ethiopia）和中东伊朗和黎凡特（Levant）
地区重新获得了优势，这些成功使英国可以将资源集中在北非战场。虽然 1941 年
6 月 10 日，丘吉尔在英国下院评估形势的讲话中包含了稳定英国民众动摇信心的
成分，但他的结论部分是正确的：和一年前相比，大英帝国目前在地中海和中东地
区面临着更为有利的军事形势。

▼ 克里特岛西部的战斗情况。

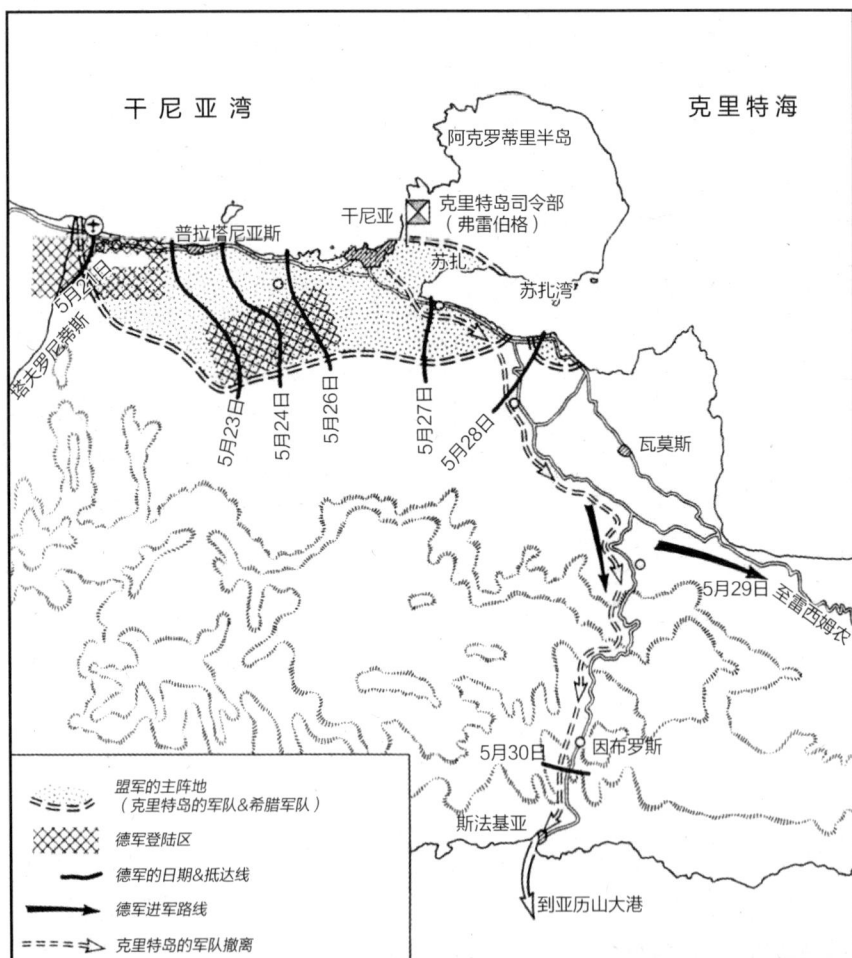

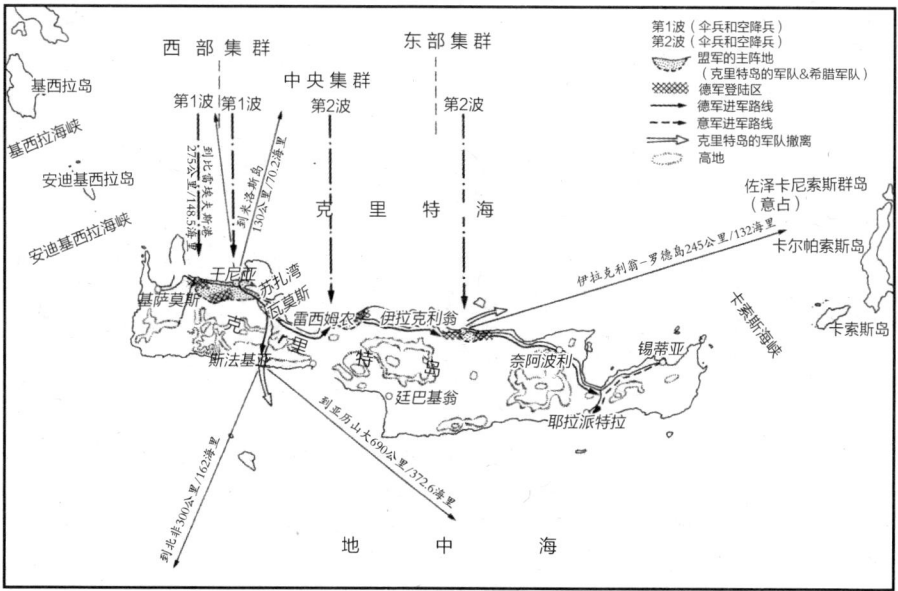

△ 克里特岛战役，1941年5月20日—6月1日。

鹰啸德瓦尔：
1944年"跳马"行动纪实

作者
张峻鸣 许容宁

1944 年 5 月 25 日，党卫军伞兵营对铁托的指挥部发起了突袭行动。

雪上加霜的战局

当战事进行到 1944 年，第三帝国的领导层已经认识到获胜的机会越来越渺茫。前线的形势每况愈下，夜间空袭也让第三帝国损失惨重，而且可以肯定的是，在这一年里，纳粹德国及其盟友们将会遭受更为沉重的打击。

东线仍然是这场战争的焦点，1943 年 7 月，苏联红军从库尔斯克发起的攻势一直持续到了冬天。1944 年春，看似平静的西线也在不安中等待着势必会到来的进攻。虽然德军为应对登陆进行了准备，但当进攻到来之时，除非有奇迹发生，否则第三帝国势必会在东西两线的夹击下化为齑粉。

在地中海地区，盟军于萨勒诺登陆后稳步向前并抵近罗马。虽然卡西诺山（Monte Cassino）暂时迟滞了盟军的步伐，但是在 1944 年春，盟军还是从轴心国手中解放了第一座位于欧洲的首都城市——罗马。而在巴尔干半岛的南斯拉夫，轴心国的军队也同样倍感压力，因为在这片饱经战火的土地上，不屈的反抗从未停止。

◀ 南斯拉夫游击队指挥铁托元帅。

▼ 德国入侵南斯拉夫后很多原来的保皇派，也就是切特尼克祖国军选择了躲入森林之中与德国人战斗。然而在1943年后，随着铁托的力量不断强大，原本反德的切特尼克武装选择了与德国人狼狈为奸，试图共同打击铁托领导下的南共游击队。

南斯拉夫王国在 1941 年春遭到入侵。他们虽然未能阻挡轴心国军队的铁蹄，但一些部队的残部仍然在奋力与德国和意大利占领军进行战斗，早期的南斯拉夫祖国军"切特尼克"（Chetniks）就是由这些残部构成。与此同时，一些保皇派人士也加入了他们。在 1941 年 6 月德国入侵苏联后，这一地区的共产党员也开始活跃起来并加入了对轴心国的游击战当中。

在南斯拉夫林林总总的反抗力量当中，有一个人的名字我们一定耳熟能详——铁托（Tito）。他是一名精力充沛的老共产党员，可以将手下紧密地团结在自己周围，这支纪律严明的队伍使得英国人相信他们是比南斯拉夫祖国军更为可靠的盟友，因此英国人停止了对保皇派的支持，转而将注意力放在了铁托的队伍上。

英国人为了给铁托的游击队提供援助，在很早的时候就安排了军事特派团（Military Mission）与铁托的游击队进行联系，铁托麾下的许多南斯拉夫人民军（Yugoslav Liberation Army）成员都逐渐换装了英军的野战制服和武器装备。到1943 年，南斯拉夫人民军俨然是一支训练有素的部队了，并且他们的规模已经超过了 25 万人，其中的士兵有男有女。这些部队被整编为第 11 军，下辖 37 个师、22 个独立旅、25 个独立营和超过数百支分遣队。此外，许多独立单位例如城市中的游击分队，也随时准备给予城市中的轴心国占领军以致命一击。此时铁托的游击队已经收复了三分之一的国土。虽然主要的道路、铁路或城市仍在轴心国手中，但是农村地区已经完全处在游击队的控制之下。

在占领初期，轴心国在南斯拉夫部署的多是一些二流甚至三流部队，而仅凭这些部队就足以维持秩序。但随着游击队的抵抗愈演愈烈，轴心国认识到必须让一些战斗力更强的部队进驻南斯拉夫才能掌控局面，其中就有由波斯尼亚志愿者组成的党卫军山地师，同时增编后的克罗地亚民兵团也部署至该地。对于那些在占领区服役的轴心国部队来说，南斯拉夫并不是远离前线的伊甸园，而更像是一座危机四伏的前哨站。一批又一批的精锐部队被从苏联前线调往这里，然而他们很快就会发现：自己所接受的训练和积累的经验在这片土地上毫无用武之地。

从轴心国入侵南斯拉夫的第一天起，针对游击队的围剿行动就从未停止过。

第一次是在 1941 年 9 月，第二次规模更大的围剿行动则是在 1942 年 1 月到 2 月间。在反游击战当中，占领方投入的兵力与获得的收益往往不成正比。在 1942 年 11 月第三次围剿和 1943 年 2 月第四次围剿后都出现了相同的情况——轴心国并没有足够的兵力来包围所有游击队的活动区域。德国和意大利的占领军必须倚仗从

▲ 随着英美等国对铁托武装力量的大力投入，诸如布伦轻机枪等武器出现在了南斯拉夫游击队的手中。

▲ 美国制造的BAR自动步枪也被列入了南斯拉夫游击队的武器库中。

当地招募的辅助人员和反共武装才能勉强让自己获得些许主动权。到了1943年7月，铁托的人民军更是得到了来自英国方面源源不断的援助，而且意大利也与同盟国签署了停战协定，这使得轴心国在南斯拉夫的局势雪上加霜。因为这些厌战的意大利士兵装备有大量武器，所以德国人和游击队都在想方设法接管它们。在意大利士兵的帮助下，游击队员经常可以先德国人一步拿到这些装备，铁托的军火库很快便充满了数量可观的各号装备，其中甚至包括一些火炮。在这些重型装备支持下，游击队已经具备了进行一场决定性的战斗的能力。它们跃跃欲试地准备将德国人彻底赶出南斯拉夫。

虽然德国人的强盗行径让自己逐渐深陷反游击战的泥沼。但德国在东南战区的最高指挥官——空军上将亚历山大·勒尔（Alexander Löhr）对于局势仍持乐观态度，他认为：只要有足够的兵力和装备就可以一举击败游击队并征服这片土地。而要击败游击队就必须摧毁他们的领导核心。而铁托是游击队无可争议的领袖，他的存在极大地激励了部下，因此他成了轴心国的眼中钉。德国人认识到必须限制各股游击队的活动范围，这样才可以阻碍游击队集结兵力，以便于将游击队各个击破。原定于 5 月份的第五次围剿推迟到 1943 年夏天才开始进行，德国人的此次围剿行动可谓蓄谋已久、野心勃勃，他们为此集结了数以千计的士兵和数以百计的车辆，甚至还调来了宝贵的空军中队，德国人在游击队可能出没的地区大肆搜捕；面对来势汹汹的侵略者，游击队采取了按兵不动和避其锋芒的策略。因为跟如此强大的敌人硬碰硬，反而正中其下怀。但是第五次围剿迫使铁托不得不放弃了他在雅茨（Jaice）的指挥部，并向西转移至波斯尼亚小镇德瓦尔（Drvar）。双方在这场围剿当中都耗费了大量的时间和人力。对德国人来说，他们必须频繁地翻山越岭来转移战地指挥部。但对于游击队来说，德国人的围剿也无疑会让他们的计划被打乱。因为到了1944 年，铁托的指挥部已经配备了大量的人员和无线电设备，频繁进行转移可谓费时费力，这对于开展游击作战有害无利。

在每一次围剿中，德国士兵都需要进入游击队所在的山区。他们必须一次次地去攀登那些看起来相差无几的山峰，这让他们四肢酸痛，筋疲力尽。夏日骄阳似火，冬天寒冷刺骨，以及神出鬼没的游击队不停地消磨着德国人的斗志和体力。然而令人感到出乎意料的是，这样的地形给游击队带来的也并非都是优势，如果在山区中负伤，意味着他的同志们需要走上 12 个小时甚至更长的时间才能把他送到医疗站。而对于德国人来说，即使他们的医疗队可以用 Fi156 来运送伤员，但此举也并非万无一失，因为游击队精湛的枪法可以轻而易举地命中低空飞行的飞机。

因为游击队并没有条件来收容俘虏，所以对一名德国士兵来说，被俘虏就意味着必死无疑。在短暂的囚禁后等待他们的将是一颗子弹。在这片炼狱般的战场，一个人的结局也不过是一顶钢盔和一座由石块草草堆砌的坟墓，他与他身旁的战友们会一起在这片土地上化为尘埃……

除了双方在战场上的博弈，我们也不能忽视一个没有硝烟的战场——这就是情报工作。双方为了获得这些情报都使出了浑身解数，德国人的情报来源多是南斯拉夫当地的亲德分子，而且许多南斯拉夫人的反共产主义情绪和在该国存在的种族问题也被德国人加以利用以获取情报。然而德国人想当然地认为当地人听不懂德语，即使勉强听得懂也不会在意自己所听到的内容，这让游击队抓住了机会，他们通过窃听德国人的对话和通信获取了大量情报。

擒贼先擒王

由于德军在 1944 年年初的围剿行动步步紧逼，铁托不得不转移了他的指挥部，游击队的活动也因此受到了极大的影响；经过几次代价高昂且收效甚微的进攻后，游击队的士气受到了极大的打击。勃兰登堡的情报官和其他的德国情报人员都一致认为，这是展开第六次围剿的大好时机。

这一建议被提交至东南司令部，并得到了司令部参谋们的一致首肯。勒尔也认为应该即刻发布第六次围剿的命令，意图将铁托的队伍彻底摧毁，这次行动被记录在了最高统帅部的作战档案中。因为这次行动意义重大，因此它被命名为"跳马"行动（Rösselsprung）。第 2 装甲集团军将负责指挥这次行动，他们会将命令下达至前线作战的第 15 山地军。从现有的关于这次行动战斗序列的资料中可以看出，参与"跳马"行动部队的实力都不可小觑，并且在作战方案的制定上也可谓绞尽脑汁。

第 15 山地军作战方案

1. 位于波斯尼亚（Bosnia）西部的德瓦尔（Drvar）是铁托指挥部和同盟国的军事特派团驻地，同时也是敌军的重要补给仓库；在彼得罗瓦茨（Petrovac）也同样存在有重要的补给点以及小型机场。在整个这片地区，敌军大约部署了 12000 人的兵力和一批重武器（包括榴弹炮和反坦克炮），在彼得罗瓦茨可能还有几辆敌军坦克。这片区域的道路布设有数量可观的地雷和路障。第 1 "无产阶级"（Proletarian）师掌握了这片地区的西部防线和米肯伊茨格拉德（Mrkonjicgrad）的西南部防线，而乌纳河上游的东部地区则在第 6 "利卡"（Lika）师的手中。

2. 我军将会利用伞兵部队对敌人进行分割包围，与伞兵相配合的空军则以摧毁德瓦尔 – 彼得罗瓦茨地区的游击队指挥系统和补给基地为目标，并对所有被侦察到的敌人进行打击。这次行动将由第 15 山地军指挥，代号为："跳马"行动。

此次行动的成功与否直接关系到了祖国对这片地区的统治，而这场战争的胜利取决于每一名士兵的努力，以及他们是否做好了牺牲的准备。

3. 党卫军第 7 "欧根亲王"山地师与一支下辖装甲掷弹兵突击营的团级战斗群，将负责突破游击队位于萨那（Sana）河东岸的防御，并推进到位于萨那和乌纳克（Unac）之间绵长的防线内。以上目标一经达成，我军就可以进入北部森林茂密的丘陵地区。接下来我军将对这片地区的敌军力量进行清剿并捣毁补给基地，同时向东挺近并击溃德瓦尔附近的敌军。下辖第 202 装甲连的一个突击营将从巴尼亚卢卡（Banja Luka）向克鲁日（Klujc）进发，上述一阶段目标完成后，该部将进一步占领目前由敌军控制的交叉路口。党卫军第 7 师下属的一个团级战斗群会沿着铁路和公路从亚伊采（Jajce）向萨维茨（Savici）进发，并控制萨那泉（Sana wells）的南部地区和米利尼斯塔（Mlinista）的火车站。党卫军装甲连指挥下的第 105 加强侦查营将消灭在利万斯科波列（livanskopolje）的敌军部队，并清剿该地区的补给基地。接下来该部将经由古拉霍沃（Grahovo）向德瓦尔前进，此举目的是切断该地敌军指挥部和军事代表团向南方的撤退路线。隶属于 105 侦查营的第 369 侦查战斗群将从利夫诺（Livno）经由格拉莫科波利叶（Glamocko Polje）并抵达德瓦尔的东南方向，拦截撤退的敌人。因此我军首先必须将利夫诺牢牢控制在自己手中。上述各个战斗群将会得到一个战斗工兵分遣队的加强。

4. 第 373 师会加强一个团级规模的"威廉"（Willam）战斗群，该部将于"跳马"行动当天 05:00 从斯尔布（Srb）地区出发，并以最快的速度经由特鲁巴（trubar）到达德瓦尔，并不惜一切代价地帮助在德瓦尔空降的党卫军第 500 伞兵营解围。一旦第 500 伞兵营与前来接应的第 373 师取得联系，该营将会被纳入战斗群的指挥下，并瓦解德瓦尔地区的游击队指挥系统和军事代表团。在德瓦尔被我军巩固之后，我军主力将从德瓦尔地区向彼得罗瓦茨推进。而"威廉"战斗群集结了尽可能多的炮兵、重武器以及战斗工兵以确保行动的成功。

该师的另一支营级规模的战斗群，将在行动当天 05:00 从拉帕茨（Lapac）出发，经由库连瓦库（Kulen Vakuf）前往瓦尔托岑（Vrtoce）。瓦尔托岑的十字路口为战略要地，因此我军需要尽快占领该地。如果情况允许，则进一步向西北方向推进，并打通毕哈茨（Bihac）到维尔托岑的公路。

5. 第 92 装甲掷弹兵团和第 54 侦察营，将与第 2 克罗地亚山地步兵旅麾下的一支团级战斗群协同行动，在行动当天 05:00 从毕哈茨地区出发，穿过东南方向的克鲁帕（Krupa），占领彼得罗瓦茨，肃清该地区的敌军和他们的指挥部，并征用敌军机场和补给基地。该战斗群对我军本次行动的实施至关重要。第 92 装甲掷弹兵团在肃清彼得罗瓦茨地区后，应转向德瓦尔并封锁该地区北部的道路以阻止敌人从该方向转移，并与党卫军伞兵营和其他战斗会合。

6. 由克罗地亚战斗分遣队指挥的"勃兰登堡"部队第 1 团将从科宁（knin）到达古拉霍夫，其后沿着皮尔卡加（Prekaja）到德瓦尔一线向前推进。

7. 斯图卡轰炸机将会先行对德瓦尔进行空袭，党卫军第 500 伞兵营会在其后被空降至该地，他们的任务是彻底摧毁铁托的总指挥部。位于克罗地亚地区的轴心国空军将会在伞兵着陆前持续攻击所有事先确定位置的敌军驻地、指挥部、庇护所和防空炮阵地。预计敌人会被我军的空袭所压制，此举以掩护党卫军伞兵营可以顺利降落至指定位置。伞兵营指挥官雷布卡（Rybka）上尉及其营部、第 2 连、第 3 连和第 4 连的 1 个排共计 314 人将从纳吉 – 别茨克里克（Nagy Betskerek）的机场起飞。而第 4 连其余的兵力、第 1 连、"贝内施"（Benesch）分遣队[①]的 40 人、国防军情报局（Abwehr）的 6 人，同时还有德国空军的一批通信联络官共 320 人会从萨格勒布（Zagreb）出发。以上各部为第一批次投放的伞兵，第二批伞兵由第 2 连的剩余人员和一个伞兵训练营组成，规模为 220 人，该部将被空投至巴尼亚卢卡。该部在登机之前都归于克罗地亚的德国空军司令部所指挥。在离开飞机之后，第 15 山地军会自动接管其指挥权。一旦与某一个前来解围的部队会合，将会直接被纳入这支部

---

① "贝内施（Benesch）"特别行动队是勃兰登堡部队的一部分。他们由会讲当地语言的德国人组成。他们在此前与切特尼克和乌斯塔沙组织的成员有过接触，这两个组织自从 1943 年 10 月以来就一直在跟踪铁托。在之前的第五次围剿中，他们曾在基尔希纳（Kirchner）少尉的指挥下，获取了铁托在雅茨（Jajce）总部位置的情报。在"跳马"行动之前，这支队伍在波萨斯科格拉霍沃（Bosansko Grahovo）附近建立了行动基地。这里离德瓦尔很近，在基尔希纳的领导下他们确定了同盟国军事特派团的位置。虽然他们通过截获电报得知了铁托的指挥部就在德瓦尔附近，他们也始终没能确定洞穴的准确位置。至于萨瓦迪力分遣队则是来源于国防军的第 216 前线侦查队。由其指挥官萨瓦迪力少尉指挥，但是在"跳马"行动中并未起到太大的作用。

指挥下继续进行战斗。

8—10. 信号及通信、配给，同时参战部队随时汇报进展。

11. 行动开始之后，第15山地军指挥部将转移至毕哈茨。

"跳马"行动将于5月25日开始，无巧不成书，这天刚好也是铁托元帅的生日。德军的空降行动将于当天07:00正式展开。在空降开始前的两个小时，包围圈外的各部队也会从各自预定地点发起进攻。

德军方面认为，任何从地面进攻铁托指挥部的企图都会遭到游击队的顽强抵抗，在这一点上德国人还是有些自知之明的。因此只有从空中才能发动足够有效的突袭。虽然游击队的防线戒备森严，但是一名从天而降全副武装的士兵确实能给予防守方极大的震撼。德国人完全的空中优势，对游击队来说的确很棘手。在早些时候，游击队只能以手中的步枪和机枪对抗这些"苍蝇"，这实在是无奈之举。随着战事的进行，游击队得以从英国人那里搞到了一些轻型防空炮，但是因为游击队需要在短时间内转移到德瓦尔，这些武器不得不被抛在了后面。值得庆幸的是，在"跳马"行动期间，英国皇家空军可以为游击队提供一定的支援。虽然在德军空军的突击中，皇家空军的"紧急起飞"已显得为时过晚，但英国飞机仍然有效地打击了德军的地面部队，尤其是勃兰登堡分遣队。

虽然在这次行动中，不少德军部队都扮演了重要的角色，在接下来的故事中也会提到他们。但这个故事的重点既不是党卫军第7"欧根亲王"山地师，也不是参与了"跳马"行动的勃兰登堡部队。而是另一支鲜为人知的特种部队——党卫军第500伞兵营。

曾有一段时间，西方史学界普遍认为，党卫军第500伞兵营是一批乌合之众。[①]他们严重缺乏训练，且兵员来自党卫军关押的战俘，并由一些品质恶劣、能力低下

---

① 第500伞兵营编制：三个伞兵连，一个重武器连和一个营属通信组。每个伞兵连下属有3个伞兵排，每排除了排部以外共设有两个伞兵班，两个机枪班。排部直属有一个迫击炮班与机枪班。重武器连除去连部外还设有火焰喷射排与机枪排。除此之外，第500营还在此次行动中使用了4具LG40-75毫米无后坐力炮，归属重武器连使用。

的军士长和军官领导。但是这种说法缺乏证据，一名我曾与之交谈过的前伞兵营成员强烈否认这一说法。他声称这个营是由志愿者组成的，并且他们都来自训练有素的伞兵部队，而且部队的士官和高级军官都是资深的党卫军成员，有大量前线作战经验。其丰富的经验加上纳粹思想的洗脑造就了一批被盲目的勇敢驱使着的狂热士兵。德国人很早就认识到，仅仅依靠第15山地军的地面进攻，不仅进展缓慢而且会给游击队以可乘之机，只有依靠伞兵突袭才能取得意想不到的战果。这样的空降行动将会牵制住大量的游击队力量，外围的其他德军部队在给伞兵们解围的同时也可以对游击队形成合围之势。如此里应外合的战术便是德国人的如意算盘。但若要达成这个目标，就要取决于给伞兵解围的地面部队能否及时抵达。第500伞兵的此次行动的优势就在于其突然性，德国人希望靠这些伞兵就能够一举拿下铁托的指挥部并抓捕铁托，这样游击队就会群龙无首。

在我们继续讲述党卫军伞兵营这次大胆的任务之前，我们需要弄清楚两个问题，这也是这次行动的策划者需要明确的。第一个也是最重要的问题是：铁托指挥部的具体位置到底在哪儿？第二个问题是，如此规模的作战行动是如何做到保密的？特别是整个"跳马"行动与党卫军伞兵营在这次行动中扮演的角色，要守住如此巨大的秘密绝非易事。

混杂在当地平民中的勃兰登堡特工很快便确定了铁托总部的位置——位于距德瓦尔中心三英里的巴斯塔西（Bastasi）的一个洞穴里。德国人通过截取游击队的无线电通信中知晓了大概的位置，并且从一个游击队的逃兵那里确认了这个地点的可靠性，这名逃兵在审讯中供出了这个洞穴的详细位置，同时也让德国人获取了铁托警卫营的详细资料：警卫营包括4个连共350名男女士兵，并有4辆轻型坦克提供支援。在任何时候，洞口都有五名装备冲锋枪的警卫负责警戒。

游击队将德瓦尔选为指挥部驻地有合理的原因，此地高耸而茂密的植被形成了一个天然的屏障，在崎岖狭窄的道路尽头坐落着德瓦尔镇。任何企图通过这些羊肠小道进攻的敌人都可以在第一时间被察觉。自从游击队于1月份到达这里之后，就开始着手修建防御阵地，他们仔细探查了每一寸土地，并构筑了视野良好且伪装充分的阵地。这道由机枪和狙击手组成的交叉火力网将给予德国人以迎头痛击。

其次，乌纳克河在城镇附近的拐弯使得德瓦尔处于三面环水的有利地形。从战术层面来看，德瓦尔的确不失为一个良好的根据地。在1944年1月底之前，铁托游击队的指挥体系已经在该地建立了起来。游击队在德瓦尔镇内几乎没有部署什么兵力，德军的空袭迫使游击队分散到了德瓦尔镇周围的山区里，并形成了一条松散的防线。然而在前往德瓦尔的道路和其他战略要地上，游击队部署了装备精良的分遣队严阵以待。

5月21日，第15山地军指挥部将第2装甲集团军收集到的情报下发至下属各个部队。情报给出了游击队指挥部的确切位置以及彼得罗瓦茨机场守军的编制，与此同时也提供了该地区游击队的战斗序列。

党卫军第7"欧根亲王"山地师的情报人员也为自己的部队提供了更为精确和详细的情报。他们根据自己的情报来源分析出了一些游击队兵力的部署地点，包括第1、第5和第8师的具体位置。但是他们认为这几支部队的战斗力比较有限。游击队在情报工作上虽然做出了很多努力，但效率和效果与更为专业的勃兰登堡的情报官们相比还是存在一定的差距。后者提供的情报详细且准确，而游击队并没有这样的条件。德国人凭借专业的情报工作确认了游击队六个师的位置，以及在德瓦尔周围部署的一些精锐单位和见习军官学校中的士官。

然而情报收集是一把双刃剑，它虽然可以获取信息，但也同时会泄露信息，意料之中的是，由于德国人大规模网罗情报的举动，一些"跳马"行动的准确细节很快便在南斯拉夫平民之间流传开来。奥托·斯科尔兹内（Otto Skorzeny）是一名德国军官，此人对于特种部队的见解十分前卫，在他的同僚看来他甚至显得有些激进。在他到达南斯拉夫的几个小时里，就从当地百姓口中获得了一些关于德军近期行动的准确情报。他意识到，如果德国情报机关在当地的线人能够如此迅速且准确地得知这些情报，那么游击队的领导人也理所当然会了解这些细节。他的第一反应是应该立即终止"跳马"行动，他认为如果这个行动已经尽人皆知，那么终止这个行动则是正确的选择，这在南斯拉夫也不例外。然而勃兰登堡的情报官员告诉他，游击队早在3月份就知道铁托指挥部的具体位置已经泄露了。一些原本为勃兰登堡情报机关工作的南斯拉夫人选择了弃暗投明，他们很快向游击队全盘托出了德国人的计划。

游击队的情报人员此时已经获悉了德军所有参与地面进攻部队的番号，并对德军的进攻路线和计划也了如指掌，但是他们却对最重要的角色——党卫军第500伞兵营一无所知，而后者此时已经做好了空降和滑翔机突袭的准备。

5月20日，年轻的第500伞兵营指挥官雷布卡（Rybka）上尉得知了他和他的部下在此次行动中应该扮演的角色。紧接着他起草了一份临时的作战计划。他决定应该由滑翔机运载部队着陆并完成突袭。但很快雷布卡便得知，德国空军无法提供

▲ 亚历山大·勒尔空军上将（1885—1947），巴尔干战区的E集团军群总司令。也正是他批准了"跳马"行动的方案。

▲ 在"橡树"行动中成功解救墨索里尼的斯科尔兹内。他对高层要求开展的这次特种作战忧虑重重。

足够的滑翔机来携带他的整个营，更不要说还有伴随他们一起行动的分遣队了。很显然，他的一部分兵力需要以伞降的方式被投放至战场，然而这并不是他听到的最后一个坏消息。就算使用伞降，他也没有足够的运输机来一次携带整支部队。因此必须进行第二波空降才能让所有人员抵达战场。因为滑翔机是一种一次性的载具，所以在第二波空降中并没有滑翔机可用。

意料之外的苦战

尽管有着种种困难，但是箭在弦上，不得不发，雷布卡必须要实施他的计划。

伞兵营最重要的任务就是对铁托的指挥部进行突袭，并将他抓捕或者击毙。担负该任务的伞兵们将会搭乘滑翔机，降落位置也会尽可能地接近铁托指挥部所在的山洞。而游击队的通信系统和盟国军事特派团也是此次突袭的重点目标，它们也会遭到滑翔机载伞兵的攻击。而其余以伞降方式投放至战场的伞兵们，将占领德瓦尔镇并将其封锁，旨在防止该地的游击队干扰搭乘滑翔机的伞兵。第二波空投的伞兵将作为预备队伺机而动，随时待命为友军提供支援。

随着越来越多的情报纷至沓来，雷布卡得以完善了他的作战计划。第一批伞兵将被平均分为几组，每一组都有自己的代号。而第二批作为预备队的伞兵则没有进行分组。

第一批的314名伞兵被分为："红""绿""蓝"三个组。搭乘滑翔机的伞兵将会在07:00着陆，其余搭乘运输的伞兵也会在同一时间跳伞，并在20秒内着陆。雷布卡会跟随"红色"组一起着陆。负责攻占德瓦尔的伞兵预计会在一小时内完成任务。在上述目标达成后，只需以骨干力量留守德瓦尔，而其余的伞兵则可以腾出手来支援滑翔机组，并协同他们进攻铁托的指挥部。搭乘滑翔机的并非全部都是党卫军伞兵营的成员，同时也包括由勃兰登堡部队的专业通信兵和作战人员"萨瓦迪力"（Savadil）分遣队、德国空军人员（其中包括了两名专门用于拍摄铁托落网照片的战地记者），以及波斯尼亚志愿者组成的"贝内施"（Benesch）分遣队。

除了以颜色为代号的三个组，第一批部队也按照各自的任务被细分为六个小队。他们各自的代号、规模和任务如下：

"黑豹"（Panther）小队	110人	任务：摧毁铁托指挥部。
"铁钳"（Greifer）小队	40人	任务：摧毁英国军事特派团
"前锋"（Stürmer）小队	50人	任务：摧毁苏联军事特派团
"怒涛"（Brecher）小队	50人	任务：摧毁美国军事特派团
"莽夫"（Draufgänger）小队	50名伞兵、"萨瓦第"分遣队、波斯尼籍党卫军山地师和勃兰登堡的情报官。	任务：摧毁游击队的通信系统、收集情报、维持己方无线电通信并寻找游击队的通信密码本。
"恶犬"（Beisser）小队	20人	任务：协助"铁钳"小队摧毁英国军事特派团后占领前哨电报站

担任主要任务的"黑豹"小队将由雷布卡亲自指挥。如果行动成功，该小队将会在铁托指挥部所在的山洞顶升起一面万字旗；如果以失败告终，就发射一枚红色的信号弹以告知友军。"绿"组和"前锋"小队如果收到这个信号，就会放弃当前任务并前来支援进攻。

5月22日一整晚，这支突击队的各单位都在进行着集结，为了隐藏他们的伞兵身份，一部分人身着步兵制服，并乘坐没有部队标识的卡车被运往集结点。规模较大的单位则以火车运输，再伪装成步兵徒步前进。虽然他们每个人都携带了足够一次任务使用的给养和武器弹药。但是他们中没有任何一个人知道自己会在几天后置身于一场炼狱般的战斗中，也没有人知道自己的任务和目标为何。出于对此次行动保密的需要，雷布卡只向他的顶头上司透露了行动的具体细节，而他的上司们也一直对此秘而不宣，直到 5 月 24 日凌晨的会议上，其他的部队才得知了大体情况。而行动简报和准备工作在当天也已经完成。一名参与了此次行动的士兵回忆道："我们每个人都得到了一张铁托的照片，以便我们能认出他。他有着一张平凡、朴素的脸庞。在克罗地亚和塞尔维亚，我见过几百个长得与他差不多的人。我们被告知他身着一件没有军衔和徽章的制服。所以我们要找的是一个有着毫无特征的脸庞，并身穿毫无特征制服的一名南斯拉夫人。"

24 日夜晚，在雷布卡的指挥下，突击队员开始出发前往各自的机场，在纳吉·别茨克里克（Nagy Betskerek）的机场起飞的单位包括：伞兵营营部、第 2 连、第 3 连的全员、第 4 连的一个排。而 4 连的其余人员、1 连全员、勃兰登堡分遣队、波斯尼亚籍志愿者分遣队和德国空军人员将搭乘滑翔机抵达战场，滑翔机小组将从萨格勒布的机场起飞。第二波伞兵部队，包括 2 营的余部以及伞兵训练营，将从巴尼亚卢卡的机场起飞。

雷布卡在当晚接到报告，确认了各部队已经就位。就像一匹恶狼已经随时准备亮出獠牙。雷布卡和他的伞兵营随即接到了第 15 山地军下达的出发命令。装甲掷弹兵部队和"欧根亲王"山地师将会按照计划配合他们。"跳马"行动正式开始。

一名伞兵回忆道："我认为我们已经做好了准备，但那天晚上我们都彻夜难眠，我睡了一小会儿就无法继续了，这是我参军以来第一次上战场，也是第一次在实战中跳伞。03:30 就响起了起床号，一个小时后，我们列好了队伍，每个人都是全副武装，并身背降落伞。武器也已经打包完毕。指挥官从机场大楼里出来了。我们在他面前立正站好，他在我们的队列中来回踱步，并一直保持着敬军礼的姿势。最后他停了下来，做了一段简短但令我至今记忆犹新的演讲：'不要浪费弹药……不要因为伤员而停止前进……坚持目标。'我们开始唱起了空降兵之歌，这听起来可能有些老套，但我当时的确被深深打动了。当时我们所有人都对自己为之奉献的事业抱有坚定的信念。然后我们踏上了前往德瓦尔的飞机……"

在飞机起飞大约 55 分钟后，天色已经逐渐明亮。当运载着伞兵的容克 52s 型和拖挂滑翔机的 He111 型轰炸机抵达目的地的时候，清晨的太阳已经冉冉升起，接着他们就飞入了德瓦尔上空的滚滚浓烟中。在此之前，斯图卡轰炸机和 Bf109 战斗机一直在对这片地区的目标进行扫射和投弹，并且只遇到了轻微的抵抗。游击队能利用的唯一的抵抗手段就是将多个机枪并列在一起以提高防空能力。斯图卡对这些防空机枪进行了重点打击，斯图卡的尖啸声和炸弹的爆炸声充斥着这片地区，这使得游击队的防空机枪操作手伤亡惨重，即使侥幸躲过一劫的游击队员也被迫四散寻找隐蔽。

06:50，跳伞引导员已经站在容克运输机敞开的舱门旁，这代表伞兵们应该将开伞钩挂到机舱顶部的横梁上了。引导员从门口移开后，队伍前列的伞兵可以透过舱门，看到德瓦尔周围暗褐色和橄榄色的山丘。运输机之间的距离也非常之近，仿佛是在肩并肩地飞行。保持这样的间距是为了让伞兵们的落点能够尽可能地集中，因为伞兵越分散，其战斗力和威慑力也就越低。所有人预计在 07:00 开始跳伞，时间必须把握得分秒不差，这同时也是在考验伞兵们的反应速度。每个伞兵在跃出舱门的时候身体都会与飞机舱壁保持水平，这样也能让伞兵更快地被吸出机舱。之后将手臂展开有助于在开伞时减小冲击力。为了让伞兵们能够更快地落地，运输机采取了低空飞行的方式，并运用了改良型的降落伞，这使得伞兵们的降落时间只需要 20 秒左右。

一名伞兵回忆道："我们飞得如此之低，仿佛贴着地面掠过一样。以至于我担心我们的降落伞能否在落地之前及时打开。在我跃出舱门后，一切都发生得如此之快，地面的景物看起来眼花缭乱。为了缓冲着陆时剧烈的撞击，我打了几个滚，然后才爬起来开始寻找武器箱。德国空军仍然在我们头顶，为我们提供支援。毫无疑问，是他们出色的掩护，才让我们在捡拾武器装备的时候，没有遭到游击队的骚扰。在刚落地的一两分钟里，场面一度非常混乱。每个人都在寻找他们的指挥官，但很快我们就恢复了秩序，并朝着各自的目标前进。我们的小队已经损失了三个人，有两人已经死了，第三个也因为摔断了脚踝而无法投入战斗。"

进行伞降的小队总体上还算顺利，接下来就轮到 Hs126 侦察机释放其拖曳的 Ds230 滑翔机了，后者此时仍然在德瓦尔上空盘旋。毫无疑问，德国空军的滑翔机飞行员是非常熟练的，大多数飞行员甚至在释放之前就已经确定了降落地点，这样他们就能在释放后快速矫正滑翔机的飞行方向。木制的滑翔机将会俯冲而下，并在地面上滑行一段距离，但这同时也会扬起巨大的尘埃。如果滑翔机不慎降落在起伏的岩石上，那其乘员就要做好心理准备了。因为飞行员在躲避大块岩石的同时很可能会撞掉机翼。不可避免的是，一些滑翔机会在着陆时撞得七零八落，内部的乘员也势必会出现伤亡。

在这次行动中，几乎所有的滑翔机都在他们的既定目标附近降落。出现的唯一例外，便是载有"铁钳"（Greifer）小队指挥官的滑翔机。这架滑翔机在距离目标7英里开外的位置被释放，它最后一次被看到时正在进行垂直俯冲，之后冲入一条山间的溪流，撞得粉身碎骨，机组和乘员也当即命丧黄泉。

因为滑翔机的事故时有发生，所以乘坐滑翔机降落的确是一种可怕的经历。在

▲ 尽管伞兵们试图在摄影机前保持笑容，但首次参战的紧迫感仍使他们难以彻底放松。

▼ 摄影师自一架DFS230滑翔机后拍摄的HS126牵引机群。

▲ 自滑翔机机舱内拍摄的Ju87"斯图卡"牵引机。

▲ 1944年5月25日7时整,伞兵们准时发起了突击。

▽ 经由滑翔机着陆的伞兵们迅速拆下位于机首部位的MG34机枪准备还击游击队员。

滑翔机与地面接触的那一刻,机身会发出一声巨响;之后机腹会与地面剧烈摩擦,并传来剧烈的抖动和刺耳的噪音。而束手无策的乘客们此时所能做的只有祈祷,并随时做好机毁人亡的准备。只有当千疮百孔的滑翔机停在一团尘埃中时,惊魂未定的乘客才会逐渐冷静下来。然而这并不是放松的合适时机,游击队的火力可能已经瞄准了这个体积巨大且毫无防御的庞然大物,只有立即离开滑翔机才算是暂时脱离了危险。

那些在飞机着陆时幸存下来，但没能及时离开滑翔机的那些伞兵，很快便为他们迟缓的行动付出了血的代价，游击队立即向他们倾泻了大量火力，狭窄的机舱成了他们的葬身之地。

07:00之后，所有的伞兵和滑翔机部队都陆续着陆，并向各自的目标移动。"莽夫"（Draufgänger）小队在靠近镇中心的地方着陆，他们的任务是捣毁游击队的无线电大楼，并瓦解其通信系统[1]。这栋无线电通信大楼的设计十分巧妙，内部空间也非常可观，它足以容纳整个游击队庞杂的通信设备以及人数众多的无线电报员。然而破坏通信电缆并非难事，只要一个高爆炸药就可以使所有线路瘫痪，切断铁托指挥部与各支部队之间的联络。尤其是那些边远地区的游击队，一旦失去了联络，他们就会在没有指挥和配合的情况下各自为战，战斗力也将大大降低。因此"莽夫"小组的大部分人员都被分散开来寻找其他的无线电台，其余的10名党卫军伞兵和"萨瓦迪力"（Savadil）特遣队将负责控制无线电通信大楼。虽然他们很容易就炸开了这栋大楼薄弱的大门，但是很快他们就被卷入了激烈的室内近距离战斗中。这些女游击队员都明白，她们现在只有两种选择：要么坐以待毙，要么背水一战。她们用手榴弹、冲锋枪，甚至是刀子，顽强地抵抗着党卫军伞兵发起的进攻。"萨瓦迪力"特遣队和一些波斯尼亚籍党卫军先后试图冲进大楼支援党卫军伞兵，然而都被暴风雨般的猛烈火力击退。这栋大楼内的无线电报员在人数上占据了绝对优势，并且意志坚定，装备精良。因此德国人依靠现有的兵力占领大楼是毫无胜算的。

因为无线电通信大楼久攻不下，所以德国人呼叫了增援部队。随着支援的到达，德国人展开了新一轮进攻。他们以炸药逐屋破门，然后以爆炸产生的浓烟和灰尘为掩护冲进房间，对屋内进行扫射后，再向天花板打一梭子穿甲弹，以消灭楼上的游击队。另一群党卫军士兵则包围了大楼，以火力压制那些试图从窗户跳出来的游击队员。德国人一层楼接一层楼、一个房间接一个房间地进行地毯式清剿。爆炸产生的烟灰和尘埃充斥着整个大楼，这让党卫军伞兵们很快变得灰头土脸。虽然游击队进行了殊死抵抗，但面对德国人强大的援军仍然是血战惜败。在控制了整栋大楼后，德国人进行了搜查并缴获了一些文件，但其情报价值十分有限。

在党卫军伞兵和"萨瓦迪力"特遣队离开这栋大楼前，他们用炸药进行了爆破

---

[1] 此处的无线电通信大楼实际上是南斯拉夫共产党中央委员会办公室。

以保证将这栋建筑彻底摧毁。

清晨的阳光洒在德瓦尔空空如也的街道上，伞兵们被分成两人一组，在街道上前进。虽然只遇到了零星的抵抗，但这仍给伞兵造成了一些伤亡。往往在一声毫无预兆的枪声后，一个人就会猝然倒地。这样接二连三地偷袭让伞兵们的精神极度紧张，他们会向枪声的来源回以一阵猛烈的弹雨，而这种做法带来的更多是一种心理安慰。

一名伞兵回忆："我们事先并没有被告知需要逐屋清理这些敌人，然而现在我们不得不进行巷战。尽管德瓦尔只是一个有着为数不多的建筑和街道的小镇，但它仍然给敌人提供了良好的掩护，因此在进行'巷战'的时候，敌人可能会从任何方向偷袭我们。我们只能被动还击，这对我们来说是一个糟糕的情况。

"走在我们最前面的那个人是一名侦察兵，他被打中了，像一个沙袋一样重重地砸到了地面上。这是意料之中的事，我们之中总会有人先倒下的。在他倒地的一瞬间，我们就找到了那个刚刚开枪的窗口。我疯狂地向那个窗口开火，仿佛自己的灵魂已经被仇恨所吞噬了。那位倒下的同志是一个好人，也是一个训练有素的战士，但他却被一个衣衫褴褛的游击队员给杀掉了。在我看来，这并不是一种光荣的结局。

"我们中的几个人用肩膀撞开了那幢建筑的门并冲上了楼。那个刚刚偷袭我们的人已经被机枪火力打倒在地，现在已经奄奄一息了，这是一个大约有五十岁的老头。他的身边放着一支德国生产的98k步枪。最后他被粗鲁地拖了出去。如果是我的话，我会当场结果了他。他穿着平民的服装，身上也没有什么标识，这说明他很显然就是一个游击队员。对待他们应该毫不留情。这些狡猾的游击队可能隐藏在任何一幢房子里，所以我们会向每个看起来可疑的房子投掷一枚手榴弹。

"大部分时候，德瓦尔的街道都会有一种诡异的平静，街上看不到平民，甚至连狗也没有，这是很可怕的事情。然而在交火间隙的时候，常常会遇到一些惊慌失措的平民。之后我们才意识到，大部分平民一定都为了躲避轰炸而逃出城了。

"我们听说前面的一个排遇到了激烈的抵抗，但他们的MG42机枪和枪榴弹很快就让这些游击队成员逃之夭夭了。而我们这队人并没有遇到什么像样的抵抗，德瓦尔很快就被我们完全控制了。但是因为一个小时之后其他各组才会回报状况，在这期间我们需要原地待命。

"真正困扰我们的问题是没有足够的饮用水，整个上午我们都是口干舌燥，到了下午天气变得更加燥热，我当时幻想着能得到一杯冷饮，即使出卖自己的灵魂我也愿意。我们在起飞前都服用了一些有兴奋作用的药片，这能减少我们的疲劳感并让我们有更敏捷的反应，然而我们都知道这种药片的副作用就是让我们感觉口渴难耐，虽然我们自认为能够忍受这种感觉，但这真的是一种折磨。"

伞兵营的指挥官雷布卡则已经降落在了小镇的入口处。在雷布卡的周围，散落着一些滑翔机，破巴巴的机翼和扭曲的机身显示它们在降落时损坏严重，周围几具被覆盖的尸体也说明这种粗暴的降落方式造成了一些伤亡。雷布卡在滑翔机旁就地设立了指挥部并安置了通信设施，指挥部所在的位置可以看到附近区域的情况，伞兵们在街角部署了一挺机枪，以监视通往城镇的道路。在德瓦尔河的尽头，可以看到泛起的一排烟尘，那就是"萨瓦迪力"特遣队炸毁的无线电通信大楼。指挥部附近的一幢大房子已经被用作医疗站，医疗兵已经开始为受伤的伞兵进行救治。而他的通信兵则一遍又一遍地向散布在各处的伞兵们发送电报："请报告情况，请报告情况……"

随着行动的进行，德瓦尔镇已经被牢牢地掌握在了德国人手中，各个小队的情况也被回报给了指挥部，党卫军伞兵得以展开第二阶段的行动。为了巩固通往德瓦尔的道路，一部分伞兵被派去占领道路两旁的高地、建筑或者农场。现在，德军的所有部队都将注意力集中在了"跳马"行动的主要目标上——摧毁铁托的指挥部并抓捕铁托。但是此时前线的形势却令德军指挥层颇感悲观，负责进攻铁托指挥部的"黑豹（Panther）"小队在几个小时里毫无进展。虽然滑翔机在降落的时候还算顺利，凭借滑翔机飞行员娴熟的操作，德国人得以将载有"黑豹（Panther）"小队的 6 架滑翔机全部准确地降落在了目标地点，并几乎停在了铁托指挥部的洞口面前，对于

❯通信兵正在尽可能将散落在各处的伞兵们集结在一起。

❯进入德瓦尔镇内的"绿色""蓝色"组的伞兵们开始架起机枪迎战来袭的游击队员。

▲ 对伞兵们来说，最重要的无疑是那些从"容克大婶"运输机上空投下来的补给。上图就是多名德军士兵正拖着一个空投箱在德瓦尔镇内快步前行。

伞兵们来说洞口似乎已经近在咫尺。但是铁托警卫营迅速的反应让伞兵们始料未及，德军自己也在之后的战斗报告中也承认了这一点。滑翔机在接触地面的一瞬间，游击队的机枪火力就扑面而来，一些伞兵甚至在飞机还未停稳时就被射杀在了机舱里，或是在挣扎着逃出机舱的时候被打得血肉模糊。而大部分的伞兵则倒在了通往洞口的这一小段路上，虽然他们进行了几乎是自杀式的进攻，但面对强大的火力仍然无济于事。到了八点左右的时候，"黑豹"小队已经伤亡惨重，他们只能退守乌纳克河南岸的一小块阵地，架设一挺重机枪向远处的铁托指挥部洞口射击，但这样薄弱的火力显然聊胜于无。

然而游击队也并非没有损失，许多游击队员在这场战斗中牺牲，在这些牺牲者中很多都是女性。她们宽大的卡其色英军制服已经被鲜血染红，身上覆盖着被爆炸掀起的泥土，静静地躺在那片被阳光炙烤的山坡上。

经过激烈的战斗后，"黑豹"小队的伞兵们损失惨重且毫无进展。雷布卡得知这一消息后，很快做出了进一步指示。一颗红色的信号弹从大本营上空升起，这代表了一道新的命令："进行集结并再次向铁托指挥部发起进攻。"很快一些伞兵就被

▲ 现如今拍摄的铁托指挥部。

▲ 散乱地停在德瓦尔镇外的DFS230滑翔机。

组织了起来，他们本来的任务是摧毁同盟国的军事特派团。但是很显然，这些军事特派团连同所有平民都早已经离开了德瓦尔躲进山区之中，所以索性让他们去支援对铁托指挥部的进攻才是正确的选择。[1]

困兽犹斗

在雷布卡重新组织进攻的同时，游击队也在向指挥部调集增援兵力，以应对德国人下一次来势汹汹的进攻。雷布卡亲自带领部队前进到了指挥部山脚下的一个小水沟中，雷布卡决定采用新的进攻方式：尽量以火力压制守军，并利用山坡上浓密的灌木丛交替掩护稳步前进。虽然那些前来增援的伞兵并没有领教过这个防御体系的威力，但他们心中已经有了一种不祥的预感。因为游击队无论在人数、装备还是在地形上都占据了优势。而且伞兵们没有足够的武器和弹药，他们唯一的补给来源就是从游击队那里缴获一些过来，而很显然游击队并不会主动将补给分给这些陷入窘境的德国人。这将是一场力量对比悬殊的战斗。

一部分党卫军伞兵率先发起了进攻，他们不停地从一个掩体跃向下一个掩体。

---

[1] 事实上，英国和美国的军事特派团在"跳马"行动开始前两天就搬到了铁托的指挥部附近，然而此举却在战后引发了苏联对西方盟军的指控。苏方认为盟国早就知道了"跳马"行动，却并未及时告知苏方代表团且放任德军顺利实施计划。

而他们侧翼的机枪只能提供有限的掩护，虽然按惯例来说，这种危险的进攻必须保证机枪和冲锋枪可以提供持续的压制火力，然而这对于缺乏弹药的伞兵们来说是一种奢望。因此进攻的伞兵们必须以极快的速度推进，一旦第一批伞兵到达了掩体，他们就会开火掩护下一批伞兵进攻，而下一批伞兵则又会冒着枪林弹雨向前艰难推进几步。一旦任何一组伞兵萌生退意，那么将导致整个进攻失败，因此这需要极强的纪律性和狂热的勇气。

然而伞兵们需要面对的并不仅仅是山坡上的守军，与此同时还有从其他地方陆续前来支援指挥部的游击队员。散布各处的游击队员或是目睹了德国人的滑翔机和降落伞，或是听到了这里传来的枪声。但不管怎样，他们都意识到了德国人正在对指挥部发起总攻。

第一批到达战场的援军是一百多名军校士官生。他们从乌纳克河上游的西普尔亚尼村赶来，这些士官生的训练学校就在这个离德瓦尔不远的村子中。这群训练有素的精锐战士迅速采取了行动，他们当机立断地向德国人的侧翼发起了反攻，这极大地扰乱了德国人的计划。德国人不得不将注意力放在了这些"半路杀出的程咬金"身上，双方的伤亡都在不停地增加。在党卫军作战报告中对这场惨烈的战斗只有这样一个评价："……艰苦而坚决的战斗……"，然而我们可以想象到这句平淡的话语背后意味着什么。那些哀号不止的伤员，不得不被他们的战友暂时抛弃在原地，直到战斗的间歇才能被撤下来。双方都宁可战死也不做俘虏，因为他们都知道落在对方手里是什么下场。这里有必要提到的是，虽然游击队方面声称有一个驻扎在德瓦尔外围的坦克排也支援了战斗，但德军的战斗报告中并未提到这一点。

到了 09:30，太阳已经高悬在万里无云的天空中，天气变得闷热非常。在这片山坡上的战斗仍在继续，因为游击队火力猛烈且得到的增援越来越多，德军的进攻已经略显颓势，雷布卡见状便呼叫了斯图卡轰炸机来支援进攻，意图扳回一些主动权。但在这片横尸遍野的山坡上，游击队员和党卫军伞兵们几乎交织在了一起。纵使空军联络官和飞行员使出浑身解数，这些在战场上空盘旋多时的轰炸机仍然无法确定目标。

这时，游击队的指挥官也意识到德国人此时已是强弩之末，他们现在甚至可以转守为攻一举消灭这些伞兵。但首先游击队需要进行重组并集中兵力才能发起反攻。在德瓦尔西部，德军的地面进攻压力并不是很大，因此游击队决定从西部的防线上抽调一些兵力来进行对伞兵的反攻。虽然这样做有一些风险，但游击队方面自信能够掌控局势。很快第6师的一个旅被调了过来，这个旅从西部接近德瓦尔镇。在到达预定位置后的几分钟内他们就对党卫军伞兵发动了进攻，这使得伞兵们不得不同时面对西部和西南部的进攻压力。这种情况让伞兵们焦头烂额，因此雷布卡决定孤注一掷，他认为只要对指挥部的进攻获得成功，就能重新占据主动。

但雷布卡也自知自己的计划并不是十拿九稳，虽然在三个小时之内，作为预备队的第二批伞兵就会抵达战场，而雷布卡的信心也来源于此，但是在这三个小时里，游击队也有可能向这里增派更多的支援兵力。因此他将赌注下在了第15军的其他部队身上，他希望这些外围的部队可以将游击队的主力吸引在防线上。所以雷布卡必须暂停现在的进攻并评估形势。山坡上的德军士官们得到了雷布卡的命令，随即便向他们的部下发出了撤退的信号。

一名伞兵回忆道："我不明白为什么要撤退，我们为了接近那个山洞付出了巨大的代价，但毕竟这是命令——所以我们还是撤退了。我们围坐在一块大石头旁，天气变得非常燥热，我还记得那天的刺眼的阳光和战场上的充满火药味的空气。一个猫着腰的士兵来到我们中间，给我们每个人分发了一些弹药，这些弹药是从伤员身上收集过来的。但是如此就让那些伤员们失去了自卫的能力，我不喜欢这个主意。我们在那块岩石后面待了一段时间后，天空中传来了飞机的引擎声，这肯定是我们的第二波伞兵到了，他们降落在山脚下的一个洼地里。"

第二批共220人的伞兵由奥贝梅尔（obermeier）带领，但是他们的降落区已经被游击队的机枪封锁，并且在降落过程中还遭到了迫击炮的打击，这让他们在回收武器箱时伤亡惨重。因此在拿到武器后，这批伞兵迅速撤离了这个地区。在几分钟后，他们抵达了营部并与主力会合。在得到了第二批伞兵的增援后，党卫军重整旗鼓并再次发动了进攻，并且在侧翼也展开了咄咄逼人的反击以缓解压力。但是游击队的火力还是一如既往的猛烈，伞兵们的进攻进展缓慢，而且雷布卡本人也在中午的进攻中身受重伤。

也许伞兵们狂热的战斗意志并不会因为失去指挥官而受到影响，但这次被雷布卡寄予厚望的决定性进攻还是失败了。越来越多的游击队从四面八方赶到了这里，精锐的第1旅派了麾下第1营的游击队员前来支援友军的防线，他们接替了从清晨战斗至现在的警卫营和士官生们。在这些训练有素、装备精良的生力军的打击下，党卫军伞兵的攻势渐显疲态，最终只能作罢。山坡上的伞兵军官们非常清楚，现在的情况可以说是四面楚歌，一旦他们从山坡上撤退便会身陷重围，甚至有可能全军覆没。雷布卡铤而走险的计划这时已经以失败告终。

事情的发展并不像雷布卡希望的那样，游击队的兵力不仅没有丝毫的减少，反而越聚越多。虽然伞兵们获得了一些空投补给，但仍然是杯水车薪，弹药一直严重短缺，伤亡在不断攀升。所有伞兵从日出后就一直在不停地战斗，他们只能靠压缩饼干维持体力，而水壶早已空空如也。现在离中午已经过了很长时间，第 373 师的援兵依然迟迟不见踪影，即使铁托仍然在那个山洞中也没有多大意义了。此时整个"跳马"行动实际上已经失败了，抓捕或击毙铁托的目标也成了德军的黄粱一梦。

救援

此时此刻，德军的进攻行动已经演变为一次救援行动，伞兵们现在需要考虑的就是如何保全自身，并尽可能坚持到外围部队前来解围。因此军官们决定让残余的部队退到德瓦尔镇固守待援，并给各个单位下达了在城镇公墓集结的命令。现在，还在山坡上的伞兵们必须伺机撤退，以前往集结点重组。他们使用了与进攻中一模一样交替掩护的方式，只不过这次的任务是撤退罢了。MG42 机枪又担负起了掩护友军撤退的任务，这种武器极快的射速给游击队反攻造成了阻碍。在机枪的掩护下，伞兵们组织了有序的撤退。侧翼的伞兵也坚守住了阵地，以保证他们的同僚可以顺利后撤。而游击队也很快发现了他们的敌人准备溜之大吉，德国人向山下仓促移动的背影让这些苦战多时的游击队员们大为振奋，斗志昂扬的游击队员们跃出了各自的掩体，他们以刺刀、掘壕铲、手雷和冲锋枪乘胜追击撤退中的德国伞兵。党卫军伞兵且战且退，直到 22 点左右，伞兵营的主力才完全撤到了山脚下。然而并非所有的伞兵都成功地撤了出来，一支小队在德瓦尔镇西南方半英里的一个农场里陷入苦战，他们没能收到撤退的命令。游击队的士官生们对这个孤立无援的阵地发动了一系列的猛烈进攻，这支小队的所有人都陆续死在了这座漆黑的农舍当中，他们中的最后一个人直到午夜之前还在继续着抵抗。

当天的夜晚漆黑一片，只有爆炸的火光会短暂地照亮夜空。散布在各处前哨阵地的伞兵陆续地撤往了德瓦尔镇，而游击队员也在他们后面紧追不舍。但越来越多的伞兵仍然摆脱追兵集结到了城镇公墓中。在整个德瓦尔镇，只有两个地方适合防御，其中一个就是废弃的化工厂，然而这个减员严重的伞兵营没有足够的人手防御这么大的区域。所以，军官们将目光转向了城镇中的一座小型公墓当中，这座小公墓环绕着一堵厚重的石墙，这是一个绝佳的掩体。很快幸存的伞兵们开始以这座公墓为依托来组织防御。

虽然德国伞兵已经离开了铁托指挥部并撤到了德瓦尔，但铁托认为这个山洞并不是久留之地，因为德国人在外围的大部队迟早会突破防线并席卷这片地区。铁托随即开始了撤离，他们从宿舍走廊的一扇门进入了一条干涸的下水道，并沿着这条下水道一路向波托西（Potoci）进发，在那里一辆等候多时的火车会把铁托元帅、指挥部成员和军事特派团一同撤出这片地区。①

在铁托离开之前，他命令该地的游击队停止战斗并解散，他很清楚德国人的地面部队大军压境只是时间问题，游击队不会是他们的对手，正面对抗只会徒增伤亡。但是游击队的指挥官们仍旧下定决心要将这些党卫军伞兵消灭殆尽才肯罢休。他们为了实现这个目标，向这座伞兵们最后的据点发起了一系列的进攻。

5月26日的夜晚漫长而寒冷，游击队第1营的战士们信心满满，他们认为自己可以击败这些所谓的正规军。对于他们来说，这些伞兵只是一群残兵败将在困兽犹斗而已。而对于德国人来说，他们就是在进行着一场绝望的抵抗。这是一个可怕的夜晚，双方在这片狭小的区域激烈厮杀，甚至进行了疯狂的肉搏。

一名伞兵回忆道："排指挥部设置在了一个墓地里，我们把坟墓的石板挪开并抬出了棺材，而我在一个十字架下面开始挖掘战壕，这仿佛是在给我自己掘墓一样，那是我人生中最令我恐惧的一个夜晚。我们设置了内外两道防线，在每一次击退游击队的进攻后，我们会重新回到位于外围的防线，这样可以使得我们的防守压力会小一些。到了01:30分，疲惫不堪的我有些昏昏欲睡。我们唯一的水源也只能从附近教堂的储水槽获得。为了防备游击队的进攻，每隔一段时间我们就会向天空发射一枚照明弹。在我们刚打出一枚照明弹后，游击队就毫无预兆地从围墙上翻了出来，在照明弹白色火光的照耀下，这些游击队员的轮廓非常鲜明，我们开火了，不断地有人从墙上被打了下来，然而他们似乎并不惧怕我们的子弹，仍然在前赴后继地涌来，一些游击队员从墙后向我们丢来了手榴弹，几声爆炸过后，他们冲进了墓地并

---

① 事实上，铁托的情妇与他的爱犬"老虎"延误了撤离，25日11:15分在雷布卡的第一次进攻失败后，铁托就已经撤离了。同时，铁托和随从继续向库普里斯（Kupres）进发，他们依靠双腿和马匹长途跋涉，并使用了森林中的窄轨铁路进行逃脱而不是利用火车。这与原文有出入。

占据了一个桥头堡。那些冲入桥头堡的游击队员试图推倒这堵墙，以便于他们可以通过这个豁口输送援兵和弹药，友军的另一个排随即向他们发起了反攻，将这些越过外围防线的敌军消灭了。在整个晚上，我们都在进行这样的拉锯战。"

游击队在黎明前发起了总攻，他们从两侧同时涌入了公墓，但黎明的那一抹微弱阳光又给了伞兵们一丝信心，因为这意味着他们用不了太久就能得到己方空中部队的支援了，抱着战至最后一刻的决心，伞兵们鼓起了最后的勇气成功击退了游击队。而在此战后游击队也开始选择逐步撤退，因为他们的任务已经完成。他们拖住了德国人如此长的时间，这已经足够掩护铁托元帅的撤离了。就在许多游击队员纷纷进入了山区准备化整为零继续抵抗时，德国空军不期而至，许多游击队员在穿越光秃秃的山坡时没有得到任何掩护，而这也让他们被德军的 Bf 109 战斗机和斯图卡轰炸机炸得人仰马翻，损失惨重。

▲ 德军俘虏的盟国军事代表团的部分成员。

▼ 美国战略情报局的特工。

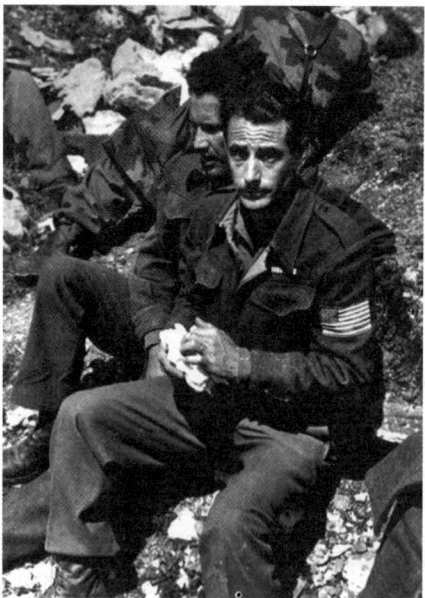

不得不说铁托的预言是正确的。在黎明过后不久，伞兵们固守的墓地外围就响起了 MG42 特有的枪声，接着出现了一群德国士兵，他们是"欧根亲王"师第 13 团的先遣队。随后其他的战斗也陆续从西部和北部到达了该地。最后一批部队于 16:00 到达了德瓦尔，至此，"跳马"行动已宣告结束，德国人占领了整个德瓦尔镇和周边的村庄，当然还有那个空无一人的指挥部山洞。虽然德国人付出了巨大的努力，但他们只得到了一件铁托的制服、吉普车和大量的宣传材料，甚至连重要的情报也没有。"跳马"行动的确让游击队的活动暂时停顿，并迫使铁托再次搬迁了他的指挥部。这

尽管收缴了大量的军需物资，但德军伞兵们最重要的目标——铁托并没有抓住。取而代之的是他放在德瓦尔裁缝店内的元帅服成了伞兵们的纪念品。而盟国军事代表团送给铁托的一辆吉普车也成了德国人的战利品。

次铁托可以说是彻底远走高飞，将他的指挥部一举搬到了海外的维斯岛（Island of Vis）。但是铁托元帅安然无恙，并继续领导着他的游击队，所以说整个"跳马"行动都是徒劳无功。

遗憾的结局

在第 15 山地军的战斗报告中记载的德军损失为：213 人阵亡，881 人受伤，59 人失踪。游击队方面则承认有 200 人阵亡，400 人受伤，70 人失踪，但是德军最高统帅部的档案估计游击队至少损失了 6000 人之多。而党卫军第 500 伞兵营在"跳马"行动中几乎伤亡殆尽，所剩无几的幸存者被纳入斯科尔兹内的麾下，并在此基础之上重组为党卫军第 600 伞兵营，在接受了进一步的训练后准备空降，并于布达佩斯执行阻止摄政王霍尔蒂的"铁拳行动"（Operation Panzerfaust），但后来这个计划被迫终止了。这个营的几名成员在其后参加了突出部战役，其他人则在东线继续作战，在战争结束后被关进了战俘营。这些都是后话。

而德军关于"跳马"行动的战斗报告是由参与战斗的各部队指挥官一同撰写的，在这篇战斗报告中特别强调了情报保密的重要性。后世的许多历史研究者都认为，这次行动就不应该被实施。因为很明显，这次行动一些重要细节很早就被游击队所知晓。但是游击队对德军空中突击的迅速反应并不是因为泄密产生的结果，这是因为游击队自身训练有素。"欧根亲王"师在他们的战斗报告中对游击队的表现称赞有加。认为他们展现的作战素养已经可以与正规军相提并论，这也是所有德军部队有目共睹的。由于游击队熟悉地形，并得到了当地人的支持，所以游击队不用借助公路和铁路就可以进行长距离的机动。但游击队并没有什么新的战术可以借鉴，正如"欧根亲王"师的战斗报告中提到的："游击队处于守势，所以并不需要新的战术。"

在这场战争中，双方都在指责对方有反人道的罪行。德国方面指责游击队虐待战俘，而游击队则控诉德国人对平民实施了残忍的报复。德军的指挥层就有这样一种观念：任何反对轴心国统治的武装平民，都不受《日内瓦公约》的保护，应当立即将其射杀。而游击队员们则把自己视作与残暴的敌人作战的士

◀ ▼ 后人所描绘的德军伞兵冲击德瓦尔镇内的无线电报站和5月26日夜间在公墓地区的防守作战。

兵。他们有时会将德国人的手脚绑在树上并炸断他们的四肢。而德国人也会枪杀几个手无寸铁的平民作为报复。

所以游击战和反游击战可能是最肮脏的战斗形势，平民常常被当作牺牲品，双方都会把自己变得比对方更残忍。虽然双方在"跳马"行动中都进行了勇敢的战斗，但这并不能掩盖这些战斗背后的暴行。

▲ 负责主要突击的"黑豹"小队的幸存者在战后摄于德瓦尔的街道上。

▼ 德国伞兵们在26日清晨观察己方斯图卡轰炸机对德瓦尔镇进行的空袭，稍稍缓解了一下压力。然而经历此战之后，党卫军第500伞兵营阵亡超过五百多人，已然无法形成战斗力了。

▲ 今天的德瓦尔小镇。

◄ 两名德军士兵正在审问一名叫作"塔莉奇"的女游击队员，试图从她的口中知晓铁托的行踪。然而塔莉奇在德国人的刑讯逼供下始终没有屈服，最终在1944年年末押往德国的过程中成功越狱。

意大利潜艇印度洋战记

作者

刘萌

第二次世界大战中，大西洋战役的故事广为人知：这场战役在绵延数千平方英里的海域内一直持续到战争结束。战役中，德军U艇试图切断英国和美国之间的运输线，阻止人员和补给的流动，但在付出了惨重的代价后最终失败。这是一场对欧洲至关重要的战役，如果英国及其盟友输掉了大西洋战役，毫无疑问，这意味着他们输掉了战争。同样，德国人无法赢得大西洋战役，这极大降低了他们赢得战争的希望。

印度洋则完全是一番不同的景象：澳大利亚或新西兰港口与英国本土或中东之间的运输需要跨越遥远的距离；英国油轮从波斯湾起航，带着对战争至关重要的石油从狭窄的航道驶入印度洋；而印度本身就是英国对抗日本的堡垒。尽管在战争的大部分时间内，印度洋对同盟国极其重要，但轴心国在这个区域的活动却是有限的，而且战果寥寥无几。其中，在战争初期，驻东非的意大利潜艇部队承担着切断盟军印度洋航线的重任。

1939年，部署

1939年9月，当德国与英国和法国开战时，意大利海军已将8艘潜艇部署于东非基地马萨瓦港（Massawa），包括："阿尔戈（Argo）"号、"帆水母（Valella）"号、"欧塔利亚（Otaria）"号、"格劳科（Glauco）"号、"布林（Brin）"号、"绿柱石（Berillo）"号、"玛瑙（Onice）"号和"虹霓（Iride）"号。其中一些潜艇曾经在西班牙内战期间于地中海执行作战行动；实际上，当时参与行动的"欧塔利亚"号和"虹霓"号潜艇虽然艇员都是意大利人，但悬挂却是弗朗哥将军的西班牙国民军旗帜，两艘潜艇于地中海作战数月后就返回了东非。到了1939年夏天，这8艘潜艇都已经十分老旧，急需进行改装。1939年年底，"格劳科"号回到意大利本土水域；不久后，在1940年春天，除了"玛瑙"号和"虹霓"号之外，其余意大利海军派驻东非的潜艇均返回了本土，取而代之的是"阿基米德（Archimede）"号、"伽利略·伽利莱（Galileo Galilei）"号、"法拉利（Ferraris）"号、"古列尔莫蒂（Guglielmotti）"号、"佩尔拉（Perla）"号和"马卡莱（Macalle）"号。最终，在意大利参战前夕，两艘近岸潜艇——"玛瑙"号和"虹霓"号也被远洋潜艇"托里拆利（Torricelli）"和"路易吉·伽伐尼（Luigi Galvani）"号取代。作为中立国的船只，即便是军舰，战前东非的意大利潜艇都是通过苏伊士运河往返本土基地的。当1940年6月意大利与英国之间爆发战争的时候，共有8艘潜艇、7艘驱逐舰和其他少量舰艇部署于马萨瓦港，英国控制下的苏伊士运河封闭后，这支军队的力量很难再得到补充。

值得注意的是，墨索里尼给马萨瓦的小舰队赋予了极其重要的作战任务——切断盟军红海运输线。当时，意大利海军的规模在整个欧洲排名第三，其巡洋舰的数量比英国和法国地中海舰队加在一起还要多，这还只是一小部分，更大的优势是意大利海军拥有的大型潜艇——超过100艘，预计将会对墨索里尼帝国梦的实现发挥重大作用。但实际上，满载着补给和增援部队的英国船队仍然肆无忌惮地航行在印度洋上，它们大摇大摆地通过红海驶往埃及却只有轻微的损失。

红海是被珊瑚礁包围的危险水域，航行条件恶劣，这限制了意大利潜艇的行动。然而，红海周边也存在大片开阔水域，意大利海军的6艘大型远洋潜艇有足够的空间对英国的关键交通结点造成威胁，譬如波斯湾甚至德班港（Durban，南非东部港口）。早在1940年4月底，由于担心同意大利开战，英国皇家海军已经将大部分商

> 1935年，意大利潜艇"路易吉·塞特布里尼"号停泊在马萨瓦港的浮动船坞内。注意艇尾的4门鱼雷发射管。当意大利投入战争时，这艘潜艇并不在东非，它已经于1938年返回了意大利，在此列出这张照片是为了向读者展示意大利远洋潜艇的尺寸。

船（除了那些航速最快的之外）调离了地中海，并命令它们采取绕过好望角的航线。意大利大型潜艇可以在意属索马里的摩加迪沙（Mogadishu）补充燃料，然后远航到德班港附近水域并对该处的运输线造成相当大的破坏，因为英军在那里并没有部署反潜力量。两艘较小的意大利潜艇则可以覆盖亚丁湾和吉布提的港口。

印度洋炎热的气候也产生了问题，意大利潜艇不得与高温对抗（在一年中的某些时候还要同时与高湿度搏斗）。潜艇时常报告在下潜后艇内气温超过37.8摄氏度。更糟的是，大多数意大利潜艇的空调系统存在致命缺陷——会时不时泄露有毒的氯甲烷气体。

虽然意属东非与意大利非洲殖民地的其他部分以及本土相隔绝，但当战争爆发的时候，马萨瓦港已经储备了充足的弹药和燃料。然而，在苏丹和埃及兵力薄弱的英军部队被击败之前，这些都是得不到补充的，直到意军从利比亚攻入埃及之后才与之建立了联系。1940年6月，一份来自伦敦情报机构的报告称：意属东非库存的燃料仅够维持5个月。但一年之后，英军攻占意属东非时在仓库内发现了大量剩余燃料，再加上被英军轰炸机摧毁和意军撤退时消耗的燃料，可见其储量非常可观。一份情报称整个意属东非共储存了2万吨潜艇燃油，这足以允许它们执行远程巡逻任务——每艘意军大型潜艇大约可以携带90吨燃油。

1940年，激战

1940年6月，墨索里尼将意大利拖入战争，潜艇"法拉利"号、"路易吉·伽伐尼"号、"伽利略"号和"马卡莱"号立即出击，前去破坏英国和法国的运输线。在这4艘潜艇中，只有"法拉利"号安全返航，但它只在海上驻留了3天。"法拉利"号被派往法属吉布提的港口巡逻，但出发后不久就遭遇电池故障，这使它不能再继续行动。6月14日，"法拉利"号返回马萨瓦港，"托里拆利"号代替它执行这次巡逻任务。

战争中意大利海军损失的第一艘潜艇是"马卡莱"号，这是一种小型短程潜艇，水面排水量大约700吨，总长度仅不到200英尺。"马卡莱"号属于"非洲人"级潜艇，因为它们均以意大利的非洲殖民地来命名（马卡莱是一座埃塞俄比亚城市）。该级潜艇装备6门533毫米（21英寸）鱼雷发射管，其中艇艏4门，艇尾2门；每根

▲ 1940年年初，在意大利投入战争之前，潜艇"阿基米德"号离开塔兰托港，前往红海。

▼ 潜艇"阿基米德"号侧视图。

鱼雷发射管配备一枚备用鱼雷，用于再装填。此外，还装备一门 100 毫米（3.9 英寸）甲板炮，舰桥上安装着几挺机枪。该级潜艇的最高水面航速是 14 节，水下航速是 7.5 节。

　　计划前往苏丹港巡逻的"马卡莱"号刚离开马萨瓦港的时候就遇到了麻烦。因空调系统泄露的有毒气体，许多船员都开始发烧、疼痛并伴随着一阵阵呕吐和抽搐。恶劣的天气加重了那些饱受晕船困扰的艇员们的痛苦，在狂风暴雨中，即便下潜到水下大约 60 英尺深的地方艇身也会剧烈抖动，这是"马卡莱"号的艇员们不曾经历过的事情。在艇员中，有一名士官病得很厉害，已经无法站立。不久后，6 月 15日 02:00"马卡莱"号上浮到海面给电池充电，却不小心搁浅在暗礁上。虽然没人受伤，但"马卡莱"号迅速向左舷倾斜，已经达到了惊人的程度。海水开始大量涌入这艘潜艇，电池和海水接触发生化学反应，释放出剧毒的氯气。指挥官阿尔弗雷多·莫罗内（Alfredo Morone）海军上尉无计可施，只能命令全体艇员在甲板集合。

天亮以后，"马卡莱"号陷入更加困难的境地。它仍然牢牢地卡在礁石中，船身向左舷倾斜几乎达到90度，而且灌满了海水。距离潜艇搁浅的地方不远有一座荒芜、缺水的小岛，名为巴拉·穆萨岛（Barra Musa Island）。到了晚上，艇员携带着所有能从潜艇捞出的物资来到岛上。利用一艘小艇，他们艰难地将有限的食物和水运上了岛。当最后一名艇员离开时，"马卡莱"号的船头慢慢抬升到空中，然后整艘潜艇突然从礁石上滑落，迅速消失在艇员们的视线中，只留下一些残渣和几缕油污漂浮在海面。

显然，"马卡莱"号的艇员们凭借这么一点可怜的补给无法在岛上长期生存。他们急需救援。当天晚上，莫罗内上尉命令1名军官候补生率领3名水手划着那艘小艇去寻求帮助。他们可以向北划大约30英里到苏丹港求救，或者向南划向更遥远的厄立特里亚海岸。他们选择了后者，因为那里是友军掌控的地区。4人乘着小艇划了整整3天，终于在100英里外的巴斯·卡萨尔（Bas Kasar）靠岸。随后，他们顾不得极端的疲惫，设法找到一座边防哨所，在那里将"马卡莱"号遇险的消息发往马萨瓦港并寻求帮助。

仍留在巴拉·穆萨岛上的"马卡莱"号剩余艇员遭受着干渴和饥饿的折磨，他们在潜艇搁浅前的疲惫和病状越发严重了。他们试着自己提炼淡水，并掏了几个鸟巢、弄到一些鸟蛋，还抓了几条鱼，但都属于杯水车薪，并没能缓解他们的痛苦。一名艇员不幸在岛上去世。

22日，有一架英军侦察机发现了搁浅在清澈海水中的"马卡莱"号，随后还发现了荒凉小岛上的幸存者。消息传到苏丹港后，英军立即派出一艘武装拖船——唯一可用的船只——前往出事地点营救失事艇员。但就在英军拖船抵达之前，己方的营救行动也同时展开了。事实上，在英军侦察机离去后不久，"马卡莱"号的艇员们看到一艘潜艇正在不断逼近，尽管起初他们担心这或许是一艘英军潜艇，但很快就感到欣喜若狂——这是意大利潜艇"古列尔莫蒂"号。英军拖船在当天晚些时候抵达巴拉·穆萨岛的时候，发现这座岛已经再次空无一人了，只有少许痕迹表明这里曾发生过戏剧性的事件。

"伽利略·伽利莱"号（由海军少校克拉多·纳尔迪指挥）在战争爆发时同样从马萨瓦港起航，前往亚丁港执行巡逻任务。它的吨位远大于"马卡莱"号，总长

度达到 231 英尺，水面排水量 1000 吨，水下排水量 1259 吨。装备了 8 门 530 毫米鱼雷发射管和 2 门 100 毫米甲板炮。"伽利略·伽利莱"号的最高水面航速为 17 节；以 8 节航速可以巡航超过 10000 英里。

6 月 16 日，"伽利略·伽利莱"号于亚丁港以南大约 10 英里的海面阻截了挪威油轮"詹姆斯·斯托韦（James Stove）"号。纳尔迪少校给了油轮船员 15 分钟的弃船时间，然后用鱼雷击沉了这艘油轮，取得了"伽利略·伽利莱"号的第一个也是最后一个战果。"詹姆斯·斯托韦"号爆炸沉没时的火光被武装拖网渔船"月长石（Moonstone）"号的船长 W.J.M. 穆尔曼发现，他连忙率领渔船赶赴现场，营救了滞留在救生艇上的油轮船员。当时，英军武装临检船"占塔拉（Chantala）"号也在这片海域，甚至在潜艇下潜之前看到了它，但由于没有装备潜艇探测器，无法继续追踪。

两天后，"伽利略·伽利莱"号拦截了 1 艘南斯拉夫轮船"德拉瓦河（Drava）"号，纳尔迪少校命令潜艇舰艏的 100 毫米甲板炮开火，在发射 2—3 枚炮弹后，南斯拉夫轮船停止了逃跑。由于南斯拉夫当时尚属于中立国，而且"德拉瓦河"号并没有为同盟国运送货物或用于军事用途，纳尔迪少校释放了这艘船并允许其沿着原来的航线继续航行。但潜艇甲板炮开火的声音却被海岸听到，英军随后派出 1 架陈旧的格罗斯特"斗士"战斗机前去侦察。"斗士"战斗机一直追踪着"伽利略·伽利莱"号，直到 1 架来自亚丁的轰炸机赶到这片海域——两地相距只有大约 26 英里。在"伽利略·伽利莱"号紧急下潜之前，英军轰炸机一共投下了 3 枚炸弹，全落在潜艇右

▲ "伽利略·伽利莱"号潜艇。

▲ 英军护卫舰"肖勒姆"号，照片拍摄于1943年。

▲ "伽利略·伽利莱"号潜艇侧视图。

▽ 英军驱逐舰"坎大哈"号。

舷外，剧烈的爆炸在海面掀起一大片水柱。

随后，英军驱逐舰"坎大哈（Kandahar）"号以及护卫舰"肖勒姆（Shoreham）"号也相继赶到了这片海域，但在它们开始搜索之前天色就已经很暗了。与此同时，"伽利略·伽利莱"号却再次浮出水面，并试图用无线电向马萨瓦港发送信息。英军驱逐舰立刻捕捉到了这段通信，并在潜艇再次下潜之前发现了它。"肖勒姆"号随即使用深水炸弹对其进行了两轮攻击，但由于距离较远，未能对潜艇造成破坏。最终，两船均丢失了目标。

深夜，"伽利略·伽利莱"号短暂地浮出水面，并再次尝试用无线电进行通信。

第二天清晨，来自亚丁的布伦海姆轰炸机对这片海域进行了搜索，但由于正刮着猛烈的季风，未能发现潜艇。傍午时分，武装拖网渔船"月长石"号使用潜艇探测器在5000码外确定无疑地发现了"伽利略·伽利莱"号，随后它仅用一颗深水炸弹发起了进攻，爆炸深度设定在150英尺。"月长石"号不能使用一次抛射多颗深水炸弹的方式来扩大杀伤面积，因为它的航速太慢，无法在多颗炸弹爆炸前行驶到安全区域。为了降低风险，"月长石"号只能采取每次投下一颗深水炸弹的战术，连续发动了两轮攻击。第二轮攻击过后4分钟，"月长石"号的船长穆尔曼惊奇地发现：在距离船尾约1英里处，潜艇浮出了水面。

露出水面的"伽利略·伽利莱"号利用自己的甲板炮向"月长石"号开火，穆尔曼驾驶着这艘渔船一边躲避炮弹一边调整航向，慢慢将"月长石"号的船首对准了潜艇。随后，"月长石"号用它那门古老的4英寸炮进行了还击。潜艇上的意大利炮手只射出了几枚偏离目标很远的炮弹，就被来自"月长石"号装备的刘易斯机枪那猛烈但不失精准的火力赶下了炮位，况且渔船上每一位空闲且会使用步枪的水手都在朝着"伽利略·伽利莱"号开火。冒着弹片与硝烟，"月长石"号不断将船首对准比自己更强大的对手——"伽利略·伽利莱"号，渔船的炮手很快就命中了目标，第一发炮弹直接击中了潜艇指挥塔的底部，随后第二发炮弹击中了指挥塔顶部——这枚炮弹终结了战斗。"伽利略·伽利莱"号的艇员争先恐后地冲向甲板，他们降下艇旗，挥舞着一片从衣服撕下来的白布表示投降。小小的"月长石"号赢得了难以置信的胜利——俘获了敌军潜艇。

⬂ "月长石"号武装拖网渔船。

⬂ 被英军俘获的"伽利略·伽利莱"号细部照片，注意其装备的100毫米甲板炮和悬挂的英军旗帜。

不久后，"坎大哈"号驱逐舰及时地赶到现场，先将士气低落的意大利俘虏转移到船上。但"坎大哈"号试图拖曳潜艇的尝试在猛烈的季风中归于失败。英军技术人员发现可以短时间启动潜艇引擎，利用"伽利略·伽利莱"号自身的动力开回港口。在自豪的穆尔曼船长和"月长石"号船员们的护送下，"伽利略·伽利莱"号潜艇以这种方式被带回了亚丁港。

此战之后，穆尔曼船长被授予优异服务十字奖章，他的船员也获得了相应嘉奖。穆尔曼船长之所以能获此殊荣，除了完整俘获"伽利略·伽利莱"号之外，

▲ 英国优异服务十字奖章，在二战中只颁发了不到100枚。

更重要的是从这艘潜艇获得了重要情报——有文件显示：另一艘意大利潜艇也同时从马萨瓦起航，并计划前往阿曼湾进行巡逻。"伽利略·伽利莱"号经过修复后重新在英军服役，编号为 HMS X2。作为一艘训练潜艇，在经历一段短暂且不光彩的服役生涯后，HMS X2 于 1946 年报废拆解。

事实证明，英军从"伽利略·伽利莱"号获得的情报完全正确。意大利潜艇"路易吉·伽伐尼"号（由海军少校雷纳托·斯巴诺指挥）当时正在通往波斯湾的主要航道上巡逻，6 月 23 日凌晨，它用鱼雷击沉了印度海军护卫舰"帕坦人（ Pathan ）"号。根据情报，英军将护卫舰"法尔茅斯（ Falmouth ）"号和驱逐舰"金伯利（ Kimberley ）"号派往阿曼湾。"法尔茅斯"号于 23 日夜间 11 时抵达目标海域，不久后在月光下发现海面有一个黑暗物体，此时，距离"法尔茅斯"号左舷外大约 2.5 英里处就是港口。很快，"法尔茅斯"号的船员就认出了那个"黑暗物体"的真面目——一艘浮出水面、正在缓缓行驶的潜艇，可能正在给电池充电。

"法尔茅斯"号距离潜艇约 600 码的时候打出了灯光信号，对潜艇的身份进行盘问，但没有得到任何回复，"法尔茅斯"号随即用它的 4 英寸炮向潜艇开火。第三轮炮击命中了潜艇指挥塔后部的艇壳，但由于炮口焰和闪光，这个细节并未被"法尔茅斯"号的炮手看到。潜艇立即下潜，只把指挥塔露在海面上，并迅速从"法尔

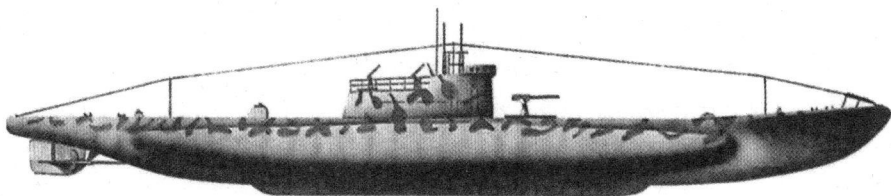

▲ *"路易吉·伽伐尼"号潜艇侧视图。*

▼ 英军驱逐舰"法尔茅斯"号。　　▼ 英军驱逐舰"金伯利"号。

茅斯"号的舰艏前横穿过去。"法尔茅斯"号在潜艇迫近时猛地冲了过去，试图撞沉它。但由于潜艇下潜得过深，这艘护卫舰已经无法对它造成致命的伤害。实际上，"法尔茅斯"号只是侧面与潜艇相撞，所幸护卫舰自身也没有受伤。撞击把潜艇推入了更深的水中。在这个关头，"法尔茅斯"号投下3枚深水炸弹，其中2枚在定深100英尺处爆炸，1枚在150英尺处爆炸。

"路易吉·伽伐尼"号正巧处于两种深水炸弹的定深之间，猛烈的爆炸将它又抬升出水面。起初，潜艇的艇艏高高地翘了起来，处于一个夸张的角度，不久后它似乎稳住了自己，将指挥塔和艇壳上部露于水面，并保持静止。这时候，"路易吉·伽伐尼"号的艇员突然冲到甲板上，他们挥舞着白衣服，潜艇开始失去平衡——尾部迅速下沉。不久后，"金伯利"号驱逐舰马上赶到，将意大利潜艇上的3名军官和27名水兵救起——其余艇员都不幸阵亡，不是随艇沉没，就是在英军营救之前溺毙。

事实上，直到"法尔茅斯"号打出灯光信号之前，"路易吉·伽伐尼"号都没能发现这艘护卫舰。"法尔茅斯"号射出的第一枚炮弹虽然是近失弹，却在海面发生了弹跳，这枚炮弹钻入潜艇指挥塔并杀死了舵手。第三枚炮弹则直接命中了"路易吉·伽伐尼"号，击穿了耐压壳体并在电机舱爆炸。当深水炸弹爆炸时，潜艇内开始大量进水，但讽刺的是，如果没有这几枚深水炸弹的"帮助"，耐压壳体受损的"路易吉·伽伐尼"号可能根本就无法再次浮出水面。

"托里拆利"号（由海军少校萨尔瓦托·佩洛西指挥）被派往吉布提港巡逻，

接替因故障而返回母港的"法拉利"号潜艇。6 月 19 日夜间,潜艇抵达指定巡逻区域。此处的海况相当艰苦:气温达 45 摄氏度,湿度达 100%。不久后,佩洛西少校收到一条命令,要求潜艇行驶到索马里海岸附近的一个新区域进行巡逻。这是一个毫无希望的任务,佩洛西少校要求上级确认这条命令,令人失望的是确认信息很快就传了回来。

21 日,"托里拆利"号抵达了新的巡逻区域,但它刚一到这儿就被英军发现,遭到 3 艘驱逐舰炮火和深水炸弹的猛攻。英军之所以能反应这么迅速,可能只是因为他们截获了"托里拆利"号与马萨瓦港的无线电通信,但也可能是由"伽利略·伽利莱"号提供的情报——跟围剿"路易吉·伽伐尼"号的情况一样。

英军船只很快就失去了"托里拆利"号的踪迹,但它们的攻击也令这艘意大利潜艇无法再继续巡逻了。除此之外,潜艇空调系统的缺陷也令艇员们纷纷生病。23日凌晨,"托里拆利"号从海面驶过丕林岛(Perim)海峡,此时被英军护卫舰"肖勒姆"号发现,因为在俘获"伽利略·伽利莱"号的行动中发挥过重要作用,"肖勒姆"号官兵的士气非常高涨。为了躲避这艘护卫舰的攻击,"托里拆利"号赶忙潜入水中。一个小时后,黎明时分,佩洛西少校在月光(当天是满月)的帮助下,看到"肖勒姆"号朝着丕林岛的方向驶离了这片海域。但祸不单行,"托里拆利"号的油箱开始不断漏油,这很快就会暴露它的行踪,考虑到当前的困境,佩洛西少校不得不决

➘ 战争爆发前,并排停泊在马萨瓦港的"阿基米德"号和"托里拆利"号。

定："托里拆利"号立即上浮到水面，并全速前往安全的海域。

仅仅5分钟后，就在佩洛西少校感觉自己能成功的时候，突然，他看见"肖勒姆"号调转船头再次朝着潜艇冲了过来。而且这次冲过来的不仅仅是一艘护卫舰，还跟着印度海军护卫舰"印度河（Indus）"号，以及3艘驱逐舰："喀土穆（Khartoum）"号、"坎大哈"号和"金斯敦（Kingston）"号。由于无法下潜，"托里拆利"号只能选择投降或在海面一决雌雄。佩洛西少校选择了后者。这是一场不公平的战斗：只有1门100毫米炮的意大利潜艇将要面对英军3艘驱逐舰（每艘都装备6门4.7英寸炮）和2艘护卫舰的大炮。面对强大的对手，"托里拆利"号首先发难，它的第二轮射击就命中了"肖勒姆"号，使这艘护卫舰退出了战场。战斗中，"托里拆利"号还发射了鱼雷，但被英军轻松避开。英军的炮术不佳，直到快要半个小时后才取得了第一次命中，但这发炮弹炸伤了佩洛西少校并炸坏了潜艇的舵机。

仗打到了这个份上，佩洛西少校只能命令全体艇员到甲板集合，准备跳海逃生，随后将潜艇自沉。佩洛西少校因为受了伤，不得不在艇员帮助下才跳入海中，但当佩洛西看到不断下沉的"托里拆利"号的艇旗仍在骄傲地飘扬时，他感到非常欣慰。所有的"托里拆利"号艇员均被2艘英军驱逐舰救起，随后被带往亚丁港。萨尔瓦托·佩洛西少校虽然成了俘虏，但因为在此战中的英勇行为，后来还是被意大利军方授予"金质勇敢奖章"。

▲ 英印海军护卫舰"印度河"号。

▼ 反映"托里拆利"号与英军驱逐舰激战的画作。

5小时后，一枚装填于"喀土穆"号驱逐舰右舷的鱼雷发生了爆炸，爆炸的具体位置是这枚鱼雷的压缩空气箱。右舷鱼雷及鱼雷发射管的后半部分被炸得粉碎，鱼雷发射管还裂开一道大口子，而鱼雷的前半部分则从驱逐舰上层建筑的后方穿了进去，冲过了舰上厨房，一直碰到扫雷器的绞车才停下来。虽然鱼雷的雷头并没有爆炸，但舰上仍着起了凶猛的大火，引燃了从厨房破裂管道中泄漏的汽油，火灾很快就失去了控制。由于热度极高，损管人员无法接近火灾区域，随后驱逐舰的弹药库发生了殉爆，

▲ 从舰尾方向拍摄的"喀土穆"号驱逐舰。

▽ "喀土穆"号驱逐舰侧视图。

摧毁了整个舰尾。英军试图将这艘驱逐舰拖往丕林岛港口，但失败了，这时候"喀土穆"号失去了全部动力，船身吃水逐渐稳定后，它的前主炮和舰桥都淹没在水中。

"喀土穆"号驱逐舰的沉没常常被认为是由"托里拆利"号造成的。但英军官方经调查后称：压缩空气箱的爆炸要归因于外部腐蚀在鱼雷内部产生了薄弱点，这种外部腐蚀是驱逐舰长期在海上面对恶劣天气后，由海水中的盐造成的，在这种条件下，鱼雷不能被卸下来并得到好的清洁和维护。"喀土穆"号驱逐舰及其姐妹舰在战争初期于大西洋和北海经历过艰苦卓绝的战斗，直到最近才来到东印度群岛。

对意大利人来说，灾难还没有结束。小型潜艇"佩尔拉"号（由海军上尉马里奥·普尚指挥）于 6 月 19 日离开马萨瓦，前往柏培拉（Berbera）和吉布提沿岸进行巡逻。26 日夜间，"佩尔拉"号遭到英军驱逐舰"金斯敦"号舰炮和深水炸弹的攻击，但受损并不严重。"金斯敦"号离开这片海域后，"佩尔拉"号上浮到水面，但不久后就搁浅在暗礁上。2 天后，"佩尔拉"号遭到了英军巡洋舰"利安得"号的炮击，还遭到了巡洋舰搭载的休泼马林"海象"水上飞机的轰炸——无疑，这是缓慢而笨拙的"海象"为数不多的几次攻击行动。后来，英国人认为这艘意大利潜艇即使没有完全损坏，也已经搁浅了好几个月——失去了修复的价值。因此当一名被俘的意大利空军军官告诉他们意军不但打捞了这艘潜艇，还将它拖回了马萨瓦进行维修的时候感到十分惊讶。

战争初期的意大利潜艇部队列出了一连串不幸的记录：在 16 天内，驻马萨瓦的 8 艘潜艇中有 4 艘被击沉或被俘，第 5 艘潜艇也严重受损，需要进行大修。从另一方面看，意大利潜艇在这些天内取得的全部战果只有被"伽利略·伽利莱"号击沉的"詹姆斯·斯托韦"号油轮和被"路易吉·伽伐尼"号击沉的"帕坦人"号护卫舰。

接下来的 8 个月内，直到 1941 年 2 月末，马萨瓦仅存的 3 艘大型潜艇共进行了 21 次不成功的巡航。这期间，只有 2 艘潜艇成功发射过鱼雷：1940 年 8 月，"法拉利"号在前往埃及的途中向一支英军船队发射了鱼雷，但没有任何收获——鱼雷虽然爆炸了，却是因为它们航行到了尽头，而非命中目标；另外一次就是下文将要介绍的，"古列尔莫蒂"号用鱼雷击沉了"阿特拉斯"号小型油轮。

1940 年 9 月 6 日，英国与德国开战已经近一年，与意大利开战也有三个多月了。这时候，英国的盟友——法国已经投降，不但本土被德军占领，战前庞大的殖民地也陷入分裂：殖民军一部分效忠维希法国，另一部分则追随流亡伦敦的戴高乐将军。就在这一天，BN4 护航船队正沿着非洲海岸静静地航行在红海上，目的地是埃及的苏伊士。BN4 护航船队共有 19 只船从卡拉奇（Karachi）和孟买（Bombay）起航，经过亚丁湾时有 5 艘船脱离队列，匪夷所思的是，这 5 艘船载运的货物竟然是骆驼，要把它们交给当地驻军以加强运输能力。同时，在亚丁湾另有 18 艘船加入这支护航船队，搭载着更多部队、燃料和战争必需品驶往埃及。BN4 船队内唯一的护航军舰是"利安得"号巡洋舰（HMS Leander），这表明船队的安全状况令人担忧，他

❯ 英军驱逐舰"金斯敦"号。

❯ 停泊在马萨瓦港内的"佩尔拉"号潜艇。

▲ 英军巡洋舰"利安得"号。

▼ 现今的马萨瓦港。

们随时可能遭到意大利驱逐舰的攻击，这些驱逐舰就驻扎在厄立特里亚的马萨瓦港。BN4 船队的右舷面对沙特阿拉伯（Saudi）与也门（Yemeni）的海岸线，甚至还要经过意军掌控的港口，水道非常狭窄，几乎没有闪避的空间，而且此地距离马萨瓦港只有 150 英里——对那里 7 艘意大利高速驱逐舰来说，是一段很短的距离。

马萨瓦同时也是意大利潜艇的基地，但 BN4 护航船队内并没有设置反潜力量。这部分是因为这个战区缺乏护航舰艇，部分原因还有这片水域受到自然地理环境和水下障碍物的限制，潜艇不太可能从水下发动攻击。在与英国爆发战争之后的几周内，意大利部署在东非基地内的潜艇并没有取得任何值得一提的战绩。也就是说在战争最初的日子里，意大利潜艇并未对印度洋的英国运输线构成什么威胁。

当天下午，BN4 有一艘希腊船失踪了，那是一艘名为"阿特拉斯"号（Atlas）的小型油轮，排水量约 4000 吨，它一直落在船队最后面，被船队公认为是个"掉队者"。实际上，当时正有一艘意大利潜艇"古列尔莫蒂"号在这个海域出没，它的指挥官——卡洛·图奇（Carlo Tucci）海军少校在稍早前并未发现 BN4 船队通过，但他发现了这艘孤零零的希腊油轮。航速仅 6 节的 "阿特拉斯" 号是一个简单的目标，图奇少校的鱼雷没有错过它。这艘油轮很快沉没，留下 30 名船员漂浮在水中，当天晚些时候，英国皇家海军 "金伯利" 号驱逐舰（HMS Kimberley）发现了这些船员并将他们救起。

然而，这次成功的袭击并没有成为意大利海军东非分舰队的潜艇们大开杀戒的开始，"阿特拉斯" 号只是意大利潜艇在 3 个月内击沉的第二艘商船——而且注定是最后一艘。意大利潜艇作战失败的另一方面是日趋繁忙地往来于红海的英军船队处于安全的状态；8 月份有 4 支来自世界各地的船队抵达红海、9 月份有 5 支船队、10 月份 7 支船队——总共有 86 艘船安全通过红海向北行驶，72 艘船向南行驶。

倒霉的 "佩尔拉" 号潜艇于 1940 年 7 月被拖回了马萨瓦港，当时它已经完全不能航行，直到当年年底才被修复。"佩尔拉" 号要想再次出海需要大量的工作，包括对已经因海水浸泡而损坏的主发动机进行维修。1941 年 1 月 6 日，它刚完成海上试航，就在英军一次针对马萨瓦港的空袭行动中再次被毁。但马萨瓦港的意大利海军技术人员有能力再次修好这艘潜艇，而且留给他们的时间还有好几个月。

1941 年，撤离

1941 年年初，意大利海军东非司令部（简称 MARISUPAO）已经非常清楚英军将会很快攻克整个意属厄立特里亚，包括两座港口——马萨瓦和阿萨卜（Asab）。鉴于此，他们将不得不对港口内剩余的水面战舰和潜艇的命运做出抉择。其中，驱逐舰和其他一些船只由于航程较短，没有抵达己方控制区的希望，只能命令它们做好自沉的准备。至于潜艇，司令部最初的计划是令 3 艘幸存的远洋潜艇驶往日本，但在那里它们将会被扣留；令 "佩尔拉" 号小型潜艇驶往伊朗的布什尔港（Bushire），它也会被扣留在那儿。经过仔细考虑，司令部又将全部 4 艘潜艇的目的地改为了迭戈·苏瓦雷斯（Diego Suarez），此地位于马达加斯加岛，由亲轴心国的维希法国政府控制，或许可以说服他们为这些意大利潜艇提供一个友好的避风港。

与此同时，坐落在罗马的意大利海军部（Supermarina）与德国海军最高司令部进行了协调，德方负责人邓尼茨海军上将同意 4 艘意大利潜艇可以使用 1 艘位于南大西洋的德军油轮进行补给。此外，航程不足的 "佩尔拉" 号将另外选择一个补给地点——马达加斯加南部的印度洋。经过补给，4 艘意大利潜艇可以前往法国的波尔多（Bordeaux），随后他们可以选择在德军指挥下于大西洋继续作战或者返回意大利。考虑到当时这几艘意大利潜艇糟糕的状态，和此行超远的距离——差不多有 13000 英里，这份计划显得过于乐观。根据计划，4 艘意大利潜艇将移除所有不必要的装备，包括备用鱼雷，尽量装下 60 天的补给。为了确保安全，意大利海军部命令潜艇在前往目的地的途中避免任何敌对行动。最后，各艘潜艇的艇长还得到指示：如果错过与德军油轮的会合点，他们将前往距离最近的中立国港口并被扣留。

计划确定后，由布鲁诺·纳普（Bruno Napp）海军上尉指挥的"佩尔拉"号于 1941 年 3 月 1 日率先起航，紧随其后的是"阿基米德"号（由萨尔瓦托里海军少校指挥），第 3 艘出发的潜艇是"法拉利"号（由皮奥马尔塔海军少校指挥），最后出发的是"古列尔莫蒂"号（由斯帕戈内海军中校指挥）。4 艘潜艇均保持水下航行状态，直到曼德海峡（Bab-el-Mandeb）以南的红海入口处。途中只有"佩尔拉"号在起航后不久就被英军发现并遭到一架布伦海姆轰炸机攻击，好在没有受到损伤。当时，弗朗索瓦·迪索托（Francois di Sotto）刚作为一名水手加入了这艘潜艇，他回忆说："艇员们都被吓坏了，但没人受伤。"

不久后，3 艘远洋潜艇都先后通过了莫桑比克海峡，尽管命令中要求避免敌对行动，但它们还是选择了这条繁忙的航运通道，因为这样可以少走数百英里的路程并减少相应的燃料消耗。在莫桑比克海峡，3 艘潜艇遇到了整个航程中最恶劣的天气，在一段时间内，汹涌的海水将它们猛地抛上抛下。从那里开始，3 艘潜艇一直航行到了非洲海岸以南，这段航程非常顺利，它们将前往西经 20 度 00 分南纬 25 度 00 分的一片海域——代号"安达卢西亚"——在此地与德国油轮"北马克（Nordmark）"号会合。

这个会合点距离马萨瓦 6600 英里，距离潜艇的目的地——法国波尔多也差不多 6600 英里。"北马克"号的舰长格兰（Gran）海军上校发现 3 艘意大利潜艇已经等得不耐烦了，它们每隔 4 小时就发一次导航信号。格兰赶忙回复，要求意大利潜艇停止发送信号，但它们不是没有收到就是置若罔闻。相比潜艇，"北马克"号处于更危险的境地，虽然它已

> 德国油轮"北马克"号。

经伪装成了一艘美国油轮"牧场（Prairie）"号。不久前一架水上飞机从"北马克"号上空掠过，这对它发出了"可能面临危险"的警告信号。很明显，这架水上飞机是从一艘距离"北马克"号非常近的英军战舰上起飞的，它飞向了西北方，因此格兰上校一完成补给，就带着3艘意大利潜艇向相反的方向航行。

除了补充燃料、水和食物外，"北马克"号还充当了酒店，令不少意大利艇员舒展一下筋骨，并且在舒适的环境中洗澡和吃饭。完成补给后，3艘意大利潜艇继续踏上征途，留下德国人等待"佩尔拉"号。它们的最后一段航程要经加那利群岛向西，然后在亚速尔群岛向东转往波尔多。虽然这3艘意大利潜艇均独立航行，但它们几乎在5月7日到9日之间同时抵达了波尔多——在海上共航行了65天。

"佩尔拉"号采取了一条绕经马达加斯加东部的航线，3月29日，"佩尔拉"号与德军袭击舰"亚特兰蒂斯（Atlantis）"号在距离该岛东南偏南约470英里处会合。这次会合遇到了一些麻烦，由于意大利艇员计算失误，两船费尽周折才在距离原会合点120英里处的海域见了面。德军袭击舰的舰长贝尔哈德·罗格（Bernhard Rogge）海军上校记录了当时的场面，"意大利艇员的情绪十分低落，他们的潜艇条

▲ 从舰尾方向拍摄的"亚特兰蒂斯"号。

◀ 德军袭击舰"亚特兰蒂斯"号舰长贝尔哈德·罗格上校。

▼ 反映"亚特兰蒂斯"号在印度洋的绘画。

件很差。"罗格上校向"佩尔拉"号补充了食物和大约70吨燃料，还派船员协助潜艇修复了一些故障。毫无疑问，罗格上校和"佩尔拉"号艇长纳普上尉之间的关系并不和睦，德国人试图说服意大利人一同行动到4月8日，并希望这样一艘潜艇出现在德班海岸附近可以带给盟军巨大的震慑。但纳普上尉却不理会这个建议，径直率潜艇奔赴与油轮"北马克"号的会合点——安达卢西亚。

像其他3艘潜艇一样，"佩尔拉"号与"北马克"号成功会合，接受了更多食物和燃料的补给，之后"佩尔拉"号启程前往波尔多，它需要走稍短一些的航线——从亚速尔群岛向东进入比斯开湾。虽然不远处就是安全区域，但对意大利人来说这是一个危险时刻，因为比斯开湾在英军的严密封锁之下。然而，当"佩尔拉"号的艇员们得知他们的远航即将接近尾声的时候，就不可避免地放松了警惕。就在这时候，据迪索托回忆说："一架德军飞机从低空掠过了我们，但这是一次错误的蓄意攻击，抑或是仅仅对意大利潜艇进行侦查？我们不得而知。"不管原因为何，这令"佩尔拉"号的艇员们感到非常扫兴。最终，"佩尔拉"号在1艘德军扫雷艇的护送下，于5月20日抵达了波尔多的吉伦特（Gironde），它在海上一共航行了81天。

➤ 抵达波尔多后，"阿基米德"号潜艇的艇员接受帕沃纳上将的检阅。

对 4 艘意大利潜艇来说，这是一段艰难的旅程。迪索托在回忆中描述：海上航行生活百无聊赖，只有在与德国油轮会面的时候才能略感兴奋，才能减轻这种煎熬。"潜艇上的生活严格分成了观察瞭望、维护机器和吃饭。休息时间我们大部分都花在收听新闻、打牌和睡觉上，并等待着下一次瞭望任务。每天都是同样的程序，同样的任务。"

这段史诗般的旅程有一个奇特的插曲。英国皇家海军后备队（RNR）中尉斯蒂芬·波尔金霍恩（Stephen Polkinghorn）在太平洋战争的初期（1941 年 12 月 8 日）就被日本人俘虏，当时他几乎手无寸铁的小型内河炮艇被日军击沉。众所周知，日本战俘营的生活条件从来都是很恶劣的，但波尔金霍恩回忆说，他的待遇要比其他战俘稍微好一些，或许是因为一些消息传到了日本人耳朵里：波尔金霍恩的女婿是一位非常著名的意大利潜水艇长——弗里茨·坦布里尼（Fritz Tamburini），他具有一半德国和一半意大利血统，其家族中还有多名意大利高级军官。1937 年，坦布里尼在中国的一艘炮艇上服役，在那里结识了波尔金霍恩的女儿并与之结婚。1941年远航期间，他担任潜艇"古列尔莫蒂"号的副艇长。抵达波尔多后，坦布里尼被遣送回意大利，像其他从东非远航归来的意大利船员一样，坦布里尼被授予崇高的荣誉，并被任命为"米罗海军上将（Ammiraglio Millo）"号潜艇的指挥官。不久后，在地中海，坦布里尼的潜艇被鱼雷击中，随即沉没，他和全体船员随艇同沉，无一生还。

4 艘意大利潜艇抵达波尔多，标志着意大利海军印度洋作战行动的终结。东非的意大利分舰队不论是潜艇还是水面舰艇都没有获得显著的成功，导致英军船队源源不断地通过红海航线到达埃及。因此，纵观 1940—1941 年印度洋的意大利海军，最大亮点反倒是：尽管意大利潜艇机械性能不佳，而且此前 8 个月内在马萨瓦港或在海上针对同盟国运输线的巡逻作战已经让艇员们疲惫不堪，这 4 艘潜艇还是克服了重重困难、安全地返回了本土基地。

直到战争结束，没有任何一艘意大利潜艇还打算再回到印度洋。

维捷布斯克之虎：
二战德国装甲王牌阿尔贝特·恩斯特战记

作者
张一鸣

zven@zven.cn

有需系，请将视频分享给您的朋友！

世界细菌战备及海战史，二战欧洲战场制海权史，欧洲海上作战事务。

美国海权

海上崛起

阿尔贝特·恩斯特（Albert Ernst）于1912年11月15日出生在德国北部城市沃夫斯堡（Wolfsburg），是二战时期著名的德国装甲王牌，曾驾驶"犀牛"坦克歼击车（The *HORNISSEN* Tank Destroyers）斩获75个战果。战时，恩斯特服役于第519重型坦克歼击营（519th Tank Destroyer Battalion）。1943年，苏军在第聂伯河左岸发起全面反攻。12月底的白俄罗斯战场上，苏军的铁拳已直指重镇维捷布斯克（Vitebsk），德军第519重型坦克歼击营被投入该地区进行防御。在同苏军的激战中，恩斯特和战友们一举击毁14辆苏军坦克，从而获得了"维捷布斯克之虎"之名。阿尔贝特·恩斯特也因这一辉煌战果而荣获骑士铁十字勋章。

八辆坦克的击杀

"少尉先生，那里正在激战！"说这些话的格奥尔格·克特尔中士（Unteroffizier Kötter）是排长的"猎鹰"号坦克歼击车（The *FALKE* Tank Destroyers）的驾驶员，他抱怨着苏军炮兵发出的这令人身处地狱般的噪音。这是1943年12月19日的早晨，苏军进攻的第七天。国防军第519重型坦克歼击营强行军赶往前线，他们将在那里被用作一支移动的"救火队"。

"时间很快就到了。"赫伯特·科纳内中士（Unteroffizier Herbert Colany）一边观察着，一边咽着口水。1连1排的排长阿尔贝特·恩斯特少尉吸了一口香烟。他很兴奋，这是他第一次驾驶这辆巨大的坦克歼击车投入战斗。在训练中，一切都进展得很顺利。"犀牛"坦克歼击车配备着令人胆寒的88毫米口径火炮，现在是展现其威力的最好时机。

"有人来了。"布雷特施奈德代理下士（Gefreiter Bretschneider）从棚屋的入口处喊道。几秒钟后，一辆跨斗摩托车停下来，棚屋的门被猛然推开。1连的连长施特雷勒上尉（Hauptmann Strehler）来了。

"恩斯特，准备好！你和你的3辆坦克歼击车必须在3分钟内出发。向苏拉日（Surash）方向前进！"

"我们全部都去？"恩斯特少尉问道。施特雷勒上尉点点头。

"我们将会沿苏军集结地域的整个正面部署手中的这些坦克歼击车排。可以这么说，充当掷弹兵们的屏障，恩斯特。"施特雷勒上尉语毕，便坐上摩托前往2排。

低矮的棚屋内还有不少事儿亟待处理。几分钟之后，驻扎在此地的 3 辆战车的乘员就站在了他们的战车旁。这辆坦克歼击车有一辆 4 号坦克的底盘，在它固定的战斗室里装有一门 88 毫米火炮，长身管火炮使它看上去像一头巨型的史前猛犸象。

恩斯特少尉在战车中就位后，就听到奈格尔技术军士（Feldwebel Neigl）和他的排已经出发了。

"出发！"他命令道。

大型引擎加速运转，3 辆坦克歼击车以楔形队列向着炮火轰鸣的方向行进。车组乘员站在顶部敞开的战斗室里。阿尔贝特·恩斯特注视了他们片刻。这些战士全部都是他可以依靠、信赖的人。

炮火越来越近。在他们面前，炮火将泥土喷射而起，形成一道道高大的喷泉。冻土块在空中"嗖嗖"地掠过。

"往弹幕方向开，克尔特！"恩斯特命令他的驾驶员。早些时候那些挟住他的兴奋感逐渐褪去。他的脸绷得紧紧的，看上去变得更窄了。恩斯特的视线也变得越来越集中，盯着即将到来的地狱。

当他们到达位于炮火中心的小镇时，已经接近中午了。烈焰从村庄翻腾而来，强烈又刺骨的东风夹带着黑黄色的烟云和火焰，朝着 3 辆坦克歼击车的方向吹去。恩斯特少尉在前侦查。随后，他们来到营部指挥所。

"怎么样？"恩斯特问营副，"苏军要来了吗？"

"当然！昨天他们对我们的阵地进行了侦查，还标定了火炮。他们很快就会到这儿了。要来支烟吗？"

恩斯特少尉又吸了一支烟。在稍后的战斗中，他们没有时间抽烟，而且他们也不想再抽烟。他匆忙把烟抽完了。

"他们花了一周的时间尝试攻下这个阵地。"营副继续说道。他暗中注视着身穿黑色装甲兵制服的恩斯特少尉，并注意到少尉身上的勋章：两个级别的铁十字勋章、一枚银质战伤章（Silver Wound Badge）和一枚佩戴在颈部的保加利亚高级勋章（High Bulgarian Decoration）。这名参谋心想：他一定是个英勇的人。

恩斯特少尉陪同步兵指挥官走进营部指挥所，并在那里了解到最佳伏击地点的分布情况，然后走出了指挥所。另两辆坦克歼击车的车长——霍尔曼（Hollmann）和弗雷索克（Fressonke），朝他走过来。

"战事进行得怎么样了，少尉先生？"

"苏军正向战场投入新的兵力。他们想要拿下维捷布斯克，拔掉在他们前线一侧的眼中钉。"

"在那里的可怜人啊。"弗雷索克手指着炮弹爆炸的方向，那里已经成了一片狂怒的地狱之火。

"我们要把车开至山边，进入背坡的反斜面阵地，"恩斯特说，"敌方的攻击波可能会随弹幕射击角度的抬举而移动。"

3辆"犀牛"坦克歼击车往山上爬去，直至坦克歼击车的战斗室刚好露出山脊，达到最佳射界。3辆"犀牛"坦克歼击车的横向间隔大约100米，引擎关闭时，炮弹发射的"轰隆"声和火炮弹幕的撞击声变得更加响亮了。

格奥尔格·克特尔中士打开了驾驶员舱门，凝视着他们面前的这片地狱。12月白天很短，刚到下午，黄昏已经降临。他们面前的由炮弹爆裂引发的炮火风暴正在肆虐，遮蔽了几乎整片天空。

"该死！"索特（Obergefreiter Sötte）下士抱怨道，这已是他第十次擦拭光学瞄准镜了。

"'猎鹰'呼叫全排！你们准备好了吗？"恩斯特少尉问。车长们一个接一个地报告，他们已经做好了投入战斗的准备。

突然间，对方的炮火提高到一个新的强度。那是征兆！阿尔贝特·恩斯特知道这意味着什么。在来莫斯科之前的1941年和1942年的冬天以及随后的一段时期，恩斯特和他的坦克歼击车在第3装甲师第3摩托化营服役。恩斯特在那时就已知道苏军炮火增强往往意味着：他们要发起进攻了！

只有少数几颗炮弹落在了坦克歼击车附近，狠狠地撞进冻土里，大地跟着颤抖起来。上千门火炮组成的钢铁风暴捶打着德军的阵地，第14步兵师的掷弹兵经受着这片地狱之火的折磨，被迫忍受了30分钟的密集火力。

在山边，炮弹落点越来越近。一枚炮弹就在"猎鹰"号前方30米处爆炸了。士兵们潜身躲避，厚厚的土块击打在坦克歼击车正面的装甲板上。

"混蛋！"布雷特施奈德咆哮着，因为有一大块泥土砸在了他的腰背部。科纳内依旧冷静地说道："省省你的抱怨吧"，然后他继续吸吮着自己受伤的舌头。

突然，苏军的炮击停止了。恩斯特举起他的双筒望远镜。在远处被苏军占领的苏拉日村庄前面，他看到了密密麻麻的红军战士，人群之间还有一些黑色的、紧密的点。它们是……是的，它们是苏军的T-34和KV-1坦克！

"他们来了。做好准备！"

第一发炮弹已经上膛。科纳内中士在苏军前进的方向进行粗略地瞄准。

"现在不要开火！"少尉命令道，"直到确定我们的每一发炮弹都能击中一个目标后再发射。那时让他们尝尝我们的厉害。"

站在战斗室左后方的位置上，恩斯特少尉获得了最佳的视野，不过这也令他暴露在苏军的机枪和炮火之下。向左面和右面望去，他看到"兀鹰"号（The BUSSARD Tank Destroyers）和"雄鹰"号（The ADLER Tank Destroyers）正准备开火。而此时苏联的坦克也已经消失在一片被炮轰过的树林里，当它们再次出现时，就会进入"犀牛"的射程内。在坦克歼击车内等待的士兵已经可以听到渐渐靠近的坦克发出的"隆隆"声和咆哮声。苏军一定很快就会到达德军主阵地附近，在那里冰冷的散兵坑内趴着的掷弹兵们正躲在机枪后面等待着他们。

苏军的迫击炮弹向德军阵地开火。一次又一次，爆炸的迫击炮弹发出尖锐的、撕裂的声音。第一发穿甲弹落在三辆坦克歼击车的附近，然后迫击炮弹开始在小山上炸开。

恩斯特将耳机紧紧地压在耳朵上，也将无线电的音量设置到最高，以确保他能在一轮又一轮迫击炮爆炸的轰鸣声中听到声音。此刻，站在望远瞄准镜后的恩斯特将烟从嘴唇上移开，任由它落在地上，虽然他的眼睛没离开瞄准镜哪怕一秒，但他仍能用靴子的脚尖部位准确地碾熄发光的烟头。这是他的例行程序，这也是他在提醒自己：这是我们上场的时刻了！

苏军坦克从森林破碎带的尽头出现：10辆，15辆，20辆，更多的坦克跟随其后。

"'猎鹰'号呼叫全排，距离1800米！"

目标瞄准，检查，校准目标。

开火！

科纳内中士按下发射按钮，第一发炮弹飞离了88毫米火炮那长长的炮管。坦克歼击车因为强大的后坐力而猛烈地颤抖起来。这是他们在长达数周的练习之后，第一次向苏军开火。现在他们必须证明自己，或者屈服于失败。

"它被打着了！"装填手索特大吼着。他是一个像公牛一样健壮的年轻人，这时他用手臂捧起下一枚炮弹，并将它从打开的炮闩送入炮膛。不远处，火焰正从T-34坦克中喷射而出。突然间，整个参加进攻的苏军坦克方阵都停了下来。"兀鹰"号开火了。一秒钟后，其开火的轰鸣声已几乎融入其他火炮发出的"隆隆"炮声中，"雄鹰"号紧接着也射出了第一枚炮弹。

再次瞄准目标。科纳内迅速而笃定地工作着。

"1600米，11点方向！"

又一次校正，目标锁定，开火！

又一次命中，这次击中了苏军坦克的车体。坦克很快就被烧毁了。这三辆坦克歼击车开火速度越来越快。命中！命中！命中！

苏军坦克开始还击，采取规避机动，试图逃离这片地狱。装备长身管88毫米炮的三辆"犀牛"号继续向正在进攻的苏联坦克密集开火。越来越多的苏军坦克或受损燃烧，或转身逃回能给予防护的黑暗森林之中。

突然，炮弹开始像下雨一样落在高地上。敌军的炮火显然刚刚得到了一个新的目标。炮弹的落点离3辆坦克歼击车很近，它们周围天崩地裂。随处可见蹿高的火焰，钢铁撞击着钢铁，受伤的人大声呼喊、哀号。很快，迫击炮弹也加入进来。苏军的迫击炮弹像冰雹一样落下，但造成的破坏却很小。因为50毫米迫击炮弹的碎片并不能穿透坦克歼击车，弹片撞击车体的装甲，却产生不了任何伤害。

装填手鲁道夫·索特（Rudolf Sötte）重新装填。88毫米炮发出怒吼，抛壳机从炮尾抽出的空药筒"哐啷哐啷"地落到地板上。

击中苏军坦克的弹药在爆炸时会喷射出一束火焰，将坦克瞬间变为一具燃烧的铁棺材。恩斯特少尉已经忘记他周围的一切，他将精力集中在击毁那些到达德军主阵地试图去瓦解结冰的战壕或碾过散兵坑的每一辆苏军坦克上。

"战斗继续。"恩斯特的命令简短而明确，纾解着战友们内心的失望情绪。毫无疑问，他们一定能阻止苏军的这次装甲突击。

苏军最后的坦克力量一辆接一辆地消失在逐渐降临的黑暗中，只留下八辆被炮击、炸裂以及无法使用的坦克。这其中有六辆被"猎鹰"号击毁，其余两辆分别被其他两个车组乘员击毁。

苏军的步兵也已经撤退。只有几个小组的苏军步兵仍留在德军阵地前面的无人地带原地不动，可能在等待下一轮攻击。多处大火持续燃烧了整晚。前线的一些房子正在燃烧，敌军坦克中的两辆也烧得灼热。厚云浓烟笼罩着它们，就像被摧毁的黑色纪念物。

苏联的军队在苏拉日重新部署，新的攻击小组向前移动。恩斯特少尉掏出一张前线报纸，给他的车组乘员朗读最近的《国防军公报》（*Wehrmacht communiqué*）。

"涅韦利（Nevel）地区爆发的激烈战斗处于东线其他战斗的大背景下。"

"天呐，他们从涅韦利附近着手了，少尉先生。"

"那是 14 天前的事情了，发生在这儿以北，"少尉回复道，"现在他们同样想要粉碎我们第 3 装甲集团军的北翼。"

"但是苏军没有那么好的运气，"向他们走来的霍尔曼技术军士插了一句，"从 12 月 13 日起，他们就一直在徒然地进攻。现在已经是 19 号了，他们很快就完蛋了。"

"我担心他们会坚持更长的时间，而这仅仅是个开始，"少尉说，"苏军可能想建立一个出发点，然后从这里进军到波罗的海诸国。为了达到这一目的，他们必须粉碎我们的装甲集团军北翼。"

"只要有掷弹兵掩护我们，我们就能够顶住。否则，苏军步兵会近距离使用武器将我们从'犀牛'中赶出去。"霍尔曼提议道。

"弗勒尔克少将（Generalmajor Flörke）①正待在这里，他大部分时间都待在前线的壕沟里，与掷弹兵在一起。"少尉插了一句。

"废话说得够多了！"弗雷索克中士抱怨道。

"那么，我们应该说说煎鸡蛋和烤土豆吗？"霍尔曼说。

"该死！"弗雷索克怒冲冲地大喊，"少尉先生，快别让他说吃的东西。"

阿尔贝特·恩斯特咧嘴笑起来。

"你记得吗，弗雷索克，在博尔纳附近的'野猪'（'Wilden Sau.'）餐厅。烤土豆和德国香肠拌着……"

"少尉先生，你是想要杀了我吗？"弗雷索克责备地问道。

他们吃的是冰冷的口粮，随身携带的水壶里装着用来刷洗发动机盖板的茶水。

很快就到午夜了。3 辆坦克歼击车开往小山上的新位置，那块阵地就在掷弹兵附近。

"战士们，如果没有你们，"一名戴着金制德意志十字勋章、胡子拉碴的下士说，"他们很容易就从我们头顶上开过去。"

"只要注意别让苏军跑到我们后面去，我们会照顾好一切的。"弗雷索克叫道。

"不要大声叫喊！"恩斯特说，尽管他在微笑。这个来自德国东部的年轻人是

---

① 第 14 步兵师的师长，4 天前荣获了骑士铁十字勋章。

个另类，但非常值得信赖。

已经00:05。"你听到什么了吗，少尉先生？"走在东北方最远处的霍尔曼问道，"听起来像坦克！"

几秒钟后，他们全都听到了履带"咔嗒咔嗒"的响声和"轰隆"声，并且在夜色中看到一辆苏军坦克的排气管喷出鲜红的火焰。

恩斯特少尉扫了一眼地形。他们在那里！毫无疑问，坦克正向前方驶来！在它背后是密集的坦克群，更远的后方是新一轮进攻而来的步兵。

"少尉先生，不要放过他们任何一个！"来到坦克歼击车旁的一名掷弹兵大喊。他抬头看了看恩斯特，在苍白的满月之光下，恩斯特看清了这个瘦削的、年轻的面孔。掷弹兵大大的眼睛在盯着他，几乎是在恳求。

"我们不会留下你们独自面对这一切。"恩斯特回答道。

"注意！'兀鹰'号负责右翼的这个，'雄鹰'号负责左翼的那个。你们发现他们了吗？"

"发现目标！"两位车长几乎同时报告。

"在我们确定之前，不要开火！"

他们等待着。前方的远处，德军的第一架MG-42机枪开火了，战斗在掷弹兵和苏军步兵之间展开。这时，苏军坦克的主力停止了，烈焰从苏军坦克上的76毫米主炮中喷射出来。

"注意！开火！"

3门88毫米炮一起开火。炮弹向着苏军怒吼而去，猛烈地撞进苏军坦克的钢铁盔甲中。一波爆炸后，3辆苏军坦克一下子失去了战斗力。即使已经动弹不得了，其中的两辆仍在开火。

"他们正在猛攻墓地山，少尉先生！"

"我们要阻止他们！"

当第一辆T-34爬上山脊时，他们就开了火。伴随着88毫米炮风哮雨嚎般的炮口焰以及抛壳机铿锵有力的动作，穿甲弹直取目标，撞击着苏军坦克的装甲板，瞬间迸发炫目的光芒。这时，有炮弹在坦克歼击车的右侧爆炸。爆炸的火焰喷射向上，溅起的泥土洒落在士兵身上。幸运的是，这是一片柔软的土块，正好击中装填手索特的脸。索特来自莱比锡，非常强壮有力。他咒骂着，啐了口唾沫，然后回去继续工作。

一辆 T-34 坦克穿过一片洼地径直朝他们过来，"犀牛"坦克歼击车射出的第一枚炮弹刚好穿过它的炮塔。T-34 的炮塔来回移动，长长的炮管随着炮塔的旋转指向德军阵地。这时，从 T-34 坦克的炮口闪过一道炮口焰。两秒钟后，附近的"雄鹰"被 T-34 坦克直接命中。

恩斯特通过无线电听到弗雷索克中士的声音。"少尉先生，我们……"这时，话语被一个长长的、如流水潺潺般的呻吟声打断。少尉转过头，他看到"雄鹰"的车组乘员躺在了地上。

"开火！"他大喊。

这次科纳内正中目标，这一炮击中了 T-34 坦克的炮塔。爆炸的冲击波将 T-34 的炮塔掀离车体，炮塔跌落在 T-34 坦克之后十米处。"兀鹰"击毁了另一辆 T-34 坦克。紧接着，敌军坦克的攻势崩溃了。苏军又损失了 6 辆坦克。至此，3 辆"犀牛"坦克歼击车已经击毁了共 14 辆坦克。其中的 8 辆是恩斯特少尉的功劳。

掷弹兵们清理了敌军步兵的阵地。他们向后撤退 200 米，到了墓地山附近。就在克特尔中士点燃第一支烟时，乔纳森下士——"雄鹰"上的装填手朝他们走过来。

"少尉先生，车组乘员已经撤离出去，弗雷索克中士阵亡了，但是我不想撤退，我想留下来和你在一起。"

有几秒钟，恩斯特说不出话来。然后，他让自己镇定下来，给出了一个答复。

"你身体受了什么伤？"

"一片弹片击中了我的左肘部，少尉先生。"

"你身负这样的伤，应该立刻去急救站，乔纳森。你不能待在这里。"

"但是，少尉先生，这个伤完全不妨碍，你一定能留下我继续战斗的。我不想撤退，少尉先生，请让我留下来。"

恩斯特少尉看着这名下士，他在这张年轻人的脸上看到了坚定的神情。尽管如此，他还在犹豫。

"少尉先生，"下士再次请求道，"看看这个！"他试图去伸展胳膊。他的胳膊发出可怕的"嘎吱"声，这个年轻人露出了因疼痛而起的痛苦神情。

"乔纳森，你必须……"

"我必须留在这里，少尉先生，这里只有少量掷弹兵了。我可以拿着一支冲锋枪参加战斗，至少我可以掩护你。或许他们可以安排我去巡逻队，我非常擅长做那种工作，甚至可以单手射击。"

他弯下腰，用右手从皮套中拔出了他的"8毫米手枪"。看到这些后，少尉放弃了挣扎。他知道说什么都没用了，而他也确实能够用上乔纳森。他默默地点点头。有一秒钟，一个微笑闪现在他的脸上——甚至是在战后，这个微笑也没能丢失它的坚韧。他永远不会将这些士兵留在困境之中，他们也愿意留下来陪伴他，就是这样。

一小时后，恩斯特少尉找到了这名下士。

"乔纳森，我们一起去巡逻。"

"好的，少尉先生。"这名年轻人说。

他们马上出发了，猫着腰深入到无人区。他们没有发现苏联人，看来当晚敌军不会再次发起进攻了。在接下来的一小时里，乔纳森作为传令兵两次赶往前方。

"我们打算撤退。重整装备，补给燃料，然后休息一小时，将我们受伤的士兵集合在一起——还有阵亡的！"恩斯特命令道。

在接下来的一小时里，他也从第14步兵师接收到一些受伤的士兵，并将他们安置在"犀牛"坦克歼击车的战斗室中。第二辆"犀牛"坦克歼击车同样载满了伤者，一些受伤较轻的士兵爬上了发动机后部的盖板。

"小心，"驾驶员大喊，"别让战车后部的温度太高。"

他们慢慢地驶回后方。克特尔中士小心地将这些"惨不忍睹的货物"（伤员和死人）送往主急救站。恩斯特少尉在那里偶遇了营军医布伦策少校（Oberstabsarzt Dr. Brunz）。

"弗雷索克已经运到墓地去了吗，少校先生。我们想在早上埋葬他。"

"很快就会办好的，恩斯特。"医生说，他向这位30岁的少尉伸出了手。

在他们返回前线前不久，乔纳森下士出现了。

"少尉先生，我不能待在这里。带我跟你一起走吧！"

"你完全疯了，乔纳森，"恩斯特回答道，"你真的不能跟我们回去！理智点！"

恩斯特少尉适当地训斥了这名士兵一下。这名下士盯着他看了很长一段时间，恳求地，默默地。少尉又一次心软起来，他示意乔纳森爬上坦克歼击车。

"谢谢您，少尉先生！"乔纳森喊道，好像担心少尉可能会改变主意。他跑到车上，纵身一跃，紧紧抓住。

夜晚已过。两辆"犀牛"都已经准备好再次行动。恩斯特和他的士兵得知，整个坦克歼击营与虎式装甲连（隶属于第501重型装甲营，该营是弗勒尔克少将派来的）一起，已经摧毁了60辆敌军坦克。在这些战绩之中，恩斯特少尉手下的3

辆"犀牛"就已经摧毁了14辆。

士兵们开车去他们的兵营，他们抓紧时间倒在稻草上，很快就睡着了。

12月21日的早晨，恩斯特少尉早早就醒来了。炮火沉闷的"隆隆"声通过敞开的窗子进入房间。他站起身来，在已经注满干净淡水的脸盆里洗了把脸。

"你来跟我一起吗，博古特？"

维利·博古特（Willi Boghut）点点头。他们离开住满了战友的棚屋，走到户外，一些士兵还在睡觉。"犀牛"坦克歼击车已经行驶到棚屋西边，并伪装在稻草里。这些伪装的稻草看起来像是建筑物的扩展部分，从空中俯视，它们几乎是隐匿的。

"昨晚你那边怎样，维利？"恩斯特问他的朋友。

"什么事都没有发生！"博古特有点恼怒地回答，"好像总是这样。我和我的排出去执行任务时，苏军就永远不会来。你们出去时，他们又总是全体出现。"

开始下雪了。滚滚云层下，大雪被凛冽的东风裹挟着吹向村庄。寒风拍打着坦克歼击车，雪花已经覆盖了排里那辆没有保护的挎斗摩托车。一名连队的哨兵从拐角处走来，他脚上穿着厚厚的衬毛皮靴子。为了躲避暴风雪，他弯着腰，但当他看到这两个人时，依旧站直了敬礼。阿尔贝特·恩斯特朝他挥挥手，两人再次走进棚屋里。

"信件难道不是从今天的集合地点送来吗，少尉先生？"霍尔曼问道，他刚洗完，现在开始刮胡子了。

"它可能会在中午时与口粮一起送到。——嘿，萨沙大叔，你在干什么？"

萨沙大叔（Uncle Sasha）是位上了岁数的俄国人，他是为大家服务的杂役。这时，他挺直了弯曲的肋骨，展示着他正在卷的香烟。

"这里，帕恩少尉！好烟！"他说着，举起其中一支香烟。

"嗯，它闻起来有向日葵和薄荷的味道，我们最好丢了它。"恩斯特说着笑起来了。老人笑着点燃了一支香烟，然后站了起来，转身回到他的小屋。恩斯特环顾四周。他们曾在那里的平台上摆放着弗雷索克的尸体，现在他躺在公墓里，明天他们将会埋葬他。

"野战炊车来了！"其中一名士兵说，他几乎在第一时间就发现了。他们跑到门口，把车门打开。战斗已渐渐平息，人们正在为下一轮战斗而喘息。

厨房就建在连长的棚屋后面。士兵们来到户外，每个车组来一个人，每人携带五套餐具。餐盒的手柄缠绕在一起，这样他们就可以用一只手拿五套，用另一只手拿冰冷的口粮。

科纳内和霍尔曼跑到这辆随行的卡车旁。

"信件在哪里，沙尔施密特（Schaarschmitt）？"他们问第 1 连连部办公室的技术军士。军士透过厚厚的眼镜眨了眨眼，用手指了指他身后。霍尔曼抓起信件袋就跑回了棚屋。当布雷特施奈德带着饭回来的时候，信件已经被熟练地分开，并用小袋分发到了 2 排。

他们吃得很快，阿尔贝特·恩斯特也是。恩斯特非常想扔下手中食物，去拆开那两封有着自己年轻妻子笔迹的信，但他压下了自己的这个念头，舀起了一勺热豌豆汤。饭后，他们几乎同时打开了信封，随后便是一段异乎寻常的安静。萨沙大叔明白发生了什么。

"你妻子？"他问少尉。恩斯特点了点头。

"她好吗？"

"是的，她很好。"恩斯特答道。

信中的这些字眼，由他挚爱的妻子写就，将他的思绪带到了几千公里外。此刻所有的一切都已被忘却，他看到的一切都变成了手写的线条——他因此得知有人在远方为他祈祷，为他担心。

喧闹的嘈杂声打破了寂静。慰藉、喜悦和信心充满了房间，直到霍尔曼技术军士递给排长三封信。这三封信是写给弗雷索克中士的，一封来自他在莱比锡的父母，两封来自他在博尔纳（Borna）的新婚妻子。事情总有糟糕的一面。弗雷索克阵亡了，但他远在国内的亲人依旧对他抱有最好的期望。他有着士兵注定的命运，已经死亡却也还活着，他们永远不会忘记这名战友。

作为他们的排长，恩斯特必须给弗雷索克的父母写信。也许他的话语能给他们送去所需的安慰——安抚他们，使他们确信弗雷索克没有遭受过多的痛苦。虽然这些文字不能改变弗雷索克已经阵亡的事实，但它或许能减轻他家人内心的痛苦。

反攻

电话响了。12 月 22 日的早晨来得很早，阿尔贝特·恩斯特看到代理下士示意他接起电话。他快速地跳了起来，拿起了话筒。

"一排，恩斯特少尉。"

▲ 第519重型坦克歼击营的"犀牛"坦克歼击车。

▲ 战斗间隙的第519重型坦克歼击营"犀牛"坦克歼击车。

▼ 阿尔贝特·恩斯特驾驶的"犀牛"坦克歼击车。

▼ 第519重型坦克歼击营装备的"犀牛"坦克歼击车1944年12月的涂装。

沃尔夫－霍斯特·霍佩少校（Maj. Wolf–Horst Hoppes）铿锵洪亮的声音通过电话线传来。

"恩斯特，你立马带一辆战车开往苏拉日方向。苏联步兵就要进攻了，掷弹兵需要支援。"

"我马上出发，少校先生！"

"要再次出发了吗，少尉先生？"霍尔曼问。

"你留在这儿。'猎鹰'车组准备好！"

三分钟后，他们离开了棚屋，冰冷的暴风雪吹打在他们脸上。雪花几乎是冰凌，但幸运的是雪花不太密集。之后，他们各就各位，预热发动机，雪势有所减弱。

"前进，克特尔！向着墓地的方向！"

"犀牛"开始发动了，强有力的发动机咆哮着。坦克歼击车快速到达山谷，在肆虐的大雪中翻过山顶，然后开往下一个山谷。路上，一组工兵为坦克歼击车指明了道路。他们驶往工兵提示的方向，避开了为防御敌军坦克而铺设的圆盘反坦克地雷，到达掷弹兵的集结地域。

一名陌生的少校朝他们走来。"看起来如何？你有足够的高爆弹吗，少尉？"他问。阿尔贝特·恩斯特点点头。

"进攻的主要力量在哪里？"他问。

"跟着我，我带你过去。那里的一个机枪阵地正阻挡着我们！"

歼击车在少校后面"嘎嘎"地开动着。突然发起一阵机枪扫射，迫使少校寻找掩护。坦克歼击车从他身边驶过，恩斯特在"犀牛"的一侧俯身下去。

"我们已经辨认出目标，少校先生。攻击信号是什么？"

"一个倾斜向前发射的信号弹！不要开得太快！"

"告诉你的兵不要在坦克后面聚成一团，不然他们会很危险。"

少校点点头。然后他们向前走去，到达一小片冷杉树林。就在这一刻，四道如长矛般的火焰从小山上发射而来，那是苏军的机枪阵地在射击。

"干掉机枪阵地！"恩斯特命令道。

科纳内中士锁定了目标位置。他瞄准目标，以便炮弹能打在炮口焰下半米处。这是一发高爆弹。开火时，火炮产生一股强大的撞击力，后坐力使"犀牛"坦克歼击车向后退了一步。"击中了！"一名躲在散兵坑中的掷弹兵大喊。第二和第三枚炮弹彻底击毁了机枪阵地。

"看信号，少尉先生！"

阿尔贝特·恩斯特已经看到它了。

"前进！以步行的速度！"

坦克歼击车向前开进。下一枚高爆弹已装填进后膛。科纳内没有开火，他在等待一个确定的目标。掷弹兵坦克跟在坦克歼击车后不足 10 米处，当两三发迫击炮弹在附近爆炸时，它们开始寻找掩护。恩斯特少尉通过望远镜观察，他看到山谷中有一群穿着土棕色衣服的苏军士兵。那一刻"犀牛"立在山峰上，那里的视野非常好。

"600 米。12 点钟方向！"

"目标识别！"几秒钟后炮手报告道。

"开火！"

巨炮发出怒吼，抛壳机抽出的空药筒"哐啷"一声落在地板上。索特立即将又一发炮弹装填进炮膛内，炮闩干脆利索地闭锁。作为新一轮进攻的开端，一发炮弹在一群红军士兵集结的山谷中央炸开。德军的进攻击败了他们。

"前进！前进！"少校怒吼着。他站在"犀牛"坦克歼击车的旁边，抬起手臂指向山谷。掷弹兵们在少校的指挥下跳出散兵坑，开始奔跑。克特尔中士在他们后面操纵着坦克歼击车，发动机咆哮着。

恩斯特少尉看到乔纳森下士正在协助装填手，年轻士兵的脸色一片惨白。希望他不要昏倒，恩斯特想。就在这时，乔纳森崩溃到无法坚持了。他用尽最后一丝力气爬到一边，以免妨碍装填手索特的工作。恩斯特在心里承诺，如果他们能够在这次战役中幸存，他一定亲自将乔纳森送去急救站。

这一轮进攻进展得很快。他们到达了苏军阵地的前锋位置。高爆弹摧毁了抵抗者的藏匿处。苏军开始逃跑。"坦克出现了，少尉先生！"克特尔中士大喊。当一辆 T-34 坦克从山谷右侧冲出来时，他通过驾驶员的观察口发现了它。3 辆，4 辆，还有另外 5 辆坦克紧随其后。

最后一枚高爆弹从坦克歼击车的炮管中呼啸而出，装填手迅速将一枚穿甲弹推进了后膛。苏军的炮弹将冻土撕开。一块硬得像石头的冻土块击中了科纳内的额头，这名炮手无声地滑落在地板上。

"把他扶起来！"少尉大喊。他和索特把这名失去意识的战友抬到一边，布雷特施奈德代理下士马上开始照顾他。恩斯特通过炮手的光学瞄准镜扫视了一眼，第一辆 T-34 坦克进入了视野范围。他控制住准星，略微回调，然后按下发射按钮。

随着一波抖动的气流，穿甲弹离开了炮管，击中了 T-34 坦克，将这辆坦克的炮塔从炮塔座圈上撕裂下来。

"击中了，少尉先生！"恩斯特少尉看到这名魁梧的下士满脸都是汗水，在他装填炮弹时，炮弹们好像都变成了火柴棒。他知道，这是一名可以信赖的士兵。

"索特，当心！"当索特的手过于靠近即将发射的炮尾时，恩斯特大声警告这个大块头快把手挪开，以免像其他倒霉的装填手一样被炮身的后坐力撞碎了手臂。好在索特已经意识到了危险。

"少尉先生，科纳内醒来了。"布雷特施奈德大喊，并松了一口气。他说了什么，恩斯特一个字都没听进去。他看见苏军坦克的炮口发出一道闪光，然后他看见炮弹紧贴着坦克歼击车飞了过去，远远地砸进他们身后的地面里。

"三点钟方向！"他命令道。克特尔转动战车，然后微微地做了调整。88 毫米火炮的这发炮弹将刚要准备再次开火的 T-34 坦克的右前负重轮撕扯了下来。爆炸的冲击力使得 T-34 四处打转，它的第二炮偏离了目标。

突然，"犀牛"遭到来自左侧 300 米射程处的炮火射击。

"之字形前进，开足马力！"恩斯特大喊。坦克歼击车像一个摇摇欲坠的巨人般突然转向，径直奔向 T-34。这辆 T-34 开火时，炮口会再次喷射火焰。

"停下！——停下来！"

"犀牛"坦克歼击车猝然一动，猛然停下。恩斯特未经精确瞄准就开炮了，这发炮弹从 88 毫米火炮的"后腔"射发。穿甲弹击中了 T-34 坦克车体前部装甲，并且击穿了它。

有那么几秒钟，好像什么事也没发生。在那之后，苏军坦克的炮塔舱门突然打开，车长和炮手从火海里跳了出来，跑到一边，不由分说地在地上打滚，以扑灭身上的火焰。接着，第三名车组乘员的脑袋出现在了舱门口，可就在他一半的身体爬出舱门时，发生了两次爆炸。这两次爆炸撕碎了 T-34 坦克，炸死了他及第四名车组乘员。

"犀牛"向前驶了一小段距离，在一个小山谷停了下来，然后"嘎嘎"地驶向一边，以全速"隆隆"地爬上一个斜坡，到达一处全新的发射阵地。

这是一场生死之战。如果苏军坦克成功地击毁它们，那些被迫躲藏在旷野的掷弹兵们就会被打垮、杀死。他们再次驶向苏军。在 88 毫米火炮的捶打之下，第 5 辆苏联坦克被炸成了碎片。然后他们又击毁了第 6 辆。现在苏军集结区的缺口如此之大，他们应该明白自己也有可能会被消灭。当一切平静下来时，他们驶回最初的出发阵地，科纳内问道："我们击毁了几辆敌军坦克，少尉先生？"

"六辆，老朋友！"

"那么，要我说的话，你做得很好！"科纳内回答道。

恩斯特走到乔纳森下士身边，他一直被无线电操作员照料着。他躺在一条毯子上，还有另外两条毯子盖在他身上。乔纳森仍然没有意识。他们到达了自己的主防御阵地。掷弹兵已经撤回到这方阵地。少校对恩斯特少尉表达了感谢之情。

"如果没有你们，我们会陷入苏军集合区域之中。你可以想象那时会发生什么。"

"我们做了我们能做到的，少校先生。"恩斯特回答，他走过去握住了少校伸向他的手。这时，坦克歼击车的发动机再次咆哮起来。

"去主急救站。"恩斯特在到达村子后说。克特尔继续向前开。战车里，士兵们运送这名受伤的战友。当确定乔纳森得到很好的照顾后，他们前往后勤部队去重整军备和补给燃料。

在他们返回村子的途中，车组收到了一份报告，这份报告显示苏军正在攻击德军的一个步兵团。"其他所有的战车都在战斗中，少尉先生！"博古特技术军士说。"那么，好吧，我们再次突破进去，救他们出来！"

这是恩斯特和他的车组乘员当天内第二次执行任务了。在步兵阵地前，他们看到苏军正在组织一次深度更广、范围更大的进攻。透过望远镜，恩斯特看到密密麻麻的红军战士横躺在主防御阵地上，横七竖八累叠起来的尸体甚至高出了铁丝网。这是一个可怕的场景，苏军士兵的土褐色外套在雪地里特别显眼，大概有数百人死亡。苏军的进攻一轮接一轮地不断发起，却在德军机枪的捶打下不断挫败。紧随其后的其他攻击也很快被德军瓦解。个别士兵靠得越来越近，钻进雪里，消失在视野中。

突然，苏军大炮以密集的齐射式火力开始进攻。伴随着高亢的、如蜂鸣般的呜呜声，无数炮弹冲了进来，砸进德国前线的最前方。还有一些炮弹由于落点太近没有击中目标，掉进苏军领头的攻击队形之中。过了一会儿，密集的火炮转移到德军的后方。空气中充满了炮弹爆炸的声音——落弹坠落的呼啸声、炽热的炮弹碎片刺耳的轰鸣声。

"还有一辆坦克，少尉先生！"克特尔大喊。他再次成为第一个看到敌军正在逼近的人。

现在，恩斯特少尉也看到它了。至少有2000米远，一辆T-34在第四攻击队形发起的密集波之间"隆隆"驶来，像一个怪异的巨人。

"射程为2000米，科纳内！"

"犀牛"坦克歼击车停了下来，中士很小心地瞄准并开火。第一发炮弹直接命中，击毁了这辆 T-34 坦克。坦克歼击车刚刚经过的一个德国迫击炮排，正开始将 80 毫米迫击炮弹缓缓打入苏军队形。苏军的机枪还在"咯咯咯"地射击着，德军的两辆四联装 20 毫米自行高射炮也以快速的弹射捶打着苏军阵地。

在德军火力的打击下，一群呈密集队形进攻的苏军士兵躲藏了起来，多个连队被瓦解了。受伤的士兵爬回自己的前线，其他的人在挖壕固守。这地狱似乎没有尽头。不久之后，德国炮兵开始向无人地带猛烈地开火，那里的苏军正在发起第四波进攻。

"这场战斗是不是永远都不会停止，少尉先生？"当克特尔看到苏军的第五波进攻在后方的远处出现，他叹着气说。恩斯特摇了摇头，进攻绝无可能在弹尽粮绝前停止，苏联人显然愿意牺牲一切来保卫家园。

"高爆弹准备！"恩斯特命令道。

接下来的 15 分钟充满了炮弹撞击的声音，响声震天的机枪子弹撞击着"犀牛"坦克歼击车的装甲。在苏军的人员输送车被击中着火时，一个个爆炸波接连产生。"犀牛"坦克歼击车发射的高爆弹自始至终都在由人体组成的进攻波浪中爆炸。

"只剩下最后两枚高爆弹了，少尉先生！"索特报告道。"开火！然后我们返回，重新装填弹药。我们要预留几枚穿甲弹，以备不时之需。"

发射完最后两枚高爆弹后，他们便向后方驶去，然后通过无线电汇报了他们回撤的情况。在到达前线与营房之间的普利索沃村（Plissovo）时，他们停在一群掷弹兵旁边。几乎所有人都受伤了，恩斯特少尉看到士兵脸上流露出的惊恐神情。

他向一侧使劲儿地探出身子，关切地问道："发生了什么？"

"苏军坦克已经攻破了这里的正北方！"

"确切在什么位置？"

"就在那边坑坑洼洼的路上。你会在那儿看到它们的，少尉先生！"

"转向，克特尔！"

没等着听到更多消息，索特就将一枚穿甲弹推进火炮后膛。他们来到村子东北方的尽头，停在那儿。透过他的双筒望远镜，恩斯特看到一辆坦克行驶在开阔的平原上，非常显眼，就像一个小点。

"至少 4000 米，科纳内。我们能打到它吗？"

"我们当然能够打到它，少尉先生。"炮手回答。他瞄准了这辆敌军坦克。

第一枚炮弹从炮管飞驰而出。15 秒后，第二枚炮弹也发射出去。第三枚炮弹在

T-34 前方的积雪间掀起了一团云雾。第四枚炮弹径直命中目标。一朵玫瑰形状的黑色烟云从那辆被击中的 T-34 里腾出，翻滚的云团变得越来越大，也越来越浓厚，火焰在黑烟中越蹿越高。一抹如释重负的神情在恩斯特脸上闪现。随后是四次爆炸，这辆坦克被彻底终结。恩斯特非常高兴自己能帮助他身后的这些步兵战友。这是他第一次察觉自己的手有多冰冷，他将手插进迷彩服的口袋里。

车上的战士们抽着烟，克特尔将坦克歼击车转入通往后勤部队的方向。发动机高速运转，寒风抽打着坦克歼击车的装甲板。他们在回去的路上，前往他们温暖的兵舍。他们将"猎鹰"重新装备好，然后把它停在小屋后的背风处。沙尔施密特技术军士出现在门口，曳步走向他们。他咧嘴一笑，双眼在厚厚的眼镜片后闪闪发光。

"长官在里面，恩斯特。"他说。

"好的。"少尉回答。他进去报告。

"恩斯特排报告战斗情况。击毁七辆 T-34 坦克。击退苏军进攻。"

"太棒了，恩斯特！在这之后，我希望你很快能得到骑士铁十字勋章。昨天，陆军最高指挥部（Army High Command）在当日的陆军军令中提到了你在 12 月 21 日的成功行动。"

"谢谢您，少校先生！"恩斯特握住了营长伸出的手，他是一位有自己风格的部队领导人。这位被授予过金制德意志十字勋章（German Cross in Gold）的高个子军官曾在里特尔·冯·托马中校（Oberstleutnant Ritter von Thoma）指挥的营中经历了西班牙的战斗，被授予过银质西班牙十字勋章（Spanish Cross in Silver）和西班牙坦克突击勋章（Spanish Tank Assault Badge）。

"你已经学会如何操纵'犀牛'号了，恩斯特。记得在施普伦贝格（Spremberg）转换培训期间的事吗？那时你找不到夹克了，你赤裸着上身做了报告？"少校朝着他的排长咧嘴笑了。这两个男人非常了解彼此。少尉的思绪回到之前他们在国防军第 519 重型坦克歼击营的那些日子，回想起与"犀牛"车组乘员一起工作的那段时光。

那是 1943 年的夏天，骄阳似火。他脱下外套，只穿了一条裤子在坦克歼击车里工作。作为一名军官，他想了解每一个操纵装置，因为他知道有一天自己的命运可能取决于此。得知少校到达此地时，他们正在安装一个新的炮管。恩斯特立即爬出战斗室，准备穿上他的夹克，却发现找不到它了。恩斯特甚至回想起当时穿过他脑海的那些念头，想起当时自己克服了这些念头，还赤膊将自己的车组乘员介绍给上司霍普（Hoppe）。

▲ 第519重型坦克歼击营的"犀牛"坦克歼击车在行进中。

▼ 第519重型坦克歼击营的"犀牛"坦克歼击车在战斗中。

▲ 第519重型坦克歼击营的"犀牛"坦克歼击车在苏联。

▼ 1943年10月10日—1944年1月18日维捷布斯克战斗形势图。

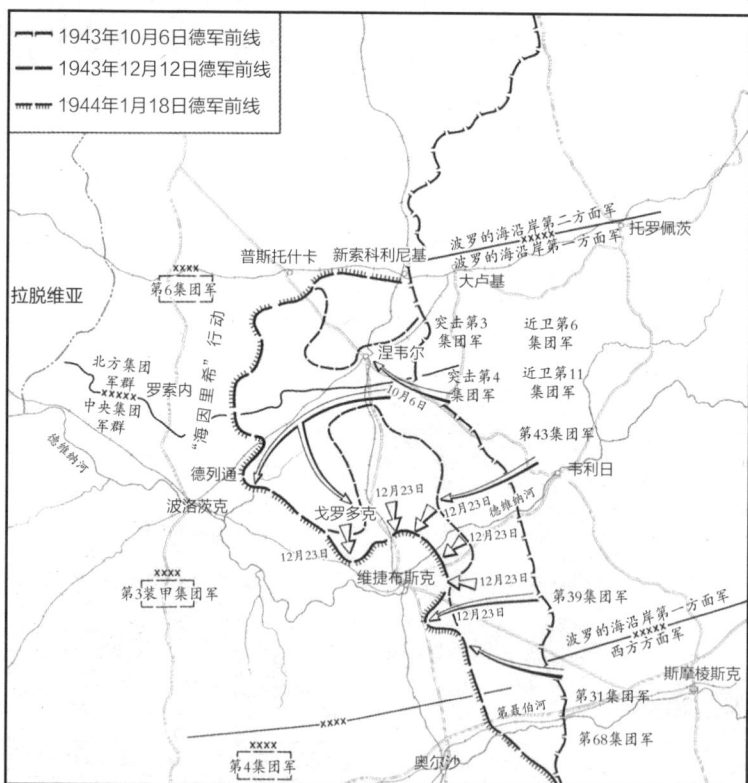

"这是在干什么？"少校当时发问。

"我是恩斯特少尉，2排正在训练，少校先生。我想知道一切是如何运行的。"

少校思考了一会儿后，再次转向少尉。"我跟你一起去看看！"他最后说，然后就随少尉一起走向"犀牛"坦克歼击车。在那之后，他观摩了恩斯特和他的战友的娴熟配合。

过了一会儿，少校将营部的军官集合到一起，对他们说道："先生们，我期望你们明天早晨穿着工装裤到这儿来，就像你们的战友一样。军官是坦克歼击车车组的最重要的成员，他必须了解一切。我说的是'一切'，明白吗？"

从那时起，阿尔贝特·恩斯特就不太受其他官员欢迎了。但不久后，一切就发生了改变。

"你在想施普伦贝格发生的事吗，恩斯特？"少校问，他好奇地看着这名军官。

"是的，少校先生。"少尉回答。

"一段愉悦的时光，尤其是在奥尔登堡市（Oldenbrück）送别来自陆军最高指挥部（OKH，Army High Command）和国防军最高指挥部（OKW，Armed Forces High Command）的客人时，我们好好地炫耀了一把咱们的'犀牛'坦克歼击车。"

"还有那之后的聚会，少校先生。"

"是的，第二天我无法把你们任何一个从床上拖起来。"

少校微笑着，递出一支他随身携带的香烟以及一些平常的甜点。

"当心啊，小伙子！每辆战车都很重要，每名士兵也同样重要！"

恩斯特离开了小屋。士兵们躺在成堆的稻草上，一天的战斗已经结束了。这次他们没有人员伤亡，他们感谢在头顶上仍有一片屋顶，还有机会能在这温暖的地方睡上几个小时。没过多久，他们就沉沉地睡去了。

萨沙大叔在需要修理的烟囱和烤炉旁边摞了一大堆砖块。他静静地干着活儿，似乎知道士兵们有多么需要这宝贵的几个小时休息时间。恩斯特少尉将手放在脑袋下，目光落在房间里重重的、乌黑的横梁上，以非常敏捷的动作拍死一只即将逃走的臭虫。这时，他看到了布雷特施奈德。这人正靠着小屋的另一面墙，坐在一个倒放的木箱上写信。他正用图板书写着，是写给心爱之人的吗？告诉她，他们正住在一家华丽、壮美的酒店里，舒适、悠闲得很。布雷特施奈德有点像个诗人，他是如何找到这些好词去形容大多数情形的呢，这真是太令人惊奇了！

没过多久，恩斯特也沉沉地睡去了。

夜间侦查

夜晚降临，萨沙大叔将1排居住的小屋的窗户遮盖起来。风从打开的窗户吹进来，两只"兴登堡灯"（小蜡烛）在微风中闪烁。霍尔曼技术下士和他的两名车组乘员在玩纸牌游戏。他们把王牌甩在桌子上，用拳头使劲敲。赢的时候或因一手好牌打得稀烂而惋惜赌气的时候，他们都会开怀大笑

阿尔贝特·恩斯特拆卸了他的冲锋枪，清洗起来。如果苏军爬上"猎鹰"，他们就要靠这件武器和苏军决一胜负了。电话铃声响起的时候，恩斯特刚好重新组装了武器。少尉跳了起来，急忙跑去接电话。

"恩斯特排！"

"恩斯特，苏军看起来像是准备在今晚发起再次进攻。你排前去检查下那片区域，看看到底会发生些什么。如果那边遇到了麻烦，你们就开往前线，支援掷弹兵。"

"明白，少校先生！出发！"

"伯恩洛尔，做好侦查巡逻的准备。"

这名下士是摩托车上的艺术大师。他站了起来，穿上毛皮衬里的皮夹克，把毛皮帽子拉下来盖住耳朵，并戴上了大司机的护目镜。然后他拿起他的冲锋枪，挂在肩上，报告说准备完毕。

"好的，我也准备就绪。骑上摩托车吧，咱们去四处转转！"少尉说。恩斯特也带着他的冲锋枪，不久之后，他走出了小屋。

之前只能远远地听见炮火声，这会儿明显更加响亮了。摩托车"隆隆"作响地驶出小棚，弗里德黑尔姆·伯恩洛尔（Friedhelm Bernlöhr）在门前将车停住。摩托挎斗中的乘客座位已经擦拭干净。

"一切都准备好了吗，伯恩洛尔？油箱装满了吗？"

"这油量够我们开到莫斯科啦，少尉先生。"

"我们不会想去那么远的。"少尉回答，他摇摆着身子坐在驾驶员后面的位子上。

发动机咆哮着。摩托车开动了，他们选择了一条熟悉的老路。快速发动后，他们先是爬上了一个结冰的斜坡，又翻过了一处深谷，然后又艰难地从一处壶穴冲下。伯恩洛尔把摩托车再次拽起，向前滑去。最后，两人抵达靠近前沿阵地附近的营房。他们遇到了一名中尉。这名中尉给他们指明了方向，两人继续开往无人地带。

在就要到达苏军占领的村庄之前，两人听到了坦克声。

"他们不是真的在行驶，只是空转让发动机保持热度，少尉先生。"伯恩洛尔提出了自己的想法。

"你说得对！这意味着一轮新的攻击马上就要开始了！！"就在这时，苏军突然开火。从这一秒到下一秒，天空中充满了发出尖锐嚎叫的炮弹，这些炮弹带着地狱才有的噪音和光线爆炸开来。

"咱们回去了，伯恩洛尔！"恩斯特命令道。

"穿过这么密集的炮火吗，少尉先生？难道我们不应该等他们把炮火移到后方再走吗？"

"那就太迟了。那时他们的步兵就要开始行动了，出发吧。"

他们两个做到了。过了一会儿，他们听到了来自身后的进攻声。当他们到达山顶回头一望，就看到了不断前进中的密集步兵群，他们隐蔽在夜色中，极不容易发现。步兵群中混入了负责护送的坦克，可以看到坦克尾气中闪现的红色火焰。

"他们在攻击我们的防线，"恩斯特说，"快发动我们的车辆，警告我们的掷弹兵。"

炮弹的落点越来越近，附近的爆炸产生的冲击波预示着敌军士兵群的出现。车组乘员密切配合，每个人都熟练地工作着。

"坦克在哪儿，少尉先生？"施特茨（Störtz）问道。

"现在还没有看见，但要时刻小心！"恩斯特喊着回答。

他们绕过一个转角处，遭遇了机枪的一阵扫射。弹雨喷溅在正面装甲上，又被装甲的钢板弹开，"嗖嗖"地消失在夜幕里。"注意！全体注意：向机枪巢开火！"三门88毫米炮连发三次，那些让很多掷弹兵丧命的敌军阵地马上就被打掉了。

发动机又一次快速运转起来。一群苏军士兵从灌木丛中蹿出，奔向恩斯特所在的战车，恩斯特本能地抓起他的冲锋枪。这群士兵开始往坦克歼击车上爬，其中一人举起一枚莫洛托夫汽油弹（用一瓶汽油和引燃布条制成）准备扔出。恩斯特连忙扣动扳机，子弹击中了这个士兵，将他掀翻在地。泼洒出的汽油燃起熊熊火焰，将死者笼罩其中。

无线电操作员布雷特施奈德从他的座位处操控着机枪向下扫射。第一波子弹射向了来势汹汹的苏军士兵，他们当中只有少数人保住了性命。几乎是在最后一刻，车组乘员们才击退了这场针对"犀牛"坦克歼击车的袭击。

"兀鹰"从右侧"隆隆"驶来。霍尔曼技术下士向一队穿过马路的携带着迫击炮的苏联士兵开火，然后驾驶着"兀鹰"继续行进。"兀鹰"在转弯时，撞垮了房子的墙壁，整栋房子瞬间坍塌在坦克歼击车上。

与此同时，掷弹兵赶到了坦克歼击车所在之处，加入对抗苏联步兵的巷战之中。步枪和冲锋枪"咯咯"作响，手榴弹迸发着威力，战士们从一个阵地跑向另一个阵地。哭喊声充斥着整个夜晚——那是死亡的哭喊声。恩斯特少尉也听到了，他战栗着，望向朦胧虚无的黑暗。突然间，他看到一门反坦克炮正对着他，它被一组士兵从一条小街拉向村庄广场。

"克特尔，掩护！"驾驶员扳动倒车挡，"犀牛"号"嘎嘎"作响地迅速移动到侧面的街道，转到射击地点。就在苏军安置好他们的反坦克炮时，"犀牛"开火了。炮弹狠狠地射进火炮的钢制防盾中，反坦克炮被击打成无数的钢铁碎片。反坦克炮的乘员绝无生存的机会。

"少尉先生，少校发来报告：一群携带着四挺机枪的苏军士兵正占据着前方的阵地。"前来递送报告的士兵在急速奔跑后大口地喘着气。

"到战车上来，给我带路！"

待这名战士跳上"犀牛"坦克歼击车后，战车就发动了。在他们到达时，他们看到了苏军枪口喷射出的枪口焰。科纳内仔细地瞄准着。在他发射了第一炮后，四挺机枪中的两挺被消灭了。在一次细微的调整和一个响亮的报告声后，敌军阵地立马传来了撞击声。所有的四挺机枪都被摧毁了。成群的掷弹兵从"犀牛"坦克歼击车旁跑出，朝房子和墙的方向猛攻过去，他们扔着手榴弹，还边跑边开火。

霍尔曼通过无线电提醒恩斯特："注意，敌军的炮火！"几秒钟后，恩斯特和他的车组乘员就感受到了它的存在。苏军枪炮发射出的炮弹重击着村庄。

"只剩下五枚高爆弹了，少尉先生！"装填手鲁道夫·索特报告道。"我们先向这群人开火，再驾驶歼击车驱赶剩下的苏军，然后……"少尉停了下来。他听到一声疯狂的咆哮，在炮弹发出撞击声的几秒钟之前，他就知道这发炮弹是冲着他们来的。

"隐蔽！"他向其他车组人员大喊。就在那一瞬间，炮弹打在坦克歼击车前方的冻土里。威力巨大的可怕爆炸击中了"犀牛"，"犀牛"坦克歼击车左右摇摆起来，车组乘员被抛到了地上。

恩斯特少尉拼命地坚持着。他感到左肩一阵阵疼痛。就这样了，他想。

他听到从索特嘴中发出的呼喊声。他扭头看过去时，这名炮手迷彩服的左袖子上满是血污。

"索特？"

"我被弹片击中了，少尉先生！"这名下士痛苦地呻吟着。尽管枪口焰和炮火爆炸发出的光线忽明忽暗，恩斯特还是能够看出这名 22 岁士兵脸上的苍白。透过灰尘和粉末渣，他能看到索特蜡黄色的皮肤。

"我们走不动了，'猎鹰'已经击毁它了，少尉先生！"另一名车组乘员哭着说。"抬出去！"恩斯特声音低哑。恩斯特跳到索特身侧的另一边，和科纳内一起扶起这名受伤的战士，两人将他扶出了战车。

克特尔中士离开了驾驶员的位置。他刚刚跳到一边，一挺"马克沁"重机枪就开了火。这通扫射击中了他，他在子弹的惯性作用下后退了几步，然后慢慢地倒在了地上。

与此同时，恩斯特、科纳内和受伤的装填手索特一起来到了壕沟里。跑向克特尔的布雷特施奈德在喧闹的炮火声中朝他们喊了一些什么话，但是恩斯特和科纳内他们根本听不清他在说什么。

两名苏军士兵朝单独一人的布雷特施奈德跑了过去。恩斯特举起冲锋枪，用力扣压机枪的扳机，耗尽了整个弹药夹。他已经被一种疯狂的绝望感控制，那种绝望感超越了朋友的死亡。

"别走开。"少尉正要站起来，索特呻吟道。

"我在这儿呢，索特。"恩斯特回答。

"我感到非常抱歉，少尉先生！"这名受伤的士兵喘息着，"我可能不得不离开了。"

"别担心，索特。当伤口痊愈后，你就会回来的。"

他们给这名士兵的伤口做了个紧急包扎。布雷特施奈德跑到他们身边。

"少尉先生，克特尔牺牲了！"恩斯特点了点头，他已失去了言语。

有人朝他喊道："敌军冲过来了，掷弹兵正在后撤！"

"必须让坦克歼击车恢复工作！"科纳内回想起来。

"掩护我！我来搞定它。"恩斯特说。

他跑跳着穿过马路，来到战车停留的位置，然后跳了进去，扯下一些重要的设备。当他站起来时，他意识到形势已经变得十分危急——一支苏军突击队已经成功接近被困的士兵。但就在此时，"雄鹰"朝他们高速驶来，施特茨跳了下来。

"少尉先生，3 人被炸伤！"他的喊声穿过嘈杂的战场传了过来。

"很好，我们将组建一个新的车组，你可以派上用场。从现在开始，你来做炮手，科纳内负责装填。"他们把阵亡的战友抬进坦克歼击车，等"猎鹰"号受伤的炮手也上车之后，他们才跳上坦克歼击车。过了一会儿，他们朝苏军所在方向行驶，操纵"雄鹰"干掉了几个苏军据点。这时，他们仅剩最后一枚炮弹了。在用这枚炮弹击毁一个机枪巢后，"雄鹰"转向了，朝德军战线驶去，那里已经建立起一个新的防御阵地。因为捣毁了村庄里的苏军集结地，坦克歼击车和掷弹兵为步兵战友们留下了重新部署的时间。

坦克歼击车开往急救站。把索特留给得力人手照看后，车组乘员留下来完成一项令人伤心的工作——将两名阵亡的士兵——一名来自"兀鹰"号歼击车，另一名是来自"猎鹰"号的克特尔中士——抬去墓地。

加满燃料和重新装备后，他们开着"犀牛"坦克歼击车回到宿营区，每个人都非常沮丧、疲惫。从他们回来到现在，已经过去三个小时了。恩斯特少尉坐在弹药箱上，陷入深深的沉思。他的思绪仍在"猎鹰"号上，这辆战车留在了敌占区，距离德军阵线 500 米。车上的 88 毫米炮的弹药随时可能落入苏军手中，用来装备苏军的 88 毫米炮——这意味着允许苏军利用"猎鹰"来对付它以前的主人。

"必须出发了！"少尉轻声说。

"什么，要出发了？"维利·博古特问道。

"击毁'猎鹰'。"恩斯特回答。

"那么，你打算怎么做？那里是苏军占领区。或许，苏军已经在里面了。"

"我不这样认为。维利！"霍佩少校走了进来。他没有要求恩斯特报告，因为他已经知道发生什么事了。他一声不吭地坐在阿尔贝特·恩斯特身旁，宽阔的脸上显露出尊重和关注的神情。少校点燃一支烟，然后说："在苏军修好并利用它对付我们之前，我们必须摧毁那辆坦克歼击车，恩斯特。"

恩斯特点了点头。"少校先生，我想我们可以用一个小型突击队来搞定它。我来带队。"

"好的，恩斯特。去做吧！但只能带上志愿者。"

在恩斯特征集志愿者时，每个人都想去。恩斯特这样总结自己的演说："在此期间，少校已给掷弹兵营营长打过电话了。他那边可以提供一个分队来掩护我们。"

"那我们用什么东西去炸毁它呢，少尉先生？"

"我们有 4 个圆盘地雷和 3 个炸药包。我认为两个圆盘地雷和两个炸药包应该就足够了。"

小型突击队成员已经做好了准备，尽管他们还有几个小时才上战场。一棵冷杉突然不可思议地出现在眼前。这棵树被精心装饰过，赫伯特·科纳内谨慎地咽了一口唾沫，点燃一对小蜡烛。"是圣诞前夜，战友们。"他说，"等我们回来要好好庆祝，科纳内。"少尉回答。

时间很快就到了，他们沉默地和留下来的人握手。"祝你好运！"布雷特施奈德轻轻地说，轻到几乎没有人可以听到，然后他又补充道："上帝与你同在！"他可以冷酷无情地说出那些话，因为这些人不是要去杀人，只是想去摧毁那辆抛锚在苏军占领区内的战车。

他们出发时，夜空已经变成了墨色。士兵们穿着从苏军身上缴来的小雪斗篷，戴着苏联人常戴的毛皮帽子，以防被苏军发现。他们有四个人。恩斯特少尉带路，后面紧跟着科纳内、霍尔曼、博古特。走在最后的，是一名军官候补生。这名年轻的见习军官不愿眼睁睁地看着密友霍尔曼在没有他的情况下，去执行这样一个危险的任务。他们每个人都背着一个炸药包和一支冲锋枪，博古特的苏式冲锋枪配备了一个 72 发的弹夹。

起初，他们取得了良好的进展。很快，这四个人遇到了佩尔茨中尉指挥下的掷弹兵。

"我来率领掩护分队，恩斯特。"中尉说，"这是一个危险的游戏，你知道的。"

"我们正在赶去摧毁'猎鹰'号，中尉先生。"恩斯特回答道。

"那么，祝你好运。小心点！我们会保证左翼的安全，拖住任何的苏军追兵，明白吗？"

"明白，先谢谢了。"

这个团队出发了。很快，他们把掩护分队远远地抛在了后面。突击队员们低下腰缓慢地前进着，不发出一点声音。这三个人的眼睛都盯着走在最前面的恩斯特少尉的后背。几分钟过去了，每一秒都过得那么漫长。战士们不习惯在雪中奋力前行，个个都大汗淋漓。圆盘地雷压在身上，只能弯腰行走，大家都感到背部疼痛难忍。但是如果恩斯特少尉也携带了一枚圆盘地雷，他就可以做到什么也不抱怨，所以背着第二枚圆盘地雷的霍尔曼也下定决心像少尉一样。

偶尔，这四个人会停下来，挪动一下他们的负载。这时，一发照明弹升向天空，刺目的光线在空中撕裂开来，照亮被白雪覆盖的弹坑和战壕，第一名红军战士出现了。从现在开始，他们必须格外谨慎地行进。圆盘地雷现在似乎有100公斤重，但是他们需要这些地雷，不能丢下任何一枚。村庄的第一间房屋已近在眼前，它们的轮廓清晰可见。突然，恩斯特少尉听到了声音。苏联人正围在一块聊天。他们是哨兵！他们越往里走，哨兵就越多。现在苏联士兵就在他们周围。他们在一个浓密的树篱后停下来，喘着粗气，四肢因重负而微微颤抖。但是，他们还没有达到目的，还有不少路程要走。"我们必须走得更快才行。"少尉叹息着。他们站起来，跑着离开了树篱。几十米过后，士兵们的衣服就被汗水浸透了。他们踩在雪地里的"嘎吱嘎吱"声被炮轰的噪音所淹没，双方的炮兵都忙于这场对决。一辆"喀秋莎"火箭炮车齐射的16枚火箭弹咆哮着从头顶呼啸而过，冲向德军的阵线，在撞击后发出惊人的响声。

当他们认出停在路边的"猎鹰"战车时，科纳内说："就是这里了！""没有看到苏联人。"博古特补充道。恩斯特可以明显地看到"猎鹰"的名字写在坦克歼击车的一侧。他一遍遍地看着这个名字，仿佛在跟这辆钢铁巨兽告别，因为恩斯特在这辆坦克歼击车里面经历过太多的战斗了。

突击小队跑过白雪覆盖的灌木丛来到道路右侧。霍尔曼爬进坦克歼击车的战斗室，其他人把炸弹递给他。博古特拆开发动机盖板，科纳内打开驾驶舱盖。炸弹安置就位后，起爆装置也设置好了。这时，其他人也早已拿起机枪，做好了掩护战友的准备。很快，他们就完成了各自的工作。恩斯特少尉再次检查了装好的炸弹。

"干得好！"他说着重新加入其他人中，"现在我们离开这儿，否则这些钢铁碎片会一直在我们耳朵周围乱飞！"他们尽可能快地匍匐爬向后面的灌木丛中，然后站了起来，跑向一所房子。在房子阴影的掩护下，他们匆忙地跑到更远处，快速环顾四周，然后来到这个村庄的出口。在那里他们再次听到了俄语交流的声音、笑声和一两句偶然发出的命令。

"隐蔽！只要它一爆炸，我们就可以开路了。"恩斯特小声说道。他们紧紧地趴进雪中，挤在一个大弹坑里等待着。恩斯特瞥了一眼手上被炮火照亮的表盘，据它显示，马上就到爆炸的时间了。

预示这次行动成功的爆炸只剩最后几秒，然而这几秒似乎没有尽头，但就在这时，一道明亮的火舌从坦克歼击车"猎鹰"的位置喷射而出。同时，四重雷鸣般的巨响震撼了夜晚。村子立刻大乱，哭喊声、命令声、呐喊声、"咔嗒咔嗒"的脚步声混成一片，不久后还传来了坦克引擎发动的声音。

"他们在那儿！"博古特小声说着，手指向苏军哨兵。他们正成群结队地跑向爆炸的方向。另一些苏军士兵出现了，他们也跑向了爆炸的现场。苏军的火力突然加强了，与来自德军炮兵阵地的炮火旗鼓相当。右翼约200米的不远处，一挺马克沁重机枪开始"咯咯"地射击。弹坑里，所有的目光都聚集到少尉身上。

他站了起来，"我们走吧，快速跟上我！"其他人也站了起来，快速跑出弹坑。摔倒了，就再爬起来。他们奋力跑向自己的战线，感到肺部在燃烧。一阵机枪扫射冲他们而来，他们紧紧趴在地上，小雪披风没入雪里。在扫射短暂的停顿中，他们继续匍匐前进，经常每次只能爬行几厘米，直到可以再次跳起来，快速跑开。

因为冷空气被深深地吸入肺中，恩斯特感到胸口燃烧起来。他感到有一处轰鸣一直萦绕在耳畔，听到机枪射击的连发声追逐着他。他寻找着遮蔽物，然后再次站起来，又开始奔跑。恩斯特等人完全喘不过气，他们已到达掩护小分队所在的位置，掩护分队的机枪已经压制住了追赶者。苏军少数几支步枪仍然朝着他们所在的方向射击。此时他们已在德军的通信壕里，成功地完成了他们的使命。

"猎鹰"不再存在。四次爆炸将它炸成了碎片。

21枚炮弹摧毁14辆坦克

这是圣诞前夜，阿尔贝特·恩斯特无法入眠。执行完这次任务回来后，他和战友们在科纳内当天早些时候就装饰好的圣诞树上点燃了蜡烛。圣诞节的庆祝活动将在当天晚上举行，为了迎接节日，军营驻扎地中的学校已经布置了装饰。

恩斯特转向他的新驾驶员。"海因里希斯（Heinrichs），去预热一下'水牛'（The BÜFFEL Tank Destroyers），我感觉有事情要发生。"

"在圣诞庆祝活动之前吗，少尉先生？"伯恩洛尔插了一句。

"我认为苏军不会对圣诞节有任何顾忌。"恩斯特匆忙地抽完一支烟，把烟头弹进炉子里后，马上又点燃了另一支。科纳内用手肘轻推着新装填手古斯塔夫·格特（Gustav Götte）到一边去。

"这位老战士很紧张啊！他又一次嗅到了什么。"他们都知道这一点：少尉像这样吸烟的时候，空气是厚重的，不仅仅是因为烟草的烟雾。只有在阿尔贝特·恩斯特变得焦躁不安或将要投入战斗时，他才吸烟。战斗中，他没有时间抽烟；战斗结束后，他没有必要吸烟。海因里希斯下士穿上有内衬的夹克，和布雷特施奈德一起离开了这间简陋的小屋。透过小屋破碎的窗玻璃，沉闷的战火声已清晰可闻。

恩斯特已经当了12年的兵。1930年11月他刚满18岁，就在马格德堡（Magdeburg）参军了，被第4汽车团2连招入（the 2nd Company of Kraftfahrerregiment 4）。这名来自沃尔夫斯堡（Wolfsburg）的年轻人，是一个充满热情又成功的运动员，他在很多次比赛中成绩卓越，是为数不多的被德国十万陆军招募的申请人之一。

入伍后，恩斯特先是被送到哈尔伯施塔特（Halberstadt）的训练团——第12步兵团（the 12th Infantry Regiment），随后在马格德堡加入了普鲁士第2步兵连（the 2nd Prussian Rifle Company）。在那里，他接受了各种类型的培训，很快他就熟悉摩托车、装甲汽车，还有坦克——那时他接触的坦克还是用硬纸板制成的模型，还通过了士官学校、体校和各种培训课程的考核。要知道想要在魏玛国防军中取得成功，那真是太困难了。最后，他来到位于博尔纳（Borna）的第24步兵师第24装甲营（the 24th Infantry Division's 24th Panzer Battalion），该营在莱比锡（Leipzig）附近。与此同时，他通过了陆军技术学校和之后的行政管理和经济学校的课程。在莱比锡的特殊考试期间，他名列前茅。他成熟、稳重的性格也受到了广泛的赞誉，获得了自由学习时间，获准朝一名"教官"的方向发展——这一职位需要做大量的准备工作。

战争的爆发打破了这位年轻人朝气蓬勃的发展计划。他成为一名预备军官候补生。在波兰，恩斯特用一门37毫米反坦克炮摧毁了他人生中的第一辆敌军坦克。在库特诺附近的战斗中，他表现卓越，由弗里德里希·乌布利希中将授予了二级铁十字勋章。1939年10月27日，乌布利希将军成为第一批获得骑士铁十字勋章的军人中的一员。在恩斯特军士长看来，乌布利希是一名有高尚品德的人——他是一名将公平看得高于一切的战士，他是一个热爱自己国家、敢于反抗独裁者的人。结果，1944年7月20日，乌布利希步兵上将在绞刑架上结束了生命。

阿尔贝特·恩斯特从回忆中醒来。他来到窗边，向外望去，天渐渐黑了下来。停在门口的坦克歼击车像一个宽大、威猛的幽灵阴影，歼击车的车组乘员已经准备好了。恩斯特不自觉地咧嘴一笑。战士们很了解他，他们注意到他在等待着什么。早些时候，他等待着自己从轻伤中恢复过来，被重新委派，结果他就从补充营调动到了第294步兵师（the 294th Infantry Division）。恩斯特跟随这支部队经历了法国战役，之后他去了保加利亚。谣言暗示要针对南斯拉夫和希腊发起一场军事行动，坦克猎手们作为一支先头部队，从保加利亚出发，打入南斯拉夫。如同在法国的时候一样，他们再一次充当步兵师的急先锋。有一次，恩斯特指挥的排忽然发现被孤立了，并且深入南斯拉夫军队的一处阵地中。恩斯特军士长急中生智，要求那里的南斯拉夫少校投降。恩斯特向他解释说，如果他不投降，"斯图卡"轰炸机在半小时内会到这里，炸平这里的一切。南斯拉夫人最终放下了武器，400名敌军归降了恩斯特排。阿尔贝特·恩斯特因在战场上使用了这一妙招，荣获了一枚保加利亚高级奖章。

紧接着南斯拉夫战役后，第294步兵师被调遣回德国中部，该师的新任务是进攻苏联。在那里，第294步兵师被作为国防军最高统帅部中央集团军群的预备队，跟随在装甲部队之后，开赴基辅方向。坦克猎手们作为一支先头部队，在哈尔科夫附近遭受了重大损失。跟随恩斯特的反坦克排仍然装备着和平时期的战车——克虏伯6轮卡车，但这些卡车后面牵引着新型的50毫米反坦克炮。恩斯特军士长参加了发生在哈尔科夫的两次战斗。

之后，坦克猎手们被派往在冬季战役中损失惨重的第3装甲师。恩斯特被派遣到第3摩托车营这支由金特·帕佩少校（Maj. Günther Pape）指挥的部队。1942年2月初，帕佩少校创建了一支滑雪排。艰苦的战斗在上奥利霍瓦托耶（Werchne-Olchowatoje）打响，恩斯特被安排去负责指挥一支武装党卫军的步兵营和几辆坦克。在夺取索洛维耶夫卡（Solo-jewka）期间，恩斯特与指挥小组在一起。他的坦克猎手们摧毁了几挺苏军的机枪，占领了一个苏军迫击炮阵地。在抵达苏军第32骑兵师的阵地后，他们又打垮了这支苏军部队，并俘虏了苏军的师长。紧接着，恩斯特带领他的坦克猎手以及几辆坦克用最后的一点儿燃料追击苏军。战车追击着逃跑的苏军，到达了尼科利斯科耶（Nikolskoye）。随后，恩斯特和他的士兵在索洛维耶夫卡和鲁季诺（Rudino）集合。新达尼洛夫卡（Novo-Danilovka）是第一批被拿下的城市。半小时后，恩斯特和他的坦克猎人们进入了莫斯克温卡（Moskwinka）。11点钟，在5个小时的行军和4个小时的战斗之后，他们拿下了斯塔坎诺沃（Stakanovo）。在冬季撤退后，他们在东面实施了第一次成功的袭击。

1942年2月10日，帕佩少校因成功指挥战斗群获得了骑士铁十字勋章。1943年9月15日，作为第394装甲掷弹兵团的中校团长，帕佩成为德军中第301个获授橡叶骑士铁十字勋章的人。阿尔贝特·恩斯特也被授予一级铁十字勋章，反坦克连连长基尔施上尉（Hauptmann Kirsch）推荐他优先晋升为军官，以嘉奖其在面对敌军时的英勇表现。可是恩斯特对此却一无所知，因为几天后，他在另一次攻击中受伤严重，被送往德国的医院进行治疗。

"少尉先生，少尉先生！来自营部的报告。坦克警报！苏军的坦克旅正在向哈利诺（Xanino）村进发。"恩斯特马上回到了现实。他用力扣上钢盔，抓起冲锋枪。双筒望远镜也已经挂在他脖子上了。

"准备好了吗？"他问道。

"准备就绪！"两辆坦克歼击车的车长回答道。

"你留下来当预备队，霍尔曼，"恩斯特说，"我带着两辆坦克歼击车去进攻。"

"谢谢您，少尉先生。"施特茨说。

"谢什么，施特茨？"

"这样你就不会因为我损坏的无线电而责备我了。"

"我差点忘记了，施特茨。现在出发了，你的坦克歼击车跟在我身后的位置上。跟紧了，不要失去联系。"

他们一个接一个地离开了小屋。小屋外，刺骨的寒风鞭答着他们，有一丝寒意穿透了他们的冬衣。战士们爬上坦克歼击车，海因里希斯下士环顾四周。"我们出发，海因里希斯！"少尉命令，他把剩下的半支香烟轻轻弹到一旁。随着一声沉闷的轰鸣，发动机从空转状态推进到头挡，新的坦克歼击车"水牛"开始发动起来。海因里希斯快速地换挡，提升起它的速度。紧紧跟随在"水牛"之后的是"雄鹰"，两辆坦克歼击车沿着轨道朝作战区域驶去。

"向前方那座山前进，海因里希斯！——听着，施特茨，朝着那座山！我们能在那里找到一个良好的视野来发射炮弹，对抗进攻的敌军坦克。"

"明白，少尉先生！"技术军士回答道。

"如果能准时到那里，我们可以从侧翼进攻。"

两辆坦克歼击车加快了速度。履带"咯咯"作响，在他们身后抛起大片密集的雪沫。这两辆战车开得更快了，他们路过了左侧的步兵阵地。掷弹兵已经掘壕固守，等待苏军汹涌而来的坦克。

"开得更快些，海因里希斯！"恩斯特喊道，因为他知道他们必须准时到达目的地。只有这样，他们才能占据山顶的有利地形，保护山顶的战友以及山前那座过去由德国人占领的村庄。

"该死，我们是不是开进了一片沼泽，少尉先生？"海因里希斯呼叫。

"停下！"

恩斯特展开地图，沼泽周围的某个地方一定有能够上山的路。某个地方！但是在哪里呢？有片刻时光，恩斯特简单地认为应该一直向前开去。可一旦他们陷入沼泽，便只能坐以待毙，被赶在他们之前到达小山的苏军坦克击毁。又是几秒钟过去了，恩斯特仔细考虑了一下情况，他必须做点什么。突然间他有了主意，但从他的声音中仍能听出他对此事还有一丝不确定性。

"前进！径直开向有四棵松树的那座山——跟随在后面的坦克歼击车保持500米的距离。如果我们陷入泥沼，立马转向，去四周寻找另一条路。"

两辆坦克歼击车再次开动起来。就在这时，一名在脖部佩戴骑士铁十字勋章的上尉跳到他们面前，疯狂地挥舞着双臂。他们停了下来。这名军官站在那里，做了几次深呼吸。

"一辆苏军坦克快到村子了，是T-34型。在它驶入村庄前，你们必须击毁它！"

"它在哪儿，上尉先生？"恩斯特问道。

"你们开到那边的村舍，就能看到它了。射程大约2000米。"

他们"隆隆"地向前推进了大约10米，停在一间小屋旁边。恩斯特看到了这辆T-34坦克黑色的轮廓。

"12点钟方向！射程2000米！"

"锁定它了，少尉先生！"科纳内喊道，稍微调整了一下他的目标。

"开火！"坦克歼击车因"88毫米火炮"强大的后坐力而摇晃起来，炮弹平直的飞行路径清楚可见。不一会儿，一团玫瑰花结形状的明黄色火焰便在T-34坦克的位置闪现。他们驾驶着坦克歼击车在坦克被击中后的"隆隆"巨响中继续前进。

"谢谢啦！"上尉的喊声穿过机枪发出的"咯咯"开火声。

"驾驶员，前进！踩油门，踩油门！"

阿尔贝特·恩斯特知道坦克燃烧是怎样的场景，他的车组乘员也同样知道。他们没有时间去观察这辆被击毁的坦克，因为他们仍旧需要克服走出沼泽、到达山顶的种种困难。如果沼泽地被冻得足够硬，他们或许可以开过去。但那只是也许！

两辆坦克歼击车以最高时速朝着有四棵松树的小山驶去。"雄鹰"稍稍偏离了方向，等到与"水牛"保持好指定车距后，才又小心地开始行驶。施特茨技术军士看着排长的战车，他已经陷入沼泽了吗？没有，他继续向前开呢。"该死，这个老兵又在做蠢事了。"他想，"他勇往直前，冒着被困在沼泽地中央成为攻击目标的风险，却没有将别人置于同样的危险之中。向他致敬！"施特茨停止了思考。

一些德军的掷弹兵出现了，他们的任务是对付那些掩护坦克进攻的苏军步兵。

他们跟随着"水牛"穿过沼泽地，前往小山。德军掷弹兵很愿意执行这样的任务，因为这两辆坦克歼击车会让苏军的 T-34 坦克陷入困境。

海因里希斯感到坦克歼击车越陷越深了，他不自觉地停了下来。"检查前方的道路吗，少尉先生？"他问道。

阿尔贝特·恩斯特思考了片刻，他已经能听到坦克发动机发出的沉闷轰鸣声和"卡特皮勒"履带车在山丘另一侧的冻土地上发出的"隆隆"声。时间是宝贵的。对掷弹兵来说，时间就意味着生死，还决定着战争的结果。

"前进，海因里希斯！开动！径直开往山上。不要开得太慢，否则我们会沉下去。——开动！"坦克歼击车出发了。士兵们站在战斗岗位上，听着发动机的咆哮声。

履带陷入低湿地中，陷得更深了。10 厘米，20 厘米，沼泽承受住了坦克歼击车的重量。下沉中的履带终于避开了泥泞的沼泽表层，接触到被寒冷天气冻硬了的内层。他们满怀希望地继续前进着，突然坦克歼击车的后部出现了令人担忧的下陷。他们异口同声地大喊："踩油门！踩油门！"在一阵猛烈的颠簸摇晃后，履带"咔嗒咔嗒"地响了起来。坦克歼击车再次回到坚硬的地面上，战车逐渐从泥沼中爬出。两辆坦克歼击车越过了沼泽地，向山上开去。发动机继续轰鸣着，战车上的每一个人都从灾难中逃了出来，如果不是身在紧张的战场，他们甚至可以跟着发动机的响声一起哼歌。

"进入反斜面阵地，海因里希斯。"少尉无须多说，大家都知道这个命令意味着什么。他们要将战车开到炮塔及炮筒与山顶齐平处。这个位置具有很强的隐蔽性，在开火后变换位置，敌军将更难发现他们。最后，他们终于就位了。

天气很冷，恩斯特少尉却不得不伸手拭去额头上的汗珠。他转身看了看跟随在后的"雄鹰"，这辆强大的坦克歼击车似乎毫不费力地驶过沼泽地带，同样以高速行驶，以免陷入泥泞的沼泽地中。"雄鹰"成功穿过了沼泽，爬上了斜坡。少尉跳下坦克歼击车，指挥着坦克歼击车进入左侧大约 200 米的位置上。

"当我们改变位置时，你开火。当你们移动到左侧时，我开火。施特茨！"

"明白，少尉先生！"

随后，两辆坦克歼击车缓慢向前行进。慢慢地，88 毫米炮长长的炮筒出现在了山的最高点。如今，他们落座于竞技场的最顶排，朝下望去，可以看到黑色的但又非常容易认出的苏军坦克，尤其是当它们接近德军阵地时。

"那里，在前方！射程是 1200 米，少尉先生！"海因里希斯大吼道。阿尔贝特·恩斯特远远地扫视着距离战场最近的位置，他把眼镜拉低了一些。他还看到两辆 T-34 坦克，它们作为苏联坦克大部队的先锋部队，正准备从侧翼进攻德军阵地。

"你锁定他了吗，科纳内？"

"已经瞄准了！"

"开火！"

科纳内开火了。几秒钟后，传来了撞击的声音。第一辆 T-34 坦克着火了。海因里希斯将坦克歼击车转动了 30 度到 40 度，科纳内瞄准了目标。新装填手古斯塔夫·格特把一枚新的炮弹填入后膛中，然后关上了炮闸。

"开火！"

在猛烈的后坐力的影响下，坦克歼击车微微一震，车组乘员紧张的神经也一样。他们成功了！第二发炮弹同样直接命中，被击中的 T-34 坦克陷入烈焰之中。尽管它还转过身来，向攻击者摇摆了一下它的炮口，但在科纳内再次开火前，这个庞然巨物就在经历了一场巨大的爆炸后身首异处。

大战的序幕正式拉开，另一辆坦克歼击车也已经就位。两辆坦克歼击车开始向出现在夜色中的苏军坦克开火。经验丰富的车组乘员保持着一种稳定的发射频率，目标直指敌军两翼。88 毫米炮的打击对任何一辆敌军坦克来说，都是致命的。坦克歼击车加快了发射频率，苏军坦克也开始了还击，但是他们发射出的所有炮弹都越过了德军的坦克歼击车，落在战车身后。这是"世界和平"的夜晚。

敌军坦克开过满是坦克残骸的旷野。有 8 辆苏军坦克着了火，其余的那些坦克——数量仍然远远超过他们的对手——将炮火集中在第二辆坦克歼击车上。炮弹砸进"水牛"下方山坡的冻土中，土块和石头纷纷掉落在坦克歼击车内的战士身上。格特的大拇指被挤伤了。他忍着巨大的疼痛，继续工作。当少尉快速而精准地布置新的任务时，他必须持续装填新的炮弹。这些指令必须快速地执行，因为几秒钟往往决定着生死。突然间，左侧发生了一场爆炸，就在第二辆坦克歼击车的位置。恩斯特转过头，看见了火焰，士兵们正试图熄灭大火。

"我们被击中了。大家都受伤了！"施特茨技术军士颤抖地说。

"撤退，施特茨！照顾好伤员。""雄鹰"号撤退了。恩斯特看着坦克歼击车两个排气管发出的火焰消失在小山的侧面。

"苏联人试图从我们没有防范的一边靠过来，少尉先生。"科纳内叫道。恩斯特站了起来，凝视着山那边。没错！苏军正在试图摸过来，从侧翼发起进攻。只有一个办法了：跟着他们！

"以最大时速开往山顶，然后右转，这样他们就在我们的视野中了。随时准备开火，科纳内！"

士兵们紧张起来，他们知道出现在山顶意味着什么——他们将成为12辆敌军坦克的靶子！海因里希斯将变速杆向前推进，发动机怒吼着，坦克歼击车开始前进。坦克歼击车到达了山顶，开得越来越快，炮火从四面八方汹涌而来。炮弹砸进冻土地中，又像只巨大的跳蚤般弹跳起来，向着天空呼啸而去。山谷中的 T-34 坦克已进入有利的射击范围。对坦克歼击车的车组乘员来说，幸运的是敌人的视野被燃烧的坦克发出的刺目火光所阻挡，所有射向他们的炮弹都未命中。

突然，他们看到一辆敌军坦克开上了半山腰。"炮火停顿！"少尉大吼。科纳内花了三秒钟才按下开火按钮。"击中了。它着火了！"布雷特施奈德大叫着。他们继续开火，山谷中的 4 辆苏军坦克都被摧毁了。"水牛"再次将注意力转到正在接近的一波苏军坦克上。车组乘员持续开火，更多的敌军炮弹也开始落在附近。恩斯特的命令越来越频繁，士兵们兴奋地工作着。零点几秒就决定着生或死：对山上的坦克歼击车来说是如此，对一直拼命与从坦克后涌入山谷的苏军步兵战斗的掷弹兵来说也是如此。机枪的"咯咯"声、坦克大炮的"轰隆"声和爆炸发出的呜呜声交织在一起。恩斯特唯一的机会是在苏军利用十倍于己的兵力优势实现突破前就瓦解敌人。恩斯特此刻的意志力决定着战斗的结果，他不得不迫使敌军与他对战，防止他们的兵力优势占据上风。

恩斯特留意到格特已经无法继续独自工作了，于是他对布雷特施奈德说："布雷特施奈德给他帮把手！"布雷特施奈德滑下去，将那些放置得太远、格特够不到的炮弹放进去。恩斯特数了数，已经有13辆苏军坦克被清理出局。突然，他看见一道炮口焰出现在浓烟中。那是一辆敌军坦克，它正穿过战场来到峡谷中。

"10米后右转。"恩斯特命令道。

"水牛"转向后，开进一个新的位置。

"12 点钟方向，在峡谷中，射程 1000 米！"

"我看不到它，少尉先生！我……"

第二束炮口焰向科纳内透露了最后一辆完好无损的敌军坦克的位置，他仔细地瞄准着。从苏军坦克中发射出的炮弹撞入坦克歼击车一侧约 10 米处的地下，爆炸产生的剧烈冲击波撼动着坦克歼击车。巨大的撞击声使车组乘员失聪了几秒，直到他们察觉"水牛"向后摇了一下，才知道科纳内开火了。五名车组乘员松了口气，但他们高兴得太早。炮弹撞进坦克前方的泥土里，并未击中这辆 T-34。但这辆苏军坦克突然向前推进，炮塔越抬越高。恩斯特透过他的双筒望远镜看到，敌军坦克的炮口朝向他们转了过来。

"再一次发射！"炮手看到敌军坦克就在他的视线内，下一枚炮弹已在炮膛里，他按下了发射按钮。

哑弹！

"该死！"恩斯特大喊。苏军随时可能开火，那时再发射第三发炮弹就太晚了。

"主击发装置故障，少尉先生！"科纳内报告道。

"切换到应急击发装置！"

一枚 T-34 坦克发射的炮弹朝他们飞来。炮弹从坦克歼击车的头顶咆哮而过，猛地撞进他们身后的某处冻土中。士兵们狂热地工作着。他们迅速扯下主击发装置的电缆，插入应急击发装置。科纳内已经调整好目标了。恩斯特看到 T-34 坦克发出了又一道炮口焰。"小心！"他叫道。这枚炮弹刚好落在"水牛"的正前方，巨大的冲击力将士兵们掀翻在地。冰块、泥土和炮弹的钢铁碎片混合成一束高高的"喷泉"，淋在士兵们身上。恩斯特少尉爬起来，瞄准了这辆 T-34 坦克。他必须更快一些，因为这辆 T-34 坦克发射的下一枚炮弹很可能直接命中他们。

"不要惊慌，"他命令自己，"瞄准好。有点高。然后：开火！"

炮弹在几秒内就经过了几千米。恩斯特的视线追随着炮弹的发射路线，等待着那声巨响。"击中了！"他们集体大喊起来。这次，他们的欢呼恰逢其时，敌军坦克闪出一道火焰。炮弹击中了 T-34 坦克的炮塔座圈，将炮塔从座圈上掀开。"这是最后一辆坦克了，少尉先生！"驾驶员喊道，打开了舱口。他浑身上下都僵硬了，努力使自己的上半身爬到了外面。恩斯特少尉也直起身子，伸展了一下僵硬的四肢。

一切突然变得安静起来，唯一的声音来自远远的东北方向。那是战争的声音，坦克大炮和德军坦克歼击车的 88 毫米炮发出的爆裂声。那里的战斗是在霍佩少校的指挥下进行的，战事同样有利于德军一方。在那里的战斗中，路德维希·奈格尔技术军士（Feldwebel Ludwig Neigl）摧毁了 4 辆 T-34 坦克。恩斯特少尉数了数可见的坦克残骸，共计 14 辆之多！在这戏剧性地持续了 30 分钟的简短战斗中，他们竟摧毁了 14 辆敌军坦克！在清点穿甲弹数量时，他们又发现：在这场摧毁了敌军14 辆坦克的战斗中，他们仅使用了 21 枚炮弹，战斗室还剩下 1 枚穿甲弹！

布雷特施奈德代理下士从口袋里掏出一包皱皱巴巴的香烟，递了一支给恩斯特少尉。恩斯特感激地点了点头。战斗结束了，他不再紧张，但还有些兴奋。车组乘员一口一口地吸着香烟，这时无线电传来命令，要求他们返回兵营。苏军已经停止了进攻。

"我们最终还是能赶上圣诞节庆典的，少尉先生。"科纳内观察后说。"当然啦，老伙计，你觉得呢？"恩斯特问，"我一直都知道咱们能赶上。"恩斯特说得特别肯定，他确信他们会完好无损地回来，即便是在最后那辆 T-34 坦克将他们锁定为攻击目标的时候，他依旧这么想。

兵营外，他们从连部办公室的技术军士沙尔施密特那里得知，埃里克·勒韦少校（Maj. Erich Loewe）失踪了。勒韦少校是第 501 重型装甲营的营长，曾与第 14 步兵师在他们右翼方向一起战斗过。此外，他们没有听到更多关于勒韦少校的消息。1944 年 2 月 8 日，勒韦成为第 385 位荣获橡叶骑士铁十字勋章的德国军人。为了纪念他，别申科维奇（Beshenkovichi）附近的那座跨越德维纳河（Düna）的大桥被命名为"勒韦少校桥"。

"准备参加圣诞庆典吧！"战士们洗漱干净，换上干净的制服，穿过村子来到学校里。恩斯特少尉是第一个走进这个大房间的人。他在战场上出色完成防守任务的事迹已先于他的脚步来到这里。他看到来自连队的两名正在接受训练的士兵正藏一个半米高的木质骑士铁十字。看到试图将东西藏起来的这两个士兵，少尉忍不住露齿而笑。难道他们以为他患有著名的"咽喉痛"（渴望得到骑士铁十字勋章），或者这暗示他今天又像谚语描述的那样"将所有都押在一张牌上"？显然他们的良知在拷问着他们，因为他们很清楚地知道：作为排长，恩斯特总是驾驶着战车身先士卒，即使在上级要求只出动一辆战车的情况下，他也总是毫不犹豫地立马接受任务。"猎鹰"号已经多次从险境中救出战友，他从没抛下任何一位战友，即使在他不得不驾驶战车驶入随时面临毁灭的绝境之时。

现在恩斯特被战友环绕着。施特雷勒上尉向他走来，伸出了手。"祝贺你，恩斯特。你可能会获得骑士铁十字！"他说。"我不知道，上尉先生。"恩斯特回答。

他们聊着天，唱起古老的圣诞颂歌，不一会儿就感到战争远在千里之外了。这几个小时的温馨时光让他们彼此更亲密了，也让他们觉得自己与几千公里之外围坐在圣诞树前思念他们的家人更近了。过了一会儿，少校来了。他也祝贺了恩斯特少尉和他的排，祝贺他们在这次行动中取得的巨大成功。

"第 1 连用了 24 小时摧毁了 30 辆敌军坦克，你那 14 辆就占了这次战绩中的大头。我为你和你的队友感到自豪，恩斯特！"

"总体情况怎么样，少校先生？我们抢占先机了吗？"

"我想是的，恩斯特！此刻，统帅堂（Feldherrnhalle）装甲掷弹兵师正进入第246步兵师的区域。为了夺回以前的主防御阵地，五点钟的时候，他们将向北进攻克伦基（Krynki）东部地区。"

"那么东北前线的撤退计划呢？它影响了我们，少校先生。那边发生了什么？"

"希特勒的决定在今天下午早些时候就到了。他批准了莱因哈特大将的请求。此刻，第14步兵师、第3空军野战师、第4空军野战师以及第129步兵师正在返回位于洛斯维多（Losvida）的防御阵地。"

恩斯特少尉松了一大口气。"或许那时，我们就能成功做到了，少校先生！对掷弹兵和我们所有人来说，事情会变得容易很多。"

"继续去庆祝吧。希望在圣诞节期间，我们不要再去打仗了，因为外面雪下得很大。"

一小时后，他们返回兵营，心情舒畅。外面下着很大的雪，他们几乎什么都看不到。"苏军肯定在来的路上，少尉先生！"布雷特施奈德说。

阿尔贝特·恩斯特点了点头。"是的，这是适合苏军作战的天气，他们能偷偷溜过雪地。在突然现身前，没有人会注意到异常。等发现他们时，一切都已经太晚了。"

授予骑士铁十字勋章

1943年的最后几天，苏军在维捷布斯克地区集结了37个步兵师、3个骑兵师、15个坦克单位及4个机械化旅。虽然他们做了大量尝试，却依旧无法获得更深一步的进展。直到12月19日德军第519重型坦克歼击营加入战斗，苏联共损失了355辆坦克。在前线各点的防御战斗变得异常激烈，对苏军来说，轻霜加上暴雪刚好是发动新一轮进攻的好时机。维捷布斯克地区已成为东部战线的焦点。中央集团军群的指挥官布施陆军元帅（Feldmarschall Busch），呼吁由他指挥的集团军群下的另外三支集团军，希望他们能自愿派出一些多余的兵力去支援第3装甲军。唯有这样才能避免一场灾难。第4集团军是第一个响应这一呼吁的，即使他们自己也陷入激烈的战斗之中。他们派出了一支强劲的阻击力量进入了由第4军坚守的地区。

1943 年的最后三天，苏军试图从维捷布斯克地区的东南部强行突破，设法进入西边的维捷布斯克—奥尔沙公路。这条重要的道路立即因德军反攻而重新打通，几辆"犀牛"坦克歼击车参加了战斗，15 辆敌军坦克被击毁。

战斗在第 14 步兵师地区平息，坦克歼击车的车组乘员得以休息几天。就在其中一天，格奥尔格-汉斯·莱因哈特大将（Generaloberst Georg-Hans Reinhardt）突然到访最近刚成立的、由阿尔贝特·恩斯特指挥的"救火队连"。莱因哈特与"犀牛"坦克歼击车的车组乘员逐一握手。这位总司令同样来自装甲部队，在他还是一名中将和第 4 装甲师的指挥官时，就在波兰荣获了骑士铁十字勋章。他知道作为一名坦克车组乘员应该如何去打仗，也懂得责任和自律，他是他们中的一员。莱因哈特大将与恩斯特两人进行了长谈，恩斯特坦诚地告诉总司令，他的战友需要一些东西来消遣。大将答应会拿到他需要的游戏、书籍和唱片，"我会回来的，恩斯特，我希望再次看到你健健康康的样子。"大将的确有太多事情需要劳心。事实上，他确实返回了前线，并且再次访问了坦克歼击车的战士们。

1944 年的开年是一段极度寒冷的日子。这是决定东线命运走向的一年。无人质疑宿命即将降临，无论是现今驻扎在维捷布斯克的第 3 装甲军，或是仅七个月后的整个中央集团军群。后来有人写道，在 1944 年年初，德军士兵已经丧失了斗志，只有将军们在拖延战争。这样的胡言乱语很快就被第 3 装甲军用浴血奋战的事实驳回。1944 年 1 月，东线战场上的每个士兵都深信德军依然胜券在握。

1944 年 1 月初，苏军往维捷布斯克派驻了更多的增援部队。他们把一切都投入到这场战争之中：装备有 52 个步兵师的 5 个苏联步兵军、5 个步兵旅、3 个骑兵师和 22 个装甲单位。甚至还将所有的惩戒营都送往前线。

暴风雪和严寒成为新年第一天战斗的记忆点。进攻与反击交替进行着。苏军看似筋疲力尽，因为他们的打击力在不断减弱，然而在 1944 年 1 月 5 日这日，苏军又沿着前线恢复了进攻，这一点相当地出其不意。一天之后，战斗达到了前所未有的强度。苏军的进攻伴随着成群的强击机，与此同时，他们的炮兵部队也提供了持续数小时的密集火力作为炮火支援。维捷布斯克周边所有区域的战斗都以兵级兵力进行，苏联投入了大量的火箭炮连。数以百计的火箭弹咆哮着，迫使掷弹兵爬进更深的散兵坑里。

维捷布斯克东南面的苏军有了新的援军——苏联第 5 集团军。1944 年 1 月 7 日，布施陆军元帅在第 9 军指挥部概述了来自元首司令部的指令。之后，莱因哈特大将提出了他的建议。

苏联用两支军队分别从东部和西北进攻维特布斯克。毫无疑问，出于战略和威望的原因，他们想包围维特布斯克。现在还没有迹象表明敌军有进一步的战略意图，而事实恰恰相反：敌人依然专攻维特布斯克。东面已有一支新的苏联集团军正在靠近，看起来北面似乎也有一支军队正在向这片战斗区域靠近。第3装甲集团军的明确任务是坚守维捷布斯克这块前线框架中的基石。想要完成任务，他们既要承受占有优势的敌方带来的压力，又要承受己方战力不断减弱的迹象带来的压力。正源源不断得到补充的苏军所面对的，是这几个月来一直持续作战、没休息过的德军。苏军近来总是在夜间发起进攻，大概也是想让德军部队在夜晚也不能休息。

大将建议缩短前线的宽度。他总结道："因此，我认为装甲集团军有必要集中所有力量守住维捷布斯克，无论将付出何种代价。为了达到这个目的，只要哪里的情况开始变得危急，就必须让那里的部队根据实际情况自由缩短前线。"

维捷布斯克的冬季战役仍在继续。这场战斗看上去不再有相对平和的时期——相应地，也不再有遗憾。1月8日，所有的"犀牛"坦克歼击车都处于战备状态。士兵以排为单位开赴前线，去帮助那些超负荷战斗的掷弹兵们。

"我们击退了苏军的进攻，并打算在夜间对苏军集结区域发动了一次突袭。统帅堂师和第14步兵师在左翼发起攻击，全部'犀牛'坦克歼击车都准备协同掷弹兵作战，帮助摧毁这个集结区域。"霍佩少校把他的排长叫到指挥所，简要、切实、精确地下达了作战命令。敬完最后一个礼后，这名军官和士官骑摩托车回到他们所在的排。五分钟后，坦克歼击车开始前进，到达掷弹兵所在的位置，然后停了下来，听取了简要的情况汇报。恩斯特少尉与他所在排的两辆战车告别，这两辆战车被安排到邻近的两个步兵连。

"好运，战士们！"

"多谢了，少尉先生！也祝你好运！"

两辆坦克歼击车消失在黑暗中，这是个乌云密布的夜晚。

"别开得太快，恩斯特，"克莱夫曼少校说，此时他们正准备前进，"刚下了雪，掷弹兵行进比较困难，无法跟上我们。"

"明白，少校先生！"

坦克歼击车驶离，掷弹兵们也开始行动了。他们知道炮弹会从哪里落下来，所以没有紧随其后。

恩斯特看到坦克歼击车"雄鹰"号在右侧。他呼叫了一声，施特茨技术军士立刻做出了回应。然后他试图赶上已经离开视线范围的"兀鹰"号，霍尔曼同样立刻回应了他。"如果谁碰到麻烦，立即呼叫！"恩斯特说。他们继续行驶，每个人都知道有彼此可以信赖、依靠，同样知道大家会并肩奋战到底。

重型战车不时会跌入白雪覆盖的弹坑之中，往往需要挂一挡依靠单侧主动轮蓄力驶出。进攻力量离苏军集结区域越来越近。"前面有个村子！"恩斯特说道。他们停了下来，中尉领着步兵连跟了上来。"只能看到一个轮廓，很难看清。这个村子看起来似乎空无一人。"恩斯特少尉充满疑虑地摇了摇头。

"他们在那里……那是什么？听起来像坦克履带，还有一大群战车。"

"他们在那儿，少尉先生。在村子前面的那条路上！"

恩斯特扫视了一下道路，看到了那四个可疑的黑影。"那可能是坦克或马车！"他小心翼翼地说。"叫你的坦克歼击车向前行进，加入我们。"掷弹兵连随即也展开了部署。叫来他麾下的另外两辆坦克歼击车，安排好它们各自的作战位置后，恩斯特说："我要提前过去侦察目标。如果有必要的话，科纳内，你来负责我的战车。"

"明白，少尉先生！"

恩斯特与中尉和连队司令部的人员一起，努力地在那条路附近前进。掷弹兵分散开来，朝那条路行进。刚走到一半，就听从命令停了下来。"该死，是敌军坦克！发动机还在运行。"中尉兴奋地说道。恩斯特点点头，他看到苏军坦克的车组乘员正在抽烟。苏联人的说话声从仅250米处传来，清晰可闻。

"我们应该做什么，恩斯特？"中尉问道，"要开过去吗？"

"也许不会再有这样的机会了，我们必须快点，赶在苏军车组乘员结束休息回到坦克前开火。如果他们用T-34坦克和KV-I坦克先向我们发起进攻，情况就会变得很糟糕。"

"很好。在你开火时，我会发射两枚绿色信号弹，然后一起发起攻击。"

恩斯特跑回战友身边。他必须尽快，比以往任何时候都更快。到达位置后，恩斯特跳上了他的坦克歼击车，还叫来了另外两辆战车。两辆战车同时开了过来，"我们准备攻击路上的敌军坦克。'兀鹰'号负责右翼，'雄鹰'号负责左翼，从纵队的两端向中心开火，挡住它们撤退的路线。我要从中间发起进攻。"

两名指挥官确认命令后，恩斯特开始瞄准目标了。他在坐稳后，扫视了整个纵队，然后瞄准了居中那辆苏军坦克闪闪发亮的轮辐。它正好在他眼前。

"注意！——开火！"

"88毫米炮"在开火时发出了一声巨响。这枚炮弹甚至还没爆炸，两枚绿色的信号弹就已"嘶嘶"地冲向夜空。炮弹击中了敌军坦克，火焰从苏军坦克的机舱中喷射出来。大约半秒钟后，另外两辆坦克歼击车也开了火。地狱之门正缓缓开启。透过双筒望远镜，恩斯特看到苏军坦克的车组乘员向左、右两边逃跑，一些人甚至试图跳入德军坦克中继续战斗。在掷弹兵机枪的扫射下，这些人的数量急剧减少。即使在嘈杂的战斗声中，掷弹兵们也能听到苏军坦克手发出的哭喊声。

几名苏军车组乘员设法爬上了自己的坦克。恩斯特看到几辆苏军坦克已经行进起来，为了更好地隐藏自己并到达较好的射击位置，它们已经转过来正对着德军的坦克歼击车。与此同时，坦克歼击车继续开火。穿甲弹击中了钢铁装甲板，从泥土地上炸起一道雪花喷泉。雪花腾空而起，被风吹散。大火熊熊，浓烟滚滚，笼罩在被击中的坦克上空。5辆T-34和1辆KV-I在夜色中逃离，一些试图回到自己坦克上的车组乘员在钢铁棺材里被烧成了灰烬。在冲锋的呼喊声中，掷弹兵向前猛冲，到达苏军坦克旁。几名受伤的红军士兵投降了，车组乘员举起双手从坦克中出来，他们都被这场意想不到的突袭惊得不知所措。

新的主防线沿路建立起来。在下轮进攻来临时，掷弹兵们就有弹性防御的机会了。必要时，他们可以撤回己方阵地，在那里迎战敌军。

1月9日晨光苍白，在战士们开车返回驻地时，再次下起了大雪。在为战车装满燃料并重新武装之后，大家都为能够再次回到棚屋感到高兴。维修兵们立即开始工作，去修理那些报告中提到的破损战车，以便战士们在接到命令时，可以立即行动。1944年1月9日当天的陆军命令报告：摧毁了60辆敌军坦克，另有27辆破损的苏军战车被德军修复并使用。报告总结道，"第519重型坦克歼击营的'犀牛'为获得这次胜利发挥了杰出的作用。"

1944年2月7日，恩斯特少尉被叫到营部。抵达营部时，他通过信号旗和司机认出了大将的座车。营部被部署在大楼后面。

"恩斯特，伙计，你的头盔在哪里？"当施特雷勒上尉（Hauptmann Strehler）看到这名年轻的少尉时，他问道。

"我为什么需要头盔？"恩斯特反问一句。

"在连队和整个营部面前展示自己时，你应该穿上最好的一套军装。你知道这意味着什么吗，恩斯特？"

突然，一道光闪现在少尉脑海中。他的第一反应是他被调走了。这时，沙尔施密特朝他跑了过来。

"戴上我的头盔，阿尔贝特，快戴上！"恩斯特把头盔戴在头上，站在连队最前面的位置上。陆军总司令出现了。施特雷勒上尉向营长报告，然后他转向莱因哈特大将，并向他报告。

"第519重型坦克歼击营集合完毕，大将先生！"

"谢谢你，霍佩。"

大将喊了一声作为打招呼，两百多个声音回应。阿尔贝特·恩斯特少尉向前一步，莱因哈特大将伸出了手。"阿尔贝特·恩斯特，你已成为伟大的维捷布斯克冬季战役中最成功的坦克歼击车乘员。因你击毁了25辆敌军坦克和几门反坦克炮的杰出战绩，元首决定授予你骑士铁十字勋章。今天能亲自将这枚勋章颁发给你，我感到非常荣幸。"勋章静静地躺在一个打开的盒子里，由大将的副官捧着。大将拿起勋章，以及黑、白、红三色相间的绶带。霍佩少校走到恩斯特后面，固定好勋章的绶带。

然后，少将、少尉和大将检阅着士兵，从列队的士兵前经过。当他们来到恩斯特所在连队时，恩斯特停了下来。他转过身去，敬了个礼。"克特尔！"他轻声说。悼念这位已经牺牲的战友，也是在悼念所有已经牺牲的战士们。

在之后的很长一段时间里，莱因哈特大将不断提到"维捷布斯克消防队"和"维捷布斯克之虎"，他向在场所有人——包括最底层的维修兵——表达了掷弹兵们的感谢，是大家——尤其是坦克歼击车组——的牺牲和付出，为掷弹兵们带来了平安。阿尔贝特·恩斯特后来在谈到这一时刻时说："那是我一生中最伟大的一天，我还骄傲地记得。但我也知道，这样的好成绩离不开我所在车组及排里另外两个车组的共同努力。"

▼阿尔贝特·恩斯特上尉获得骑士铁十字勋章。

摧毁一支苏军装甲旅

维捷布斯克的第一场冬季战役结束时，苏军已经损失了40000名士兵，1203辆坦克在广袤的战场上被击毁。《国防军公报》如此描述反坦克部队的战绩："除了掷弹兵、装甲掷弹兵勇敢又坚定的战斗外，炮兵、坦克和反坦克部队、突击炮兵及空军也发挥了格外重要的作用。"在阿尔贝特·恩斯特被授予骑士铁十字勋章随后的两周时间里，一切都很安静。霍佩已经举荐了这名年轻的少尉，并递交了必要的文件。他希望看到这名士兵被表彰，他比营里的其他士兵见识过更多的战斗，并且多次影响战斗的进程。

1月中旬的温暖天气使所有的道路都变成了无底的沼泽。1944年2月3日，第二次维捷布斯克冬季战役爆发。强大的苏联军队再次发起进攻，尤其是洛斯维多湖（Loswida）、扎罗诺沃湖（Saronovskoye）之间的维捷布斯克西北部一带。之后不久，苏军又向维捷布斯克前线的东南方向发起了进攻。恩斯特少尉获授骑士铁十字勋章那天，苏联兵团猛攻了诺维科（Noviki）的桥头堡。第131燧发枪营的指挥官路德维希·许特少校带领他的战友击退了敌军多达21次进攻，许特少校也因此获授骑士铁十字勋章。

进攻的命令到了，又轮到了坦克歼击车上场了。在第一次行动中，阿尔贝特·恩斯特的任务是负责在这次简短的会战中击毁两辆T-34坦克。当晚，恩斯特向霍佩少校报告："苏军好像对我们充满了极大的敬意。他们不再像之前那样派来大量的坦克阵营，而只是派出一两辆。"少校答道："对我们来说，摧毁他们变得更难了，恩斯特。但是苏军的进攻不会像之前那样活跃了，掷弹兵们会因此而感激他们的。"

第二天，坦克歼击车被再次派往前线。一个苏军装甲集结地区已经被发现，就在掷弹兵阵地的对面，德军打算铲除那里的苏军。此时，他们正向前行驶，苏军正在用高爆弹捶打德军的机枪阵地，车组乘员听到了坦克大炮发出的捶击声。

"以最大速度前进！海因里希斯，踩油门！"坦克歼击车"水牛"加速前进。两辆战车跟随其后，行驶在左右两侧，以防敌军从破碎的森林中冲出从侧翼攻击"水牛"。突然，他们身后的天空中发出一声轰鸣。"水牛"停了下来，车组乘员转身扫视着天空。"是'斯图卡'！"科纳内大喊，"'斯图卡'俯冲轰炸机发起进攻了！"

德军的地面部队把装备有大炮的"斯图卡"俯冲轰炸机称为"空中炮兵"。"斯图卡"向苏军装甲集结区域处的树林猛冲，士兵们都跟随着咆哮的"斯图卡"前进。

明亮的炮口焰从"斯图卡"翼下的大炮中喷射而出，看起来就像机器在修剪树顶。完成攻击的"斯图卡"拉升起来，然后大角度向上爬升。不久之后，它们又从空中调转，从等待进攻的坦克歼击车上空飞过。

"斯图卡"再次向树林俯冲而去。这一次，车组乘员有了更好的观看"斯图卡"战斗的视野。他们能看到从"斯图卡"炮口中喷射出的炮口焰，以及穿甲弹留下的烟雾轨迹。突然，霍尔曼技术军士呼喊着发出一声警告："注意！开火！"8辆敌军坦克正在靠近，3辆坦克歼击车全部开火。霍尔曼是第一个首发直接命中的人，"水牛"的第二发也成功命中。苏军坦克被炸毁了。

战斗正式拉开帷幕。"斯图卡"俯冲轰炸机像猎犬一般，将8辆苏军坦克赶出树林，令它们暴露在坦克歼击车的炮口下。坦克歼击车像在练习场射击一般解决了它们。苏军予以了还击，一枚炮弹击中了一辆"雄鹰"的履带。施特茨也报告说摧毁了一辆敌军坦克，现在正和他的车组乘员一起在炮火中更换履带。

"霍尔曼，给'雄鹰'号掩护！"霍尔曼技术军士击毁了那辆让"雄鹰"失去战斗能力的敌军坦克。苏军被突如其来的攻击打蒙了。显然，他们的计划已经挫败了。

恩斯特击毁的第二和第三辆敌军坦克还包裹在明亮的火焰里。最后的8辆苏军坦克调头，消失在一条延伸到森林里的冲沟上。

"跟在它后面！去灌木丛旁的冲沟里！"

全速前进的坦克歼击车"轰隆隆"地驶过满是弹坑和泥块的林地，有次还险些倾倒。还好它顺利地驶了过去，到达了峡谷边缘的指定位置。这个位置有崩溃的危险，坦克歼击车向后退了好几米。这时，一辆T-34坦克出现在略微弯曲的峡谷附近，进入坦克歼击车车组的视线内。"让它过来，直到可以看到它的后部！"恩斯特喊道。他们等待着，直到500米射程处，T-34终于露出了它的后部。

"开火！"

"88毫米炮"发出一声"轰隆"巨响，坦克歼击车下的地面开始坍塌。海因里希斯迅速倒挡，后撤了几米。T-34坦克的机舱冒出一柱火焰。几秒钟后，这辆坦克就被大火包围了，坦克中的四名士兵没能够成功逃出。这次行动使恩斯特摧毁的敌军坦克数量达到了32辆，他的这一最新战果也是该营击毁的第300辆敌军坦克。

战斗仍在继续。苏军的战斗力在下降，大规模进攻变得不那么频繁了。但是他们还是留下了大量坦克，令恩斯特少尉和他的坦克歼击车车组们经常处于战斗状态。

一辆接一辆被击毁的坦克增加了恩斯特的记录，他的战绩硕果累累。事实上，他驾驶的坦克歼击车那长长的"88毫米炮"炮管上，画满了"胜利戒指"。

1944年2月17日，苏联取消了第二次维捷布斯克冬季战役，恩斯特和他的战友终于松了一口气。从2月8日到2月17日，他们一直处于持续作战之中，并最终在许多场势均力敌的交战中幸存下来。他们已经忍耐到极限了。

战斗的紧张程度可以从士兵脸上读出。他们和掷弹兵一起，忍受了所有的担忧和艰苦。两场大战就在他们身后，他们获得的奖励是：可以好好地再睡个好觉，可以好好写完那些许久未动笔的家书，并把它们邮寄回家。

在这段安静的日子里，他们最关心的是拿回他们的武器——"犀牛"坦克歼击车又重新回到了战斗的巅峰状态——因为苏军随时可能发起进攻，不论白天还是夜晚。

与陆军元帅的谈话

在1944年2月末，苏军负责突击的步兵师再次发动进攻。然而，这一次，他们没有像以前那样大规模进攻，而是改为以团级兵力为主，每支攻击部队得到6辆到8辆坦克的支援。坦克歼击车"水牛"在前线战斗，成了最常见的情景。恩斯特少尉和他的战士们执行了一个又一个任务。2月底，乔纳森从战地医院回来了。他本该回德国的，却悄悄离开了医院，回到了前线。他向恩斯特少尉报告，自己从战地医院康复归来，并笑着说："你不会把我送走吧，少尉先生。"接着是一阵笑声，因为乔拉森的表情很痛苦。"那么，很好！你又可以回到'雄鹰'做一名装填手了，继续装填弹药。"恩斯特同意了乔拉森的请求。

在接下来的几周里，在许多地方都能见到战斗中的坦克歼击车。霍佩少校创建了一支由恩斯特领导的"消防队连"(Fire Brigade Company)。连队开赴诺维科桥头堡，解救出了第197和第299步兵师。然后，他们受命去往卢切萨河(Luchesa River)西岸，加强沃洛索沃（Wolosso）这一防御位置的兵力。这是一场艰苦的战斗。这一地区一夜之间六次易手，苏联人相信他们可以从这里突破，然后打到西部去。

1944年3月4日，"消防队连"再次被派往这一地区。"小心点！我的战车行驶在最前面。其他人都等等，看看会发生什么！加大油门，海因里希！"恩斯特呼叫"犀牛"的驾驶员。战士们在战斗岗位就位，苏军坦克随时都可能从后面的斜坡出现，现在苏军的迫击炮正在后面的斜坡上开火。"犀牛"坦克歼击车驶上山去，沉重的履带压碎了灌木丛，然后碾了过去。

突然，"水牛"一下子停下来。恩斯特少尉不需要双筒望远镜就能看到苏军坦克的集结区域。敌军坦克的发动机还在运转，他们正在准备发起下一轮攻击。在渐渐昏暗的暮光中，恩斯特看到坦克后面密密麻麻的全是士兵。

"大家都跟着我，上山！射程600米，目标是敌军坦克！"

科纳内在等待开火的命令，他已经瞄准了右翼的那辆敌军坦克。他知道在这个射程范围内，"88毫米炮"的打击力是致命的。

苏军此时还没有注意到即将到来的危险。坦克发动机的噪音淹没了"犀牛"爬上斜坡时的响动。直到德军战斗群其他七辆战车逼近的前一秒，苏军才意识到危险的降临。阿尔贝特·恩斯特看见第一辆苏军坦克已经开始移动。

"开火！"他下令。

炮火的"轰隆"声和炮弹撞击发出的巨响合为一体。伴随着巨大的撞击声，"88毫米炮"发射出的穿甲弹击穿了T-34坦克的装甲板，并且引燃了它。

装填——开火！装填——开火！其余的坦克歼击车也到达山顶，加入战斗中。

不一会儿，3辆，4辆，10辆T-34坦克朝他们驶来。这些T-34在山底的位置，这个位置正好位于坦克歼击车的视觉盲区，超出了坦克歼击车火炮的射界，车组乘员无法将炮口压低到与苏军坦克交战的位置。这时，一名技术军士和一支突击班出现了。"少尉先生，我们会照顾好他们的！"他喊道，手指向那些已经开始上山的坦克。恩斯特点了点头，他看到了战士手中的炸药包和圆盘地雷。

恩斯特的坦克歼击车持续开火，直到敌军坦克调头离开，消失在一片森林地带。然后，在下面大约200米处发生了爆炸。圆盘地雷和炸药包爆炸了，冲击波冲上了山坡，灌木丛被连根拔起。恩斯特和战友们从山顶往下望，他们看到山下有三辆失去了战斗能力的坦克，其中一辆逃过一劫，就在他们下面仅60米处。

"开下去，海因里希斯！直接开下去！"

"犀牛"坦克歼击车开动起来。它向下行驶了大约50米，然后调头。恩斯特在同一海拔上看见了那辆T-34，它的主炮刚刚完成了射击，现在待在那里一动不动。

这辆T-34坦克露出了它的右侧。科纳内没有等待恩斯特的开火命令，在他看到这辆T-34的那一刻，就按下了发射按钮。这是一次强大的双重打击。"88毫米炮"的这一击穿透了装甲，这辆T-34被击毁了。

苏联进攻的先锋部队已经受挫，钢铁方阵被打出一个缺口。接下来的步兵攻击被掷弹兵毫不费力地击退了。

恩斯特少尉目前已经击毁了49辆坦克，排在战绩名单的最前端。但目之所及，小规模的战斗无穷无尽。苏军的进攻仍在继续，有增无减。

在敌军发起的一次进攻中，坦克歼击车没能及时赶到，但德国空军当时处在便于干预的位置。于是，90架Bf–110和Ju–87席卷前线。在击毁了苏军坦克后，又飞到低空朝步兵扫射。

这些天一直漫天飞雪，气温保持在零摄氏度以上。3月的夜晚依旧寒冷，气温有时还会降到零下10摄氏度。年初肆虐的风暴，使得道路再次变得泥泞难行。沉重的"犀牛"坦克歼击车与德军装备的履带卡车一起，陷入一米深的泥浆里艰难前行。

在防御卢切萨河前线期间，9个德国营被迫去拖住9个敌军的步兵师、1个步兵旅和2个坦克旅。他们之所以能成功拖住苏军，要感谢集结在维捷布斯克前线的"犀牛"坦克歼击车营、虎式装甲营以及6个突击炮旅。

3月28日，恩斯特率领他的坦克歼击车队驶入苏军炮火封锁区域。德军情报已查明，此地的110个苏军炮兵连装备有404门火炮，将对德军阵地构成暴风雨般密集的火力攻击。"水牛"顶着密集火力，设法行进至苏军一处观察所旁，用4枚高爆弹摧毁了目标。苏军步兵攻击了坦克歼击车，被"水牛"的车组乘员用手榴弹和机枪还击。直到"兀鹰"前来营救，车组乘员才松了一口气。

五天来，苏军一直试图强行突破。然而，在50次进攻后，他们停了下来。这50次进攻大多是由团或师级部队发起的，此外还有80次由营或连级部队发起的进攻。结果是400名苏军士兵阵亡，49辆被击毁的报废坦克散落在德军主防线上。

战场归于沉默。4月20日，一份报告送达前线部队：第6军的军长汉斯·约尔丹步兵上将（General der Infanterie Hans Jordan）成为德军武装部队中，第464个荣获橡叶饰骑士铁十字勋章的德国军人。莱因哈特大将多次拜访阿尔伯特·恩斯特。不久后，前线部队议论纷纷，"维捷布斯克的防御之所以能获得成功，得益于莱因哈特的出色指挥！"

1944年5月26日，莱因哈特大将成为第68个荣获双剑橡叶饰骑士铁十字勋章的德国军人。他在获奖后说："能佩戴上这枚勋章，我很高兴并且自豪。因为我知道这枚双剑橡叶饰其实是授予我手下整个第3装甲军的，因为他们在围攻维捷布斯克期间从艰苦的冬季战役中赢得了胜利。"

第二天，阿尔贝特·恩斯特少尉受邀来到中央集团军的司令部。恩斯特·布施陆军元帅（Generalfeldmarschall Ernst Busch）邀请了集团军群中获得过最高荣誉以及很快就要被授予荣誉的士兵来到明斯克（Minsk）。

恩斯特少尉开车去机场，陪同、护送他的人早已等候在那里，尤其是沙尔施密特技术军士。他已经猜出了恩斯特此行的目的，他们的少尉将要被授予橡叶饰。

与此同时，被授予过金制德意志十字勋章的霍尔曼技术军士，正把所有赌注都押在这件事上：他们的"老家伙"从明斯克返回时，口袋里会有一枚橡叶饰。

他的几个朋友和他打赌，结果霍尔曼输了，因为以下原因。

恩斯特他们坐在集团军群司令部餐厅的一张大桌子前，坐在他们中间的官员们在聊着天。恩斯特环顾四周，看到许多荣获高级勋章的军官。他十分紧张地走过来，坐在最高指挥官的对面。在晚饭后吸烟的时候，陆军元帅问他："你怎么还没有获得提拔呢，恩斯特？你做连长已经有段时间了。"

回答问题之前，恩斯特咽了一口吐沫："陆军元帅先生，我们这些在'犀牛'中的战士没考虑过提拔。我们每天的任务就是击毁敌军的坦克——我们每天也有被击毁的可能。"

"这不是我所问问题的答案。我的意思是，你为什么不是一名中尉呢？"

"曾经有人告诉我，陆军元帅先生，我必须作为少尉服役许多年后才能成为一名中尉。"

布施陆军元帅转向集团军群的作战参谋。"格勒本（Groeben），此事你有何看法，恩斯特在这里所说是真的吗？"

"恩斯特所说是对的。他不能被提升为中尉，正因为他佩戴着骑士铁十字勋章。他必须等上一段时间。"

阿尔伯特·恩斯特已经因作战英勇被任命为军官。尽管获得了骑士铁十字勋章，他的晋升还是被拖延了好几个月，看起来恩斯特的少尉军衔要保留一段时间了。

但此时，布施陆军元帅转向了恩斯特少尉。

"那么，亲爱的恩斯特，凭借击毁55辆坦克的战绩获授橡叶饰或者晋升为中尉，你更想要哪个呢？"

每个人都盯着这名少尉。恩斯特猜想他们中的多数人大概都怀揣着这样的想法：橡叶饰会使他更有名气，人类的虚荣心会促使他选择橡叶饰。

然而，他想得到的，却是另外的东西。他已经结婚，并育有两个孩子。他作为少尉拿的薪水比他当有 12 年经验的军士长时还要少。

"如果陆军元帅先生允许我自己拿主意的话,我更愿意被晋升为中尉。"

有那么几秒,这里安静得都能听到一根针掉到地上的声音。有很多原因指向他的选择,但恩斯特说出了自己的真实想法:他希望自己能为家人提供更多的钱,而不是一枚勋章。

于是,阿尔贝特·恩斯特因面对敌人时的英勇表现,被晋升为中尉军衔。作为魏玛防卫军的一名普通士兵,他向前迈出了巨大的一步。

几周之后,恩斯特被调离第 519 重型坦克歼击营。他总算参加了一项指挥官课程,因为他从未接受过军官训练,并且被选中去指挥一个新的坦克歼击营。他不得不与战友们告别了。"如果你接到一个新的命令,有机会带上我们的话,请你一定要这么做,阿尔贝特。"博古特说。其他人也提出了同样的请求。中尉深受感动,因为他曾多次带领这些战友出生入死。

在米劳装甲兵学校(the Mielau Panzertruppenschule),恩斯特以优异的成绩完成了他的指挥官课程。课程结束时,他发现自己将在诺亚克少校(Major Noack)手下效力。诺亚克少校因指挥第 46 反坦克歼击营在法国获胜而荣获骑士铁十字勋章。1942 年 1 月 17 日,在莫斯科郊外,诺亚克成为第 63 位荣获橡叶勋章的德国军人。这个新成立的营配备了新式的、威力巨大的"猎豹"坦克歼击车(The *JAGDPANTHER* Tank Destroyers)。

然而,这个命令并没能实现,但恩斯特还是从指挥第 654 重型坦克歼击营的诺亚克少校那里学到了不少东西。库尔斯克战役期间,坦克歼击营配备了"费迪南"坦克歼击车(The *FERDINAND* Tank Destroyers)。

恩斯特最终加入了第 1299 坦克歼击营,他现在有机会把从前的战友从苏联战场上接回来了。作为新成立的坦克歼击营的一名指挥官,他可以选择他想要的人。

恩斯特的战友们从苏联战场回家了,但不是所有人都回来了。在规模宏大的夏季攻势期间,苏联发起了针对中央集团军群的战斗,恩斯特战斗过的营当时受第 299 步兵师指挥,在战斗中伤亡惨重。博古特少尉、特拉克军士长(Oberfeldwebel Tarlach)、龙多夫少尉(Leutnant Rondorf)与恩斯特车组乘员中的科纳内和布雷特施奈德一起,来到了恩斯特指挥的新部队。其余人都死了。

在此期间,恩斯特有数次机会可以回莱比锡的家里看看。那是几周轻松而幸福的时光,这是他第一次感受到舒适的平民生活。

那个夏天是美丽的。无论如何，新坦克歼击营（最初只有一个连构成）投入战斗的时间已经到了。这支部队被派往东线，进入列宁格勒西南方向地区，苏联红军在那里发起了新的攻势。阿尔贝特·恩斯特将再次受第 3 装甲集团军指挥。

苏军到达了涅曼河（Njemen）附近的阿利图斯（Olita）。第 4 和第 7 装甲师准备从瓦雷纳（Orany）以北 10 公里的巴布里什凯斯（Babriskis）地区发起一场摧毁阿利图斯苏军力量的进攻。恩斯特中尉和他的"猎豹"坦克歼击车被安排去夹击敌军。

一个战斗群由第 25 装甲团的一些人和第 6 装甲掷弹兵团组成。这个战斗群的任务是沿着去往阿利图斯（Olita）的道路从左翼发起进攻。在右翼进攻的是恩斯特的坦克歼击连，他们配备有 14 辆崭新战车，并得到一个步兵连的加强。

7 月 11 日清晨，现在作为营指挥官的阿尔贝特·恩斯特举起他的胳膊示意前进，坦克歼击车开动起来。

"前进，战士们！我们不能陷在这片沼泽中等苏军来痛打我们！"

"猎豹"坦克歼击车"咔嗒咔嗒"地向前行驶。这些新式的反坦克武器只造了大约 200 辆，它们装备有 Pak L/71 的 88 毫米反坦克炮。这是威力最强大，射击最精准的武器。就在这里，在阿利图斯附近，这些"猎豹"坦克歼击车准备接受炮火的洗礼了。

排长龙多夫少尉驱车在前，他的声音从恩斯特的耳机中传来："前方出现苏军的反坦克炮，中尉先生！"

"大家都跟着我！进攻！"

这些巨大的坦克歼击车加快了速度，将步兵和装甲掷弹兵远远地甩在了后面。

火焰从灌木丛中喷出，炮弹在击中恩斯特座下的坦克歼击车的前部装甲后弹开了。噪音如此之大，以至于坐在歼击车内部的恩斯特以为自己会失聪。

科纳内开火了。炮火将被锁定的这架反坦克炮从炮台上撕扯下来，碎片在空中旋转。

"前进！"

恩斯特的驾驶员，策尔曼军士长（Feldwebel Zellmann）换到第六挡。这些坦克歼击车开到一处苏军发射火箭炮的区域，这里的 4 个发射器正向德军步兵开火。

重型战车直接穿过阵地，朝反坦克炮的方向开了过去。当他们到达这片阵地时，苏军的炮手跳了起来，试图逃跑，但他们没有机会了。坦克歼击车将反坦克炮碾碎在地下时，发出了特别可怕的噪音。再往前行驶很短的一点距离，就来到了苏军主防守阵地，他们看到前往阿利图斯的道路就在前面。

机枪声发出的"突突突"声和火箭炮发出的"隆隆"声将战场变成了可怕的地狱。暴露在外的装甲掷弹兵成片地死伤，受伤的士兵痛苦地哭喊着，幸存者用手和铲子在夏季松软的泥土里挖掘战壕。

"进攻陷入困境了，中尉先生！"翁特施密特（Unterschmitt）技术军士报告。

龙多夫的声音再次从无线电中传来："苏军纵队就在路上，中尉先生！"

"每个人都待在这里，保持一个开阔的半圆形，并给予我们火力掩护！辨认出任何一处敌军位置后，立即击毁它们。博古特和龙多夫，跟我来！"

恩斯特中尉试图采取"维捷布斯克之虎"战术，过去他经常能成功运用这一战术：出其不意地突破进去，击毁敌军战车，恐吓敌军。如果苏军撤退了，他会用整个部队来完成这个战术，为掷弹兵的作战目标开辟道路。

博古特的车辆向前驶来。龙多夫的战车则隐蔽在一处灌木丛中，从前向右侧开出来。恩斯特看着这两辆"猎豹"缓缓靠近："猎豹"前装甲倾斜，长长的炮管下有小支架，侧面的装甲链裙让坦克歼击车的外观看上去紧凑、坚固。

"我们间隔 50 米进攻，每个人都选好这些在路上的目标。从左、右两边，向苏军纵队的中心开过去！"

发动机咆哮着，坦克歼击车向前驶去，到达一处适合射击的位置，那里的视野非常不错。

"随时准备开火！"

炮口焰从 3 个炮管中喷射而出，炮弹砸进苏军的坦克、卡车和装甲运兵车里。战车爆炸起火的同时，其他的人和车也从路上被炸飞到空中。

龙多夫报告了他的第一次命中。接着，博古特充满活力的声音也从无线电中传出："已经击毁了三辆，阿尔贝特！"

三辆战车继续向前行驶，只有在开火时才停下来，炮弹从头顶呼啸而过。坦克歼击车只用正面去面对苏军，前部的这些装甲都是倾斜幅度很大的重型装甲。看起来没有东西能阻挡他们。

"博古特，待在这里。我和龙多夫在前面行驶。注意跟其他人保持联系！"

策尔曼技术军士驾驶着"猎豹"，以每小时 40 公里的时速开向敌军阵地。布雷特施奈德操纵着战车前部的机枪，向任何进入视野的苏军士兵开枪。

"他们开始逃跑了，阿尔贝特！"龙多夫大喊。

苏军已经损失了30辆战车和数辆坦克。3辆火力强大、行动迅速的坦克歼击车出其不意地插入苏军阵地，令苏军陷入混乱。他们匆忙逃跑，战斗也因惊慌变得松散。道路上四处散落着正在燃烧的卡车。几门反坦克炮试图从道路上驶离，进入射击的位置，结果被坦克歼击车碾了过去。

"继续开火！"恩斯特喊道。

两门88毫米炮没有停歇，"突突突"地连发射击，继续完成摧毁敌军的工作。恐慌的氛围在敌军中爆发。

突然，在前方大约300米处爆发出一道闪光，接着是一阵令人震撼的打击。"猎豹"停了下来。

"我们不能再往前走了，负重轮被击中了，中尉先生！"驾驶员报告说。

"小心点，龙多夫，我们已经被击中了！"

"我看到了，正准备去接应你。博古特也一直守在无线电旁。"

"告诉他继续留在原地！"恩斯特命令道。现在反坦克炮的位置依然未知，如果另一辆坦克歼击车靠近，也一定会被击毁。

"注意，苏军发起进攻了！"

恢复镇定的苏军士兵集合成进攻队伍，向恩斯特的坦克歼击车发起了攻势。

"四周防御！向外扔手榴弹！"

他们带来了两板条箱的手榴弹，被证明是明智之举。苏军向"猎豹"靠近。坦克歼击车的每个舱口都在向外投掷手榴弹。车组乘员通过观察孔看到：好一些苏军士兵倒下了，受伤的士兵放弃了战斗，但又有些苏军部队跟进上来。他们向坦克歼击车投掷了莫洛托夫汽油弹，但投掷距离过短，燃烧的汽油如雨点般落到那些受伤的士兵身上。

恩斯特从打开的指挥官舱口向外扔手榴弹。为了能阻挡从正前方逼近的苏军主力，战车前部的机枪发射了一整条子弹。坦克歼击车内的五人听到了尖叫声和机枪扫射发出的爆裂声，看到了明亮的火焰。

作为指挥官，恩斯特负责防御炮塔区域。他站在舱口，数名苏军士兵已经跳上了挡泥板。恩斯特用手枪朝他们射击，然后猫下腰，掩护自己换上一个新弹夹。

这是一场生死较量。龙多夫少尉往进攻的苏军队伍中发射了高爆弹，试图掩护这辆失去战斗力的坦克歼击车。

恩斯特中尉装上了最后一个弹夹，并再次站在炮塔舱口，开了四枪。当机枪发射的子弹"嘶嘶"从头顶飞过时，他低下身子躲开了这阵射击。

当恩斯特再站起来时，一名苏军军官的脸出现在距离他不足一米处，恩斯特举起了他的手枪。他开枪的速度比这名苏军军官快了一点，但他手中的P08手枪哑火了。就在这时，这名苏军军官用那把"莫辛－纳甘"（Nagan）手枪射击，发出一阵"噼啪"声。阿尔贝特·恩斯特感到一阵急速的风吹过前额，子弹从耳机下方打进他的头部，然后飞了出去。中尉一定是抢先本能地抓住了炮塔的舱口盖，因为当他跌入战车时，舱口盖"哐当"一声就关上了。布雷特施奈德将它紧紧地锁住。

"敌军就在我们周围，我们必须努力回到战友身边，少尉先生。"法伊格中士（Unteroffizier Feige）大喊，他是龙多夫座下坦克歼击车的炮手。

"开火，发射高爆炸药！"少尉下令道。炮弹在连长指挥车的四周爆炸开，坦克歼击车里的战士们忍受着这地狱般的炮火。只有指挥官不知道到底发生了什么，因为他已经失去意识，陷入昏迷。

布雷特施奈德戴上了恩斯特头上那个沾满鲜血的耳机。

"注意！长官身受重伤。我们必须突围出去，否则他会死的！"

他们给中尉包扎了一下。在他的头部缠绕了一组敷料，用一个厚厚的垫子摁住头部枪伤的进口处和出口处。

"前进！再发射四枚炮弹，然后开进包围圈！诺森根，准备好钩环，把它递给我。"

"我这就扔给你，少尉先生！"驾驶员赫伯特·诺森根（Herbert Nössgen）回答道。

"好，很好！"

这是最后一轮开火了，坦克歼击车开始前进。它从一群苏军士兵身上压了过去，这些苏军士兵已经在掩护下到达连长指挥车的后部了。诺森根在驾驶员舱口扔了一个钢制钩环过去。他的臂力很好，钩环一下子就钩住了恩斯特座下的坦克歼击车。一些敌军士兵瞄准了这名坦克歼击车驾驶员，龙多夫少尉拿起冲锋枪朝他们开火。随后，坦克歼击车猛地向后倒，用钩环拉住了失去战斗力的"猎豹"坦克歼击车，让它跟在后面。

博古特开在三辆战车的前面，几乎没有停歇地开火。看到追赶在后的敌军坦克时，龙多夫也会时不时地开火。"猎豹"一米一米地撤退。最终，他们离开了苏军集中的区域，停了下来。现在，他们已经处于其余几辆坦克歼击车的保护之下，不会再出什么问题了。"我们必须尽快把长官送回去，必须搬动他去另一辆车！"其中一个战士说。

仍处于无意识状态的中尉被搬到另一辆坦克歼击车上，这辆战车小心翼翼地开往主急救站。在路上，恩斯特苏醒过来，意识到他们正在向西开。虽然负伤了，他却感到如释重负。战友们正把他送回去，他很快就安全了。他听到履带"咔嗒咔嗒"的声音，看到战友的脸庞在头顶上，他想报以微笑，却做不到。

血液依旧从绷带处渗出。他的橄榄绿夹克上沾满了鲜血，甚至连他的骑士铁十字勋章也像是被鲜血黏在夹克上。因失血过多，恩斯特又一次失去了知觉。当他再次恢复意识时，他注意到自己被两名战友抬着穿过帐篷广场的一片土豆地。

他们到达了一处步兵指挥所。这里的坦克军官乱作一团，坦克歼击营也匆匆赶到。坦克歼击营与团指挥官就该由谁来领导这个单位的问题争论了起来。恩斯特在重新陷入昏迷前听到了所有的一切。

突然，博古特少尉，这个高大强壮的西里西亚人，冲进了指挥所。他一直跟随作战，也突破了苏军反坦克壁垒。他走到他的朋友跟前，俯下身去。然后他站起来，转身面向军官，大声怒喝："从此往后，由我来领导我们的这支部队！我们已经损失得够多了！每个人都不许再就此事说三道四，谁都不行！"

"你怎么了？"中尉惊愕地问道。就在这时，恩斯特站了起来。

"博古特能做到，没有人能做到！"他低声嘟囔着，几乎听不到。然后他再次昏迷过去。

博古特成了这支部队的指挥官。恩斯特被高级军士威浦曼（Stabsfeldwebel Wippermann）和另外两人送往了主急救站。苏军仍然大兵压境，再次突破只是一个时间问题。一个小时后，恩斯特躺在一个小棚屋里，一名军医俯下身子看着他。

"医生，"恩斯特用浓厚的嗓音说，"只要在伤口上绑上一条绷带就行了，一切都会好起来的。"

"一条绷带？"医生回答道，"你的伤势需要回德国接受治疗！"

这是恩斯特在陷入昏迷前听到的最后一句话。医生立即给他做了手术。当他第二天苏醒过来时，他又一次身处一间农家小屋里，那里还有大约二十多名身受重伤的士兵。他听到呻吟声和痛苦的哭喊声，闻到伤口感染发出的恶臭味。突然他看到一个熟悉的面孔出现在他面前，是威浦曼。

"你在这里干什么？"他迟疑地问。

"我一直照看着你，少尉先生，我要陪着你，直到我看到你安全地登上前往医院的火车，送你回家去。"

其实，威浦曼之所以和他的连长待在一起，是因为充当护理员的苏联志愿者对待伤员很不负责。如果一个伤员停止活动、呼吸变浅，这些苏联护理员就会以为他已经死了。他们会把他抬到外面，用车运走，和死尸摆放在一起。威浦曼在那里看着，确保这类事情不会发生，直到看着恩斯特安全地登上前往临时医院的火车——一列为伤员准备了稻草床铺和枕头的货运火车——他才重返部队。

有一次，在恩斯特不知道的情况下，威浦曼甚至将手枪对准了几个正准备将中尉搬走的苏联护理员。恩斯特后来听说这件事时，很长一段时间以来第一次热泪盈眶。战火的磨砺使他变得坚强，但这份忠诚和战友之谊在顷刻间就令他的心柔软起来。

恩斯特中尉的名字被镌刻在德国军队荣誉名单上，他获得了荣誉卷扣（Honor Roll Clasp），一种很少被授予的佩饰。在靠近德累斯顿（Dresden）附近的卡尔斯多夫（Karlsdorf）的一家医院，他获得了金质战伤勋章（Wound Badge in Gold）。

他的妻子和孩子获准来这里探望他。医生告诉恩斯特，战争已经结束。恩斯特不愿相信这是真的，事情不能就这样结束了。随后几周是休息和放松，虽然恩斯特要忍受头部受伤带来的疼痛，但除此之外，他感觉很好。

当他恢复健康后，恩斯特被派往柏林。"阿尔贝特，"他的妻子对他说，"不要太卖命。上天已经怜悯过你一次。你现在还活着，在这里同我和孩子们在一起，这是最美妙的礼物。你不能向上帝要求再庇佑你一次。"他答应了妻子的请求，因为他爱她和孩子们，他希望能回归到正常生活，当一切都结束后。

恩斯特抵达柏林后，立即被召唤到陆军司令部见博尔布林克将军，将军告诉恩斯特，他被选中去执行一项特殊任务。因为他懂英语和法语，他被安排加入斯科尔兹内的特遣队。恩斯特中尉知道斯科尔兹内，他是党卫军一级突击队中队长（Hauptsturmfuhrer）。在他用伞兵营救出墨索里尼后，他的照片就被刊登在所有的报纸上。他是个身材高大的人，脸上还有许多伤疤。就这样，阿尔贝特·恩斯特成了斯科尔兹内手下为数不多的国防军军官之一。

部队的这次任务至关重要且非常危险。作为阿登战役的一部分，他们的任务是利用美军军装和俘获的车辆，开车穿过敌军前线，在敌军后方制造混乱。

阿尔贝特·恩斯特成为美军上尉，指挥由德军士兵组成的第405坦克营。训练期间，恩斯特有多次机会同奥托·斯科尔兹内说话。他描述了V-3火箭飞弹，指出V-3

很快就能被应用到战场。然而，事实并非如此。

有一次，该部队的一名成员冒犯了恩斯特。他抓住他的骑士铁十字勋章，说道："你为这片镀锡薄钢板做过什么？"

这番话是对恩斯特和战友的侮辱：很多战友已经阵亡，他本人也受过六次伤。恩斯特回击了他，他跳起身来，撞倒了这个人。但是"很多猎犬为野兔而死"（Many hounds are the death of the hare），恩斯特发现自己再次被关进一个小房间，但他很快就被斯科尔兹内释放。

斯科尔兹内的惩处相当公平，他惩罚了这个冒犯恩斯特荣誉的人，恩斯特则要自己离开。尽管如此，这也令恩斯特处境尴尬。试图离开部队，这是他根本做不到的。

德军的这次行动并非百分之百的成功，但在"狮鹫"行动（Greif）开始时，的确令美军对自己的军官产生了怀疑。美国哨兵逮捕了自己的军官，认为他们是德军特遣队的成员。

执行完这次任务后，恩斯特飞回到了科隆—瓦恩（Cologne-Wahn）。在那里，他设法成功伪造了博尔纳补充营的调动令，将他长期的战友、跟随他一同加入特遣队的博古特少尉和龙多夫少尉成功调离。

恩斯特再一次能够与家人共度一些时光。14 天后，他被派往在帕德博恩（Paderborn）的第 500 重装甲训练与补充营。在那里，他接受了"虎"式坦克相关的训练，并被派往由舍夫上尉（Hauptmann Scherf）指挥的第 512 重型装甲歼击营，参与其创建工作。这个营配备着最新的"猎虎"坦克歼击车，是由兴登堡工厂建造的，工厂位于奥地利的林茨（Linz）附近的圣瓦伦丁（St. Valentin）。这些巨型战车以及它们的 128 毫米火炮给恩斯特留下了深刻印象，仅"猎虎"的炮管就有八米多长。

▼ 第512重型坦克歼击营营长沃尔特·舍夫（第503重装甲营时期）。

在德勒斯海姆（Döllersheim）地区完成火力测试之后，新式"猎虎"坦克歼击车在 1945 年 3 月 10 日投入战场，

▲ 阿尔贝特·恩斯特所驾驶的"猎虎"坦克歼击车1945年时期涂装。

它们需要在雷马根（Remagen）渡过莱茵河对抗美军的桥头堡。对熟悉传统坦克操作的车组乘员来说，操作"猎虎"坦克歼击车战斗仍是新奇事物。在进入战斗前，必须先解除行军锁和炮管支架。火炮瞄准时需要将整个战车指向正面，因为128毫米炮被安置在一个固定的上部构造上。恩斯特及其他一些有驾驶坦克歼击车经验的乘员，在从驾驶传统战车过渡到"猎虎"坦克歼击车时遇到了一些问题。

德军之所以会在雷马根桥头堡的进攻中失败，主要是因为进攻部队是零碎的。因此，德国第53步兵军的指挥将军拜尔莱因中将（Generalleutnant Bayerlein）建议，在所有三个指定师及其重型武器就位后，再发起进攻。然而，拜尔莱因中将的这个想法遭到了拒绝，他被迫于3月10日发起攻击，因为希特勒下令"立即使用每支可用的部队"发起进攻。

这次进攻失败了，恩斯特的连也参加了这次战斗。人们忽视了古德里安的座右铭：狠狠地打击对手，不要分散力量。

在这次进攻失败后，恩斯特和他的"猎虎"坦克歼击车被安排去掩护德军撤退。坦克歼击车进入阵地后，击毁了两公里范围内追赶而来的美军坦克，展现出"猎虎"128毫米火炮出色的精准性。恩斯特和他的部队穿过下内特芬（Niedernepfen）和上内特芬（Obernepfen）返回锡根（Siegen）。德军计划从那里发起一次进攻，来打开鲁尔区包围圈。

包围鲁尔区

在锡根，阿尔普大将（Generaloberst Harpe）做了情况简报。阿尔贝特·恩斯特现在是一名上尉，负责指挥一个装甲战斗群。

"先生们，我们接到的新任务是掩护后方撤退的部队。恩斯特，你和你的战斗群负责形成后卫。"

"谁会护送步兵？"恩斯特问道。

"绍尔兰志愿军团（the Freikorps Sauerland）将与你们一起！"

"大将先生，我从来没听过这支部队。"穿着黑色装甲兵制服的恩斯特上尉回答。

就在这时，一个大高个子站起来，清了清嗓子。"我是志愿军团的指挥官弗雷科普斯费勒·埃希特坎普（Freikorpsfuhrer Echterkamp）！"他机敏且潇洒地说，"绍尔兰志愿军团听命于我，哪里有战争，它就在哪里战斗！"

恩斯特上尉几乎要为他之前流露出的怀疑语气道歉。弗雷科普斯费勒显然已经令他相信，在他指挥下的绍尔兰志愿军团是一支一流的部队。

在"猎虎"坦克歼击车发起第一次进攻时，志愿军团的士兵们紧随其后，要知道一枚炸弹能轻松炸飞好几十名士兵。

恩斯特上尉从炮塔中探出身来。"大家听着，"他喊道，"分散一些，不要聚成一团，否则一发炮弹就能炸死你们所有人！"但他们对恩斯特的话充耳不闻。突然，策尔曼技术军士发现了第一辆"谢尔曼"坦克。

"停下来准备射击！"恩斯特命令道。

"猎虎"坦克歼击车停了下来。车组乘员打开了行军锁，准备开火。科纳内技术军士发射了第一发炮弹。强大的"128毫米炮"开火了，炮弹击中了这辆"谢尔曼"坦克，将它炸得四分五裂。

新的弹药释放出大量的烟，"虎"式坦克完全被浓烟掩盖住了。突然，绍尔兰志愿军团里的一名士兵大叫起来："'虎'式坦克被击中了！"

就好像发出了信号似的，绍尔兰志愿军团招募来的人民冲锋队（Volkssturm）的士兵全都逃跑了。他们穿过森林，逃回了伊瑟隆（Iserlohn）及其周边城市的家中。

舍夫少校被派遣到第53军服役。每一个"猎虎"坦克歼击连都被分配到一块作战区域，例如"卡利乌斯"（Carius）连被分配去防御翁纳（Unna）。恩斯特连补充了一个突击炮排、几辆4号坦克和一个装备了37毫米自行高射炮的防空排，因而具备了相当不错的火力及经验丰富的乘员。此外，指挥官的严格领导也进一步增强了这个战斗群的战斗力。恩斯特老部队中的数位成员仍在他领导下的新编队中服役。泽普·特拉克（Sepp Tarlach）是一名军士长和军官候补生，加入博古特和龙多夫中。同时，博古特被晋升为中尉，担当行动官员的职责。而龙多夫，也晋升成一名中尉，指挥一个"猎虎"坦克歼击连。

部队穿过锡根、迈讷茨哈根（Meinerzhagen）、卡尔泰谢（Kalte Eiche）、布吕根（Brüggen）和吕登沙伊德（Lüdenscheid），在4月8日到达阿尔特纳（Altena）。恩斯特接到命令乘火车去伊瑟隆。戴林霍芬（Deilighofen）还有数个完整的飞机场，恩斯特的部队就要保住它们。

几辆突击炮和坦克驱车前往伊瑟隆，火车运送来的弹药、物资在门登（Menden）卸下。恩斯特率领着他的"猎虎"坦克歼击车队穿过了哈根（Hagen）。这座小镇被严重炸毁，装甲车不得不穿过满是碎石的杂乱街道。恩斯特驾驶着他的轻型装甲指挥车在车队前面。在霍亨林堡（Hohenlim-burger）桥，他被宪兵拦了下来，负责的少校不准许他们继续前进。

"我已经把我们来这里的目的告诉了你，"恩斯特对少校说，"你可以把我们扣在这里，但你必须负责由此产生的任何问题！——来吧，小伙子们！"恩斯特说着，转向自己的战友，"这是我们睡觉的好机会。"

恩斯特和他的战友们去了一家咖啡馆休息，还睡了一觉。5个小时后，宪兵少校过来叫醒了他们。

"上尉先生，很抱歉拦下你们。你们所说的一切都检查完毕了。你们可以立即驱车离开了。"

战车继续向前行进，他们在比伦布鲁赫－埃格斯特（Buhrenbruch-Ergste）附近的一片森林处停下。在那里，恩斯特接受了解救翁纳的任务，这座城市于4月9日落入敌军之手。美军正是在翁纳包围了鲁尔区，恩斯特和他的战斗群要再次将包围圈打开。

第二天早上天还没亮，坦克和突击炮就沿着233号国道（Bundesstrasse）向北出发了，他们将穿过朗舍德(Langschede)附近的鲁尔区。跟随恩斯特装甲战斗群作战的，还有几个装甲掷弹兵营和掷弹兵营。

龙多夫中尉是第一个听到报告的人，这份报告从停在俾斯麦塔山（Bismarck Tower Hill）的一辆装甲指挥车里发出。

"美军坦克正在逼近！"

"这不是真的！"上尉听到这个报告后如此回应，"我要亲自去那边看看！"

恩斯特的指挥车爬上了陡峭的山坡。当他到达侦察车所在位置时，他低头看到一长列坦克、卡车以及炮兵部队在多特蒙德（Dortmund）方向沿1号国道（B1）行进。就在他观察期间，一群战车转向了第233号国道（B233），径直朝他们的方向驶来。

"每个人都到山上就位！"恩斯特上尉通过无线电命令道。"猎虎"坦克歼击车、坦克和突击炮进入山顶的反斜面阵地。4辆"猎虎"、4辆突击炮和3辆4号坦克都面向北方排成一排，37毫米自行高射炮分布在两边更远的位置上。

有人报告："他们正向我们开来，上尉先生！"

"太好了。我们的全部武器都将有同样好的射程范围！"恩斯特回答。然后他接着说："在我下达命令前不要开火，不能给他们反击的机会。我们所有的武器要在同一时刻开火。"

美军战斗群以一个战线很宽的队形向小山驶来。显然，美军打算从北面直接开进鲁尔区的核心地区。恩斯特通过双筒望远镜向高速公路的方向望去，看到一群被解除了武装的德军战俘沿着公路往回行进。

恩斯特在下达这个决定性的命令前清了清嗓子。他的喉咙异常干燥。

"所有武器开火！"

所有的德军装甲车同时开火。当炮弹朝着美军坦克和其他战车呼啸而去时，烟雾的轨迹标记出了炮弹行进的路线。

"开火！开火！开火！"战士们大叫着。平原上的战车被烟雾笼罩，在美军列队前领头的两辆"谢尔曼"坦克被击毁了。

两辆"猎虎"坦克歼击车的开火速度比坦克和突击炮要慢得多。它们的目标是最远处的敌军坦克，它们能从射程4000米处击中目标。

平原上的景象就像一个被捣毁的马蜂窝。在美军溃逃的过程中，美军战车离开了公路，卡在沟渠和田地里动弹不得，成了四联装高射炮的猎物。

到目前为止，还没有一枚美军炮弹落在山上。"猎虎"的128毫米火炮经受住了炮火的洗礼，一次打击就足以将"谢尔曼"坦克炸成碎片，但是现在它存在的意义何在呢？

通过双筒望远镜，恩斯特瞄准了目标。坦克继续朝着那些没有建筑物的地方开火。那些成功找到建筑物作为掩体的美军战车都安全了。

恩斯特战斗群主动出击着，继续着这场毫无悬念的战斗，但现在没人会费心去想这个了。美军已经停止了行进。

美军最终还是开始了反击，但是德军阵地选得如此之好，以至于没有一枚美军炮弹能够成功击中德军。美军坦克只好撤退，但德军坦克和坦克歼击车的炮火依然持续，击毁了大量的卡车和装甲汽车。最后，所有的美军战车都撤出了德军炮弹的射程范围。

"我们做到了，上尉先生！"一名突击炮指挥官喊道，他从舱口探出身子来，扫视着下面的地形。

"是的，他们今天不会回来了。"恩斯特回答。他非常了解美军的作战风格，接下来他们会派空军来作战。

"猎虎"排排长库贝尔卡少尉（Leutnant Kubelka）跑了过来，他笑得合不拢嘴。

"我们击毁了4辆'谢尔曼'坦克，少尉先生！"他上气不接下气地报告着。

"我看到了。但当敌军的战斗轰炸机来的时候，可要十分地小心。它们开火时，躲进你的战车里！"

"我们会的，上尉先生！"

少尉回到自己的战车。他刚爬进"猎虎"坦克歼击车，天空中就响起了飞机引擎的轰鸣声。

"空袭警报！"两枚信号弹发射升空，这是空袭来临的信号。四联装高射炮的炮管朝向北方和西北方。这时战斗轰炸机出现了。它们在不到500米的高度上飞行，似乎在寻找德军的位置。

"让他们来吧——现在！开火！"

4门高射炮开火了，16道烟雾的轨迹朝着进攻的轰炸机轻快地飞去。领头的战斗轰炸机被直接命中，在一束大火中爆炸解体，残骸碎片在空中打着转。一块被切断的机翼从高射炮车组乘员的头顶飞过，砍断了一棵树的树冠。第二架战斗轰炸机的也被击中了，它被击中的部位是机鼻。飞机哀号着冲向小山，从头顶呼啸着飞过，随后撞进德军阵地后面100米的灌木丛中。

剩下的战斗轰炸机在西南方向的视野中消失，但十秒钟后，它们从西北方向再次出现了。这一次它们的飞行高度非常低，角度不利于高射炮瞄准射击。4架飞机发射了50公斤的火箭，但都在对面的山坡上爆炸了。然而，第五架轰炸机却从左侧俯冲到高射炮阵地上，用机枪快速射击着，并扔下了一枚炸弹。投掷炸弹的这名美军飞行员瞄准得非常精确，炸弹落在了高射炮阵地上，炸死了所有的车组乘员。高射炮的储备弹药也爆炸了，邻近区域都包裹在烟雾和火焰中。

剩下的三辆自行高射炮继续战斗。半小时后，恩斯特收到一份令人震惊的报告。"高射炮二号、三号和四号的弹药耗尽了！"

几秒钟后，另一组战斗轰炸机编队出现。坦克使用机枪向苏军开火，击毁了其中一架敌机。其余的轰炸机拉升，在瞄准目标后又俯冲下来，炸弹呼啸着落下。一辆"猎虎"坦克歼击车被击中。炸弹直接穿过上顶部装甲板落入舱内，炸死了库贝尔卡少尉和他的车组乘员。第二辆"猎虎"也被击中，车组乘员都逃了出来，却全部负伤。库贝尔卡少尉和他的车组乘员被埋葬在施韦尔特（Schwerte）。

恩斯特上尉很清楚，他们不得不放弃山上的这块阵地，因为耗尽了弹药的高射炮、坦克和其他战车没有能力抵抗来自空中的袭击。恩斯特的命令传遍了山上的部队："我们将慢慢地撤退。龙多夫、博古特和我会做后卫。"

战斗群开始撤退。恩斯特上尉从山顶的位置扫视着道路，苏军的地面部队显然已经受到了重创，不会展开追击。美军的先头部队已经损失了50辆战车，包括11辆"谢尔曼"坦克。不论如何，这次关于德国突围的尝试不得不取消，这一切已经证实敌军部队的战力确实太强大了。

第二天早晨，恩斯特从第53支援军团接到保卫戴林霍芬(Deilinghofen)机场24小时的命令。同一天，也就是1945年4月12日，他率领一支先遣队进入黑默（Hemer），看到被称为"金鸡"（Golden Pheasants）的纳粹党和党内要员正赶往戴林霍芬及其机场。这些人就像老鼠抛弃了即将沉没的船只，留下士兵们面对艰苦的战斗。

恩斯特上尉在黑默的一座房子里建立起自己的指挥所。多亏了负责的军官，坦克、坦克歼击车和高射炮才再次装备了一些弹药，并在戴林霍芬机场附近建立起防御阵地。

在第300高地，施托克施拉德(Stockschlade)护林人小屋附近有一辆突击炮和一辆4号坦克。一辆"猎虎"坦克歼击车已经被安置在比尔韦林森(Bilveringsen)附近的绳子工厂。更多的作战小组被安排在400米高的黑默山(Hemerberge)上。恩斯特征用的几组掷弹兵，已经被派去保卫飞机场的安全。机场的高射炮部队现在也是恩斯特战斗群的一部分。

恩斯特尤其担心附近的战俘集中营里关押的战俘，那里安置了约三万名苏联人。

他可以想象到，如果美军释放这些苏军战俘会发生什么。

4月12日晚上，美军开始搜索前进。"猎虎"从4000米的射程击毁了两辆"谢尔曼"坦克。恩斯特被黑默市市长召见，并邀请到市长办公室见面。他与市长佩尔青（Pelzing）先生进行了长谈，谈话被头顶飞过的盟军重型轰炸机发出的轰鸣声打断了好几次。佩尔青先生告诉恩斯特，黑默是座医疗城市，很多德军伤员在这里治疗。谈话最后，市长问道："你打算怎么做，恩斯特先生？你打算继续战斗吗？"

"如果我被命令在这里结束战争，我会结束它的，市长先生，我会按照上级的要求那样去做的。但是我没有权力去做这个决定，那是更高级的长官才能决定的事情。"恩斯特答道。

4月13日悄无声息地开始了，传来的报告向恩斯特上尉显示，距离战争结束的日子已经不远了。沿7号国道（Bundesstrasse 7）向黑默以北几公里处的门登（Menden）已经沦陷了，战火迅速蔓延。施托克施拉德（Stockschlade）的"猎虎"正向前进中的敌军开火，敌军在损失了两辆坦克后赶紧撤离。在黑默附近开始有炮弹爆炸，美军看起来正准备发动总攻。

黑默医院的一名医疗队长（Stabsarzt）来看望恩斯特。

"上尉先生，你愿意终止这里的战斗吗？"

恩斯特惊讶地望着这名军官。

"你应该知道，终止战斗这是将军的职责，不是一名卑微的上尉可以决定的，"他答道，"我必须有上级的命令才能这样做。"

"但是没有人还留在这儿了，上尉先生。在我印象里，你率领的部队是这一地区唯一完整的部队。其他部队都已经离开了。你是唯一能避免灾难降临这里的人。伤员们现在被安置在一块很小的区域里，敌军的炮火一旦逼近，这些人会被杀死。这家医院，这些伤兵……"

这名军医的声音变小了。

"那好吧，"恩斯特说，他知道他这是在冒险，"考虑到现在的情况，我决定采取行动。但是你，作为军医，必须开车到美军阵地接来一位能和我说上话的军事谈判代表。"

"我马上就出发。"

"好。我会尝试着去联系一个司令部，因为将军才能处理投降谈判。"

医疗队长立即开车离开了。恩斯特上尉通过无线电给美军发送了一则消息：德军派出的一名使者正在前往美军阵地的路上，那人打着白旗。恩斯特想要确保这位勇者的安全。

恩斯特和他的两名老战友——特拉克和博古特——开车遍访这一地区。很多部队的指挥官都已经消失了，仍然驻扎在这里的一些部队在犹豫着是否要采取行动。关于谈判的方式和时间，还有很多争论。最后，恩斯特问了一个问题："如果由我来处理谈判事宜，你们至少能来参加一下吧？"几乎所有的军官都同意。

美军接受了停火的提议，恩斯特战斗群的所有部队仍待在他们的阵地上。

最后，一名美军少校和几名参谋人员来了。前来谈判的是美军第99步兵师的麦丘恩少校（Boyd H. McCune），以及指挥着第99步兵师第394步兵团中校副官克里茨（Kriz）。

谈判在黑默附近的一所房子里举行。谈判中，恩斯特战斗群的一支部队发来报告，黑默的局势正在恶化。许多外国人在城里跑来跑去，苏军的囚犯也被释放了，他们已经袭击了多名妇女，还有一些枪击的报告。

阿尔贝特·恩斯特转向了麦丘恩少校，"少校先生，我将这座城市交给你时，它依旧秩序井然，现在却是这种状况，你打算怎么处理？"

麦丘恩站了起来，"给你所有的士兵下命令：所有的平民只要持有武器都要被射杀。我也会给我的部队下达同样的命令。这是我们保证秩序和安全的唯一办法，和平会重新回到这里的。"

麦丘恩少校派出美军坦克接管了战俘营，因为德军民兵已经无法控制苏军战俘了。尽管如此，还是有几群苏联人成功地逃了出去。他们想离开战俘营，想要重获自由，他们中的一些人还想要更多。

美军坦克最终开火了，苏联囚犯们又回到了战俘营中。

恩斯特带着麦丘恩少校驶入黑默，他们都想亲自看看这座城市目前的状态。当他们到达黑默的市中心时，一群武装的外国人向他们靠了过来。这些人看到这名穿着黑色装甲兵制服的德国军官就大喊起来："有一头德国猪！杀了他！"

他们正准备冲过来攻击指挥官的汽车。这名美军少校拔出他的冲锋枪，朝着不断逼近的人群上方开了一枪。这些人吓了一跳，四下逃散，钻入一条小巷子里。

德军部队仍待在他们的阵地上。美军想迁入城中，并逐步接管这些阵地。所有的德军部队都将被俘虏，除了恩斯特战斗群。恩斯特战斗群将携带所有武器撤退。

与此同时，恩斯特要求美军派出一名参谋人员，开车前往位于伊瑟隆的高射炮营地，要塞司令部和要塞司令官比希斯上将（General Büchs）都在那里。同比希斯将军所在的要塞地区一样，伊瑟隆周边地区也沦陷了。

博古特中尉蒙住了特使的眼睛，开车带他去了伊瑟隆。特使为鲁尔区的投降事宜而来，但那些有高射炮兵营保护的德国军官拒绝投降，美军使者只好空手而归。

恩斯特战斗群离开了黑默，沿 7 号国道（Bundesstrasse 7）向伊瑟隆撤退。哈尔特（Hardt）是战斗区域与非战斗区域的分界线。恩斯特坐在少校的吉普车上，跟在行军队列后面。他们后面的一辆桶车（Kübelwagen）上都是恩斯特战斗群的人。突然，吉普车停了下来。麦丘恩少校转向恩斯特，说：“上尉，停火时间已经结束了。我现在可以向你们中的任何一人开火，但我会再给你们 20 分钟，确保你们能到达己方占领区。我们择日再战。”

美军少校通过无线电命令他的部队将停火时间延长 20 分钟，然后他又转向了这名佩戴着骑士铁十字勋章的德军上尉。

“恩斯特先生，”他说，“我想劝您一句：和我们待在一起吧。”

“我不能这样做！我有军令在身，就像你也有使命一样。我已经代表一座城市向你方投降，我本不该投降的。我们国家颁布了一项新的连坐法规，其中规定：‘无论谁把驻守的城市或防御工事拱手相让，都会赔上自己和家人的性命’，所以，我再次请求你，不要提及我的名字，别说是我将黑默这座城市交给了美军。我的家人住在莱比锡，到目前为止，那里还一切正常。如果我因试图挽救平民和苏军战俘的生命，而失去妻子和孩子们，那真是太可怕了。”

“恩斯特先生，我请求你再考虑下我的提议。你想在战争快结束的关头被杀吗？”

“少校先生，”这个德国人说，“数百万人已经在我前面倒下了，包括许多我的战友和朋友，我并不害怕成为最后一个牺牲的人。”

少校无言地将手伸向这名德国军官。那一刻，他们不再敌对。

恩斯特开车回到他的“猎虎”。伊瑟隆的多处地区已经被炮弹击毁，大火在这些地方燃烧。在伊瑟隆海德（Iserlohner Heide）的一间小房子里，恩斯特向拜尔莱因上将报告：“上将先生，我已经将黑默投降给了敌军！”将军若有所思地点了点头：“我理解你的所作所为，恩斯特。但你以后可能要承担这件事的责任，那时你必须说明这样做的理由。”拜尔莱因拿出他的玻璃杯，将其中一个放在恩斯特面前，并在里面倒满了香槟。然后，他与上尉干杯。恩斯特知道他得到了将军的默许。拜尔莱因不用再说什么了，他已经用行动表示了。最后，拜尔莱因上将命令恩斯特向在伊瑟隆的比希斯将军报告。

在此期间，恩斯特战斗群的重型武器被运送到哈尔特、伊瑟隆、霍亨林堡（Hohenlimburg）附近。在恩斯特上尉向比希斯将军报告时，恩斯特战斗群接到了派遣巡逻兵去侦查前线位置及可用兵力情况的命令。不久后，恩斯特接到一条来自埃格斯特的无线电信息，称卡利乌斯中尉（Oberleutnant Carius）的连队已经到达那里。

当恩斯特报告到自己已经把黑默移交给敌人时，军队参谋人员和将军们暴怒了，就像党内高级官员身处此地一般："恩斯特，从阿尔特纳（Altena）、莱特－马特（Let-mathe）方向侦察黑默，并立即向我汇报！"

恩斯特上尉开着一辆装甲车立即出发。他经过了由"猎虎"坦克歼击车和突击炮守卫的主干道，到达了通往哈根的铁路地下通道。恩斯特战斗群的司令部和重要的无线电站坐落在那里。

恩斯特的巡逻队在各处都看到了相同的情景：几个战斗小组仍在狂热地抵抗着，其他人则涌入了寻求庇护的开放区域。寻求庇护的人群中混杂着一些逃兵和罪犯，他们在寻找抢劫和偷窃的机会。

4月14日和15日的夜晚过得相对平静。15日，美军坦克开始从几个方向摸索前往伊瑟隆的道路。一些坦克被"猎虎"坦克歼击车击毁，龙多夫中尉在那一天就干掉了3辆"谢尔曼"坦克。

恩斯特战斗群坚定且有效的防御为后续的谈判创造了条件。伊瑟隆一旦沦陷，将有20万难民要设法转移。想要这座城市逃脱被摧毁的命运，只能尽快展开和谈。

恩斯特上尉决心让伊瑟隆免遭化为"焦土"的可怕命运。战斗群接受了一系列新的命令。在4月15日的半夜和清晨，恩斯特的战车两次与死神擦肩。当天白天，美国炮兵向伊瑟隆发射了几枚炮弹。时间所剩无几。

恩斯特对自己什么都没做感到愤怒，于是驶回了比希斯上将所在的、位于高射炮兵军营的司令部。

"上将先生，"他对这位白发苍苍、没有能力控制眼下局势的老将军说道，"我可以继续把正在发生的事情做成一个接一个的报告，但没有人真正关心。你待在这里埋头苦干，完全不可能知道都发生了些什么。你，上将先生，只知道从地图上了解你的部队，你应该亲自去那里看看他们目前的状况！——在这种情况下，我只能给你提一条建议：到城市去！避免不必要的平民伤亡！"

恩斯特上尉是自投罗网，因为即使是在这种绝望的情况下，提及投降，也等于是在拿自己的生命开玩笑。

大会议室里满是窃窃私语。比希斯上将转向恩斯特说："我现在要进行一次讨论。"

"希望我能参加，"恩斯特插嘴，"因为只有我知道全部的情况，我可以给你们提供重要的信息和……"

"不需要从你那里知道更多！"比希斯上将突然发出一声怒吼。然后他转向自己部队的一名上尉以及一名少校。"看好恩斯特上尉！把他带到隔壁房间去。他不能离开那个房间！你们用项上人头为此事负责！"

"现在他们抓到你了！"恩斯特想。他们要么在会议后立即处决你，要么把你关起来。你必须想办法摆脱这种局面。

前方的混乱处有一辆装甲车。如果恩斯特能顺利到达那里，他就安全了，因为他的战友是不会在他陷入困境时离开他的。

高亢的争论声从会议室里传出来。恩斯特的心情渐渐地平静下来，他意识到没有太多时间来行动了。坐在他对面的少校看上去很不高兴，坐在他旁边的上尉看上去也不算难以对付。只需一个又快又好的假动作便可以拯救他。

仍然穿着迷彩服的恩斯特站了起来。他立正后，行了一个"德国敬礼"，然后说："少校先生，告诉将军，我会在两个小时内回来！"

"你不允许离开这里！待在这里，否则……"

"告诉将军！"恩斯特喊道，然后坚定地向门口走去。他以为随时会听到一声枪响，有一枚子弹打进他的后背。但是他顺利地走到了门口，打开门，然后门"砰"的一声在他身后关上了。

他快速地穿过大厅，绕过门廊，跑下台阶，到达装甲车停靠的地方，然后纵身一跃。

"开车到无线电站。"他喊道。策尔曼技术军士踩下离合，装甲车开动了。

恩斯特把刚才发生的一切告诉了战友，所有人都请求他不要再回高射炮营房。但是恩斯特想回去报告巡逻队已经被制服的消息。为了安全起见，他带上了预备排——两辆"猎虎"坦克歼击车和一辆突击炮。

当他们到达高射炮营房时，恩斯特让驾驶员关掉了车辆的发动机。

"保持警惕，"他说，"我现在要回到乱作一团的军官中去。如果你听到枪声，就开动'猎虎'，然后闯进来。"

恩斯特上尉相信，他再次回来带来的惊讶会让这些军官忘记了开枪。他爬出车舱，穿过大厅，走进了一片狼藉。当他看到坐在那里的两个人时，他立即明白发生了什么事情。这里也有老鼠抛弃了即将沉没的船只。

"比希斯上将在哪里？"他问道。

"将军已经进城了。他正在找你，上尉先生。"这名年轻的少尉答道。

"我没看到将军。你们不认为他已经逃跑了吗，把你们留在这困境之中？"

"我不相信是这样的。"少尉说，他快要哭了。

"我来负责指挥。"一名年老的中尉说道，他是第一次世界大战的老兵。

恩斯特转过头去，面向这位头发花白的军官。

"中尉先生！这里还有听从我指挥的部队，因此我也要在这里指挥！"

"做你认为正确的事情，恩斯特！"

"很好，待在这里，我会回来的。"

对话结束后，恩斯特上尉便离开了指挥所。看到他安然无恙地从房子里出来，战友们都松了一口气。

"我们必须找到比希斯上将，"恩斯特对装甲车里的战友们说，"他应该还在这座城市里。"

恩斯特和战友们搜遍了伊瑟隆，也没有找到将军，他也没在其他地方的司令部露过面。

"上尉先生，比希斯上将乘坐的飞机已经起飞了。"布雷特施奈德提出来，他刚刚休完探亲假回来。

在司令部，恩斯特被告知："恩斯特，你会说英语。不仅手上有一支强大的、可以依赖的部队，还很了解前线的情况。结束现在这样的荒唐局面吧！"

随后，恩斯特又一次驱车返回高射炮营房，向那里的军官宣布："先生们，我是伊瑟隆的新指挥官！我的指挥所位于铁路的地下通道中。一旦出了什么事，得先和我确认！明白吗？"

恩斯特回到"前线"时已经是半夜了。他把自己亲笔签名的信息递给其中一名无线电兵。上面写道："伊瑟隆目前的局势毫无希望——等待下一步的命令——我们将努力坚持到早上。"

由于没有其他电台答复，消息只能被盲目地发送出去。操作员将这条信息持续传递了足足 20 分钟，都没有得到回应。他们收到的唯一回复来自某不祥的德军指挥部："伊瑟隆要坚守到只有最后一块石头！"恩斯特撕毁了这条信息。

美军对伊瑟隆的轰炸更加频繁了。显然，他们正在逼近。

清晨，恩斯特将他的战斗群召集在一起。他对战友们说："战友们，我是伊瑟隆的新指挥官。事情看起来很糟糕。近 30 万人挤在一小块区域里。如果这里发生战争，这些平民的生命将处于非常危险的境地，所以我们不能，也不应该战斗下去。

"战友们，我们战斗这么多年就是为了保护我们的人民。在这里战斗只会给他们带来毁灭。

"我决心已定，打算和美军联系，将伊瑟隆交给美军。我将驾驶装甲车亲自过去谈判。这辆战车将用白色床单覆盖，并挂上一面代表停战议和的白色旗帜。太阳一出来，我就打算实施这个计划。

"战友们！由于我提到了投降，按照战争条例，你们有权将我关押，然后自己来当指挥官，没有义务服从我的命令。"

战士们向战斗群的指挥官欢呼了三次。

军官们交谈着。片刻之后，龙多夫中尉，最有经验和最成功的坦克歼击车的车长之一，走到恩斯特上尉身边。

"阿尔贝特，你已经带领我们走了这么远，我们希望你带领我们走到最后。我们坚信你所做的事情是正确的。"

"谢谢，龙多夫！"恩斯特深受感动地说。

1945 年 4 月 16 日清晨，恩斯特战斗群的两名士兵被一枚炮弹炸死。他们是第二次世界大战期间恩斯特队伍中最后两个在战斗中牺牲的人。

当太阳升起时，恩斯特向塞勒湖（Seilersee）的方向驶去。他在兴登堡街（Hindenburgstrasse）的尽头遇到了第一批美军士兵，并要求他们带他去见美军指挥官。这名美军步兵团指挥官对接待军事谈判代表不感兴趣，还安排士兵把恩斯特当成囚犯抓了起来。

恩斯特这样答复这名上尉："将一名请求正当投降的使者当成囚犯给抓起来，这就是你们要的正义？继续毫无意义的伤亡，这就是你们要的正义？如果我没有安全回去，我的战斗群会继续战斗下去。"

一阵沉默之后。美军上尉问道："你难道就是恩斯特上尉？"

"是的，恩斯特上尉就是本人。"装甲指挥官回答道。

"好，上校将会同你方就停火事宜进行协商。"

过了一会儿，上校来了，两人说了会儿话。之后，美军通过无线电和喇叭宣布了双方停火。恩斯特联系到他的无线电站，停火的消息也在德国一方传播开来。

13 点，恩斯特要求美军为其提供一些医生和药品。美军都及时地供应给了他，恩斯特派他们去照料己方和敌方的伤员。

美军上校结束了讨论。"我们希望在 14 点完成投降事宜。"

恩斯特答应找一名将军作为谈判的德方代表。当他开着装甲车来到在罗特豪斯街（Rothehausstrasse）拜尔莱因的司令部时，双方已全面停火了。将军还在那里。

"上将先生，"恩斯特先开口说话，"我请求你和我一起驱车回去，将伊瑟隆这座城市交给美军。"

"恩斯特，我是一名被俘虏的将军，我不再有权这样做。"

通过对话，阿尔贝特·恩斯特得知，在 4 月 15 日，冯·豪泽上校（Oberst von Häuser）带领装甲教导师的 260 名士兵投降了，拉夫林根（Rafflingen）集团指挥部第 53 集团军的士兵也已经投降了。就在同一天，他们正打算射杀拜尔莱因，因为他说出了"投降"一词。

"我应该做些什么，上将先生？"恩斯特问。

"我不能再给你下达命令了！"拜尔莱因回答说。

"那么，我将亲自把伊瑟隆交给美军，上将先生！"

"是的，去做吧。这会是最好的做法。"这是将军给出的答案。恩斯特开车离开了。在前往伊瑟隆之前，他联系上了霍亨林堡（Hohen-limburg）的部下及莱特马特（Letmathe）的"猎虎"车组乘员。他又通过无线电联系上了已经到达城里的龙多夫，告诉他这里发生的事情。

恩斯特到伊瑟隆的时候，龙多夫已经做好了全部必要的准备工作，联系了他仍旧能够联系到的每一支部队。

在 3 辆"猎虎"的护送下，恩斯特开车去了市政厅。他们把"猎虎"开进了广场，恩斯特走进了警察局。

警察局里只有三个手无寸铁的警察。伊瑟隆天主教区的神父迪雅兹（Dietze）也在那里，还有医生莫克（Mocke）。此外还有一个人，据说是这座城市的前任市长。

恩斯特看到一名警长（Police Major）僵硬地立正。当恩斯特伸出手去同警长握手时，他发现这个人已经摘下了他的佩饰和警衔。恩斯特突然转过身去，让这个人继续站在那里。

恩斯特坐上了谈判桌。美军派出的谈判军官是第99师的军官克里茨中校（Lieutenant Colonel Kriz）。在谈判期间，恩斯特成功地澄清了所有的重大问题。投降将在席勒广场（Schillerplatz）举行，恩斯特战斗群全体出席。

恩斯特离开了市政厅，想到能使数十万人免遭厄运，他感到心满意足。就在这时，一个平民走过来，对他说："从来没见过你这样的懦夫！"说完后，朝他吐了口痰。

龙多夫中尉想要上前揍这个男人，但恩斯特阻止了他。恩斯特转过身去，这样一来其他人就看不到他正在哭泣了。

那时，一切都结束了。

"猎虎"被迫开往席勒街。平民涌入了广场，广场上很快就挤满了人。

车组乘员爬了出来，站在他们的战车前。阿尔贝特·恩斯特召集他的部下，然后转向美军指挥官。

"这是该区域最后的战士，也是伊瑟隆最后的战士，面对绝望的情势，我们投降了，请求得到体面的待遇！"

恩斯特伸手拿起手枪，递给克里茨中校。美军指挥官敬礼后，接下了武器。

阿尔贝特·恩斯特转向他的战士，告诉他们放下自己的武器，并解散了他们。

美军指挥官再次指示恩斯特上尉。"我们已经为你们做了体面的安排。你所有的士兵都可以保留他们的随身武器。"随后，他直接转向恩斯特："不要当俘虏，上尉。来我的司令部吧，我们有很多事要做！"

"那不行，我要和我的士兵待在一起。我们在一起战斗了这么多年，现在，在最黑暗的时刻，我不能抛弃他们。"

"那至少你自己要恢复自由身吧，上尉。"中校建议道。

"很不幸的是，我也必须回绝您的这个提议，除非您也能给我的战士们自由。"

这时，该师的副官同该师的指挥官一起，坐着一辆吉普车来了。劳尔将军（General Lauer）走到恩斯特面前。

"劳尔将军询问，在何种情况下你能重获自由。"

"只要你们把我所有的战士的释放文件交给我。"这是恩斯特的结论。

劳尔将军派出一辆员工汽车送恩斯特去战俘营。但即使是这个提议，也被恩斯特拒绝了。他和他的战友一起步行前往战俘营。

战争结束了。后来的研究表明，伊瑟隆是鲁尔区唯一一座向敌军投降的城市。

▲ 美军俘获的"猎虎"坦克歼击车。

▼ 美军士兵正在检查被击毁的"猎虎"坦克歼击车。

▼ 1945年向美军投降时的阿尔贝特·恩斯特。

当时的上校——克里茨·戴维斯（Kriz Davis）战后成了美国格兰德岛电力批发公司（Wholesale Electric Company of Grand Island）的总裁，他后来写道：

"今天很难去描述这种不可磨灭的印象及我对恩斯特上尉的尊重。和他一起，我们协商了一次公开的正式移交，这在我过去的所有经历中，是唯一的一次。整个战争期间，我对伊瑟隆市整个战斗时期的总体印象都基于我对这支勇敢的德军部队的记忆。"

克里茨上校后来写信给恩斯特：

亲爱的阿尔贝特，伊瑟隆这座城市欠你一个很大的人情。在鲁尔区战斗的最后阶段，你没有任何胜算。当我开车穿过德军防线与你讨论投降事宜时，有空军和许多炮兵部队在我麾下待命。但是，我想尽可能地减少牺牲，所以我来与你谈判了。如果当时发生了什么事情，例如，你手下的一名士兵开火了，或者我手下的一名士兵开火了，如果你和你那些英勇的战士没有投降：伊瑟隆市将不得不承担因此带来的可怕后果。

我还保留着你的手枪。昨天我还检查了它，它上面刻的序列号是5921。阿尔贝特，欢迎你随时来我家做客，它在美国中西部地区。

以隆美尔的沙漠战役为开端，到入侵欧洲，你，作为一个德国军官，发挥了最大的作用。

上帝保佑你！

你的鲍比

阿尔贝特·恩斯特在伊瑟隆定居了，他拯救了这座城市，令它免于毁灭。他仍是那个谦逊的人，一直以来他都如此。他的朋友在他家里总是很受欢迎。恩斯特体现了德国士兵身上最好的传统，这种传统得到了对手的尊敬和认可。

南云忠一和他的机动部队

作者
萧西之水

就太平洋战争而言,南云忠一率领的机动部队可谓是日军的"马前卒"和重要力量。由南云机动部队主导的四场海战,见证了旭日旗最后的余晖。从 1942 年的日本特摄片《夏威夷大海战》到《虎虎虎》,从《珍珠港》再到《联合舰队司令长官山本五十六》,后人对南云机动部队的记叙从未停止,争议也是如此。历史上的南云机动部队又是什么样子呢?

战前的阴云

1941 年,美、日关系恶化到极点。自从 1937 年日本打响侵华战争,早就对日本的野心有所提防的美国迅速采取了制裁措施,希望借此迫使日本从中国撤军。之后,日本飞行员对"帕奈"号的攻击,进一步加剧了两国的对立。1938 年 12 月,美国对国民政府提供贷款。1939 年,《日美通商航海条约》被美国撕毁。1940 年,近卫文麿在陆军的支持下组阁。7 月,军部主战派提出的《适应世界形势演变的时局处理纲要》通过,该纲要明确提出要南进印度洋。9 月,臭名昭著的《德意日三国同盟条约》签订。同时,日军进驻法属印度支那。美国的还击则是对日本实行禁运,尤其是禁止运输对日本至关重要的废钢铁。10 月,近卫文麿正式解散政党,大政翼赞会成立,大正"德谟克拉西"的最后一缕清风随之而去。

▼近卫文麿。

这些举动无不让日本国内狂热的军国主义分子躁动,"打倒'米英鬼畜',建立大东亚新秩序"的口号迅速流行起来。以 1937 年的"帕奈"号事件为例,狂热的日本飞行员看到美国的炮艇,就扔下了炸弹,击沉了这艘高挂星条旗的炮艇。在"少壮派"眼里,这是对"米英鬼畜"的报复;这群狂热分子丝毫没有考虑到会不会带来外交纠纷。在日本国内，也不乏针对外国人的暴力行为。日本人最优越的种族主义，造就了一个伪民族主义的神话。在这些人眼中，东亚应该团结在旭日旗下，打倒白种人的殖民暴政。但实际上，日本人并没有因为西方种族歧视而停止对邻国的压迫。事实证明，日本许多国民坚信的这个理想不过是高尚光环下的再殖民行为。日军在以中国和新加坡为代表的占领区进行的血腥屠杀，证明了所谓"共荣圈"的虚伪，也给了曾经甚嚣尘上的"大东亚战争肯定论"一记响亮的耳光。

1914 年 11 月，美、日谈判陷入僵局，不愿从中国撤军的陆军再三提出的方案消磨掉了所有人的耐心。野村大使虽极力斡旋，但外务省和军部的扯皮使他的努力付诸东流。而且，内大臣木户孝允推荐的首相——东条英机，并不能压制军队，反而被"少壮派"逼得走投无路。在联席会议上，参谋次长冢田攻和对东条英机步步紧逼。从 11 月 30 日外交斡旋结束，到 12 月 1 日海相岛田繁太郎和外相丰田贞次郎"和稀泥"的隐藏下，军部的气焰已经嚣张到连首相兼陆相的东条英机都要退避三舍。

从支持独走，支持开战的关东军参谋；到呼吁军队克制，支持开战的陆军大臣；再到无力压制，只能推波助澜的首相，东条英机的历程可谓是一出玩火自焚的黑色幽默。12 月 6 日深夜，东条英机的妻子东条胜子听见自 12 月 1 日以来始终没有熄灯的首相官邸内传来哭声，她看见东条英机跪在地上，面向皇居痛哭流涕。很明显，东条英机自己也知道开战必败，但是事情已经无法挽回。自己种下的苦果，要自己去吞。

在军令部和陆军鼓吹战争的气氛中，山本五十六是特立独行的和平派。在狂热分子眼里，山本五十六是卖国贼、日奸，爱国者应该站出来"天诛国贼"。米内光政内阁倒台后，米内、山本、井上"铁三角"瓦解，山本五十六被调往联合舰队担任司令长官，吉田善吾担任海军大臣。随着吉田善吾偷袭失败，战争已经成为定局，山本五十六只能筹划对珍珠港的攻击。

日本海军的传统战略是马汉所提出的决战思路：面对优势兵力的美军，利用九段作战渐减迎击，最后投入主力战列舰编队，完成一场对马海战式的决战，重创乃至全灭对手主力。山本五十六则认为，航母机动部队的袭击可以带来出其不意的效果。他认为传统的舰炮鱼雷的决战已经不是主流，要发动进攻，就要速战速决；以最快的速度击破美国太平洋舰队，逼迫美国走上谈判桌。山本五十六袭击珍珠港的计划基本上无人看好，即便是制定这个计划的黑岛龟人也一再地劝阻。根据兵棋推演，在最坏情况下，将有六艘航母全灭，但山本五十六还是决定一试。只有奇袭成功，

▲ 山本五十六和米内光政。

▲ 南云忠一虽然穿着威风凛凛的正装，但内心中的惶恐和紧张无法遮掩。

日本才能有九段渐减的空间，才能完成战列舰的决战。山本五十六是航空派，但是他内心也对战列舰的决战抱有期望。太平洋战争开战以来，他稳坐"大和"号，期待在最后的第九段决战中用"大和"级战列舰一锤定音。

机动部队指挥官的人选成了许多人诟病的地方。大多数人认为选择南云忠一作为机动部队指挥官纯属失策，原因不外乎两点：一是南云忠一是水雷战出身；二是南云忠一表现平庸。事实上，在那个年代，航空母舰作战就像是在黑暗中摸索，很少有将领靠指挥航母出人头地。其次，南云忠一是舰队派骨干，又是资格很老的将军，可以改善机动部队在重视战列舰的日本海军中地位低下的问题，如果换上小泽治三郎或者角田觉治，那机动部队就真要变成为第一战队主力战列舰打杂的了。加上南云忠一性格温和，是个关照后辈又能放权的指挥官，最起码可以保证他能很好地听取航空参谋源田实的意见。事实上也确实如此，有人甚至认为南云机动部队不过是源田机动部队"挂羊头卖狗肉"。

所以从人事安排上，并没有什么大问题。至于表现嘛，也是我们接下来要在四场海战中讨论的问题了——南云忠一的表现，真有那么差吗？

偷袭珍珠港

1941年11月17日，山本五十六登上机动部队旗舰"赤城"号鼓舞士气，强调了布哇作战的重要性，并且指示：如果最后一刻听到美日谈判成功，即便是飞机已经起飞，也要马上归舰返航；不能做到的官兵，可以马上辞职。11月22日，南云机动部队自单冠湾泊地拔锚，布哇作战的大幕拉开。联合舰队之前便训示机动部队，本次作战要如织田信长在桶狭间奇袭今川义元的本阵一般。敌在珍珠港！

有意思的是，12月1日就差点捅了娄子。当晚，中国派遣军的一架运输机"上海"号失事，搭乘这架飞机的杉坂共之少佐身上带着一份中国派遣军向广东第23军司令官透露开战日期的文件，而这架飞机恰巧落在了国统区。这可让日军吓得魂不附体，假如文件来不及销毁，被交到重庆，美、英很有可能会先下手为强，先展开对日本的攻击，或者加强珍珠港的防备，令机动部队有去无回。不过机动部队的运气很好，这些文件被日军及时毁掉，没让中国军队发现。

言归正传，日军对这场偷袭可谓是计划周密。偷袭前就安排27艘潜艇对珍珠港进行严密监视，空袭珍珠港的不仅有强大的机动部队、熟练的飞行员、专门对潜水攻击舰船优化的九一式航空鱼雷，还处心积虑地安排了特殊潜艇——日本海军暗中研制的微型潜艇"甲标的"。这五艘"甲标的"由伊16、伊18、伊20、伊22、伊24五艘潜艇搭载，它们的任务是潜入珍珠港，向美军的舰船发射鱼雷。这

∨ "赤城"号。

∧ "加贺"号。

∧ "飞龙"号。

∨ "苍龙"号。

▲ "翔鹤"号。

▼ "瑞鹤"号。

日军配置							
类别	机动部队						
	空袭部队	警戒队	支援部队	巡逻队	中途岛破坏队	后勤部队	
						第一后勤队	第二后勤队
指挥官	第一航空舰队司令长官						
	第一航空舰队司令长官	第一水雷战队司令长官	第三战队司令长官	第二潜水队司令长官	第七驱逐队司令长官	"远东"号特务舰舰长（大藤正直大佐）	
						"远东"号特务舰舰长	"东邦丸"监督官
兵力	第一航空舰队（下设第一、第二、第五航空战队）	第一水雷战队，第十七、第十八驱逐队	第三、第八战队	第二潜水队	第七驱逐队	"建洋丸""国洋丸""远东丸""神国丸"	"东邦丸""东荣丸""日本丸"
任务	空袭珍珠港	警戒护航	警戒支援	航线巡逻	进攻并破坏中途岛海军基地	后勤补给	

日军兵力构成	
第一航空战队 （南云忠一中将直属）	"赤城"号、"加贺"号
第二航空战队 （山口多闻少将）	"苍龙"号、"飞龙"号
第五航空战队 （原忠一少将）	"翔鹤"号、"瑞鹤"号
第一水雷战队 （大森仙太郎少将）	旗舰"阿武隈"号（大森仙太郎少将） 第17驱逐队："浦风"号、"矶风"号、"谷风"号、"浜风"号 第18驱逐队："初春"号、"子日"号、"初霜"号、"若叶"号
第三战队 （三川军一中将）	"雾岛"号、"比睿"号
第八战队	"利根"号、"筑摩"号
第二潜水队 （今和泉喜次郎大佐）	伊19、伊21、伊23
第七驱逐队	"胧"号、"曙"号、"涟"号、"潮"号

舰载机数量	
舰载机	数量
零式战斗机	120
九七式舰攻	144
九九式舰爆	135

❯ 所谓的"九军神"不过是军国主义侵略战争中的牺牲品罢了。

种潜艇一旦放出，就很难回收，可以说基本上没有生还的可能性。山本五十六对此十分反对，但是在黑岛龟人的请求下，他还是批准了计划，并且要求探索提高回收及生还率的方法。到了战争后期，这种潜艇的后期型号"蛟龙""海龙"就是彻彻底底的特攻兵器了。讽刺的是，在珍珠港偷袭中，这五艘"甲标的"毫无建树，反倒全部沉没了，十个成员死了九个。这九个人被军国主义分子吹捧为"九军神"，他们是片山义雄、佐佐木直吉、横山正治、岩佐直治、古野繁实、广尾彰、上田定、稻垣清和横山薰范。剩下一个酒卷和男少尉被俘，成了太平洋战争中第一个被俘的日本军人。

1941年12月7日，夏威夷时间07:40，183架涂着血红"日之丸"的飞机打破了珍珠港上空的宁静。那天恰逢星期天，正在休假的美军怎么也想不到竟然会有炸弹落在这个安全的港口，袭击美国海

▲ 发舰中的九七式舰攻。

军的大本营！183架飞机中有43架零式战斗机、89架九七式舰攻（49架挂载炸弹，40架挂载鱼雷）和51架九九式舰爆。舰攻队负责摧毁舰船；舰爆队负责炸毁机场；零战负责击毁美军飞机，夺取制空权。

在渊田美津雄"突突突"地打出手中的信号弹时，实际上还出现过一个小插曲。空袭前，日军飞行员约定：第一发信号弹发出后，舰攻队先突入珍珠港；看到第二发信号弹后，舰爆队再突入。由于许多飞行员没看到第一发信号弹，渊田美津雄只好又重新发了一枚，但两发信号弹都被统领舰爆队的"翔鹤"飞行队长高桥赫一少佐看到了，高桥赫一立马带队突入了珍珠港。舰爆队攻击引起的大火和浓烟一定程度上干扰了舰攻队的视野，这也是渊田美津雄事后非常不满的一点。渊田美津雄认为是大火和浓烟影响了舰攻队的发挥，让日军不能获得更大的战果，实际上这个失误的影响真不大，因为当时美军并没能组织起有效的抵抗。

在看到毫无防备的美军战列舰之后，渊田美津雄兴奋地发出了代表奇袭成功的信号："虎，虎，虎"。这个信号一直传递，甚至传到了柱岛泊地内的联合舰队旗舰"长门"号上。战争开始了。07:58，罗根·C.雷姆赛上校于福特岛向港内发出广播："珍珠港遇到空袭，这不是演习！"美军才恍然大悟。

实际上，上帝并不是没给美国人机会。早在 1941 年年初，美国海军部长就曾经警告过陆军部长，鉴于日美关系的空前恶化，美军有必要重新研究珍珠港内太平洋舰队的安全问题，并且提出日军有可能通过轰炸机轰炸的方式来摧毁太平洋舰队。11 月 27 日，美军陆军参谋长和海军作战部长均对夏威夷的陆、海军部队提出了美日谈判已基本决裂，要迅速整备珍珠港防务的要求。在日军攻击队到达的 80 分钟前（即 06:30），美军陆军参谋长和海军作战部长在此发出追加警告，美、日断交迫在眉睫。12 月 7 日 08:30 伺机潜入珍珠港的日军"甲标的"中的广尾艇被击沉，击沉广尾艇的"沃德"号驱逐舰对上级进行了汇报，但是没有引起重视。同样在 07:00 左右，瓦胡岛上的雷达站发现雷达显示北方有一大群飞机接近后，他们赶紧联络防空中心有不明物体靠近基地，但是他们没有提及规模，所以值班的军官认为这是北土飞来的轰炸机群。就这样，在不在意和玩忽职守下，美军错失了发现日军的机会。一切都无法挽回了。

日军第一波攻击队在抵达后确认所有船舰，共有 8 艘战列舰、8 艘巡洋舰、30 艘驱逐舰、4 艘潜艇、9 艘布雷舰、14 艘扫雷舰、1 艘炮艇、12 艘鱼雷艇、2 艘补给舰和 2 艘油轮。航母不在港内，这也证明了珍珠港并不是美军勾引的诱饵，如果是美国的阴谋论的话，那应该在港的都是航空母舰，战列舰去躲避。因为在那个时候各国海军都把战列舰作为决胜力量，而不是航空母舰。各国海军依旧是马汉式的战列舰决胜思维。不过眼下，面对毫无防备的战列舰编队，早已急不可耐的"海鹫"纷纷找上目标。08:02，"内达华"号中弹，并且差点堵住珍珠港进出口。08:10，被"加贺"号舰攻队的炸弹击中弹药库的"亚利桑那"号殉爆，短短九分钟内，这艘庞然大物就沉入水中。今天人们还可以在"亚利桑那"号纪念馆目睹战列舰在飞机轰炸下的惨状。

08:40，日军第二波攻击队抵达。08:45，第一波攻击队抵达预定集合地点并开始返回母舰。第二波攻击队中，第 2 波日军机队共有 171 架，由岛崎重和指挥。其中，零式战斗机 36 架，九七式舰攻 54 架，九九式舰爆 81 架。珍珠港陷入了一片火海之中。起火和爆炸是今天珍珠港的主题。

我们不妨对这两波攻击先做一个决算。日军取得的战果如下，美军战列舰四艘被击沉（即"亚利桑那"号、"西弗吉尼亚"号、"加利福尼亚"号、"俄克拉荷马"号），一艘重伤（"内达华"号），三艘轻伤。轻巡洋舰两艘重伤，一艘轻伤。驱逐舰两艘重伤，一艘轻伤。一艘靶船"犹他"号沉没。即使不算飞机的损失，机动部队的战

∨ 爆炸起火的珍珠港和大破的美军战列舰。

果也不可谓不丰厚。在如此情况下，渊田美津雄的建议，发起第三波攻击队就成了许多人津津乐道的话题，尤其是电影《虎虎虎》中，渊田美津雄的不解，源田实的无奈更加凸显了南云忠一外行、胆小、懦弱的形象。加上尼米兹的推波助澜，似乎没有发动第三波攻击的南云忠一就该切腹谢罪。而事实上呢？

首先我们来看看当时的情况，日军准备良久的两波攻击队已经升空，如果要发动第三波攻击，准备时间要更长，还要抽调航空母舰上空的直卫队。以后人的角度来看南云部队是比较安全的，但是在当时，南云忠一要考虑的是整个舰队的安危。九段渐减中，机动部队是渐减削弱敌人的重要力量，承担着在决战前消耗敌人的任务，如果机动部队为了第三波攻击损失了航母，毫无疑问对整体作战会有很大的影响。

第二点，日军在整场作战中，飞机的损失是集中在第二波攻击队的。日军飞机未归舰的29架，74架中弹。在第二波攻击中，美军的高射火力的抵抗已经开始并且逐渐完善。在战前，日军就预计美军的高射火力的抵抗会十分凶残。和山口多闻把飞行员看作零件不一样，南云忠一对飞行员的爱护是出了名的，他不愿意用这些精锐飞行员的生命冒险也是原因之一。

第三点，众所周知，日军对作战计划的执行向来严格，有时候甚至死板，这也是中途岛海战惨败的原因之一。先前联合舰队制定的作战计划原文是这样的："空袭结束后，机动部队应迅速摆脱敌人，暂时返回国内，进行补充和修整。然后就第二阶段的作战进行部署。"作战计划也提到第一波第二波部队返回后应该为下次攻击准备，但是第三波以及后续攻击发出的基础是对敌人基地航空兵歼灭顺利，如此才能进行反复攻击。当时的情况下，美军航母位置不明，日军飞行员的疲劳度也在增加，机库内整备飞机的机械师的工作量在不断增大，美军在外围机场的陆基飞机不断起飞，放弃进行反复攻击是正确的抉择。用后人的视角看，此时"企业"号的侦察机已经发舰，不做出第三波攻击的决策，也是正确的。最小的代价换最大的战果才是奇袭的目的，用生命换最大的战果是特攻。

第四点，这和南云忠一个人的性格也有关系。南云忠一性格谨慎，年龄的原因使得他没有什么进取心。宇垣缠在自己的日记《战藻录》中认为他精神有缺陷，整日精神紧张。这实际上就是因

▼电影《虎虎虎》中发舰前紧张的飞行员。

为南云没有进取心，有他对航空母舰作战这个新奇且威力不确定的东西没有钻研的欲望，所以对于使用这把宝刀，也是心存疑虑。他的参谋长草鹿龙之介也是一个谨慎的人，可以说整个南云机动部队的决策是保守的。加上联合舰队惯有的保船思维，南云忠一做出这样的决定可以说非常正常。

退一步讲，如果南云忠一放出第三波攻击队，会怎么样？深入人心的说法是尼米兹的话，如果日本人轰炸了修理船坞和油罐，那美国的太平洋舰队将会瘫痪，太平洋战争少说还要再打两年。那，实际上呢？

第一，对船坞的轰炸难以毕其功于一役，一次攻击难以瘫痪船坞，对于奇袭而言，这是不符合实际的，美国人并不是毫无还手之力。他们的航母，基地航空兵，高射火力的损失都不是毁灭性的。无法反复攻击下谈轰炸船坞是痴人说梦。第二，美国人对油罐的保护良好，分罐储存的油料可以保证不会一次损失所有，油罐外有土垒起的隔离墙，保证不会出现油罐的连环引燃，所以摧毁珍珠港存油难度不低。即便

▼ 1914年的珍珠港，照片左边可见白色的储油罐。

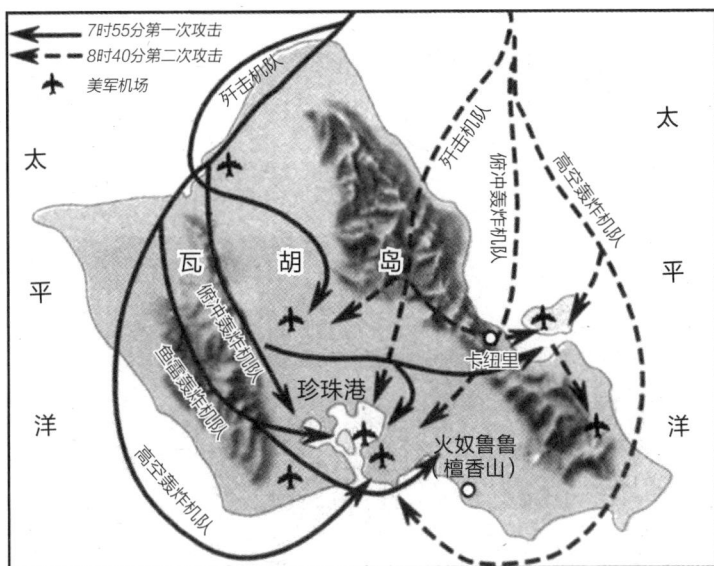
▲ 日军偷袭珍珠港作战示意图。

是摧毁了，美国在西海岸的油田可以保证石油的供给，日本的潜艇是舰队舰艇，破袭方面疲软，美国的油船可以大摇大摆地运输石油。所以想借此瘫痪太平洋舰队是无稽之谈。

最后，广为人知的宣战书递交延迟事件，这个错误把"奇袭"变成了"偷袭"，日本原本完美的计划变成了笑话。这也体现了山本五十六的性格，计划没有容错余地，这将给日本海军带来很大的麻烦。鲜为人知的是，宣战书的延误并不是打字员打错字延误时间，如果单方面强调打字员的错误，是很不公平的。实际上，最终责任恰恰是军部自己的，野村大使的秘书烟石学在战后唏嘘不已，国内的电文，根本看不出来是宣战书啊。而且，在打字过程中，不断有电报传来要修改词句，一旦前面的修改，就要重新打。这些词句的反复修改，正是军部和外务省扯皮的恶果。

奇袭成功的战果被大本营发表，亢奋的广播电台循环播放《军舰进行曲》和《拔刀队》，狂热的国民也游行庆祝。12 月 10 日，昭和天皇对联合舰队颁赐敕语："开战伊始，联合舰队善谋勇战，击溃夏威夷方面敌舰队及航空兵力，克奏伟功。朕深嘉许之，全体将士宜益加奋勉，以期前途之大成。"不管昭和天皇自己愿意不愿意，一场浩大的战争已经拉开大幕。在愚民狂热的庆祝中，山本五十六敏锐地感觉到一个沉睡的巨人苏醒了。

不管怎样，美国太平洋舰队已经瘫痪，南方作战也已经开始，下一个目标就是印度洋的英国人了。如何扫荡英国人，夺取资源产地，为大东亚战争提供物质保证，这是个严肃的问题。

威震印度洋

南进，对于日本海军而言拥有无上的诱惑。荷属东印度的油田，菲律宾的橡胶，东南亚有日本人朝思暮想的资源。有了资源，日本就能摆脱美英在资源上卡日本的脖子。所谓的帝国之自存自卫，都要依赖这里。不过，不论是法属印度支那还是菲律宾和新加坡，都是列强的后花园。之前进驻法属印度支那就引起了美英的不满和制裁，但是现在，战争已经开始，对于日本海军而言，撕破脸皮后他们需要迅速把英国人赶出去。

就在珍珠港袭击的前面，日本陆军在马来半岛登陆。拜珍珠港偷袭成功所赐，南进作战十分迅猛。12月8日，日本陆军25军在泰国南部登陆，随后将泰国拉上日本的战车。日本海军也不甘示弱，小泽治三郎中将挂帅南遣舰队，策应陆军的登陆。日军谋划已久的登陆作战十分迅猛和隐秘，日军登陆宋卡时，日本领事馆还一无所知地处于梦乡中，一觉醒来已经满街皆是日军了。

对于丘吉尔而言，太平洋战争的爆发最让他挂念的，是派出去震慑日本人的Z舰队，在战争爆发的情况下，很显然Z舰队已经无法震慑日本人，反倒有可能送人头。当他和下属争论Z舰队的安排后，日本海军的航空队击沉了"威尔士亲王"号和"反击"号，自身仅损失飞机3架，飞行员21名。

日本在东南亚已经势不可挡，12月15日，菲律宾美军航空队失去抵抗之力，菲律宾沦陷只是时间问题。新加坡、马尼拉、仰光、爪哇，日军一路风卷残云。此时日军高层认为，南方攻略是重中之重，因此调遣南云机动部队再出击。

1942年1月，新编第一航空舰队在广岛湾拔锚。不同于偷袭珍珠港，此时第五航空战队的"翔鹤"号和"瑞鹤"号被抽出南云机动部队的战斗序列，南云机动部队只剩下了第一、第二航空战队及"赤城""加贺""苍龙""飞龙"四艘航母。1月22日，机动部队空袭拉包尔，轻松把拉包尔炸了个满目疮痍。2月19日，为了配合近藤信竹发动的爪哇作战，机动部队出动180架舰载机空袭达尔文港，切断了

▲ 乘员正在离舰的"威尔士亲王"号。

美澳对荷属东印度的援助。3月2日，为了截击盟军 ABDA 舰队，机动部队奉命对芝拉扎空袭。这次空袭有个有趣的插曲，渊田美津雄座机被击落，在渊田美津雄的著作中，他说那天开飞机是村田重治，实际上在行动当中，他和村田重治不是一架飞机，渊田美津雄的吹嘘，将为了解海战的真实情况做出很大的干扰。

空袭达尔文港中，日军击沉舰船 12 艘。3月1日至4日，机动部队击沉盟军驱逐舰三艘，其他舰船 13 艘。南云忠一俨然是"招之即来，来即能战，战则必胜"的常胜将军。

在陆军的催促下，对战略方向毫无规划的军令部决定击溃英国远东舰队。这个决策确实有一定的道理，东南亚的资源对本土资源匮乏的日本而言是宝藏，不击溃英国舰队可能会变生肘腋，影响到计划中在南太平洋的舰队决战。但是这个战略忽视了对美国太平洋舰队的袭扰和破坏，军令部认为美国已经无力做出反击姿态，而远东舰队新上任的司令官萨默维尔中将手上也不乏好牌。远东舰队拥有两艘新锐航母（"不挠"号和"可畏"号）、一艘老式航母（"竞技神"号）。中将坐镇旗舰"厌战"号战列舰，有 R 级战列舰 4 艘（"拉里米"号、"复仇"号，"君权"号、"决心"号），还有重巡 2 艘、轻巡 5 艘、驱逐舰 16 艘、潜艇 7 艘。对南遣舰队而言，的确是一个危险的对手。

不过萨默维尔中将心里其实很痛苦，"不挠"号和"可畏"号上面的舰载战斗机加起来就有 36 架，其中只有 15 架"野猫"能和零战打打。至于鱼雷机攻击更是别想，"大青花鱼"鱼雷机加起来 45 架，"竞技神"上还有 12 架"剑鱼"，不足以威胁日军机动部队，陆基航空队也是"泥菩萨过江"。四艘 R 级战列舰炮战可以和日军战个痛快并且赢面较大，但是其防空和裸奔没什么区别，根本不能抵御飞机的狂轰滥炸。幸亏新锐的 281 型雷达性能优良，作为侦查利器可以帮助远东舰队远离那群穷凶极恶的"海鹫"。

锡兰的防御可以说是岌岌可危，面对日军的步步紧逼，萨默维尔只能抛弃大英帝国见敌必战的传统，选择带着舰队迅速跑路。为了跑路顺利，远东舰队被拆分成A、B 两个舰队。中将本人坐镇的旗舰"厌战"号及航母"不挠"号、"可畏"号，还有 3 艘巡洋舰、6 艘驱逐舰一起，被编为 A 舰队。剩下的 4 艘 R 级战列舰、3 艘巡洋舰和 8 艘驱逐舰被编为 B 舰队。一旦遭遇机动部队，B 舰队就用来给 A 舰队挡枪背锅。

3 月 28 日萨默维尔得知，南云舰队可能会在 4 月 1 日杀到锡兰，因而集结舰队，并且派遣 PBY 巡逻机进行索敌，一旦发现敌人，远东舰队便向马尔代夫的阿杜环礁转进。然而三天过去了，远东舰队每天白天在西方避战，晚上在东方备战，南云

﹀ "厌战"号战列舰。

忠一始终没来。萨默维尔认为日军对锡兰的作战延迟了，于是进入阿杜环礁泊地补给修整。萨默维尔觉得情况并不是预料的那么糟，于是允许"多塞特郡"号巡洋舰返回科伦坡补给，"康沃尔"号巡洋舰护送一艘前往澳大利亚的运兵船，舰载机已经调往陆基的"竞技神"号航母由"吸血鬼"号驱逐舰护航，重返亭可马里基地装上舰载机前往非洲支援英军进驻马达加斯加。

为什么南云忠一没有来？因为他和近藤信竹发生了争执，南云忠一认为击溃远东舰队是当务之急，近藤信竹认为应该先瘫痪科伦坡和亭可马里，他认为远东舰队一定在这两个泊地停泊。近藤信竹要求南云部队攻击锡兰，小泽治三郎带着马来部队扫讨孟加拉湾。南云忠一认为近藤信竹的计划没有考虑到萨默维尔的反扑，过于危险，加上"加贺"号触礁受伤回国入渠修复，南云手上剩下五艘航母。所以他决定只出动三艘航母的兵力炸锡兰，留下两艘备用。从后人的视角来看，萨默维尔无法主动发起进攻，但是当时不管是近藤信竹还是南云忠一都无法得知这一情报。南云的思虑是非常周全得体的，从此也可以看出，南云忠一并不是毫无眼光地混日子的将军。

4月4日18:55，警戒舰"比睿"号发现空中的英军巡逻机，"比睿"号向机动部队本队发出警报的同时用机枪对空射击，机动部队立马起飞18架零式战斗机拦截。19:20击落这架PBY，不过英军已经收到巡逻机的回报，科伦坡立马进行疏散活动，港中商船迅速出港避难。19:45，零战着舰，南云忠一判断科伦坡已经知情，但是南云自信凭借优势兵力，机动部队可以炸得英国鬼畜哭爹喊娘。

不过这下，萨默维尔可就头大了，舰队的加油补给没有完成，原定的鱼雷机夜袭机动部队只能推后，现在萨默维尔只能看着日本人在科伦坡耀武扬威了。萨默维尔决定自己带A舰队先拔锚，第二天威利斯再带着B舰队赶上，在5日夜晚对日军实行奇袭。

5日09:00，机动部队出动九七式舰攻53架，九九式舰爆38架，零式战斗机36架，肆意空袭科伦坡。09:45，英军的PBY再次提前发现了日军机动部队并通知了科伦坡，这架勇敢的飞机一直保存了一个小时的接触，但是还是被"飞龙"号起飞的零战击落。虽然科伦坡的英国空军战斗机已经升空，但是在空战中根本不是零战的对手，班谷茂少佐带领的制空队击落19架鱼雷机，22架战斗机（英方的数据是19架战斗机）自身仅仅损失一架零战。还有从亭可马里飞来的6架"剑鱼"，可怜的"剑鱼"根本逃不开凶悍的零战的攻击，纷纷被击落。（日军称击落10架"剑鱼"）

由于英军早有预警，所以港内只有一些民船，军舰已经全部撤离。日军轰炸机只能用港内停泊的报废舰"赫克托尔"号和老旧驱逐舰"忒涅多斯"号发泄愤怒情绪。英国人的抵抗并非没有战果，他们击落了 6 架日军轰炸机，日军损失飞行员 10 人。更肉疼的是，这些飞行员个个都是参与偷袭珍珠港的老飞行员。

一番轰炸后，渊田美津雄致电赤城，建议准备第二波攻击。并且提出英国舰队已经逃出科伦坡，要求派遣水侦索敌。这个倒不用渊田美津雄说，南云一直担忧可能出现的萨默维尔的偷袭，巡洋舰和战列舰上的水侦轮番发舰，四处进行索敌和警戒。接到渊田美津雄的电报后，南云忠一加派"利根"号上的零式水侦索敌，同时令第一、二航空战队的轰炸机挂炸弹，一部分第五航空战队的九七式舰攻也鱼雷换炸弹。13 点时，"利根"号的水侦回报，发现敌人两艘巡洋舰。这两艘就是脱离远东舰队大部队的"多塞特郡"号和"康沃尔"号，正准备和本队会合的他们撞上了机动部队。

南云忠一于是下令加派两架水侦进行接触，然后命令原计划挂炸弹的舰攻改挂鱼雷。很多人认为，南云忠一的炸弹换鱼雷的决定是耽误时间的错误，所以南云忠一是不称职的指挥官。诚然炸弹换鱼雷会消耗大量时间，但是鱼雷对大型舰艇的攻击效果最好，迷信鱼雷机也是人之常情。这也证明南云忠一对他的工作缺乏热情。所幸南云忠一有一点好，能放权敢放权，不会不懂装懂。他听取了渊田美津雄的建议，派遣挂着炸弹的轰炸机上去炸，能炸到什么程度就炸到什么程度，一旦两艘巡洋舰逃出作战半径，那才是竹篮打水一场空。南云忠一终于下定决心，15 点整攻击队发舰。目标敌巡洋舰。对于南云忠一而言，这一刻是突袭桶狭间今川义元本阵时的织田信长灵魂附体。

接到命令后，"赤城"起飞九九式舰爆 17 架，"飞龙""苍龙"各起飞九九式舰爆 18 架，共计 53 架。指挥官江草隆繁，这位少佐人称"舰爆之神"。对于英国的巡洋舰而言，今天是个灰暗的日子，今天没有仁慈的上帝，只有可怕的舰爆之神。16 点 29 分，江草隆繁下令全军突击，英国人的噩梦来了。日军的舰爆队以 3 架为一个小队进行俯冲投弹，炸弹如同冰雹一般落下，仿佛在进行演出。"多塞特郡"号巡洋舰，这个曾经参与击沉"俾斯麦"号的巡洋舰在短短 13 分钟内倾覆沉没，"康沃尔"号也仅仅坚持了 18 分钟。可悲的是，"多塞特郡"号搭载的 286 型雷达根本没有探测到日军飞机编队，成功探测到日军舰爆队的萨默维尔应该庆幸自己用的是"高档货"——281 型雷达。本次空袭江草队没有损失飞机，他们投下了 52 枚炸弹，命中 46 枚。"多塞特郡"号中 31 枚，"康沃尔"号中 15 枚，日军的命中率高达百分之八十八。

此战证明了俯冲轰炸机的威力，也证明了日本海军"月月火水木金金"练出来的飞行员的可怕素质。对于丘吉尔而言，这是痛苦的一天，他认为远东舰队留在锡兰只能自取灭亡，还是撤退好了。

当两艘巡洋舰被俯冲轰炸机虐得死去活来的时候，萨默维尔的 A 舰队在 150 海里外。萨默维尔的雷达发现了日机，但是萨默维尔选择了维持无线电静默。在最后时刻"多塞特郡"号曾经向本队求救。但是萨默维尔没有收到电文，对于这种情况而言，没有收到电文可谓是今天英国人所有的运气了。没有收到电文的萨默维尔不用在舰队的生命和皇家海军的荣耀间抉择。萨默维尔带着 A 舰队一路奔往东南方。两艘巡洋舰沉没后两个小时，A 舰队的侦察机发现了幸存者。这说明日军舰队就在附近，但是雷达没有显示。萨默维尔直觉认为日军必然是往西航行，甚至已经得知阿杜环礁泊地，准备摧毁直觉的舰队。萨默维尔咬咬牙决定，继续跑路。

随着夜晚降临，萨默维尔决定按照原计划夜袭日军舰队。上将下令航行转向西北，侦察机开始索敌，鱼雷机随时准备发舰。这个计划实在是豪赌，如果鱼雷机没能在夜晚解决日本航母，一旦天亮，整个远东舰队势必在劫难逃。不过萨默维尔这番可是"热脸贴了冷屁股"。机动部队对击沉两艘巡洋舰的战果比较满意，航向转向东南，撤退了。不知该说萨默维尔爵士此番是功亏一篑还是上帝保佑。

对于南云忠一而言，他首先需要摆平近藤信竹这个喋喋不休的顶头上司安排的任务。对于萨默维尔爵士而言，这是漫长的折磨。他笃信南云舰队已经去抄他的老家阿杜环礁，他提出一个将计就计的方案，等南云空袭完阿杜环礁后在深夜出动鱼雷机偷袭南云。可以说萨默维尔的疑心病已经达到一种境界了。萨默维尔可以豪赌，但是丘吉尔不敢。丘吉尔给远东舰队发了一条电文，要求远东舰队撤退，锡兰已经毫无希望，皇家海军不能白白牺牲。

实际上呢？南云忠一确实是返航了。南云忠一做事虽然死板，但是有一点好，那就是敬业，他准备按照原定计划接着空袭亭可马里。不过在路上英军的 PBY 再一次发现了日军舰队并且借助暴风雨的掩护全身而退。于是亭可马里又是一阵忙活，该疏散的疏散，该备战的备战。"竞技神"号和"吸血鬼"号也匆忙退往南方。4 月 9 日 9 点，渊田美津雄率领第一波空袭队升空，其中九七式舰攻 91 架，零战 41 架。英军可用战斗机只有 22 架，毫无疑问，这又是一次悲壮的空战。日军的炸弹再一次精确落在英国人头上，亭可马里一片狼藉，渊田美津雄看着冒着黑烟的亭可马里心满意足地返航了。

返航路上，渊田美津雄收到了"榛名"号水侦的回报，发现敌航母。人类历史上第一次航母对决拉开帷幕。虽然"竞技神"号没有舰载机，实力完全不对称。收到情报的机动部队指挥部无比兴奋，第二波用于攻击的飞机立马准备攻击敌人航母。山口多闻提议，攻击航母应该用能准确攻击的部队做主力。在之前大显神威的舰爆队自然当之无愧地成了主力。

这时候，让机动部队所有人吓出一身冷汗的事情发生了。9架从亭可马里起飞的"布伦海姆"式轰炸机成功突袭机动部队，机动部队上空20架制空的零战因为在低空根本没有发现，几乎是炸弹扔下后，"赤城"才如梦方醒。这是整场印度洋作战中英军最精彩的一笔。可惜英国飞行员水平次，炸弹无一命中。但某种程度上对于这也是好事，因为这更像是中途岛海战的演练。这也让无数人唏嘘，如果英国人技术好，炸沉炸伤了"赤城"或者"利根"，也许历史就会改写。

惊魂过后，舰爆队照常发舰。85架九九式舰爆将会给英国人带来无尽的噩梦。渊田美津雄害怕英国人抵抗顽强，还安排了高桥赫一配合江草隆繁，坂谷茂带领的制空队也会随后跟上。

▼ 沉没的"竞技神"号。

迟来的日军舰攻队目睹了舰爆队的表演。舰爆队像撞击一样俯冲而下，最低点时拉起，以机体和海平面平行的姿态离开。穿甲弹命中后两三秒，浓浓的白烟升起。纵容"竞技神"和"吸血鬼"拼命对空射击，也无力回天。"竞技神"吃了37枚炸弹，这艘人类历史上第一艘航空母舰含恨沉没在印度洋的海水中。这次轰炸，日军舰爆队命中率高达百分之八十三。

在南遣舰队破袭交通线的配合下，英国人阵脚大乱，航运基本瘫痪。远东舰队远遁东非。南云忠一自然心满意足地鸣金收兵，除了第五航空战队留下了支援之后的登陆新几内亚作战，其余舰艇班师回朝，本土修整。印度洋作战至此结束，大英帝国在此300年的繁荣和皇家海军的骄傲被日本人撕得粉碎。当初日本海军全盘照搬英国的日子，仿佛还是昨天。

从偷袭珍珠港到威震印度洋，日军机动部队6艘航母奔袭超过44000海里，给美国太平洋舰队、英国远东舰队和东南亚美英殖民地造成巨大损失，取得一系列史无前例的辉煌战果，而自身仅仅损失18架飞机，可谓是无比美好的开始。但是，这才是第一阶段，战争才刚刚开始。或者说，接下来才是考验双方的时刻，太平洋上的浴血厮杀才露出冰山一角。

遗恨中途岛

美国人损失惨重，英国人退出马来亚。对于日本而言，这是极其辉煌的胜利。但是接下来该怎么做，又一次让日本海军高层为之头疼。现在太平洋上的主动权在日本人手里，该如何出牌让海军内部和海陆军纷争不断。战前缺乏前瞻性的计划的弊端暴露无遗。随着偷袭珍珠港，山本五十六的威望一时无二，他和军令部的矛盾也不断碰撞。

第一个方案是转入防御，这个计划的核心支持者机动部队参谋长草鹿龙之介少将，以及日本陆军，他们认为新攻占的地方必须消化，构建工事以防御未来的美军进攻。澳洲北部日占区陆军将领判断澳洲北部将是美国反攻的第一步，陆军已经着手修筑防御工事。

第二个方案是占领澳大利亚。作为盟军在南太平洋最后的堡垒，澳大利亚如果沦陷，盟军势必落入战略劣势，在未来的反攻中更为不利。实际上南云忠一对轰炸达尔文港十分用心就是因为这个，这个方案的主要支持者是日军大本营作战部，牵头的是福留繁少将和富冈定俊大佐。山本五十六的铁杆、特鲁克的第四舰队司令官井上成美中将也支持这个方案。不过这个方案遭到了陆军的反对，陆军指出即便是抢占一部分澳大利亚领土，这最少要 10 个师团，日本陆军不愿意从中国战场和关东军中抽调。而且在南太平洋，补给只能靠海军，不管从补给线安全还是从陆海军矛盾来看，这都是不靠谱的行为。

第三个方案是第二个方案的简化版，日军将进军所罗门群岛，切断美澳交通线。通过封锁澳大利亚，延缓美国海军元气的恢复。同时修筑机场，这里将在未来的南太平洋决战中辅助日本海军，削弱美国海军，完成渐减作战。

不过联合舰队另有看法，山本五十六追求速胜，意图通过更大的胜利把美国逼上谈判桌。1942 年入役的"大和"号给了山本五十六高涨的信心，他希望干掉太平洋舰队中硕果仅存的航母部队，然后直逼夏威夷，逼美国妥协。可以说攻击夏威夷是天方夜谭，庞大的运输量和护卫压力足以压垮日本海军，山本五十六让宇垣缠制定的夏威夷决战计划，虽然宇垣缠自己都承认夏威夷决战日军劣势很大。

还有第五个方案，这个方案是扔下太平洋，占领锡兰。希求和德国会师，并且进一步打击英国人，不过这个计划夭折得非常快。首先是缅甸战场的兵力需求大大超出预期，之后德国方面又表示不愿意在中东用兵，这个计划随之搁浅。

这个时候震惊日本人的在后面，本来以为瘫痪的太平洋舰队没有消极，航母部队不断袭扰日本人。1942 年 2 月。美军航母空袭拉包尔，这也暴露了拉包尔防御的空虚。3 月，美军航母再次空袭新几内亚，破坏了日军对莱城的进攻。这加深了山本五十六的忧虑，只有引诱出美国航母并且全歼，日军才能更进一步。他选择进攻中途岛来引诱美国航母。

军令部则对此坚决反对，军令部指出这个计划的问题：第一是没有陆基航空兵的掩护，单凭航母部队，独木难支；第二是即使攻陷中途岛，运输不堪重负，无法有效保障后勤补给；最后是美国人不会为了这个小岛押上所有筹码，美军的反应不会有山本五十六预料中的那么激烈。山本五十六则祭出法宝——辞职。在辞职的威胁下，军令部做出妥协，永野修身选择纵容山本五十六。自负的山本五十六没有听取军令部的质疑，作为妥协，联合舰队必须同时展开对北方阿留申群岛的攻击，计划代号 AL。

一直以来，人们都认为 AL 作战是为了掩护进攻中途岛的 MI 作战。这可以说

是无稽之谈。首先对阿留申群岛的进攻是策划已久的行为，但一直不是主要作战方向。其次，许多说法认为阿留申部队兴师动众是为了掩盖对中途岛的攻击。那么，既然要借助进攻在中太平洋中途岛引诱美国航母出动并歼灭美国机动部队，再安排阿留申部队掩盖这一意图，这岂不是和计划核心相矛盾。第三，阿留申部队的战斗力核心是龙骧和隼鹰组成的第四航空战队，还有高须四郎中将带领的第二舰队，第二舰队的核心是四艘老式战列舰"扶桑""山城""伊势""日向"。不管是第四航空战队还是四艘老爷船遇上美国航母部队很难逃出生天，日本海军没必要承担损失战列舰的风险。

还有一个重要证据，我们来看看山本五十六复杂的计划。攻占阿留申群岛只是第一阶段，第二阶段将会重新编组舰队，入侵阿图岛和基斯卡岛的日军舰队会编入北方舰队的主力部队，直到美军的抵抗结束。第三阶段则是强化防御，主力舰队会缩减规模，陆上开始修筑工事准备长期坚守。角田觉治少将的第四航空战队会南下支援南云机动部队，高须四郎的战列舰部队会南下中太平洋和山本五十六亲自带领的联合舰队本队保持 500 英里距离，并且遥相呼应。山本五十六的计划里面也没有提出敌人向北航行的问题。AL 作战不过是趁着美国太平洋舰队不在占点便宜的举措。综上所述，传统看法经不住推敲，AL 作战是谋划已久的入侵行动，阿留申部队完成任务后会对中途岛部队支援，而不是传统观点认为的是掩护 MI 作战。

根据计划，AL 作战和 MI 作战会同时展开，日本海军精锐尽出。南云忠一带领的机动部队是 MI 作战的先锋，山本五十六亲自坐镇"大和"，带领主力部队为南云部队垫后，在美国太平洋舰队离开珍珠港后，他才会出动。炮击中途岛支援登陆的是栗田健男中将带领的第七战队。运输部队将由田中赖三少将带队。还有勾引美国太平洋舰队出港的近藤信竹舰队，"金刚"号和"比睿"号既是对诱人的饵食，高速战列舰又能保证近藤舰队的安全。山本五十六认为六个月以来的失败会让美国人缩在珍珠港不敢出来，所以他营造了军力分散的骗局。他还认为美国太平洋舰队为了吃掉近藤舰队会把战列舰和航母一起带出港，这个思路暴露了山本五十六依旧是巨舰大炮主义者的真实想法。而南云部队则被划为攻击中途岛和在舰队决战前和潜艇部队一起消耗敌军的部队，这也是"马汉"式战列舰决战思维的典型体现。日本海军并没有走出战列舰决胜的思维，所谓的航空派，也只是更加看重飞机的作用而已。

实际上，中途岛海战一开始就注定要出问题。首先是军令部指出的补给问题，其次占领中途岛当然可以做到，但是易攻难守的中途岛如何防御美军的进攻以及补给，这都是大问题。中途岛远离日本海军的锚地，遭受到攻击的救援也是大问题。但是，杜立特空袭东京改变了形势。

从美军"大黄蜂"号航母上起飞的 B-25 对日本帝国的心脏东京发动了一次袭击。平心而论，这次空袭造成的实际战果微乎其微，几个炸弹仅仅是炸伤了船台上正在改造为轻型航母的"大鲸"号（建成后改名"龙凤"号）。但是空袭所造成的政治意义是可怕的，首先是陆海军高层集体惊慌失措，永野修身一直念叨着："这不应该发生，这不可能。"山本五十六把自己关在船舱内整整一天，他对于自己思虑不周，让天皇遭遇危险深感愧疚和悔恨，这更坚定了山本五十六的想法，美国人没有陷入消沉和恐惧，他们在积极策划反击。联合舰队必须迅速歼灭美国的航母部队，否则日本本土永远无法高枕无忧。

陆军方面也没闲着，陆军私下里对富冈定俊大佐表示对东方行动有兴趣，并且询问相关细节。日本陆军也开始训练士兵进行两栖登陆作战。在山本五十六扬言辞

▲ 日本海军寄予厚望的战列舰"大和"。

▽ 离开母舰的B-25，他们将给日本帝国的"心脏"——东京送上一份大礼。

职和杜立特空袭的压力下，永野修身也向山本五十六屈服。军令部正式批准作战计划，但是联合舰队必须同时进行阿留申攻占行动，兵力分散，这是日本海军折戟中途岛的第一个隐患。

第二点，是六个月空前胜利导致的骄傲和自满，日本海军认为美国海军已经日薄西山，这种思维甚至影响到了兵棋推演。1942 年 5 月 1 日，"大和"号上将星云集，联合舰队的 MI 作战推演正式开始。推演的主角是联合舰队参谋长宇垣缠少将，他兼任统监、裁判长和青军指挥官（即代表日军一方）。这种安排本来就让人困惑，裁判长居然是由一方指挥官兼任，这怎么可能会有客观的结果。联合舰队司令部以外的军官都对这个庞大的计划感到吃惊，精密而复杂的计划直指的核心——攻占夏威夷——让不少人惊讶无比。不过在演习中，日军一帆风顺。这并不是因为日军战术优秀，运气爆棚，而是宇垣缠数次干预的结果。红军的指挥官松田千秋大佐在开始前递交的战术非常类似于美国实际采用的战术。红军的航母偷袭南云部队侧翼，对机动部队造成极大威胁。而裁判判定美国人不可能使用这个战术。在轰炸中途岛这一步时，美国陆基起飞的飞机发起反击，根据掷骰结果，奥宫正武把损失判为"赤城""加贺"中弹沉没。而宇垣缠对结果横加干涉，以敌军水平差劲为理由，将结果改为"'赤城'轻伤，'加贺'沉没"。在之后的作战中，"加贺"居然神奇地复活，并且参与了对斐济的攻击。这次充斥着"我军战无不胜，米鬼丢盔弃甲"主旋律的宇垣图演，在下层军官叫嚣着"日本舰队的防御牢不可破"中落幕。南云忠一早已绷着脸退出了推演，他之前因为缺乏攻击性被联合舰队司令部一阵臭骂，他明白山本五十六不会接受任何异议，而他在这方面只能依靠源田实。既然抗议无用，那就战死在舰桥好了。不只是上层沉醉在帝国海军战无不胜的美梦中，"雪风"的舰长也开始回忆起修整期间的晚上在酒吧喝酒，老板娘都跑来问中途岛在哪。联合舰队倾巢而出的行动居然连酒吧老板娘都知道了，这和六个月前偷袭珍珠港航行过程中航母为求保密连舷窗都不开形成了鲜明对比，整个海军都处于飘飘然中，渊田美津雄将这种情况称之为"胜利病"。

▼ 春风得意的宇垣缠中将。

第三点，珊瑚海海战的后果。珊瑚海海战中，"翔鹤"号受创，"瑞鹤"号舰载机消耗过大。因为航空战队和航母捆绑，第五航空战队只能退出机动部队序列。日军还损失了"祥凤"号轻型航母。同时，日军认为珊瑚海海战美军沉没了两艘航母，这又增强了山本五十六的执念。他对中途岛的作战充满信心，日本海军也是。没有人想到奔袭的机动部队已经疲惫不堪，需要一段较长的休整期，南云忠一提出多休整一天，也被用田中赖三舰队已经出航为由驳回。

第四点，就是之前提到过的山本五十六的计划没有容错余地。中途岛的计划完全是一厢情愿的，作战前提是在美国人不知情的情况下展开的。但是美国人的态度并不消极，所以机动部队面对的是完全不同预想的情况和教条主义的束缚。

5月27日，机动部队从柱岛拔锚。在这个东乡平八郎一战成名的日子出航，日军的士气达到顶峰。不过所有人都很难想到，这次日本海军将迎来太平洋战争开战以来的第一次失败，也是第一次在航母作战上缴纳昂贵的学费。

日军的失败在AF代号被美国人破解的那一刻就决定了，机动部队想要同时对付美国的航母部队和中途岛陆基航空兵是很困难的，尤其是"翔鹤"和"瑞鹤"的缺席，加上机动部队本来长途奔袭的疲劳和飞机得不到补充。以九七式舰攻为例，这款飞机已经基本停产，制造商的所有注意力都在开发新锐舰攻"天山"上，机动部队面临飞机难以补充的窘境。有一点必须指出，机动部队出击中途岛之前，飞行员和舰载机数量都是不满编的。这种情况其实在日军航母上一直存在，熟练的舰载机飞行员并不好培训，而日军早期的要求又过于苛刻。只有在中途岛战役之后，日军才出现了舰载机飞行员多于航母满编飞行员的情况。

更可怕的是，日军原定的潜艇前哨侦查，几乎没有起到任何作用。一方面是潜艇部队轻视敌军玩忽职守，另一方面是得知了情报的美国人派遣更多的水上飞机巡逻，日军的潜艇经常被压在水下不能上浮侦查。不过日军并不是没有机会，原定的用二式大艇二次偷袭珍珠港的K作战中为二式大艇补给燃料的潜艇发现原本空无一人的夸贾林环礁成了美国人的水上飞机和驱逐舰的大本营，侦查中途岛的伊–168号也对联合舰队司令部提出过报告，美军的水上飞机起降频繁，白天大部分时间都不在岛上而是出海侦查，岛上的建设也昼夜兼程。东京也检测到夏威夷的无线电流量飙升。问题在于，这些情报都没有引起日军的注意，轻视情报的采集和汇总的日军输掉中途岛海战并不稀奇。

在渊田美津雄的书中，这被归咎于赤城上的无线电天线太少而没有收到大本营的情报。这话完全是无稽之谈，强行甩锅。首先，无线电能收到多少和天线高度有关而不是数量；其次，日军航母的天线在起降飞机时会放下。为了弥补这样影响通信的缺点，机动部队自然会有代替方案。首先跟随机动部队的"金刚"级战列舰拥

▲ 图为恩加诺角海战时的"瑞凤"号，照片中可以清楚地看到横放的天线。

▼ 落后的九五式水上侦察机并不能满足索敌的需求。

有作为舰队旗舰的能力，高耸的桅杆上的天线可以保障良好的通信，机动部队中的轻巡洋舰也是作为水雷战队和潜水部队的旗舰设计的，通信能力非常优秀。再加上无线电静默是不发出无线电报，并不是不接收消息，所以南云忠一应该对东京的情报有不少了解。那么，为什么南云忠一没有修改作战计划或者请求中止作战？首先，山本五十六铁了心，延迟出发都被用田中部队已经拔锚噎了回去，更别说中止作战。第二，山本五十六讨厌自己的计划被修改，南云忠一是舰队派中坚，本来就和条约派带头的山本不对付，眼下山本如日中天，南云忠一不愿意和山本五十六正面冲突。日本海军体制中僵化的教条主义和年龄也限制了南云忠一的决断，他不愿意节外生枝，在背负压力解决问题和死之间，大部分日本军官选择死，南云忠一也不例外。南云忠一不愿意背负修改作战计划的责任，他选择继续做好上司的命令，然后呢？希望神助天佑。

雪上加霜的是，田中赖三部队被美军侦察机发现，随后美军空袭了田中部队。6月4日，机动部队进行最后一次补给，随后决定5日进行索敌。源田实的计划是派遣七架侦察机索敌。通常观点认为源田实的索敌计划华而不实且力度不够，单向索敌很难尽快发现美军。需要注意的是这并不是我们想象的日军思维僵化的产物，而是对航母的认知和作战职责，航母是进攻性的力量，所以不应该在索敌上使用过多的舰攻，这是日本海军的航母作战准则。表面上后人可以指责战列舰和巡洋舰搭载的水上飞机可以完成索敌任务，但是适合远程侦查的只有零式水侦，而此时的机动部队还有一部分水上飞机是落后的九五式水侦，"长良"上搭载的还是九八式夜间侦察机，夜间侦察机自然不适合白昼侦查，所以航母也需要出动几架舰攻加入索敌。源田实的计划疏漏在于太理想化，这个计划的成功依赖于天气的良好，飞行员的警惕，以及完美的时间，但是这都不是可控因素。这也就是日本海军胜利病的根源了，自以为运气能一直好下去，自然容易输得精光。

04:30，机动部队攻击队发舰，这波攻击队由友永丈市大尉带队，目的是摧毁中途岛机场的抵抗，损毁中途岛。108架飞机的庞大编队分工明确，舰攻队第一波攻击，舰爆队随后突袭，制空队驱散美军战斗机后对地面扫射。这次发舰的攻击队不可谓不强大，这也是传统观点认为中途岛美国海军是以弱胜强的重要因素。然而仔细分析可以发现，这波攻击队和美军中途岛机场可用飞机数量一样多，加上美军早有准备。想要很好地完成瘫痪中途岛的任务是非常艰难的，因为美军不止有飞机，还有密集的高射火力防御机场。从结果而言，实际情况和机动部队司令部之前的判断是一样的，那就是需要第二波攻击队再空袭中途岛。很多人认为这是南云忠一的第一次决策失误，是在炸岛和攻击舰队之间的迷失方向，而实际上中途岛机场瘫痪，机动部队才能应对可能出现的美军航母的攻击。而且在山本五十六的计划中，防御有可能出现的美军航母的举措是南云忠一留出一半飞机防御，这计划听起来合情合理，实际上完全是外行的一厢情愿，因为加满油的飞机停留在机库中对遭受攻击的航母是极其危险的，如果发生机库诱爆，航母几乎等于被宣判死刑。

与航母攻击队的顺风顺水不同的是，"利根"号和"筑摩"号上预定发舰的侦察机遇到了一些困难，侦察机没有按照命令在规定时间内发舰。当侦察机弹射出去的时候，已经过了半个小时，原因到底是弹射器故障，还是飞机发动机故障已经不可考。南云忠一对侦察机延迟起飞没有表示什么，倒是山口多闻把第八战队骂了个狗血淋头。延迟起飞导致原本就不怎么靠谱的侦察计划更加漏洞百出。

日军并没有对前一天田中舰队遇袭做出反应，或许他们认为这并没有什么。但这至少能说明一点，美军没有消极作战，更没有丢盔弃甲。美军为了提防日军黎明突袭，早早就在做准备。03:50，就陆续起飞战斗机保护中途岛机场，同时侦察敌情。04:15，起飞22架PBY对中途岛海域进行地毯式搜索。之后起飞15架B-17再度空袭田中舰队。美军航母动起来的时间也和日军航母差不多，可以说日军已经呈现出处于下风的趋势。

05:34，友永丈市率领的攻击队被PBY侦察到。05:44，PBY发出电报通知中途岛有敌军飞机大编队来袭。05:52，PBY侦测到南云部队，不过这家PBY仅仅发现了两艘日军航母。这让弗莱彻陷入了困难中，因为之前尼米兹提出日军航母可能分成两个战斗群进攻，弗莱彻不敢派出所有力量，他认为需要留出一部分飞机应对可能存在的日军第二个航母战斗群。同时，斯普鲁恩斯更头疼，首先他需要用最快速度起飞攻击机，但是他不知道己方PBY回报的位置和距离对不对，如果不对那就是瞎子点灯白费蜡，只会浪费燃油和消耗飞行员的精力。第二点是天气仅仅是微风，想起飞飞机就得把航母速度提升到25节，这又会增加无数不确定因素。最终斯普鲁恩斯决定，飞机7点准时发舰。与此同时，防御中途岛的海军陆战队已经做好准备迎接日军的轰炸和可能出现的炮击，"不成功，便成仁"。

06:10，友永机的电报被机动部队司令部接收，友永队开始对中途岛轰炸。06:30，源田实那应付差事的侦察计划彻底破产，"筑摩"号发出的负责54度的侦察机回报，因为天气原因，不得不返航。搜索77度线的"筑摩"1号侦察机的玩

▲ 起火的中途岛石油设施。

▼ 从印度洋到中途岛，PBY可以说是盟军之眼。

忽职守更是致命，因为美军舰队就在这里，而这架侦察机没有发现美军。还有"利根"的4号侦察机，不知道飞行员是故意缩短飞行距离还是擅自离开侦查路线，最终他撞上了美军舰队，而如果他按照原定计划飞行，他不可能撞上美军。

友永队遇到的抵抗超出日军自己的预料。本来认为是出其不意的奇袭，没想到迎面而来的是密集的火网。战前日本的飞行员就担忧美国的高射火力，终于在今天，美国的高射火力发挥出了自己的水平，整个环形防线变成了火舌。日军取得的效果也并不理想，美军的发电厂和输油管道被炸毁，一些散兵坑内的弹药被引爆，飞机跑道被炸得坑坑洼洼，一些储油罐和几乎全部的生活设施被炸平，水上飞机机库烧毁。06:45，友永队完成了轰炸任务，友永发往"赤城"号的电报很简单，需要第二次攻击。整个机动部队司令部陷入了无奈中。是的，这是意料之中的，并没有什么值得奇怪和惋惜的。问题在于接下来干什么，再进一步，那就是要不要对中途岛发动第二波打击。南云忠一首先做出的决断是先升空几架零战护航，因为要应对美军的反扑。07:10，日军警戒舰发现两个美军飞机编队，由复仇者鱼雷机和B-26轰炸机组成，这是复仇者第一次参战。因为，这两个编队一个是海军飞行员操控，一个是陆军飞行员操控，所以两个编队选择突防的航母也不一样。美军很快发现对面的日本飞行员是那样的棘手，如群狼一般的零战凶悍非常，美军的机身被打得全是弹孔。而日军也发现，对面鬼畜的B-26防御优秀，异常难啃。必须指出的是，虽然美军的勇气和毅力让人敬佩，但他们的雷击水平极其差劲，投雷位置和目标相距甚远。

但是接下来发生了一件令人完全想不到的事情，美军的飞机被零战击落得只剩下一架B-26的时候，这架B-26没有逃离，而是径直对着"赤城"的舰桥撞了上去。既然死亡不可避免，不如死得其所。不过这位不知名的飞行员最终还是失误了，飞机没有爆炸而是擦着舰桥边坠海，最近的地方离舰桥只有半英寸。机动部队司令部发出了逃出生天的欢呼，但对于谨小慎微的南云而言，这次美国"神风"的刺激不可谓不大。指挥着全世界最强的航空母舰的司令官居然差点死于飞机的撞击。鱼雷、扫射和撞击激怒了南云忠一，他认为中途岛还拥有可观的战斗力，必须彻底摧毁中途岛，不然中途岛对舰队的威胁太大。但是，这与山本五十六的指示是相悖的，南云忠一手上还有一支配置完美无缺的攻击队，派出去自然可以炸得中途岛满地狼藉，但是，返航任务交给谁呢，谁来承担计划被更改后山本五十六的怒火呢？现在山本五十六就坐在"大和"上注视着南云忠一的一举一动。

源田实的建议是让山本的指示见鬼去吧，机动部队应该迅速派出剩下的飞机。如果等友永队返航后要求他们再去轰炸中途岛而剩下一半人在甲板上晒太阳，这不但不公平且愚蠢至极。友永队的疲劳和美军强大的高射火力会增加友永队的损失，让整个攻击队的实力被不断削弱。机动部队的参谋们也同意源田实的建议，因为友永队返航后的补给、修理、报告、统计会消耗大量时间，兵贵神速，打仗可不是请客吃饭。在航空兵的厮杀中，山本的指示的本质被充分暴露——完全是一厢情愿毫无价值的妄想。严格按照山本的指示，就像是绑上人的一只手，然后让他和两个人对打。因为山本五十六的构思，留在航母上的舰攻都是挂鱼雷，而现在，需要改换炸弹。这是一个漫长的过程，因为挂载鱼雷需要反复调整，非常费时间。

07:15，南云下令第一航空舰队下属第二波攻击队换装炸弹。07:40，晴天霹雳传来，"利根"的4号侦察机回报发现敌舰队，军舰10艘，航向150度，航速20节以上。"赤城"号的舰桥一片寂静，这让机动部队的参谋们措手不及。是的，山本五十六的计划彻底破产了。这可以说是日军在这一天唯一的幸运，侦察机误打误撞发现了美军舰队。问题在于，南云做了什么？

南云下令炸弹换鱼雷。传统观点认为这完全是耽误时间，这成了南云的罪状之一。这实际上是"站着说话不腰疼"。首先，南云只有15分钟左右的时间做出决断，而南云对战场情况的把握远不如我们后人，加上情报部门的玩忽职守，南云了解的信息是混乱而无序的。侦察机的错误让南云无法确定美军舰队的方位，为什么本该在那条线路的"筑摩"5号机没有发现敌军，而是"利根"4号机发现。对于南云而言，得知敌军正确方位都是一件奢侈的事情。侦察机也没有回报敌军构成，有没有航母，是不是敌军？这都是让人头疼不已的。还有回报敌军在逆风行驶，也就是说，如果美军的航母就在那里，那么美军已经准备升空飞机了。第二，是"赤城"号混乱的舰桥，拥挤狭窄的空间内挤着"赤城"的舰长和高级军官，还有一个机动部队司令部。在这个环境中，几乎所有人都无法冷静地判断局势。第三点也是最重要的，那就是航母的甲板情况。友永队的返航和第二波攻击队的准备升空加剧了甲板的繁忙和混乱。

现在南云有两个选择。第一，赶在友永队没有回来前命令第二波攻击队发舰升空并且攻击美军舰队。第二，等友永丈市归来后再发动攻击。航空兵的使用是需要非常谨慎的，南云的可用兵力也不充裕。并且更重要的是，南云手上的飞机无法做到迅速出击，因为之前的航母一直在收发战斗机。加上机库飞机的定位，暖机都需要时间，而友永队的燃油所剩无几，收容飞机显然是更紧要的。还有一点就是，航母中没有足够的战斗力不符合日本海军的教条，南云是一个不喜欢冒险的人，所以他选择了等待。这证明了南云对他的部队的实际战斗力并不清楚，因为在后面，这些第二波的飞行员战斗力远超他的预计。最讽刺的是，"赤城"号的舰桥上的每一个人都知道山本五十六的计划可以扔到废纸篓了，而没有人敢直接说出口。

美军的好运气再一次来临。07:53，美军的飞机再一次攻击机动部队。这加剧了航母甲板的混乱，没有哪个指挥官喜欢在敌人的枪林弹雨下定位飞机，日军也不例外。战争经验告诉我们，为了航母的安全，应该快速升空飞机，这样有利于保护航母的安全。一系列因素让南云做出了暂不反击的决断，日军错失了本次海战最后一次的翻盘机会。如果南云放出攻击队，美军航母将处于致命危险之中，默契的配合和娴熟的飞行员足以轻松击沉任何一艘美国航母。某种意义上，美军今天真是神助天佑。因为南云认为美军舰队实力薄弱，反倒做出向美军舰队靠近的决断。在渊田美津雄的著作中，他将南云忠一喷得狗血淋头，他认为南云忠一没有出动二航战的舰爆队是错误的。是，如果派出二航战的舰爆队的确可以重创美军舰队。但是，那时候的航母无暇让舰爆队发舰，南云面对的也不是一个敌人，是两个，所以南云必须最大程度地减轻飞机和飞行员的损失，这是一个指挥官的天职。

08:05，友永队返航。08:11，"利根"的4号侦察机回报，敌军有5艘巡洋舰、5艘驱逐舰。"赤城"号紧张的氛围终于缓和下来。没有航母，太好了。没有航母，这支舰队没有威胁。短短十分钟后，喜剧就演成了悲剧。侦察机回报，敌军似有航母一艘殿后。完了，山本五十六的计划彻底完蛋了，现在中途岛不是第一威胁了，近在咫尺的美军航母才是。更让日军气不顺的是，一艘美军潜艇如鬼魅一般跟着自己。这是美军的"鹦鹉螺"号潜艇，一艘比较老的潜艇了。但就是这艘潜艇让机动部队临时向西规避，为美军拖延了时间。

接下来发生的事情让日军目不暇接。连续的空袭打散了日军编队，缺乏雷达预警的日军无法掌握情况。面对上空直卫战斗机压力不断增大，飞行长的指挥越来越力不从心，指挥官无法预测需要多少战斗机，只能不断升空战斗机，防空战打成了添油战。08:30，美军的攻击暂时告一段落。暴躁的山口多闻已经忍无可忍，他对己方在攻击结束后迟迟不发起反击非常生气，他要求南云放弃友永队，升空预留的攻击队。可以看出，山口的作战风格是狼奔豕突、不计代价。南云对这封电报连搭理都懒得搭理，山口太莽撞了。不过山口还是升空了二式侦察机搜索美军舰队的确

▲ 准备发舰的美军攻击队。

▲ 一战成名的萨奇。

切位置。08:37，历经四个小时的作战后疲惫不堪的友永队终于降落。

09:17分，飞机收容工作结束。现在看起来一切都不差，日军飞机可以迅速起飞去轰炸美军，只需一点点定位飞机的时间就可以了。好景不长，09:20"大黄蜂"号起飞的美军鱼雷机编队再次来袭，"赤城"号的舰桥上一片凝重。是的，战局完全出乎意料，这次玩脱了。09:38，拼死拼活击落所有鱼雷机的日军发现远处又来了一对鱼雷机，这是"企业"号起飞的鱼雷机编队。日军的零战再次扑了上去，虽然美军的飞机纷纷被击落，但是日军的弹药也所剩无几，因为日军对已经投雷的鱼雷机选择了放过他们。可以说整个机动部队的防空在此时出现了巨大的漏洞。

坏运气并没有离开日军，"企业"号的鱼雷机编队全军覆没的时候，南云正思考着反击。飞机已经满油满弹，只需一会就能发出强大的攻击队。但是他已经被美军两波轰炸机编队盯上了。一直追杀"鹦鹉螺"号的"岚"号的航迹被"企业"号的 SBD 发现，美军顺藤摸瓜地抓住了机动部队。在这支 SBD 大队的东面还有"约克城"号的轰炸机编队，更致命的是，这次美军飞机编队有不少的"野猫"式战斗机护航，"野猫"的指挥官叫萨奇，这次他将一战成名。机动部队现在的处境可以说是"人为刀俎，我为鱼肉"。

在渊田美津雄的书里，美军进攻的一刻被称为"命运的五分钟"。渊田美津雄记载在 10:20 到 10:25 之间，日军正准备发起大规模反击，甲板上堆满了零战和舰攻舰爆，还有炸弹鱼雷和子弹，只需要五分钟就可以起飞。这也是太平洋战争电影中乐此不疲的桥段。日军飞机准备升空，美军的轰炸机突然出现，美军的炸弹命中，飞机殉爆，甲板和机库陷入一片火海中，舰桥内的南云忠一灰头土脸且悲愤不已。戏剧化的转变与命运的无常交响。这可以说是拍电影的绝佳素材，在 1976 年的电影《中途岛》中这一幕演绎得淋漓尽致。很遗憾，这全是渊田美津雄在胡说八道。

实际上，日军并没有任何一艘航母做好了起飞攻击队的准备。渊田美津雄的记载都是虚构的。在当时，任何国家的航母在起飞大规模编队前都需要清空并且封闭飞行甲板。而 10:10，日军还回收了几架上空直卫的战斗机。"赤城"的甲板作业记录可以无情地粉碎渊田美津雄的言论。关于这次回收飞机，三位降落的飞行员也否定了渊田美津雄的说法。他们指出，从降落到美军攻击，间隔只有 15 分钟，这完全不够舰攻的定位，所以渊田美津雄的所谓"堆满了飞机的甲板"，纯属胡说。当然，日军甲板并非没有飞机，甲板上有零战，他们不是刚刚降落直卫战斗机，就是准备加入直卫队伍的预备队。美军飞行员也有不少冷静的，他们指出虽然他们的投弹确实引起了大火，但是日军航母甲板的飞机数目寥寥无几，有的更是看见了零战正在起飞。在记录和证言前，渊田美津雄的谎言是苍白而无力的。

最先中招的是"加贺"号。当俯冲轰炸机突击的时候，"加贺"号的高炮还在低角度。虽然飞龙的警戒哨的警报成功被"加贺"号的警戒哨接收，但是一切都太晚了。此时"加贺"号正进入逆风航行，准备让零战发舰，提升航速的"加贺"现在只能依靠规避和高射火力保卫自己了。日军的高射火力不断喷射出一个又一个弹幕，也取得了一些命中，舰长冈田次作精湛的操舰下规避也卓有成效。前面三架飞机的投弹无一命中。但，也仅限于此了。第四架飞机的投弹取得命中，500 磅的炸弹击中了"加贺"号后部升降机附近的甲板，爆炸在水兵居住区引燃了熊熊烈火。之后"加贺"号的前侧升降机井被精确打击，炸弹在机库内爆炸，冲击波从舰桥的窗口涌出，紧接着一颗炸弹落在舰桥指挥中心正上方，"加贺"号的高级军官团灭。

▲ 中途岛海战中被击沉的"加贺"号。

这个时候已经无法计算还有多少炸弹落下了，美军飞机还在俯冲，而"加贺"号已经挺不住了。

看到"加贺"号的惨状，"飞龙"号上的舰员不禁悲从中来，一切就像是噩梦，"加贺"号完蛋了。更可怕的还在后面，"飞龙"号的观察哨看见"赤城"号和"苍龙"号正在遭受攻击。"苍龙"号遇袭则更为凄惨，美军的俯冲轰炸机从各个角度包抄而来，"苍龙"号的高射火力来不及反应，虽然在精湛的操舰技术的移动下，25毫米机关炮已经开始对空射击，但是效果并不明显。美军的第一颗炸弹落在舰艏的右舷，穿透了甲板后爆炸。飞行员待命室就在这附近，飞行员们一窝蜂一般跑向舰尾避难。第二颗炸弹落在了飞行甲板的中央并在机库内爆炸，第三颗也是最后一颗炸弹落在舰尾。三次爆炸后，"苍龙"号的涡轮停止工作，所有机械师都面面相觑。在可怕的寂静中，幸存者的吼叫传来，锅炉房爆炸了！白烟从炸弹炸出的大洞中喷出，甲板上零战的残骸还在燃烧，尸体满甲板都是，还有一股人肉烧焦的古怪味道，"苍龙"号也完蛋了。

在今天，最奇妙的可以说是对"赤城"号的攻击。"加贺"号和"苍龙"号所面对的，都是10架以上的飞机攻击，而攻击"赤城"号的，仅仅是3架飞机。本来3架飞机是去攻击"加贺"号的，但是"加贺"号已经被前面的机组投弹炸至瘫痪，美军飞行员决定冒险进攻机动部队的旗舰"赤城"号。"赤城"号上血红的"日之丸"成了绝好的靶心，此时"赤城"号上的零战已经开始起飞，空袭警报突然响起。因为之前"赤城"号上的人员都在关心"加贺"号的情况，从而忽视了前来袭击的美军。一旦航母的高射火力开火，这就意味着航母只能靠自己击落突防的飞机了，"赤城"的高射火力不断喷吐火舌，青木泰二郎的操舰也无懈可击。实际上，"赤城"号快要躲过要命的炸弹了。如果"赤城"无伤，那"赤城"和"飞龙"的攻击队发起反击可以给美国人狠狠地放一波血，很遗憾，今天战争女神向美军微笑。此处值得强调的是，通常的结论是"赤城"被两颗炸弹直接命中，一颗近失弹。近年来根据考证和幸存者回忆，被认为命中舰尾的炸弹实际上是近失弹。所谓的舰尾被命中后燃起熊熊大火，只是以讹传讹。因为赤城的舰尾甲板不适合停放飞机，更没有机库，飞行甲板下方是四根支柱和救生艇，美国人的炸弹更不可能炸到舰尾下部的发动机室。

"赤城"的毁灭之所以具有戏剧性，那就是它是被一颗炸弹摧毁的。这枚直接命中的炸弹是1000磅的大家伙，砸穿甲板后在机库内舰攻的上方爆炸，舰桥上的渊田美津雄直接被爆炸产生的巨大气浪掀到了一边。

与此同时，"飞龙"号遭遇了姗姗来迟的鱼雷机编队，"飞龙"号现在是防空战的主战场了。不得不承认，美军的鱼雷机的表现很难看，鱼雷的投放角度十分糟糕，远不如俯冲轰炸机熟练。"飞龙"号轻松避开了这些鱼雷，并且用防空炮压制鱼雷机。可怜的鱼雷机中队在零战的猎杀下，只有两架逃出生天，日军损失零战一架，这架零战还是杀入鱼雷机编队内部被"飞龙"号的高射炮击毁的。

美军来也匆匆去也匆匆，他们很快就摆脱了零战的追杀，现在才是日军头疼的开始。因为损管不利，南云忠一只能将指挥部转移到其他舰，最终南云选择了通信良好的"长良"号。在转移期间，机动部队指挥由第八战队司令长官阿部弘毅少将接替，阿部弘毅命令"飞龙"号采取进攻态势。与此同时，山本五十六的主力部队正在浓雾中行驶，山本五十六端坐舰桥之中不动如山。不过当他看到通信兵送来的机动部队电报后，他的面部不断抽搐，随后长叹一声，舰桥上的气氛随之更加沉重。

在反击这点上，倒是不用机动部队司令部发话，山口多闻早已准备反击，在阿部弘毅的电报到达的前五分钟，在10:45，小林道雄率领的舰爆队就准备发舰了。这波攻击队由9架九九式舰爆和6架护航零战组成。"飞龙"号舰长加来止男大佐亲自对飞行员训示，现在"飞龙"号是机动部队唯一毫发无损的航母了，飞行员不但要干掉敌人，还要保存自己的生命，因为在现在，每一份战斗力都是宝贵的。10:58，山口多闻对机动部队全体发报，通知攻击队起飞的消息。

小林道雄出发后，"飞龙"开始收容其他航母的飞机，虽然在航母和航空队绑定的体制下这样做多多少少是犯忌讳的，但是现在一架飞机就是一份分量十足的战斗力，倒也说得过去。11:27，灰头土脸的南云忠一登上"长良"号，他提出让"长良"号拖曳"赤城"号离开战场，但被第十驱逐队司令长官木村进少将婉拒了。更让南云尴尬的还在后面，因为"长良"号没想过接待中将以上的将军，所以根本没有准备中将旗。草鹿龙之介只能把木村进的少将旗下边缘的红带子去掉，勉强做出中将旗的样子，残破的舰队和破败的将旗倒也符合机动部队此时的窘境。这是标志性的时刻，自第一航空舰队编成已经14个月了，44000海里一路凯歌的日子在此结束了，风光无限的机动部队迎来了一次毁灭性的打击。

南云忠一倒也不在意这些小事，他接到了"筑摩"号的侦察机在11:10发来的电报，敌人在90海里以外。这是一个危险的距离，但是对南云而言是个好消息，敌人还在接近机动部队，也许自己有机会将敌人拖入炮战乃至夜战，最终翻盘反杀。

△ 日本海军少将旗。 △ 日本海军中将旗。

南云陷入了一种奇怪的亢奋中，他希望山口多闻的反击能拖住和消耗敌人，为水面部队突入创造机会。

山口多闻虽然和南云忠一不合，但是在反击方面倒是不谋而合，他迅速取消了之前的命令，并且告诉护卫驱逐队，受伤航母只留一艘驱逐舰护航，剩下的驱逐舰沿着作战航线行驶。南云忠一也连续发出命令要求部队集合，南云忠一的思路很简单，在"飞龙"号的攻击队的掩护下，进一步接近美军编队，展开炮雷战。同时，南云还希望没有完全瘫痪的"赤城"号和"加贺"号能修好，重新投入战斗。南云和山口之间也形成了默契，南云指挥水面部队，山口指挥航空部队。这时又有一个好消息传来，近藤信竹率领的中途岛攻略部队即将赶来和机动部队会师。南云的举动看似不自量力，实际上倒也反映了南云忠一的性格，南云忠一不会被失利打倒，他反倒会奋起，尽力挽回一片颓势的战局，就像是古代的武士一般。从这点来说，还是值得称赞的。

但是南云和山口都没有考虑到"飞龙"号的情况。实际上，"飞龙"号的情况并不乐观，首先是"飞龙"号的舰载机数量不多，"飞龙"号的舰载机加上空中其他三艘航母发舰的零战，日军可用的航空力量 现在只剩下64架飞机，更致命的是轰炸机少而战斗机多。毫无疑问，美军的航空队现在拥有更强的实力。第二是"飞龙"号的位置，此时"飞龙"号的位置足以让"飞龙"号发起反击，但是南云和山口都认为"飞龙"号应该向敌人靠近，这完全是增加不必要的风险，对于正在进行豪赌的日军而言，这是并不是明智的决断。

平心而论，日军试图发起炮雷战是正确的，虽然希望基本上是没有的，但这是日军翻盘的唯一一机会了。山本五十六也没闲着，他迅速从挫折中恢复，然后和参谋团队制定了一份所谓扳回败局的方案，这方案准备让"凤翔"号上一线，加入机动部队本队再让角田觉治舰队迅速南下，同时寄希望于"赤城"号或者"加贺"号可以修好后恢复战斗力。这个方案提出用航母对抗航母，用舰炮对付机场，也算是日本海军炮击机场的先河。不得不说的是，这个方案仍然充满了盲目自信和理想主义，可以说此时山本五十六已经近乎着魔。

12:30，山本五十六向所有舰队下达调令。补给部队脱离主力部队，主力部队南下支援南云忠一，近藤信竹的中途岛攻略部队向西北撤离，与机动部队本队会合。同时，角田觉治舰队南下。13:10，山本五十六又专门对近藤信竹下令，让他分出一部分舰船用炮击摧毁中途岛机场。山本五十六忙着调兵遣将，信心满满要挽回战局，而南云忠一却陷入了尴尬中。12:40，侦察机回报，敌人的1艘航母和1艘驱逐舰在向北航行。是的，美军在向北撤退以避免水面舰艇炮战。南云现在只能等待"飞龙"号的攻击队攻击美军的结果出来后再做出判断。很快，小林道雄攻击队的一架舰爆来电，敌方一艘航母起火。这是个喜忧参半的消息，喜的自然是美军航母被击伤起火，暂时失去战斗力，忧的是这份电报并不是小林道雄机发报，而是小林道雄的副手近藤武宪下属的第二舰爆中队的第二小队小队长中山俊松发出的。这意味着舰爆队可能损失惨重，中山俊松现在是军衔最高的军官。

13:00，"岚"号捞起的美军飞行员招架不住日军的拷问，日军从他口中得知美军航母不是1艘而是3艘，这个美军飞行员还泄露了"约克城"号与"大黄蜂"号、"企业"号分开的原因，中途岛开战时珍珠港飞机的活动，美军各个舰队的组成。他的和盘托出没有换来日军的手下留情，目睹了己方3艘航母惨状的日军已经红了眼，海军风度和国际公约弃置，他们把这个飞行员绑成粽子扔到了海里。在之后的南太平洋海战中，日军同样有此类行为，不过被舰长及时阻止。

13:15日军连续弹射5架侦察机索敌，"飞龙"号上的第二波攻击队也准备发舰。这次带队的还是友永丈市，友永丈市的飞机在之前对中途岛轰炸时受伤，左侧油箱被击穿并且修复无效。这意味着油箱不能加满油，友永丈市很可能有去无回。友永丈市下属的好几个飞行员希望长官和他交换飞机，友永丈市则表示敌人近在咫尺，这些油料足以让他往返。山口多闻亲自对出击的飞行员训示，他鼓励飞行员们敲掉敌人剩下的两艘航母，为帝国海军增光添彩。他也对友永丈市表示，自己没打算活着回去。

13:30，友永队发舰，随后小林队也被母舰收容。小林队的确损失惨重，24架飞机仅仅返航6架，小林道雄战死，不过小林道雄可以瞑目了，他的舰爆机7架中3架投弹取得直接命中，2架投弹取得近失。可惜美国人的损管水平不一般，在损管的抢修下，"约克城"号的损伤得到控制。

14:00，"榛名"号的侦察机回电，自己遭遇美军战斗机袭击，这意味着美军航母应该就在那个区域，日军飞行员奇迹般躲过了美军战斗机的袭击，但是最终飞机归舰而飞行员牺牲。14:09，"筑摩"号发出的侦察机被击落。14:30，南云重整阵型基本完成，友永队也返航。友永队向母舰的报告是对敌人有效实行鱼雷打击，两枚鱼雷命中确认。南云忠一还发电"野分"号，妄想将"赤城"号上的可用飞机转运到"飞龙"号上，而"赤城"号此时的甲板上早已是一片狼藉，何来飞机。南云忠一现在只想怎么把战斗持续下去，14:20角田觉治来电，角田舰队将会在摧毁美军抵抗力量后，与南云忠一会合，虽然听起来很诱人，但这意味着角田觉治还在炸荷兰港，一时半会是不可能赶来中途岛的。

15:30，经过侦察机回报数据的总结，美军航母的大致位置已经明确。15:40，友永队归舰。和小林队一样，友永队损失并不小，16架飞机返航9架，友永丈市并不在返航队伍中，9架中还有5架无法继续使用。这是一个可怕的事实，这意味着日军仅存的航空兵的血液在被逐步抽干。在生还者的描述中，他们攻击的是无损的航母，对于机动部队而言这是无上的好消息，这意味着现在是"一骑讨"了，但是现实是冷冰冰的。友永队所攻击的是之前被击伤的"约克城"号。在"约克城"号神一般的损管下，美军修复了雷达，扑灭了大火，14:30时就恢复到19节的航速，

❯全力应对空袭的美军航母。

所以在日军的眼里，就像是无伤的航母一样。

16:00，经过确认的战果被发往机动部队司令部。16:30，"飞龙"号致电南云忠一表示18点前会发起第三波反击。山口多闻干劲十足，但是南云忠一却眉头紧皱，因为在15:30时"利根"号的侦察机回报发现敌军两艘航母，这就意味着友永队的攻击依然是打击敌人单独行动的航母，飞机越来越少而形势没有出现逆转，胜算只会越来越小。16:00时，机动部队司令部致电第四驱逐队司令部，命令第四驱逐队保护3艘重伤航母撤退，第四驱逐队选择了沉默，三艘航母上的黑烟还在升腾，南云长官的希望只是幻想而已。

16:55，坐镇"利根"号的阿部弘毅少将对机动部队司令部发去电报，他已经在侦察结果和审讯结果之中总结了美军现在的兵力：航母2艘、巡洋舰6艘、驱逐舰8艘。有意思的是，这时候"大和"号上的参谋班子还出来插了一脚，联合舰队参谋长宇垣缠少将发电报给和他平级的机动部队参谋长草鹿龙之介少将，第八战队司令长官阿部弘毅少将，第二航空战队司令长官山口多闻少将，要他们回报中途岛攻击进展，尤其是明天一大早日军能不能使用中途岛机场。联合舰队的参谋团还对战局进展非常顺利表示喜悦，在他们看来，虽然己方航母重伤3艘，但是现在机动部队还在奋战，己方已经让美军2艘航母失去战斗能力。夜间机动部队再和近藤舰队会合，第二天联合舰队主力部队也能加入战斗，那么日军就可以再次发起对中途岛的夺取作战。

理想是美好的，只是现实太严峻。联合舰队决策团体的盲目乐观和逃避现实才是埋葬南云机动部队的祸根，南云只是一个倒霉的替罪羊，中途岛惨败真正的罪魁祸首，就是稳坐"大和"号的山本五十六。

16:55，南云命令机动部队调整航向。但是现在，美军的反击也即将到来。16:45，"企业"号的飞机大队已经确定了"飞龙"号的位置，当17:01日军舰队基本转向完毕的时候，美军的飞机也杀到了。祸不单行，因为转向的关系，"飞龙"号和其他舰艇的距离拉远了，这意味着"飞龙"号得不到其他舰艇防空火力的支援。在危机中，加来止男大佐的操舰技术得到了一致好评，加上美军航空队是混编，飞行员以新手居多，协同攻击基本上是笑话，甚至还有抢先攻击干扰到队友，导致队友被零战追杀的情况。因此，前面投弹的机组没有取得一发命中。但是"飞龙"号也仅限于此了，大动作的规避一定程度上影响了防空火力的发挥，日军有没有装备雷达，加上"飞龙"号原本高射火力就不足，日军缺乏中程距离的高射炮，美军又是人多势众三面包抄，"飞龙"号前部甲板中弹四发。"飞龙"号瞬间燃起熊熊大火，机库内加满燃油的19架零战也开始了燃烧，"飞龙"号彻底失去战斗能力。雪上加霜的是美军的攻击没有结束，"飞龙"号还在以30节的高速航行和进行紧急规避，风借火势，大火迅速往船尾蔓延。

不过"飞龙"号的损管人员表现明显好于其他三舰，首先是反应速度快，效率高。并且很快能在军官的组织下开始灭火，他们还保证了消防水管能正常使用，这可以称之为奇迹。

但是美军的攻击还在进行，倒霉了一天的"大黄蜂"号的舰载机已经杀到，今天的"大黄蜂"号憋了一肚子火，先是早上鱼雷机发舰手忙脚乱，随后鱼雷机在攻击日军中被零战杀了个全军覆没，随后俯冲轰炸机和战斗机也在攻击行动中被杀得七零八落，更惨的在于即便是付出如此惨痛的代价后，"大黄蜂"号并没有取得什么战果，和隔壁"企业"号一比简直是丢人现眼。现在17:50，"大黄蜂"号的舰载机需要一个战果证明自己，也告慰牺牲的战友。他们和陆军的B-17会合，随后一起杀向"飞龙"号。轰炸机从日军头顶呼啸而过，只是并没有命中，这次攻击唯一的战果是B-17用机关炮摧毁了"飞龙"号上的一座防空炮台，杀伤了一些甲板人员。回去路上还被零战热情欢送，没有母舰只能在水上迫降的飞行员急红了眼，对美军的欢送会自然比以往热情得多，以至于美军怀疑"飞龙"号周围还有一艘航母提供强大的直卫护航。

对于美军而言，今天是光荣而胜利的一天，对"约克城"号的舰员来说却不是，因为他们不得不放弃他们挚爱的母舰。17:50，南云忠一也在痛苦和纠结中，下令集结驱逐舰。南云希望拯救航母，但他更需要保护夜战的兵力，日本海军驱逐舰所搭载的九三式氧气鱼雷是黑夜中的鬼魅。航母还在燃烧，大火是吸引美军的绝好坐标。南云忠一最终决定放弃航母。19:15，"苍龙"号沉没。19:25，被雷击处分的"加贺"号沉没。

22:00，"野分"号回电机动部队司令部，本舰已经完成救助任务。"赤城"号上剩下的活人只有一个，那就是要求舰员用绳子把自己绑在起锚绞盘上的舰长青木泰二郎大佐，他要和"赤城"号一起沉没。22:25，山本五十六下令延迟处理"赤城"号，一直拖到00:30，可怜的青木泰二郎被绑了整整两个半小时。为了劝解青木泰二郎，第四驱逐队司令长官有贺幸作大佐亲自登上"赤城"，用自己的履历命令青木泰二郎弃舰。

22 点 55 分，联合舰队还上演了一出闹剧。宇垣缠少将认为南云向联合舰队本队回报的敌人的航母数量完全是胡说八道推卸责任，他认为要好好整一整南云这老小子。宇垣缠看南云忠一不爽由来已久，宇垣缠在自己的日记《战藻录》中更是怒斥南云忠一精神有问题。宇垣缠最终决定怒斥南云忠一一顿，并且解除他第一航空舰队司令长官的职务，由近藤信竹接过舰队指挥权，南云忠一现在只负责航母的修复。说来也是讽刺，就在 22 点 50 分，他还强调敌军航母数量超过预计，23 点 30 分，他还尽职尽责地向山本五十六报告敌军拥有两艘"大黄蜂"级航母。现在，南云忠一可以卸下这个负担了，他终于跳出了自宇垣图演以来的怪圈，只是过于狼狈，威风扫地。

但是南云忠一不愿意就此放弃，他仍然妄图拯救燃烧的航母。南云忠一不合作的态度引起了机动部队内部的不满。雾岛舰长岩渊三次大佐发电给阿部弘毅少将，他表示作为宝贵的水面战力，他们当前的目的应该是支援晚上的夜战行动。让这些打鸡血的军官失望的是，南云忠一一直到 1 点 12 分都在为飞龙的事情忙乱。

最终，南云忠一做出了让所有人都意想不到的决断——全军撤退。

实际上这个决断并不离奇。23 点 58 分，"飞龙"号发生诱爆。"飞龙"号再次火光冲天，南云忠一认为这一劫"飞龙"号是真躲不过去了。美军特混舰队此时则在安逸地休息，斯普鲁恩斯认为明天还会发生激烈的海战，他认为夜晚应当养精蓄锐。

在另一边的"大和"号内，联合舰队的决策班子正处于纠结和头大中。宇垣缠早在 23 点 30 分就像热锅上的蚂蚁一般团团转，联合舰队的两个头脑——山本五十六和宇垣缠——都走出了狂热，他们认为一直到现在都没遭遇敌军，想借夜战翻盘的希望已经落空，如果继续突入，黎明到来则局势将一发不可收拾。23 点 35 分，宇垣缠致电第七战队，取消炮击中途岛计划。但是同样是联合舰队参谋团的重要组成的黑岛龟人不乐意，他拟定了一个明天主力部队拉出去炮击中途岛的计划，用 18 英寸的巨炮把中途岛炸飞。山本五十六对此则淡淡地说："我相信你已经在海军大学学了，我们不能用军舰和陆军交战。"

02:55，联合舰队旗舰"大和"号发出联合舰队第 161 号命令：1. 中途岛攻略取消。2. 主力部队、机动部队和中途岛攻略部队（即近藤信竹舰队）集结（不包括"飞龙"号及其护卫舰）。3. 警戒部队"飞龙"号、"飞龙"号护卫舰、补给舰"日新丸"集结到一处。4. 登陆部队即刻向西，离开中途岛陆基航空兵攻击范围。

雪上加霜的是，02:15，之前离中途岛不到50海里后奉命撤退的栗田健男支援舰队被美军潜艇发现。02:38，这艘美军潜艇发现日军舰队朝着自己驶来，日军发现美军潜艇后紧急采取避让，整个舰队阵型被打乱，导致"最上"号和"三隈"号相撞。栗田健男只能命令"铃谷"号和"熊野"号先走。

03:15，"飞龙"号上冗长的弃舰仪式结束。在经过降军舰旗，转移天皇肖像，舰长训话后，"飞龙"号舰员弃舰。山口多闻没有违背他的承诺，他选择和"飞龙"号一起沉没。山口多闻让参谋带走了两句遗言，第一句是给南云忠一的：对于今天发生的一切，我没有任何抱歉的，我只希望帝国海军越来越强大。第二句是带给第十驱逐队司令长官阿部俊雄大佐的：用你的鱼雷击沉"飞龙"号。04:30，最后的人员在撤离的时候还看见山口多闻少将和加来止男大佐向他们挥手告别。他们不可能回到自己已经毁坏燃烧的船舱，很可能选择在舰桥结束自己的生命。最后的最后，山口多闻和加来止男举杯，一起欣赏今晚明亮的月亮。

04:50，经历了一番扯皮，又听到黑岛龟人声泪俱下的陈述后，山本五十六最终还是决定击沉"赤城"号——这艘他曾经担任舰长的航母。宇垣缠也热泪盈眶，

描绘"飞龙"号弃舰和山口多闻诀别参谋团时刻的画作《提督的最后》。

他直言这是他一辈子最大的遗憾。05:20，"赤城"号，这艘满载荣耀的航母，帝国不败的武士，可悲地沉入水中。在另一边，05:10，旭日东升，在"飞龙"号舰员的哭泣中，"卷云"号发射的鱼雷命中了"飞龙"号，随后驱逐舰返航。这时候"飞龙"号的甲板突然出现一群人，他们玩命向驱逐舰挥舞帽子，但是驱逐舰并没有返航，因为天亮了，"卷云"号选择抛弃这些人，迅速撤退。这个决策将会给日军带来又一次的麻烦，不过我们先不急着说，因为"长良"号上正在上演一出大戏。

南云忠一和参谋们讨论如何弥补这次惨败，草鹿龙之介正在安排伤员的安置。有参谋提出机动部队决策团全员自杀谢罪，他提出让草鹿龙之介劝谏南云忠一也自杀。草鹿龙之介的回应是把所有参谋叫到医务室，然后破口大骂，他骂这些人是歇斯底里的妇女，因为轻松胜利而兴奋，又因为一次失败就想自杀，为什么你们的脑子不用来想想怎么转败为胜？草鹿龙之介随后找到了南云忠一，他慷慨激昂地告诉南云忠一，自杀不能解决问题，以失败的态度自杀不可能给机动部队报仇。被劝服的南云忠一表示他不会再犯轻率的错误，但事实上南云忠一再也没有走出中途岛的心理阴影。直到1944年，在去塞班岛的前夜，他叫来他的两个儿子，让他们发誓保守秘密后，他声泪俱下地讲述在中途岛海战中他的舰队是如何灰飞烟灭的。这次离家后，南云忠一再也没能回家。在美军瓦解塞班岛防御的时候，他在指挥所切腹自杀。

山本五十六在这天的早上还在安慰自己，美军主力出现在这里，那阿留申攻略行动将会毫无阻碍，细萱戊子郎舰队的登陆命令得到批准，舰队再次折向北方前进。同时山本五十六还很恼怒南云忠一没有按照规定时间赶来集结，他下令"凤翔"号起飞舰攻搜索机动部队。这是凤翔号为这场海战做出唯一的、微小的贡献。相比于顺风顺水地发现机动部队并建立联系，更有意思的是发现了未离舰的"飞龙"号生还者，并且拍摄了"飞龙"号的照片。这也成了人们诟病山口的原因，因为航母还有救，山口多闻就下令弃舰。"飞龙"号的受损情况的确好于其他航母，但是考虑到天亮后美军航空兵的进攻，放弃航母不失为不错的选择。09:15，"飞龙"号沉没。幸存者爬上救生艇，所幸救生艇里面有满满当当的物资，虽然他们认为山本五十六会派人来接应他们（山本五十六的确派遣了"谷风"号救援，但是因为美军空袭而不得不放弃任务），但是等待他们的是持续了14天的漂流。

在这天早晨，美军陷入了因猪队友而产生的忙乱，之前发现日军的潜艇在06:00以后才发电报告了日军部队方向，如果汇报得更早，美军可以准备更强大的空袭，但是现在只能匆匆忙忙准备。因为美军航空兵在昨天的激战中损失不小，除了 PBY 中队，岛上的海军陆战队只剩下 4 架战斗机和 12 架俯冲轰炸机还能飞，剩下的不是遍体鳞伤就是已经报废。航母部队的情况也不容乐观，两艘航母加起来只剩下 60 架飞机，着实让美军头疼不已。话说回来，在整场海战中，美军潜艇表现非常糟糕，只有资格最老的"鹦鹉螺"号攻击了日军，剩下的潜艇都乏善可陈。

虽然被猪队友坑得头疼，但是美军还是发起了攻击，第一波空袭日军毫发无损，但是随后的攻击引爆了"三隈"号储存的氧气鱼雷，可怕的爆炸瞬间席卷了"三隈"号。13:58，"最上"号汇报情况时提到"三隈"号已经报废，日军决意为"三隈"号报仇。近藤信竹在得到"瑞凤"号加入舰队的消息后信心满满，希望能扳回一局，但随后因为燃料问题，加上美军撤军，只能打道回府。

与此同时，日军潜艇伊 -168 号找到了正在修复中的"约克城"号并发动了鱼雷攻击，击沉了这艘庞然大物，为"飞龙"号决死反击的飞行员完成了收尾工作。伴随着 7 日夜晚的降临，这场惊心动魄的海战落下帷幕。

山本五十六没有押上主力部队与美军战个痛快的决断，一度成为后世诟病的对象，即使是美国的历史学家也难逃这个观点的束缚。不少人认为强大的联合舰队被小小一个中途岛逼退，是由于山本五十六过于谨慎，如果山本五十六押上主力部队，日军必将赢得中途岛的胜利。这个观点的错误之处首先在于忽视了美、日实力的对比。前文中我们已经可以看出，美军的实力并不弱。实际上，仅中途岛陆基航空队的飞机数量就和机动部队不相上下，更别说加上美军的航母编队了。中途岛并不在日军陆基航空兵的攻击范围内，山本五十六不想也不能把战争的决胜兵器"大和"押在中途岛上，毕竟来日方长。"大和"如果被击沉或者击伤，将是对联合舰队士气的毁灭性打击。因而，山本五十六选择撤退并没有什么不当。

6 月 14 日下午，联合舰队垂头丧气地回到柱岛。19:00，"大和"抛锚，南云忠一接到的命令是 15 号前往"大和"号汇报。15 日清晨，南云忠一前往"大和"号，他垂头丧气地汇报了情况。据在场人士回忆说，南云忠一和草鹿龙之介还穿着冬天的一种军服，筋疲力尽且满头大汗，他恳求山本五十六给他将功赎罪的机会。山本五十六则温言抚慰，并且让他继续指挥机动部队，在海军中一直被当作"富有人情味"的佳话传播。实际上山本五十六不可能撤换南云忠一，为了掩盖这次大败，海军把生还者严密监控，很多被发配到南太平洋地区，这些人几乎都埋骨南太平洋。大本营宣传击沉敌军航母两艘，重巡潜艇各一艘，自己损失航母两艘，官媒也不断告诉国民，牺牲是值得的。在这种情况下，机动部队司令长官和联合舰队司令长官都不可能被更换，在宣传大胜的情况下撤换司令长官，那傻子都知道大胜必然是吹嘘出来的，从此海军开始谎报战果并且一发不可收拾，直到战争结束，也没说过几句真话。

值得一提的是，日军痛定思痛后改良了航母战术。首先是草鹿龙之介提出索敌应该从单向变成双向，航母中应该有一艘航母专门负责警戒和侦察，通常由轻航母担当这个角色。航母的舰载机构成出现变化，消减舰攻增加舰爆。航母的地位得到强化，航母被认为是空中决战的核心，未来作战应当主要攻击敌人的航母。最后，在航母主力部队前面，应该有负责侦查预警的先头部队，关键时刻用先头部队给主力部队挡枪也在所不惜。

最后的一点是，我们通常认为中途岛海战是太平洋战争的转折点，但是实际上这个说法欠妥。日军的舰载机飞行员并没有元气大伤，他们很快被调动到其他航母上，一些文章所吹嘘的日本海军精锐飞行员全灭完全是无稽之谈，中途岛日军飞行员的死亡只有 74 人，相比之下远不及死亡的机械师人数，而后者的损失才是不可挽回的。日军飞行员的噩梦是随后爆发的所罗门海空拉锯战，南太平洋放干了帝国海军所有的鲜血。一个更直接的例子是后文的南太平洋海战日军的精锐飞行员依旧活跃。中途岛最大的损失莫过于四艘航母，这对日军出奇制胜、速战速决的战略是

▼ 中途岛海战作战双方接敌示意图。

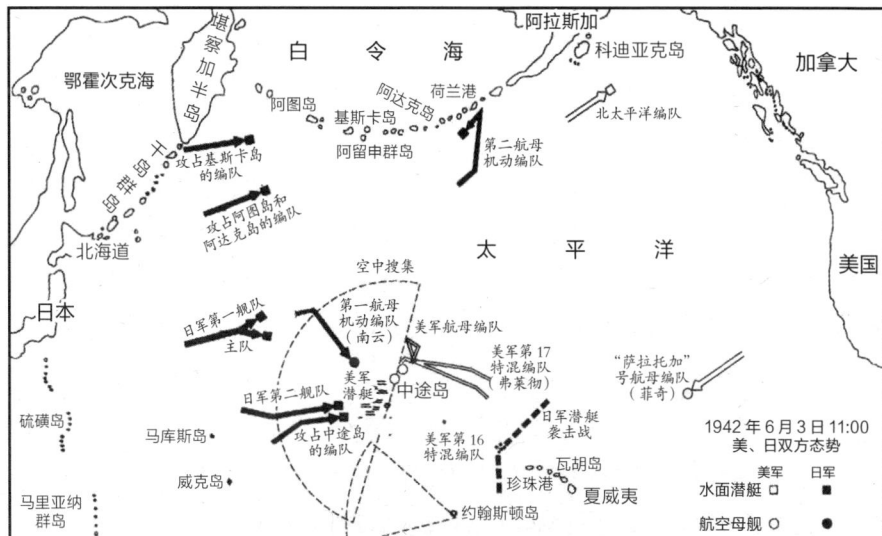

毁灭性的打击。中途岛本身非常有限，但是中途岛海战创造了一个机会，一个把日军拖入拉锯战绞肉机中的机会。所以，即将爆发的瓜岛拉锯战，才是太平洋战争的转折点，中途岛海战并没有什么决定性的意义，更没有传统观点所认为的惊天动地的战局大逆转，只是日军狂妄轻敌下的必然和美军不屈不挠的奋战的回报。

对决圣克鲁斯

1942 年 8 月 7 日，美军在瓜岛登陆，成功设立了亨德森机场，拉开了太平洋战争大反攻的序幕。在海战方面，日军取得了第一次所罗门海战的胜利（即美军称呼的"萨沃岛海战"），日军第八舰队虽然重创了美军第 62 特混部队，但没有遭遇攻击的美军运输船队将源源不断的补给送上瓜岛，日军最不希望的拉锯战终于展开。随后第二次所罗门海战打响，日军航母"龙骧"号被击沉，而美军虽然显得手忙脚乱，但是自身仅仅损失舰载机 25 架，"企业"号被重伤，而日军飞机损失远远大于美军，损失 75 架左右。南云忠一机关算尽，未能完成为中途岛复仇雪耻的愿望。日军为了压制瓜岛，不但出动驱逐舰跑"鼠"式输送，还派遣战列舰炮击亨德森机场，意图瘫痪美军航空兵的行动，为长途奔袭拉包尔航空队减轻压力。

由于拉包尔着实遥远，日军想夺取制空权，就得出动航母舰队，为瓜岛上的日本陆军提供支援。美军则换下了对战局持悲观态度的戈姆利中将，换上了斗志昂扬的公牛哈尔西中将指挥航母部队。哈尔西虽然对这个人事安排感到惊讶并且意识到这是最烫手的山芋，但是他没有感到忧虑和迟疑，选择临危受命，执掌南太平洋的战局。

我们先来看看第二次所罗门海战以来的美日双方的小规模战斗的盘点。8 月 31 日，"萨拉托加"号被日军潜艇偷袭受创，"萨拉托加"号只能把舰载机转移到"企业"号上，然后返回本土入坞修理。为了和对面日军的双鹤形成均势，尼米兹紧急派遣"大黄蜂"号支援南太平洋。更让美军吐血的是 9 月 15 日，"黄蜂"号航母被日军伊 –19 号潜艇击沉，伊 –19 号在这次偷袭中，六发鱼雷干掉了"黄蜂"号航母、"奥布赖恩"号驱逐舰，还把"北卡来罗纳"号战列舰击伤并导致后者返厂大修三个月。幸亏美军的修理速度过硬，9 月 16 日，"企业"号修复完成，"企业"号和"大黄蜂"号在当时搭载了美军最好，最熟练的飞行员，可以说是南太平洋美军的支柱。

日军的优势在航母数量，角田觉治带着第二航空战队已经进驻南太平洋，"飞鹰"号和"隼鹰"号虽说是轻航母，但舰载机数量可以和一般的舰队航母比肩，加上历战老将"瑞凤"号。虽然"飞鹰"号因为机械故障在10月被迫回国修理，但是日本人四艘航母216架舰载机和精锐的飞行员，崭新的机动部队也绝不是软柿子。

10月10日，近藤信竹舰队拔锚，目标是支援瓜岛的陆军部队，机动部队也伴随出航，目的是空袭美军，为近藤信竹舰队护航，如果美军航母出现就去干掉美军的航母。由于陆军出现问题，原定的22日总攻被推迟到24日，日军面临燃料不足的窘境。南云忠一则跃跃欲试，不断搜索美军，意图为自己雪耻。10月25日，哈尔西发电命令金凯德。进攻，进攻，再进攻！

终于，1942年10月26日，美日航母舰队狭路相逢。此时风向为西南风，对日本人有利，南云忠一可以顺风顺水地起飞飞机。让日军难受的是，日军的侦察机这次又掉链子，04:12，"翔鹤"号发舰索敌的九七式舰攻就侦察到了敌人的航母一艘，但是侦察机的电信员发报时候用了1号侦察机的线路，而不是本来应该使用的4号侦察机线路，这个失误导致机动部队司令部陷入了困惑中。"翔鹤"号加派的确认侦察机位置的二式侦察机也因为通信故障无果而返。吸取了中途岛教训的南云忠一虽然狐疑，但是还是迅速派出了攻击队。在"翔鹤"号派出的舰攻队60人中，36人是参与偷袭珍珠港的老飞，这也从侧面证明，日本海军的航空兵力量没有在上一场中途岛海战中伤筋动骨。

在04:50，美军根据侦察机的回报，已经敲定日军航母位置。05:30，大黄蜂上的舰载机呼啸而起。其中SBD俯冲轰炸机15架，TBF鱼雷攻击机6架，F4F战斗机8架为他们提供护航。05:47，"企业"号的舰载机发舰。"企业"号起飞舰载机21架，为SBD俯冲轰炸机3架，TBF鱼雷攻击机9架，F4F战斗机8架。05:55，"大黄蜂"号再次派出第二波攻击队，由SBD俯冲轰炸机9架，TBF鱼雷攻击机6架和8架F4F战斗机组成。

06:30，一次遭遇拉开了今天航母厮杀的帷幕。"大黄蜂"号上起飞的美军飞行员发现右侧数公里有一群飞机，并且很快确定那就是日本人的飞机。美军飞行员在通知己方舰队的同时，也被高空飞行的零战发现，日军也迅速回报机动部队本队。这次双方保持了克制，都按照既定航线搜索敌方航母。不过后来的"企业"号攻击队就截然不同了。"企业"号的攻击队被"瑞凤"号的制空队发现，领队的日高盛康大尉没有选择放美军过去，而是带队扑了上去。这场遭遇战仅仅持续了十分钟左右就落下帷幕，美军在没有找到机动部队的情况下被击落 F4F 3 架、TBF 2 架、F4F 1 架，重伤 TBF 2 架。日军损失零战 4 架，其中 2 架确认被美军击落。但是"瑞凤"号被美军乘虚而入，被击伤以至于无法起降飞机。日高盛康对此事追悔莫及，直到战后说起这事都捶胸顿足。虽然日军对美军的这场空战以日军优势告终，但是"瑞凤"号的退场则将双方的航母数量拉至二对二，在角田觉治的"隼鹰"号赶来之前，南云忠一必须全力和美军周旋。

现在时间回到"大黄蜂"号放出第二波攻击队之后。在 06:37，金凯德打破无线电静默，日军的飞机来了！因为日本人已经近在咫尺，"大黄蜂"号在 06:40 为输油管道加注二氧化碳，这是防止诱爆的好办法。06:43，日军飞机已经被雷达侦测到。06:46，争分夺秒的"企业"号成功起飞第三空中巡逻战队。06:54，日军攻击队发现以"大黄蜂"号为旗舰的第 17 特混部队，东北方的第 16 特混部队则被云层掩护，亢奋的日军开始变为突防阵型。06:59，阵型变换完成，美军上空直卫的战斗机部队开始迅速拦截日军。07:00，日军全军突击。一马当先的是"瑞鹤"号的舰爆队，在突防成功后，舰爆队的战果是一发 250 公斤炸弹击中"大黄蜂"号 80 号肋骨，在 72 号肋骨处爆炸。一发击中 151 号肋骨，爆炸后弹片飞入第三甲板，杀死 30 名美军士兵。一发击中 155 号肋骨，并且穿透机库，最终在 161 号肋骨爆炸。还有一架舰爆直接撞在了"大黄蜂"号的甲板上，可能是该机飞行员被打死或者飞机失控无法拉起，这一记神风对"大黄蜂"号的甲板造成了很大的损害，整个甲板一片狼藉，信号塔被炸毁，7 名通信员战死，被飞机引爆的机翼油箱炸开了待机室。这就是舰爆队的所有战果。

在"瑞鹤"号舰爆队突防的同时，"翔鹤"号的雷击队也已经准备完毕。07:13，4 架九七式舰攻摸到了"大黄蜂"号的右后舷，带头的是号称"雷击之神"的村田重治少佐，他也是偷袭珍珠港的中坚力量。面对美军防空火力交织而成的弹幕，村田重治仍然带队突入，在离"大黄蜂"号 914 米的位置才选择投放鱼雷，村田机被美军击中起火，美军称他的飞机就像是流星一样落入水中，在"大黄蜂"号的右舷激起巨大水柱，据跟随他突防的部下回忆，村田重治在座机燃烧时依然淡定地打开风挡，挥手示意部下继续突入。07:15，村田重治用生命投下的鱼雷命中，击中"大黄蜂"号右舷水线下两米的装甲带。炸开轮机舱外数层隔舱，炸飞了多块厚度达 102 毫米的装甲，爆炸导致燃油喷入轮机舱内部已经过热的蒸汽管路。"大黄蜂"号当即陷入失去动力的窘境中，并且因为进水，"大黄蜂"号右倾 10.5 度（后

来通过抢修修正到 7 度），村田重治此战表现突出，后被追加两级军衔，全军布告。村田重治故乡的人得知他战死后，更是组织了盛大的送葬活动，至今村田重治的墓碑还保留着。第二发命中"大黄蜂"号的鱼雷是井上福治三的座机投下的，在村田重治投下鱼雷 20 秒后，他的鱼雷也命中"大黄蜂"号，在水线下约 1.8 米的地方炸开一个大口子，导致"大黄蜂"号右舷油箱破裂，150 号肋骨处的特制 102 毫米钢破裂，第三第四甲板的损失无法确定是不是该雷造成，但是可以确定的是第四甲板损失惨重，165 号肋骨舱被炸开，2 号推进轴被击伤以至于卡死在左 30 度位置无法移动。但随后的舰攻的突防遭遇美军的拦截，投雷均未命中，并且在美军战斗机的截击下损失惨重，唯一拿得出手的战果是机枪扫射杀死了第二驱逐中队的轮机长。07:18，一架九七式舰攻向"大黄蜂"号发起自杀式撞击，该机驾驶员是鹫见五郎大尉，撞击位置是 127 毫米高炮前方的走廊，造成左前舷，前部住舱发生火灾。对于美军而言最后的安慰是随后突防的"瑞鹤"号舰爆队第三中队被全灭。

　　本次日军发出的攻击队协同作战，投入舰攻 20 架、舰爆 21 架，取得鱼雷 2 条命中，炸弹 3 发命中。但是日军也损失惨重，舰攻损失 16 架，舰爆损失 17 架，其中包括村田重治这样的顶尖飞行员。美军的情况也不容乐观，日军的攻击使得"大黄蜂"号的飞行甲板、信号塔、机库甲板皆是一片狼藉，更不要说动力和电力系统了。甲板上的人员已经手忙脚乱地开始用吊桶打水灭火，大火一直到八点才在"大黄蜂"号的损管和其他舰艇的救助下被扑灭。同时，"北安普顿"号开始拖曳"大黄蜂"号。9分钟后则上演了惊魂一幕：一架来自"瑞凤"号的九七式舰攻冲向航母投下照明弹，美军立即摆出防御阵型，一直折腾到08:28才继续开始拖曳。09:40，默里少将离舰，第17特混部队旗舰变为"彭萨科拉"号重巡。

我们再来看看第二波攻击队对美军的始末。08:35，"企业"号的雷达探测出不明机队，美军发现的正是第一航空战队的第二波攻击队。首先杀到的是"瑞鹤"号的舰攻队，17架九七式舰攻和4架零战来势汹汹。日军首先发现的是已经瘫痪的"大黄蜂"号，随后又发现了"企业"号和"南达科他"号，日军飞行员这次没有出现中途岛时的失误，而是相当准确地判断出了第16特混部队的编成情况。面对高速机动的航母，雷击队的攻击并不顺利，攻击队集火航母反倒成就了"南达科他"号打飞机的威名。这波攻击中，最惨的是"史密斯"号驱逐舰，一架九七式舰攻起火后眼看生还无望，于是选择撞击"史密斯"号。一度失去控制的"史密斯"号打乱了整个编队的节奏，所幸舰长急中生智，用"南达科他"号高速航行激起的波浪成功灭火，意外的惊喜是"史密斯"号的舰员从撞击现场找到一本日军的空勤记录，这也算是因祸得福了。

总的来说，这次攻击对日军而言是得不偿失，16架舰攻被击落9架，重伤迫降一架，48名飞行员损失27名，包括攻击队指挥官。而投下的鱼雷仅仅命中一舰，唯一对美军造成较大损害的，还是撞击"史密斯"号的那一发神风。

当攻击队的幸存者返回出发地之时，他们发现母舰已经不见踪影，寻找了半个小时才找到母舰，他们发现第一航空战队现在是一片惨淡，"翔鹤"号和"瑞凤"号失去回收飞机能力，只能陆陆续续降落在"瑞鹤"号上。不少受损严重或者燃料不足的飞机只能选择在水上迫降。此时有马正文大佐脑袋一热，建议南云忠一让"翔鹤"号深入敌阵，吸引敌人火力，为后面的攻击队制造机会。这个纯属妄想的建议被南云忠一直接驳回，南云忠一让"翔鹤"号退出战斗序列，意外的惊喜来自"瑞凤"号的5架完好无损的舰攻，对于缺乏舰攻而急需组织第三波攻击队的"瑞鹤"号来说简直是及时雨。不过鱼雷已经用完了，现在舰攻也得挂载炸弹对美军攻击了。11:15，第三波攻击队升空，这次有6架舰攻、2架舰爆、5架零战。这是整个第一航空战队东拼西凑的所有战斗力了。

13:21，第三波攻击队发现了"大黄蜂"号。13:25，攻击队开始突防。首先突防的舰攻队取得了一发近失弹，爆炸导致了"大黄蜂"号剧烈摇晃，"大黄蜂"号舰长梅森上校万般无奈，下令全员弃舰。13:45，舰攻队开始突防，冒着美国人交织的炮火和断云，日本人依然坚持水平轰炸。炸弹全部命中，其中直接命中1枚的擦过飞行甲板和其他5枚近失弹一起爆炸，幸亏舰艉不是弃舰的主要位置，不然美军今天就真是倒霉到家了。

不过，日军的力量可不止一处，现在我们把视角转到"隼鹰"号上，角田觉治的活跃可以说是本次海战浓墨重彩的一笔。早在07:05，角田觉治就跃跃欲试地发舰了第一波攻击队。19架九九式舰爆和12架零战在呼啸声中发舰。对于"隼鹰"号的舰爆队而言，他们的运气很好。因为在抵御了"瑞鹤"号的舰攻队后，"企业"号的雷达因为长时间超负荷运转罢工了，美军陷入了短暂的"失明"中。在寻找美军主力时，"隼鹰"号的飞行员高兴地收到了电台里面的好消息。"翔鹤"号的雷击队大破敌萨拉托加级航母。08:35，"隼鹰"号舰爆队发现了咸鱼一般瘫在海面的"大黄蜂"号，因为之前友军的提醒，他们没有对"大黄蜂"号发动攻击，而是先行寻找另外一艘美军的航母。在此时，他们被"南达科他"号的雷达侦测到，但是美军对此的判断是自己返回母舰的攻击队。与此同时，"瑞鹤"号的舰攻队对第16特混部队突防。09:15，一度准备放弃搜索"企业"号的舰爆队发现了"企业"号。09:20，队长机传出全军突击的命令。不知道是因为着急还是轻敌，队长山口正夫大尉率队突防过快以至于护航的零战无法跟进，加上美军战斗机的阻拦，云层对飞行员视野的遮盖，本来可以配合密切的攻击变成了莽夫一般的各自为战。

发现了日军来袭的美军迅速做出防御，日军飞行员回忆首先扑面而来的就是一艘战列舰（"南达科他"号）密集的防空炮的阻拦，面对美军凶残的防空火力，九九式舰爆无疑是脆弱的，不少日机都在投弹后被击中起火，拖着浓烟落入水中。尤其是魔鬼一般的"博福斯"4毫米防空炮，可以说是今后所有日军航空兵的噩梦（虽然过于紧张的"南达科他"号不分青红皂白就对所有靠近的飞机射击，以至于误击不少美军飞机，使得无线电频道内对"南达科他"号骂声一片）。先前投弹的4架舰爆命中近失弹三发，将"企业"号的船壳炸变形，感受到危机的"企业"号开始进行高速机动规避。随后突防的舰爆取得对"南达科他"号舰艏1号炮塔的命中，虽然没有被炮塔装甲挡住，但是破片横飞对露天的防空炮成员组造成了较大了伤害，

▲ 被近失弹击伤的"企业"号。

减小了"南达科他"号防空网的密集度，对"南达科他"号最大的打击是在指挥塔外侧走廊指挥战斗的舰长盖奇上校被击伤，接替指挥的副舰长因为无法进入舵机室发号施令，导致"南达科他"号陷入失去指挥的窘境中，所幸负伤的舰长盖奇上校命令本舰紧急变更航向才化险为夷。另外一边的"圣胡安"号巡洋舰也遭遇了 5 架舰爆的围殴，5 发炸弹全部命中，到"圣胡安"号舵机卡死以顺时针方向转圈，一直到 09:41，"圣胡安"号才被抢救成功。

"隼鹰"号的战损比并不好看，"隼鹰"号舰爆队的攻击可以说是损失惨重，损失舰爆 11 架，飞行员 19 名。

当"隼鹰"号的舰爆队撤离后，金凯德准备跑路，他看到自己两艘航母都已经受伤，尤其是已经重伤的"大黄蜂"号，而日军手里最起码还有两艘航母是毫发无损的，再打下去就可能赔上"企业"号，尤其是"企业"号目前的情况可以说如鲠在喉。"企业"号受现在 1 号升降机卡死，起降飞机的效率大不如前，堆在甲板上的飞机越来越多，后面降落的飞行员也就越来越危险，这个时候回收之前的攻击队可以说是一项极其头疼的任务。低下的甲板效率使得燃料见底，美军飞行员纷纷选择在水面迫降，一时间第 16 特混部队周围的水面上一片狼藉。航空兵力量被削弱和雷达上时不时出现的日机的踪影，美军整体陷入了草木皆兵的状态中。

在另一边，角田觉治自从放出攻击队后就以高速从东南方不断逼近美军。11:16，第二波攻击队发舰。这次换上了九七式舰攻做主角，8 架零战护卫，7 架九七式舰攻杀向美军。在出动之前，飞行员获知：第一目标是航母，第二目标是航母，第三目标还是航母，什么战列舰、巡洋舰都是杂鱼，根本不用管。在此时，美军还在忙活着拖曳"大黄蜂"号，作为太平洋方面的宝贵战斗力，美军下定决心要挽救"大黄蜂"号的生命。11:45，美军雷达侦测到"隼鹰"号的雷击队。日军飞行员首先发现的还是黑烟升腾的"大黄蜂"号，美军为了保护"大黄蜂"号，防空火力在射程外便开火，在开火之余做绕圈机动规避。

13:15，雷击队开始突防。13:23，"大黄蜂"号被一发鱼雷击中，这发鱼雷角度刁钻，击中了之前"大黄蜂"号被"翔鹤"号舰攻队投下的鱼雷击伤处的附近，"大黄蜂"号挨了这一记重拳后向右倾斜18度，轮机舱这次被炸出大口子，海水迅速灌入后部轮机舱，给水加热器彻底报废，蒸汽压力一点也没了，发电机房也遭遇重创。在航母情况恶化后，舰长梅森上校下令除了航海长、火控组、战情官外，其余人撤离并且准备全员弃舰，一些航母后部的人已经登上了救生艇。日军的后续进攻未能扩大战果，反倒被击落一架舰攻飞机。随后，幸存的5架舰攻返航。

第一波攻击队返航后，战果被迅速回报给角田觉治。角田觉治认为没有取得决定性的战果，加上第二波攻击队正在攻击，效果不明。角田觉治决定发动第三波攻击。由于之前的舰爆队损失惨重，幸存的舰爆队员甚至出现了不愿再度出战，在奥宫正武少佐的一番思想工作下，才决定由4架舰爆，6架零战再度出击。13:00，"隼鹰"号飞行员接受舰长的训话，要求他们做出牺牲，进行一击即中之轰炸。13:35，攻击队升空。14:50，"大黄蜂"号进入日军飞行员的视野，"大黄蜂"号副舰长回忆虽然高射火力迅速开火，但是没有取得命中。15:00，日军开始突防，第一枚炸弹在"大黄蜂"号的机库中爆炸，机库随即再次起火。有推测说舰岛前部也被命中，但因为缺乏美军的印证，所以这个说法只是一面之词。随后攻击队返回，这天日军所有的行动落下帷幕。

现在我们转换一下视角，看完了美军对日军攻击队的防御，我们再来看看机动部队前卫部队对美军攻击队的防御情况。

我们把时间推回到"瑞凤"号制空队和美军的遭遇战。虽然遭遇了"瑞凤"号制空队的袭击，但是美军依然决定继续进攻。07:11，"企业"号发舰的第10舰载侦察中队发现了与前卫部队大部队脱离的第八战队。07:17，"筑摩"号突然将航速拉到最大战速——35节，因为远处，"大黄蜂"号的第二波攻击队正呼啸而来。不过"筑摩"号依旧改变不了厄运的到来。07:26，一发454公斤炸弹命中"筑摩"号舰桥。舰长古村启藏大佐当时便被炸成重伤，整个舰桥一片残破，罗经舰桥基本全灭，舰桥后半部分基本上变成尸山血海。之后，第10舰载侦察中队因为找不到日军主力，便把怨气发泄到了已经受伤的"筑摩"号上。07:45，被零战拦截的"大黄蜂"号第6鱼雷机中队第二分队发现了"筑摩"号。"柿子挑软的捏"，倒霉的"筑摩"号又中了一发227公斤炸弹。阿部弘毅少将在空袭结束后命令"筑摩"号返航特鲁克，"筑摩"号在路上又被美军B-17攻击，被命中近失弹一发。

07:20，"企业"号的攻击队第10舰载机大队中的第10鱼雷轰炸机中队发现了机动部队的前卫部队，战列舰2艘，巡洋舰2艘。虽然没有航母让美军飞行员一头雾水，但是再往前飞护航燃油便不足返回，美军只能选择先攻击前卫部队。美军首先攻击的，就是"铃谷"号。不过"铃谷"号的舰长木村昌夫大佐十分机警，美军投下的鱼雷都规避成功，美军只能用机枪扫射一通后在07:38结束本次攻击，返回母舰。

说完了前卫部队，现在我们来看看机动部队本队对美军攻击队的防御。首先是04:41，南云忠一正为第二波攻击队忙前忙后。此时美军找上门来了，美军发现了第十一战队某舰，随后在05:40抓住了"瑞凤"号，缺乏制空队保护的"瑞凤"号自然着了道，被一发227公斤炸弹命中，所幸轮机没有受损。一直灭火灭到09:00才完全扑灭了火势。这次空袭不但瘫痪了"瑞凤"号，更重要的是打乱了日军航母甲板作业的节奏，打乱了日军的攻击计划，为美军的防空减轻了不小的压力。本来日军计划第二波攻击队依然由"翔鹤"号和"瑞鹤"号的航空兵联手，因为收容"瑞凤"号的飞机，被打乱的甲板节奏的"瑞鹤"号没能按时完成鱼雷的挂载和调试，为了避免重蹈中途岛的覆辙，"翔鹤"号攻击队单独发舰，不再等候"瑞鹤"号攻击队。

06:10，"翔鹤"号攻击队发舰。组成为九九式舰爆20架，零战8架。06:40，日军新装备的21号对空电探超水平发挥，检测到了与村田队遭遇的"大黄蜂"号第一波攻击队，理论上21号对空电探的探测范围是100公里，而这次探测出的距离超过了100公里，可以说是日军今天的最大的惊喜之一。06:45，"瑞鹤"号攻击队才完成发舰，其组成为九七式舰攻16架，零战4架，还有一架额外派遣的九七式舰攻将追踪美军舰队。

随后机动部队本队就遭遇了和自家攻击队擦肩而过的"大黄蜂"号攻击队，机动部队前方上空直卫战斗机部队只有冈本小队遭遇了"大黄蜂"号的攻击队。冈本小队以劣势主动攻击美军，以两架零战被击落，一架重伤为代价击落美军两架飞机，击伤两架飞机。虽然确实干扰了"大黄蜂"号攻击队的突防，但是究其代价，还是略显损失大。

面对空袭，"翔鹤"号上的所有人都神情凝重，初次遇到这么大规模空袭的"翔鹤"号舰长有马正文大佐亲自登上防空指挥所监察美军飞机，监察结果

▼ 全速回避中的"筑摩"号。

直接通报给航海长。出乎日军意料的是，美军这次没有采取常见的大角度俯冲轰炸，而是小角度下滑投弹。"翔鹤"号的火控并不优秀，加上这种战术出人意料，因而高射火力的拦截效果并不好。07:29，三发近失弹落在"翔鹤"号周围。爆炸产生的破片席卷整个舰桥，舰桥右壁瞬间千疮百孔，但是舰桥内部人员奇迹般地安然无恙，只不过露天人员就惨了。指挥对空射击的鸟羽仁八大尉腹部被破片击中，当场死亡。防空指挥所瞭望员死亡3人，重伤2人。起降指挥所也被破片无情扫荡，指挥之前两波攻击队的及川启吉少尉被破片击中头部而死。

这并不是全部，就在一分钟后，4架SBD取得直接命中。福斯上尉的一发454公斤炸弹命中"翔鹤"号中部升降机左边，直接把升降机砸得向机库内部弯曲，后来又穿过机库爆炸。剩下的三发半穿甲弹也都砸在了升降机附近，并且对"翔鹤"号的高炮群造成极大伤害。最后一架投弹的SBD也取得了命中近失弹的好成绩。这次攻击也成了"大黄蜂"号的绝唱。07:45，南云忠一向机动部队全体通报损伤情况，"瑞凤"号已经灭火，虽然仍不能起降飞机，但可全速航行。"翔鹤"号已经无法起降飞机，发生小火灾，本队向西北方向撤退。

值得一提的是，与之前珊瑚海海战受损相比，这次"翔鹤"号的受损严重多了。高炮多数被干掉，人员伤亡也惨重得多。不过这次日军的损管水平很不错，可能是因为三天前"翔鹤"号刚刚进行了中部甲板中弹后的灭火演习。因此"翔鹤"号上的消防行动展开非常顺利，和之前中途岛海战时表现拙劣的日军损管形成鲜明对比，这和"翔鹤"级出色的设计也是密不可分的。

中弹后，有马正文便下令给高炮弹药库、后部油库、弹药库注水，之前高炮弹药的诱爆让他感觉到防止弹药库爆炸是重中之重。值得庆幸的是，"翔鹤"号的锅炉只有1个无法使用，剩下的7个仍可以正常工作，这使得"翔鹤"号还能保持31节的高速。

美军的SBD出色地完成了任务，但是归途并不平静，复仇心切的零战紧追不舍，20毫米机炮把数架SBD打得伤痕累累，所幸日军弹药不足而且美军飞机足够结实，虽然险象环生，但是并未被击落。最倒霉的是第一波攻击队，疲惫不堪的他们返回后却目瞪口呆地发现母舰已经受损，只能选择在水面迫降。

当"翔鹤"号与"瑞凤"号脱离战斗序列的时候，南云忠一决定转移司令部，作为机动部队指挥官，抛下独自行动的"瑞鹤"号无疑是丢人现眼的事情，加上中途岛海战惨败对他的打击，他决定和"瑞鹤"号会合，重新指挥机动部队。

支援部队也迅速对美军展开追击，另一边的美军最终决定放弃伤痕累累的"大黄蜂"号。熊熊燃烧的"大黄蜂"号被日军发现之后，联合舰队的参谋（是不是宇垣缠不得而知）一度决定把"大黄蜂"号拖曳回去炫耀武功，也为中途岛战役失败后的日军打气，但终因火势无法控制而选择放弃，由"秋云"号、"卷云"号用鱼雷击沉。从美军的记录来看，顽强的"大黄蜂"号在10月27日美国海军节这天沉入海底，结束了光辉的一生。

南太平洋惊险的厮杀落下帷幕，谁是胜者，这是一个值得思考的问题。日军没有舰艇被击沉，被击伤4艘，美军沉没航母1艘，驱逐舰1艘，航母、战列舰各受伤1艘，重巡轻巡各2艘受伤，驱逐舰8艘受伤。日军损失舰载机95架，美军损失飞机67架。

对于这场海战的胜利者，日军认为是自己，美军没有明说。从战场的整体态势来说，双方你来我往，互有攻防。从舰艇损失方面来看，显然是美军落了下风，但是日军期待的歼灭敌舰队很明显是落空了。在舰载机和空勤人员方面，日军则是一边倒地落下风，美军的飞行员基本没有损失，而日军飞行员损失惨重并且折损了不少精锐的老飞行员。可以说，日军获得了南太平洋海战的胜利，但是代价惨痛且并不是决定性的胜利，日军最为恐惧的拉锯战终于愈演愈烈，即便是身处东京的昭和天皇也在嘉奖电中提到南太平洋战局依然不容乐观，希望海军加倍努力。

南云忠一在南太平洋海战后转任横须贺镇守府司令，卸下了机动部队司令长官的重担。1944年在美军进攻塞班岛时在岛上切腹自杀，威风凛凛的南云机动部队，也随着南太平洋的波涛而去，随后的"伊"号作战和"吕"号作战耗尽了机动部队仅存的航空兵，机动部队的荣光可以说就在这圣克鲁斯群岛画上了休止符。

参考书目

[1]（日）服部卓四郎.大东亚战争全史 [M].张玉祥译.北京：商务印书馆，1984.

[2]（日）伊藤正德.联合舰队的覆灭 [M].刘宏多译.北京：海洋出版社，1991.

[3]（日）祢津正志.天皇裕仁和他的时代 [M].李玉，吕永和译.北京：世界知识出版社，1988.

[4]（日）保阪正康.昭和时代见证录 [M].冯炜，陆旭译.上海：东方出版中心，2008.

[5]（美）帕歇尔，（美）塔利.断剑 [M].蒋民，于丰祥译.上海：学林出版社，2013.

[6]（美）史密斯.航空母舰作战：危急关头的指挥决策：全 2 册 [M].刘诚，藤玉军，李景泉等译.北京：航空工业出版社，2012.

[7] 何国治.南太平洋海战记 [M].武汉：武汉大学出版社，2013.

[8]（美）尼米兹，（美）波特.大海战——第二次世界大战海战史 [M].北京：海洋出版社，1987.

[9]（日）渊田美津雄，（日）奥宫正武.中途岛海战 [M].许秋明译.北京：商务印书馆，1979.

[10]（日）麻田贞雄.从马汉到珍珠港：日本海军与美国 [M].朱任东译.北京：新华出版社，2015.

[11]（日）阿川弘之.山本五十六 [M].朱金译.北京：解放军出版社，1987.

[12] 亚洲历史资料中心：

『国際○米洲方面 グルーハ三十四日前二真珠湾ヲ警告シテイタ』

『週報 271 号』「海戦劈頭における海軍戦果」

『週報 272 号』「ハワイ海戦の戦果」

『写真週報 200 号』

『写真週報 201 号』

『写真週報 202 号』「壮絶! ハワイ真珠湾殲滅戦」

『昭和 16 年 12 月 4 日～昭和 17 年 11 月 5 日，鳥海戦闘詳報（馬来沖海戦. ソロモン海戦等）(1)』

『昭和 16 年 12 月 1 日～昭和 17 年 11 月 30 日，軍艦愛宕戦時日誌 (1)』

『昭和 16 年 12 月 1 日～昭和 17 年 11 月 30 日，軍艦愛宕戦時日誌 (2)』

『昭和 16 年 12 月，馬来部队護衛隊・護衛本队戦時日誌』

『昭和 16 年 12 月 8 日～昭和 16 年 12 月 12 日，馬来部队護衛隊・護衛本队戦闘詳報』

『昭和 16 年 12 月～昭和 17 年 2 月，鹿屋空，飛行機队戦闘行動調書 (1)』

『昭和 16 年 12 月～昭和 17 年 3 月，美幌空，飛行機队戦闘行動調書 (1)』

『昭和 16 年 12 月～昭和 17 年 5 月，元山空，飛行機队戦闘行動調書 (1)』

『写真週報 219 号』『昭和 17 年 5 月 2 日』「英航母ハーミス号、ベンガル湾深く轟沈す」

『昭和 17 年 1 月 1 日～昭和 17 年 9 月 30 日，大東亜戦争戦闘詳報戦時日誌，第 3

戦队 (3) 』

『昭和 17 年 1 月 1 日〜昭和 17 年 9 月 30 日，大東亜戦争戦闘詳報戦時日誌，第 3 戦队 (4) 』

『昭和 17 年 4 月 1 日〜昭和 18 年 8 月 31 日，第 7 戦队戦時日誌戦闘詳報 (1) 』

『昭和 17 年 4 月 1 日〜昭和 18 年 8 月 31 日，第 7 戦队戦時日誌戦闘詳報 (2) 』

『昭和 17 年 1 月 12 日〜昭和 19 年 1 月 1 日，大東亜戦争戦闘詳報戦時日誌，第 8 戦队 (2) 』

『昭和 17 年 3 月 26 日〜昭和 17 年 4 月 22 日，軍艦飛龍戦闘詳報 (2) 』

『昭和 17 年 5 月 27 日〜昭和 17 年 6 月 9 日，機動部队第 1 航空艦队戦闘詳報 (1) 』

『昭和 17 年 5 月 27 日〜昭和 17 年 6 月 9 日，機動部队第 1 航空艦队戦闘詳報 (2) 』

『昭和 17 年 5 月 27 日〜昭和 17 年 6 月 9 日，機動部队第 1 航空艦队戦闘詳報 (3) 』

『昭和 17 年 5 月 27 日〜昭和 17 年 6 月 9 日，機動部队第 1 航空艦队戦闘詳報 (4) 』

『昭和 17 年 6 月 1 日〜昭和 17 年 6 月 30 日，ミッドウェー海戦戦時日誌戦闘詳報 (1) 』

『昭和 17 年 6 月 1 日〜昭和 17 年 6 月 30 日，ミッドウェー海戦戦時日誌戦闘詳報 (2) 』

『昭和 17 年 6 月 1 日〜昭和 17 年 6 月 30 日，ミッドウェー海戦戦時日誌戦闘詳報 (3) 』

『昭和 16 年 12 月〜昭和 17 年 6 月，赤城飛行機队戦闘行動調書 (2) 』

『昭和 16 年 12 月〜昭和 17 年 6 月，加賀飛行機队戦闘行動調書』

『昭和 16 年 12 月〜昭和 17 年 4 月，飛龍飛行機队戦闘行動調書 (3) 』

『昭和 16 年 12 月〜昭和 17 年 4 月，蒼龍飛行機队戦闘行動調書 (3) 』

『昭和 17 年 7 月 14 日〜昭和 17 年 11 月 30 日，第 11 戦队戦時日誌戦闘詳報 (4) 』

『昭和 17 年 9 月 11 日〜昭和 18 年 11 月 30 日，第 3 戦队戦時日誌戦闘詳報 (1) 』

『昭和 17 年 10 月 1 日〜昭和 17 年 10 月 31 日，軍艦筑摩戦時日誌 (1) 』

『昭和 17 年 10 月 1 日〜昭和 17 年 10 月 31 日，軍艦筑摩戦時日誌 (2) 』

『昭和 17 年 1 月 12 日〜昭和 19 年 1 月 1 日，大東亜戦争戦闘詳報戦時日誌，第 8 戦队 (4) 』

『昭和 16 年 12 月 1 日〜昭和 17 年 11 月 30 日，軍艦愛宕戦時日誌 (3) 』

『昭和 16 年 12 月 1 日〜昭和 17 年 11 月 30 日，軍艦愛宕戦時日誌 (4) 』

『昭和 17 年 9 月 1 日〜昭和 17 年 10 月 31 日，第 2 水雷戦队戦時日誌戦闘詳報 (5) 』

『昭和 17 年 9 月 1 日〜昭和 17 年 10 月 31 日，第 2 水雷戦队戦時日誌戦闘詳報 (6) 』

『昭和 17 年 9 月 1 日〜昭和 17 年 10 月 31 日，第 2 水雷戦队戦時日誌戦闘詳報 (7) 』

『昭和 16 年 12 月〜昭和 18 年 11 月，翔鶴飛行機队戦闘行動調書 (3) 』

『昭和 16 年 12 月〜昭和 18 年 4 月，瑞鶴飛行機队戦闘行動調書 (4) 』

『昭和 17 年 6 月〜昭和 18 年 1 月，隼鷹飛行機队戦闘行動調査 (2) 』

『昭和 17 年 4 月〜昭和 17 年 12 月，瑞鳳飛行機队戦闘行動調書 (2) 』

战争事典
热兵器时代

◎ 专注二战及近现代军事热点内容，涵盖陆、海、空三大战场的战史、兵器、人物、技术
◎ 众多历史、军事作家实力加盟，持续吸收国内外军事研究成果

001 1940 年阿登战役、日军战机"战后测试"、法国一战计划

神话与真相：日军战机的"战后测试"

最后的颜面胜利：日本海军"礼号作战"纪实

化身鸵鸟的高卢鸡：1940 年的阿登之战

霞飞、"进攻崇拜"和 17 号方案：一战时期法国的战争计划及准备

最佳应急品：太平洋战争中的美国轻型航母

东南亚空战：初期的越南战争

002 1940 年色当战役、F6F"地狱猫"

王牌制造机的骄傲：二战美军 F6F"地狱猫"王牌

突破口：1940 年色当之战

"全甲板攻击"的巅峰与涅槃：美国海军"埃塞克斯"级航空母舰

东南亚空战：约翰逊的战争

003 《狂怒》原型、二战美国海军雷达防空、普洛耶什蒂大轰炸

铜墙铁壁：二战美国海军的雷达防空

进击的巨浪：普洛耶什蒂大轰炸

"狂怒"的星条旗：二战中的美军王牌坦克手与坦克指挥官

东南亚空战：高潮岁月

004 狮鹫计划、美国军用流通券、二战意大利伞兵

折翅的"狮鹫"：希特勒的奇想破灭细考

美国军用流通券概览

天降闪电：二战意大利伞兵

从"全甲板攻击"到"大型特混舰队"：二战美国航母战术的升华

"悍妇"出击：美军潜艇在日本海的冒险行动